U0534850

本书由华侨大学华侨华人与区域国别研究院提供出版资助

用友基金会
yonyou Foundation

中国商业文化遗产文库

Exchange and Economic
Interests along China's Northwestern Silk Road

赵 珍／著

西北丝路上的利来利往

中国社会科学出版社

## 图书在版编目(CIP)数据

西北丝路上的利来利往 / 赵珍著. -- 北京 : 中国社会科学出版社, 2025. 6. -- (中国商业文化遗产文库). -- ISBN 978-7-5227-5009-5

Ⅰ. F752.9

中国国家版本馆 CIP 数据核字第 2025L7T045 号

| | | |
|---|---|---|
| 出 版 人 | 赵剑英 | |
| 责任编辑 | 宋燕鹏 | |
| 责任校对 | 王文源 | |
| 责任印制 | 李寡寡 | |

| | | |
|---|---|---|
| 出　　版 | 中国社会科学出版社 |
| 社　　址 | 北京鼓楼西大街甲 158 号 |
| 邮　　编 | 100720 |
| 网　　址 | http://www.csspw.cn |
| 发 行 部 | 010-84083685 |
| 门 市 部 | 010-84029450 |
| 经　　销 | 新华书店及其他书店 |
| 印　　刷 | 北京明恒达印务有限公司 |
| 装　　订 | 廊坊市广阳区广增装订厂 |
| 版　　次 | 2025 年 6 月第 1 版 |
| 印　　次 | 2025 年 6 月第 1 次印刷 |
| 开　　本 | 710×1000　1/16 |
| 印　　张 | 28 |
| 插　　页 | 2 |
| 字　　数 | 415 千字 |
| 定　　价 | 139.00 元 |

凡购买中国社会科学出版社图书，如有质量问题请与本社营销中心联系调换
电话：010-84083683

**版权所有　侵权必究**

# 目　录

绪　论 ………………………………………………………… 1

**第一章　商路沿途主要府城及其辐射区的商业与商贸化** ……… 12
 第一节　西北的商道及运输成本 ………………………… 13
 第二节　西北商路上依托各府城的商业贸易 …………… 28
 第三节　农牧交界处的城镇商业个案 …………………… 48
 第四节　商路上由皮毛主导的商品集散与洋行 ………… 66

**第二章　商帮及其经营资本与模式** ………………………… 86
 第一节　商业贸易与行政区属的商帮 …………………… 88
 第二节　回商等族群与所属商帮 ………………………… 111
 第三节　乾隆中期的近边贸易与专业经理人选派 ……… 117
 第四节　山陕会馆与金融支撑 …………………………… 122
 第五节　商业经营中的合伙模式 ………………………… 134

**第三章　作为国制的茶法与茶叶贸易** ……………………… 151
 第一节　西北茶马司与茶司 ……………………………… 155
 第二节　新疆茶叶设局征税 ……………………………… 192
 第三节　以利为先的茶司行销引地限定与争夺 ………… 211
 第四节　以票带引与西北茶市的近代转型 ……………… 226

**第四章　以绸缎与马匹等为媒介的西北商贸** ………………… 248
　　第一节　清前期西北近边的朝贡与商贸 ………………… 249
　　第二节　新疆近边马匹与绸缎贸易 ……………………… 308
　　第三节　清代中亚回商贸易与多边关系演变 …………… 332

**第五章　奢侈品玉石热及其交易** ………………………………… 358
　　第一节　玉石产地与选剩官玉进入市场 ………………… 359
　　第二节　玉石案善后与立法禁私 ………………………… 379
　　第三节　经营玉石的商人群体与买卖 …………………… 392

**结　语** ……………………………………………………………… 415

**主要征引及参考文献** ……………………………………………… 422

**后　记** ……………………………………………………………… 445

# 绪　　论

中国的西北角，主要指甘青宁新省（区），地域辽阔，资源丰富，有着壮美雄宏的自然景观，是自汉以来丝绸之路的要道，亦是一个十分典型的多民族聚居区域，其文化、民族、宗教、经济等人文环境多样性显著，尤其具有繁富独特的农牧资源交换与文化联系的商业特质，也正是由于厚重商贸历史的积淀，这里跻身于世界文明交流互鉴的场域，成为链接亚欧文明的走廊，承载着弘扬全球文明的重要角色。尤其自18世纪以来，这里对中国疆域大一统的实现做出了贡献，完成了近代新因素影响下的社会转型，人文环境演进加速，步入了前所未有的时代，具有独特资源禀赋的商业文化特征。以农牧大宗商品为纽带的商贸经济步入新格局，是西北商业体系形成演变的重要时期，在全球国别史与中国社会区域发展史上占据重要地位。

商贸的发展离不开重要且大宗的商品，需要商人参与其中，不得不说以商品与商人为主体的、以商路为纽带的、长途的人货流通及其过程中所携带的生物物质、文化信息等各种要素的扩散，成为西北社会结构与功能发生变化的重要基础。所以，从西北农牧资源及其利用与生态系统的角度出发，考察分析近300年里商人所从事的商贸进程及其各种相关关系，无疑是历史学的功用使然，是当下深入发掘中华民族优秀商业文化传统，保护与传承中华民族商业文化遗产、弘扬中华商业文化的重要方面，对理解这里社会发展程度和推动社会演进大有裨益。

## 一　商业主题的时空选择及缘由

说到西北，一般是指今天的陕西、甘肃、青海、宁夏、新疆五省（区），鉴于自然区划和历史人文地理的关系，以及入清以来西北边疆社会史无前例的巨变，加之本书论题的重心又是着眼于商业活动演进层面，是讨论以买卖方式使大宗商品流通的经济活动，因而要有一定的地域空间选择。故而在框定西北时，以今天甘肃、青海、宁夏、新疆四省（区）为中心，涉及内蒙古西南一小部分，尤其以地理空间位居第一的新疆地区为重心展开。之所以如此设定，基于这里自清代以来社会变化中的族群集聚、习俗相近、文化相似，以及具有明显的农牧生态过渡带的特征。当然，不得不说，商贸行为对于商家而言，尽管是将一个商品经过买卖而转换至盈利的闭环动态系统，可是这些活动过程中所依附的商路交通，也就是俗称的商路，却具有明显的外延性与辐射性，属于动态的在地域范围上的不确定扩展，并非严格按照行政区划进行，跨越政区界限是常态。为此，动态处理受中亚地缘关系影响的清代宗藩关系制下的边境贸易、地缘政治格局下的中外贸易等西北的商贸活动，是本书的主要内容，当然还包括近代以来西北牧业产品被融入国际大商贸格局等的内容。

商贸的发展与区域自然资源禀赋及经济环境关系密切，商人进行买卖的商品，一方面离不开活动区域的出产，另一方面需要通过贩运联系不同区域产品。当然，大部分的时候还是要依赖地方的自然资源环境禀赋，考量商品的地缘生态特性，如以大农业的概念而言，西北的经济范畴属于农耕与畜牧为主体，具有农耕与畜牧交替互动的特点，尤其皮毛等畜产品在中国畜牧经济中占有极大比重，故其商业活动存在明显的与本区域经济方式相对应的优势与限制，寻求达到农牧产品各自行销与市场需求相互对应，应该说是这里商贸经营中的一大亮点。

西北商路的拓展也离不开特定的地理环境，在商品交换的道路上，来自不同地域的商人，在驮行路程上以地缘性或民族性结成团体，在传统与创新中逐渐形成了独特的经营模式，完成了一笔笔商品买卖，谱写了西北社会商业史诗，架构了完美的人地生态系统。就此而言，生产商品的区域地理环境与资源环境成为商业贸易形式选择的基础。因而不论是冷兵器时代军事功用的影响，还是农牧经济方式互补的要求，更或者因具有畜牧资源优势的吸引和民众生活习俗需求的关联，茶、马成为这里商贸中的大宗商品，不仅如此，以马为主体的畜牧商品还成为与绸缎等手工业产品相互交易的时髦品。皮毛也成为这里打开国际商贸市场的敲门砖，尤其随着全球范围内对皮毛商品需求量的增加，在世界经济形势变幻所引发的商路拓展，使洋行成为了解决商业运营机制的新因素。另外，西北农产品中的大黄，也是中亚地缘商贸中的重要商品，在中俄贸易中举足轻重，且需求源源不断。乾隆年间兴起的奢侈品玉石热，在清廷统一西北后不失时机地自南疆流向大江南北而融入清宫与国内市场。独具特色的区域商品成为与界外沟通的重要媒介，显示出区域资源环境中那些能够为民众日常所需而突出商品价值的无限魅力。

与此同时，18世纪中期以后，中国社会从扰攘的纷乱逐渐走向安定，社会财富积累达到相对的高度，尤其是地处西北角的农牧交错地带丰富的地缘资源和便利的交通商路，使得能作为商品的富源流通更加便利。在这种商贸氛围下，社会各阶层投入资本经营的势头高涨，尤其是官商结合以及官员利用权力营造运销链条的程度增强，并日益密切和巩固。加之官方在资本经营方向上的引导和政策上的扶持，资本经营的土壤逐渐肥沃，加速了商业资本的活跃和资本增值，有益于西北商贸活动的繁盛。

## 二 西北商道的市场处所及大宗商品与商人群体

西北商业贸易与这里城镇发展相辅相成，固定的商业集市催生了大批城镇，又以城镇为据点辐射，形成商业贸易网络，刺激了中国西北经济的发展。以兰州为中心向四周辐射的商路，畅通无阻。自此有向西延展的丝绸之路，而位居于中亚东南方向的中国新疆喀什噶尔（清代称呼，现为喀什，下文同）、叶尔羌是与浩罕通商的重要城市，新疆北部的伊犁、塔城毗连中亚，内地商民经由驿路及沿途村落，贩运大宗商品进入新疆，再转运出境，商旅畅通。自归化城向西的草原商路，经北侧的科布多、乌里雅苏台，以及南侧的阿拉善定远营、托克托河口镇，将北路货物商品贩入全疆。

在西北各重要城镇的市场上，商品活动基本为农牧资源性的经营，这是清代以来西北市场商品经营中的一个重要特点，也是工业革命之前商贸经济对原生态资源的依赖程度的反映。如茶叶是最重要的大宗商品，是西北区域商贸中十分有特色的品种，成为牧业区民众日常必不可少的大宗补充。即"外来之货，除茶叶一项销属尚多，系由甘肃官商领票承运"，照章完纳税课。[①] 而摘山之茶易厩中良马，良马亦是西北商业贸易中的大宗商品。在茶马交换中的马匹，主要由清廷官方支配。清前期因军事战争的需要，马匹大量用于作战，尤其在平定准噶尔的过程中，清廷在西北当地以茶易马的同时，也从区域外调拨，以补充马匹不足。乾隆中期后，伴随新疆统一，天山南北成为清廷在西北治理的重心，在各项制度创立与完善过程中，加强了地缘间的商业贸易，大量马匹自哈萨克换得，只是所用于交换的商品不再是昔日的茶叶，而是众所周知的江南绸缎，苏杭精美的丝绸制品作为官控大宗商品，成为马匹交换的重要标的。丝织品在中亚贸易中的凸显，也是两汉以来丝绸贸易传统的延续，是清代商贸交换中的重要特点。

伴随畜产品在经济生活中的运用性增强，包括自19世纪以来皮毛资源进入国际贸易视野，尤其是西北羊毛成为洋行参与下的畜产品大宗商品贸易的主产品，也是国际市场上的抢手货物，对作为亚洲内陆的西北地区自海上通道融入世界增添了色彩。还有西北当地特产的药材，诸如大黄，还有开采的玉石，外来的布匹、洋货

---

① 朱批奏折，甘肃新疆巡抚潘效苏，奏报华商货税拟请照现在章程收税事，光绪三十年八月十九日，档号 04-01-35-0582-060。

等，也是清代以及民国时期重要的大宗商品，在商业贸易中占据重要地位。所以，从资源禀赋的角度看待清代以来西北的商品交易，当地的农牧产品在本区域乃至与国际贸易中凸显了独有的特色。

使团贸易、边境贸易是明清以来朝贡贸易体系的组成部分，也促进了商贸发展，参与人群和贸易场所有其特殊性。与中亚各宗藩以及俄国为主的地缘贸易，即属于这类层面。清初与西北毗连中亚各藩属所盛行的使团朝觐，或在边境，或进关贸易，成为这里商贸活动的重要组成部分，也连接起中外城市与商路。其边境贸易，主要与安集延、布鲁特和哈萨克等之间展开，以大宗的茶叶、大黄、绸缎以及马匹等牲畜为主要商品。进行这些贸易，清廷规定有严格的品类、时间和地点，如与安集延的贸易，主要是茶叶和大黄，允许安集延商人经境外至南疆边界及规定的卡伦进入南疆贸易，限制安集延商人经哈萨克入新疆交易。然而，由于边界绵延辽阔，商贸流动性强，很难严格防范，以致不守规矩的现象经常发生，走私十分猖獗。在与哈萨克的贸易过程中，清廷严格规定哈萨克商队在疆内的交易地点，最初设定在乌鲁木齐，后允准在北疆的伊犁、塔尔巴哈台等就近贸易。然而，自始至终严禁哈萨克将马匹等牲畜赶往南疆，即使赴哈密的贸易也是被禁止的，至于乾隆朝偶尔才有的几次，均被皇帝申饬，明令禁止。

中国西北角自清代以来属于中外关系的贸易，主要是与俄罗斯间进行，相互关系也因时段变化而有不同。乾隆年间，由于俄方假借安集延、哈萨克之便，参与中亚大宗商品走私而直接危及清朝利益，清廷三次停止恰克图通商，并禁止大黄出口俄罗斯，也不允许俄商、俄货借道进入新疆。近代边疆危机中，各种不平等条约的签订，使得商贸的不平等加重，清廷利益损失惨重。

所以，抛开商贸中的经济、政治性不言，就以上商业活动在地域范畴上形成的商路网络而言，诸多城市组成商路的节点，连接起贸易大道。商路的运输状况，成为商业经济昌盛的基础条件之一，尤其因西北地域辽阔，商品产地与销售场所之间的距离远近，交通畅塞，对商品价格以及商贸频率周期影响较大。

大宗商品及其运输商路，与从事商贸的个体商人汇集而成的商帮，应运而生。构成商帮的商人或以族群为主体，或以区域为标识，或经营专门大宗商品，或从事长途贩运而活跃在商路上，或由个体提篮小卖，走街串巷，连接城市内部集镇的同时，也起到了连接主干商路的作用，将主干交通商路密织成商贸网络。在商帮与城镇居民的贸易往来中，对一座座城市的孕育以及城里的商贸市场繁荣起到了重要作用。此外，经营相关畜牧产品市场的各类商人，推动了农牧商品的流通与市场的繁盛，在甘肃河西皮毛市场上经商的有专营羊毛等贸易的毛贩、毛客、兼营毛商，还有属于行商、歇家、皮毛经纪行、公庄、分庄、洋行、庄口等不同类型的皮毛商人，而皮毛产地市场上最活跃者，当属于那些小本经营的小贩。这些从事不同种类商品的商人，构架起产品与市场之间的桥梁，促进了商贸的兴盛。

　　清代以来西北商业的繁盛，与18世纪以来商人地位的改变不无关联，这其中很大的影响因素是官商阶层的壮大，官营资本参与商业贸易，甚至清廷以国家力量参与西北农牧产品的交易，如主导茶马、绸缎马匹等商品的交易等，对世人社会观念的改变起到了引领性作用。当然，参与西北商业贸易的商人具有自身特点，如新疆商人的地缘性较强，其中除了信仰伊斯兰教的当地回商①外，主要

---

① 清代档案文献，称南疆为回部，其六城（又或八城）穆斯林称为"回子"，满语为hoise；陕甘内地穆斯林称为"回民"或"汉回"，满语为hoiseirgen。既有研究认为其包括今天的回族以及东乡、撒拉和保安等民族。清初以来甘肃回民人口增加较快，乾隆十二年（1747），陕甘总督张广泗说："甘省回民甚繁，河州聚处尤众"，至中叶时，有"甘省回多于汉"之说。方志也载："宁夏至平凉千余里，尽系回庄"，灵州、宁灵等城乡就是回民的集中聚居区，还包括盐茶、平远，仅固原州城就有"六坊回民七百余家，计男妇丁口尚有数千之众"。见《清高宗实录》卷290，乾隆十二年五月壬寅，中华书局1985年版，《清实录》第12册，第804页；《钦定平定陕甘新疆回（匪）方略（九）》卷95，《中国方略丛书》第1辑第1号，成文出版社1968年版，影印本，第4599页；左宗棠：《敬陈筹办情形折》，见《左宗棠全集·奏稿三》，校点本，岳麓书社2014年版，第327页；祁韵士：《西陲总统事略》卷10《回疆各城事略》，李毓澍主编：《中国边疆丛书》第1辑第12册，文海出版社1965年版，第663—665页；潘志平、王熹：《清前期喀什噶尔及叶尔羌的对外贸易》《历史档案》1992年第2期；[美] Joseph Jr. Fletcher（Jr. 约瑟夫·弗莱彻）著，志勇译，"Ching Inner Asia C. 1800, in John K, Fairbank ed, The Cambridge History of China, Late Ching, 1800-1911, Vol. 10，参见费正清、刘广京编《剑桥中国晚清史：1800—1911》（上卷），中国社会科学出版社2006年版，第二章，第78—79页。

是自嘉峪关以及北方草原进入的山西、陕西、京津及甘肃商帮，还有在地缘上邻近的来自中亚的浩罕、俄罗斯等贸易者，属于一段时期内边境贸易的商贸模式。

其中山西商人在新疆的出现，与清初清廷在处置中央与准噶尔地方的和战关系相联系，是为了转运物资而催生出的商人群体。彼时一些商人紧随官兵队伍行走，专门供给军队日常必需的茶叶等主要商品，有些财力雄厚与地位较高的商人还负责经营军队的粮食供给，在清廷官方的商品贸易中居于重要地位。有道是："馈粮千里，转谷百万，师行所至，则有随营商人奔走其后。军中牛酒之犒，筐篚之颁，声色百伎之娱乐，一切取供于商。"① 西北统一后，在北疆的茶叶与粮食贸易中，因山西商人经北方草路进行贩运，俗称为北商。山西商人的票号、典当等传统金融形式，对这一时期的新疆乃至西北商业经济有重要贡献，也成为西北金融业发起的前奏。

## 三　西北的商道与交通网络

中国西北是丝绸之路要道，贯通欧亚大陆的东西南北，穿行在河谷、绿洲、草原和城市之间的商道，在这里特殊的地理环境基础之上建立起了独有的生态系统。进行商业活动的最理想场所一定是人口集聚的地方，城市便是人类创建的自己活动的家园，而交通设施是城镇发展的重要驱动力，是商业活动展开的基础条件。交通运输的便利性由经济区域的中心地到远离中心的边缘地而改变，相应的商业活动也成正相关。

城镇通常位于区域交通网络的连接点，即人流、物流、信息流的汇合之处，同时，由于城市本身在特定区域中的组织和导向作用，往往在不同程度上影响着周围地区的商业发展，城市的这种辐

---

① 民国《新疆志稿》卷2《实业志·商务》，《方志丛书·西部地方》第20号，第128页。

射作用使城市与周围地区商业经济形成一种相互联系，而联系的密切程度与交通网络的通达性和交通方式直接关联。交通直接关系着城市商业的发展以及城市商业新体系的形成。西北交通网络的形成和发展，对区域商业经济的影响不容忽视。主要包括陆路和水路。其中部分城市的便利水道，使得陆路交通更为便捷。如位于兰州西南的河州，在明代时设有 24 关，作为军事驻防沿积石山一字排开。至清代中后期时，军事地位趋弱，行政管理地位提升，已经新建城池，设官置县，实现了行政管理的有效推进。与此同时，以农区的茶叶和牧区皮毛为主要商品的贸易成为沟通这里经济发展的重要媒介。河西走廊西段的嘉峪关，是兰州至新疆间的咽喉要道，也是清初清廷与准噶尔联系的重要商贸关口，起到了连接内与边的枢纽作用，也是由相对的边而西扩为内的要地。

明清以来构建的驿站道路，是西北早期的交通系统，链接起人居活动的城镇商业。入清以后，随着兰州省会城市地位得以确立，交通枢纽的重要性和军事重镇的作用也有了更进一步提高，城镇交通在商业以及城市经济发展过程中得以延伸辐射。尤其是在经历了晚清兴盛又衰微的洋行贸易以及民国西部开发中货物运输量加大等因素的催化，城市交通由驿站道路、畜力大车道向机械公路发展的步伐加快。

18 世纪以来，伴随着西北社会逐渐安定，西北商路与交通道路重叠，从事商业贸易活动的商业环境与资本社会逐渐形成，使得商人、商品和商业资本有了远距离传送的可能，有了较好的商业信用和秩序，这些均是商路畅通所带来的良好效益。即使在机械化的汽车等交通工具出现之初，仍然以羊皮筏、骆驼队等为商路上的主要运输工具。所以，因受社会趋势转化的影响，近代内陆边疆商埠的开通，抗战前后，以兰州为中心的西北交通网形成，为城镇的繁荣创造了条件。就西北交通道路而言，因深居内陆，以陆路商业为主，又由于位处黄河上游区域，水路多经由黄河水力运输。

新疆境域辽远，行商路途费时，连通南北疆的重要"捷径"，便成为商人贸易的必由通道,在清代被称为捷径的商路,又多是设卡置兵的交通要道。如道光时期,陕甘总督那彦成在办理杜绝走私商贩时就言自南疆有往伊犁的捷径:阿克苏西南之巧塔尔达坂、赛里木所属之阿尔通霍什,均有径赴伊犁道路。如"向来伊犁派来南路换防官兵,均由卡外经行布鲁特游牧,过那林桥,至喀什噶尔",共45站。该捷径中途并无险阻,清廷每年带兵会哨、修除积草乱石,年久悉成坦途。因而与相应卡伦添派官兵,认真巡防,以堵"奸商无从偷越"。此即巧塔尔达板间"贸易回民私自度越"的商路。尤其是穆素尔岭,即冰岭一径,是南北疆之间的捷径,该道"陡滑异常,盘旋八九十里,至峻处步步皆现修冰磴,三日不修,一人一骑不能飞越,诚为南北路之扼塞"①。喀什噶尔居南疆西四城的最南端,交通四通八达,地位最为重要,邻布鲁特、巴达克山、浩罕诸部。②清廷驻防人数最多,城外明约洛土堡中还设有贸易亭,仿照北路哈萨克贸易之例,专供对外贸易之用。

北路草原入新疆的商道,主要是从归化城为中心,经内蒙古的包头,其间为台站大道,再由包头向西北行,经布尔汗兔等处,至哈拉托洛盖,自此出内蒙古至喀尔喀部土谢图汗境南,再西北行至哈拉尼多,到推河流域西拉布里多,由正西进入札萨克图汗部南境,越过阿尔泰山余脉阿济山,再经三塘至巴里坤。该道是光绪元年(1875)清廷为运输河套地区粮道而开辟的。③

西北商路利用率较大的还有水路。黄河上游水运因地理条件的

---

① 以上引文见那彦成《那文毅公奏议》卷77《筹划回疆善后事宜奏议》,《续修四库全书》,影印本,上海古籍出版社2002年版,第497册,第679、678页。

② 查喀什噶尔疆域,西至乌帕喇特卡伦120里,与布鲁特连界,西通安集延部落;北至图舒克塔什卡伦90里,与布鲁特连界;东北至巴尔昌卡伦140里,与乌什所属之胡什齐部落布鲁特连界;西北至喀郎圭卡伦150里,与布鲁特、安集延、霍罕诸部落连界;西南至乌鲁克卡伦270里,卡伦以南通拔达克山部落;正南通布鲁特、霍罕诸部落。见和宁《回疆通志》卷7《喀什噶尔》,1925年铅印本,第178页。

③ 蒋致洁:《清代后期甘新、绥新、俄边交通路线考略》,见李明伟主编《丝绸之路贸易史研究》,甘肃人民出版社1991年版。

限制，通航河段主要在甘肃、宁夏境内，即自兰州东向至靖远，经靖远至玉佛寺至中卫、金积、灵武再而宁夏城，继由宁夏城北经平罗而至石嘴山、磴口等城镇，进入河套地区，直到包头。在兰州、靖远至上河沿，多为峡谷急流，只能通行皮筏和扎木筏运木材。1932年时，由中卫经宁夏城、磴口、包头以下，逐步通行木船。大木船载货5万斤，小者1万斤。① 自水路行走的天数，中卫至包头约需要十三四日，若由宁夏城则10日可达，由平罗之石嘴镇上船，"只七八日耳"②。所以，长期以来，西北地区黄河上游水路的主要交通运输工具是皮筏、木筏。

公路交通是近代化的产物。1930年后，公路的修建和汽车运输逐渐兴起，加快了商品流通和商贸的便利，也使城市间的距离缩短。兰州往东的公路运输货物，经平凉至西安。凡抵运西安的货物，由陇海铁路运往连云港，转运上海、青岛、天津等处，是西北货物出口的捷径。由兰州往南的货物，经临洮至天水。在此分道，南行经武都入四川，东行经凤翔至西安。由兰州西行则至西宁，再连通西宁为中心的商路。自兰州西北行，是著名的河西走廊，道经凉州、肃州至星星峡而入新疆。由兰州的北路，经宁夏城至包头。大部分的时候，货物均行水路。走陆路的，自北行进货后运销陇西，再经内蒙古草原运抵甘州，踏上河西走廊。随着以畜产品贸易形式为主体经济的活跃，也带动了作为中心城市周边可以称为点的、一般城镇交通地位的凸显，如位于青海西部的丹噶尔，甘肃西南的临洮、临夏，宁夏东北部的石嘴山等，均一度成为农牧区商品汇集外运的结合部。

清末陇海铁路西延的终端在兰州，可以说这是中国西北角最早的铁路。光绪三十一年（1905），陇海铁路动工，至1952年贯通至兰州，其间因经费战事等多种因素影响，修建进展缓慢。直至

---

① 王金绂编：《西北地理》，北平立达书局1932年版，第230—231页；又民国《甘肃省志》，《稀见方志》第33卷，第83—84页。
② 民国《甘肃省志》，《稀见方志》第33卷，第132页。

1939年，宝鸡至兰州段铁路动工，1945年年底，通车至天水。可见陆路的主要交通工具，在时代变迁中也更新换代。从马车、骆驼到汽车、火车。至1940年代，兰州至西安之间已经有飞机运输商货。[①] 商贸交通跃上新层，商路畅通。

---

[①] 萧梅性:《兰州商业调查目录》，陇海铁路管理局1935年版，第112—113、115—116页。

# 第一章　商路沿途主要府城及其辐射区的商业与商贸化

西北的商路及商路上的主要府级城市发展的动力，包括自生动力和外部推动力。所谓自生动力是指城镇在区域中拥有不同生态位势差，并以此形成自我驱动。① 在区域城镇发展的早期，这种生态位势差，一般是由具体地理区位环境的自然差异造成的，城镇发展到一定程度后，多种社会经济、生态因素在不同场所以不同方式对城镇进行作用，如商贸经济等的集聚与扩散，外部交通网络化的发展、自然环境的制约等，均对城镇的生态位势差进行着修正和改变。有的城镇地位凸显，有的逐渐被替代。将这一原理引申至城市学，即指城市某一特殊像的功能及其所起到的应有的职能，而这些职能仅在其所生存的区域中体现，一旦离开特殊的生态区，显示其特点和作用的职能就会改变。所以，对商品在区域适应性、市场分布在城市中的地位以及市场中心地的形成与向周边的辐射等，社会进程中不同区域人口对商品的需求与关注，均影响着城市商业贸易的展开与变化。②

市场是商品交易的场所，更是商品交易的基础。市场条件的优劣在很大程度上决定了商品贸易的兴衰。在有关商业市场以及市场层级与城市关系的相关研究中，施坚雅对中国市场层级的划分较有

---

① 朱春全：《生态位态势理论与扩充假说》，《生态学报》1993年第3期。
② 相关内容参见赵珍《黄河上游区域城市研究：1644—1949》，中国社会科学出版社2016年版，第317—357页。

影响，其认为中国社会的长期性和稳定性特征使得一部分地区的市场结构在明清时期已经达到了比较成熟的水平，层级性特征明显，有基层市场、中间市场以及中心市场三个不同的层级，相对应的为农村市场、处于中间地位的商品交易场所以及处于中心地位的重要商品集散地。① 吴承明的研究也具有开拓性和深度，指出清前期存在地方小市场、城市市场、区域市场和区域范围的大市场，并以粮食、棉布、茶叶等商品的流通为中心。② 许檀对区域市场问题有一系列的考察，认为明清中国城市与市场的划分上有流通枢纽城市、中等商业城镇和农村集市，可以看成是对施坚雅市场层级理论的回应，也是对中国区域市场发展具体特征的见解，并强调这种市场层级的形成是中国市场机制发展的必然结果。在此基础上，她还对明清时期华北的市场层级和城镇以及市场层级划分过程中遇到的数据资料缺乏乃至市场层级划分过细对研究带来的困难进行了探究，对江南和华北的市场层级展开了对比，讨论区域环境差异对商业发展的影响。她还结合各区域的特征，从碑刻等资料入手，对西北区域的商人及其所从事的经营与社会活动等进行讨论。③ 基于既有研究丰富成果，兹仅就清代至民国时期的西北商贸与城镇关系聚焦于商路构建及其相关问题而作简要考察。

## 第一节　西北的商道及运输成本

西北的商道，是由或私或官的商人、商帮在积年累月地贩运和转运商品过程中踩踏开辟而成的，客观上与城市聚落点与圈层的形

---

① ［美］施坚雅：《十九世纪中国的地区城市化》，见［美］施坚雅主编《中华帝国晚期的城市》，叶光庭等译，中华书局 2000 年版。
② 吴承明：《论清代前期我国国内市场》，《历史研究》1983 年第 1 期。
③ 许檀的系列论文，即《明清时期城乡市场网络体系的形成及意义》，《中国社会科学》2000 年第 3 期；《明清时期华北的商业城镇与市场层级》，《中国社会科学》2016 年第 11 期；《明清时期区域经济的发展——江南、华北等若干区域的比较》，《中国经济史研究》1999 年第 2 期。

成相辅相成，因道路所在地理环境和商道畅通与否等因素影响官商营运成本。因此，商路以陆路为主，也有水运。各商道以位于陕西通向西北的咽喉要道兰州为中心而四散开来。自兰州逆湟水西行，接大通河流域，可进入青海西部。自兰州沿黄河东北行，可直达宁夏所在的河套平原。东南经河曲、沿洮河行，可达川北草原，向西北接永登，直通河西走廊，经青海南山，进入新疆，也可经河西走廊及其西端的嘉峪关，分入哈密、喀喇沙尔、库尔勒及乌鲁木齐等处。兰州的东部为渭水流域，是自中原通西北的结合部。清代以来西北交通的驿路、大车道和汽车路的演进，构成了西北商道的主体，商贸的发展也开辟了商道捷径，加之运输工具与交通设置等的改变，缩短了交通距离，与节省运输成本相关联。

### （一）从驿路、马车至汽车道

最初的商道，与官道合一，驿路也承担着官商道的职能。尽管设置驿站的初衷在于"速于置邮而传命"，"断不可以赢敝致稽迟也"[1]，但是在客观上起到连接各驿站及城镇间商路的作用，并为城市消费所需物资的传递开通道路。同时，中原王权控制势力向边界地带的不断推进，也标志着商路在驿站及城市范围的辐射与交通网络的形成。也就是说，在很长时期内，官方所设驿站不仅担负着传递信息的功能，也体现在经济价值方面。

截至道光十三年（1833），官方十分重视西北的驿站建设。如甘肃会宁县保宁驿，位在城内县署西，由于位置重要，传递信息事务繁重，于乾隆二十六年（1761），增添马夫马匹。翟家所是乾隆四十二年（1777）添设的腰站，先租赁民房，道光十年（1830），又购置城内中街房屋一所。同时，由于会宁地位变化，将干沟驿、郭城驿分别改拨兰州、靖远管理。[2] 清代以来的一般驿站，设施较

---

[1] 顺治《庆阳府志》，影印本，甘肃人民出版社2001年版，第540页。
[2] 道光《会宁县志》卷之3《建置志·驿递》，《集成·甘肃府县志辑》第8册，第90页。

为齐全，有马王庙、房屋棚槽、马厂草场等，且以驿站交通的冲僻程度，配备不等的马夫、马匹。

西北的驿站大多设在县城内，如兰泉驿，设兰州府城附郭皋兰，洮阳驿设狄道州城，庆平驿设在渭源县城内，凤林驿设在河州城内，古城驿设在靖远城内。① 也有的驿站设在城外，河西走廊的永登城外，设置驿站 5 个，即本城驿、东平城堡驿、西大通堡驿、通远堡驿、武胜堡驿，相距 30—70 里不等。从所设驿站居地的名称和位置来看，多设在永登城边缘"堡"内。驿站以堡为据点，分别通往皋兰、碾伯、古浪等城镇。②

另外，地僻事简之处，清初不设驿马，仅以铺司传递公文。如崇信设左城铺、拽兵铺、屯头铺。其中屯头铺北递华亭，南递陇州。乾隆年间，改隶泾州，废拽兵、屯头，由左城直递安定驿。1912 年，改驿归邮政，取消铺司，邮资由办公经费开支，邮路东通泾川，西达华亭，邮差 1 名，4 日一班，以泾川为管理局，县城设代办所，负责收发公文函件。"交通上极称便利。"③ 也收发商货。有些县城，受地理条件限制，商路交通并不便。如夏河境内，自最东端的土门关至拉卜楞寺，之间距离虽说仅为 80 千米，由于道路崎岖，加之以骡马畜力为主要交通工具，日行不足 30 千米。货物出入需要陆路、水路接替进行。一般先将货物驮运至永靖河口，再用皮筏装载经黄河运往兰州、包头。1923 年成立三等邮局后，也用邮局包裹邮寄羔皮。④ 故而，步入民国后，已有的驿站站点被近代邮传所取代。

大车道是清代以来西北商路及其交通的主要运道，也是后期汽

---

① 道光《兰州府志》卷 3《建置志·邮驿》，道光十三年刊本，第 216—219 页。
② 民国《永登县志》卷 2《建置志·驿传》，《方志丛书·华北地方》第 344 号，第 37—38 页。
③ 民国《重修崇信县志》卷 2《经政志·驿传》，《方志丛书·华北地方》第 336 号，第 139 页。
④ 民国《夏河县志》卷之 6《交通》，《方志丛书·华北地方》第 346 号，第 69 页。

车道的主要交通设施基础。以兰州为中心的商业交通网可分为三级，一级是连接兰州、西宁、宁夏以及乌鲁木齐的主干线，最初以官道，或者说大车道为主，是构成西北商业交通网的主要道路，民国以后逐步被汽车道柏油路所替代。二级是以这些主要城市为圆点向周围辐射的支路，基本以各省府为中心的省道，连接省级城市间交通。三级为连接驿站、城堡、市镇的道路交通，是以州县级别为中心，并为连接各城市间交通的基础。交通工具有骆驼、骡、马、牦牛。多以骆驼为主，有驼轿、驼车、驼驮。牦牛为运输所必须工具。骡、马多用于代步。

一二级间区别不太明显，如兰州作为四通八达的中央区，一级干道有两条：一是自东北经靖远入宁夏，二是向西入青海西宁。以西宁为中心所辐射的支路即属于二级，主要是自西宁向西南逾昆仑山，过鄂陵湖经玉树，再过拉当岭入西藏境，以达拉萨。自西宁向西绕青海，经都兰县，至柴达木，自此而北达酒泉。复由柴达木西南渡黑水，达西藏。以宁夏为中心的支路两条。即由宁夏沿黄河南行，渡河经宁安堡，转东南入甘肃境。经同心城、固原，而至泾川。自宁夏向西北，达紫湖县。经这些交通的末端，均能连接进入新疆之商道。①

新疆以东的商人分东、北两路进疆。东路，指从陕甘进疆，是从西安经兰州、酒泉、玉门至哈密。运输工具以马车为主，还多是四马拉的大车，每车载货1000多公斤，运费较贵，沿途关卡又多。自西安至乌鲁木齐，距离二千七八百千米，行程约五个月。北路是从内蒙古及沿线草地进疆，也称草原商道，是从归化城经大草地，再至古城，相距1000多千米。以骆驼为主要运输工具，每驼可载货约200公斤，运价在早期约纹银10两。沿途没有关卡。自归化城经大草地至古城，一般情况下，行程至多三个来月。

北路比东路运费廉，时间短。因此，经草地的北路成为关内商

---

① 王金绂编：《西北地理》，第212、222—223页。

人入疆的主要交通线。而出嘉峪关至南疆的喀喇沙尔三城，均无别路可以绕越，惟喀喇沙尔所属之库尔勒，向有小路沿山行走，直通喀什噶尔所属之伊勒古楚卡伦。库车所属之沙雅尔，有赴和阗捷径。阿克苏所属之浑巴什河向东，有通和阗大路。①

进入新疆北路参与贸易的商人被称为北商，或旅蒙商，多以山西籍人为主。北商集中于北方主要的商贸城市归化城，在此地的衙门领票后入疆。乾嘉时人纪昀在《乌鲁木齐杂记》中说，新疆古城的"大贾皆自归化城来，土人谓之北套客，其路乃客赂蒙古人所开，自归化至迪化仅两月程"②。《归绥县志》中对北商进入新疆的草原商道又有详细的记载，分北、中、南路。北路，也称绥新北路，因经今内蒙古大部分地区，又称草地路。分为大小西路，小西路经武川、百灵庙等处，大西路经武川、瓦窑等处。两路在哈拉牛敦地方，合为一路，再西北行，抵达古城，再经此南下迪化。都经过武川和百灵庙。

中路，即绥新中路，又名甘边路。商队驮运货物行程约70天，空驼约40天。出内蒙古后，沿宁夏、甘肃西行入新疆。全程"六千余里。自归绥经武川至百灵庙分前后路，到合勒孟台会合，抵明水西行至古城、乌鲁木齐"。南路，即绥新南路，其路程相对较远，全程约七千里，从归绥经包头、宁夏、兰州、凉州等处而达新疆古城，再南行至乌鲁木齐。沿途驼队多"无草可食，故仅车马取道于此"③。

乾隆十九年（1754）四月，甘肃巡抚鄂乐舜奉命悉查往新疆北路军营运茶之路，以便在两个月后将库储茶110余万封押送北路

---

① 那彦成：《那文毅公奏议》卷77《议立茶税》，《续修四库全书》，第497册，第742页。
② 纪昀：《乌鲁木齐杂记》，王锡祺辑：《小方壶舆地丛钞》，第2帙，西泠印社出版社2004年版，第40页。
③ 蔡家艺：《清代前期准噶尔与内地的贸易关系》，见中国蒙古史学会编《中国蒙古史学会论文选集》，内蒙古人民出版社1987年版，第274页。

军营。鄂乐舜经勘察得知，自甘省至北路军营原有两路：一路自宁夏石嘴子出口，经由拖里布拉格至察汉拖罗海推必拉，再往察汉素尔等处，直通乌里雅苏台。雍正年间调拨宁夏满兵前赴军营就走过此路，后因"沿途井泉渐已淤塞，地径亦属荒僻难行"，且在鄂尔坤军营之北千余里，道路迂回，"非徒脚费浩繁，亦且有需时日，似不若由归化城一路之为稳便"。另一路是沿黄河的水路，用木筏运输。即自黄河兰州段顺流而下，直达托克托城。鄂乐舜言"该路一水可通，并无险阻"，约行40日。再自托克托城前往军营，改用驼只驮运。沿途经由土默特、毛明安、吴喇忒、喀尔喀各部落，计程3000余里。然而，在实际运输时，鄂乐舜却选择走陆路。

延至光绪中叶时，自张家口出发的商人至新疆也有两处集聚地。一是奇台县，即古城，为天津、山西各商通行入疆处。另一是哈密，多为俄商所选行之路。而自中国新疆连通俄国的商路细分两条四道，即北路为伊犁、塔城两道，南路为乌什、喀什噶尔两道。所通行各道的边卡，以塔城之苇塘子，伊犁之尼堪卡伦，乌什之依布积引、喀什噶尔之明瑶路为扼要，各卡验销执照办理。①

各种陆路交通得到规模化整修，与国家重要的军事经济活动相关联。同治年间，左宗棠西征，整修大车道。因为军需，又是大军筑路，道路质量要求较高，所修路宽10丈左右，可供两辆大车并行，最宽的地方有30丈。对所筑路基状况十分重视，如在修筑从平凉至兰州的道路时，由于路经黄土高原山洪冲刷地带，地基不固，一旦遭遇洪水，很容易造成路基塌陷，阻塞交通。遂在平凉三关口开辟了一条长约20里的新路，三关口以西，沿泾河走向，修筑石块路面40多里。还修建了不少桥梁，仅在泾州至河西永登一线，就建筑木石砖桥80余座。② 同样，1938年，为解决抗战运输，

---

① 电报档，新疆巡抚潘效苏，为饬新疆各路扼要验销执照事，光绪二十九年七月二十九日，档号2-04-12-029-0651。

② 陈琦主编：《甘肃公路交通史》（甘肃省公路交通史编写委员会），人民交通出版社1987年版，第133页。

加强通往国内外的运力，一些城镇周边旧有的驿道、大车道才逐渐加以修整拓展。共整修驿道 8 条，总长 3351 千米。整修大车道 10 条，总长 4821 千米。① 所以，至 1930 年代，驿路、大车道与新兴的汽车路同时并行。

大致在民国三十四五年始，随着西部开发，畜力马路变汽车公路，公路规模有所发展。但仍以兰州为中心，主要向西北、西南方向辐射。1936 年，宁夏可通行的汽车公路计干线 3 条、支线 10 条，全长 1552 千米。至 1949 年时，甘肃有公路 34 条，总长 5161.1 千米，实际通车能力仅限于西兰、甘青、兰宁等 19 条公路，总长 3279.8 千米。②

西北公路管理局所修西兰公路，"实际路线仍为旧基"，略加补筑桥梁、涵洞若干，通车后，汽车运输能力逐渐提高。1941 年，西北公路运输管理局宁平运输段，在固原、同心城、吴忠镇、宁夏城、三营、中宁设 6 个汽车站，开展客货营运。次年，增设平罗、石嘴山、三盛公、陕坝汽车站。从 1940 年至 1945 年，宁固绥运输段在宁夏的营运业务，每年客运约 5000 人次，140 万人/千米，货运约 2 万吨/千米。同年宁夏有公路 15 条，全长 1558 千米。③

除了上述陆路外，水运也是西北商路的主要途径。水运多以皮筏为运输工具，用羊皮或牛皮制成，也称羊皮筏子，或牛皮筏子。由于其造价相对低廉，又便于航行，载重量也大，是黄河航运的一大特色。当然，也有木筏。主要在黄河、洮河、大夏河上"放运木材，连成木筏，兰州以下亦有于木筏之上运送货物和人客的"④。而由兰州上溯至西宁，多急流，不能行船。西宁所出货物，多用皮筏运往兰州。⑤ 牛皮筏最大载重量可达 20 余吨，羊皮筏载重量仅 1

---

① 王化机：《西北公路局概略》，《甘肃文史资料选辑》1983 年第 14 辑，第 127 页。
② 陈琦主编：《甘肃公路交通史》，第 290 页。
③ 吴忠礼：《宁夏近代历史纪年》，宁夏人民出版社 1987 年版，第 299 页。
④ 张思温：《河州经济琐谈》，《临夏文史资料选辑》第 2 辑，第 12 页。
⑤ 王金绂编：《西北地理》，第 230—231 页。

吨左右，只适宜作短途商品运输。从兰州运往宁夏的货物，多用牛皮筏运至中卫，改换木船运输，而皮筏则放气后由陆路运回，① 周而复始。

新疆伊犁河的航运，多以木材运输为主。乾隆二十八年（1763），在伊犁九城的建筑过程中，所需木材便是"从哈什、空格斯等河道造筏直至城工对岸"②。起初，驻防官兵及商民营造室庐必需材木，向来俱听民人于伊犁南北山场"自行砍伐售卖"，后因"贩卖木植者，水运陆运，无人查问"，且"水运省脚"，以致经营木植的商人"日久业集"。随之，清廷对经营木材生意加以管理，"于伐木民人内择其老成妥实者，设为商头，官给验票"，"定以抽分"纳税。③

公路出现之前，黄河水运承担了绝大部分的运输任务，特别是清末天津开埠后的与京津地区贸易往来的大部分货物。据1922年统计，"宁夏、甘肃和青海各地通过北路（兰州经宁夏至包头）运出的土特产皮毛、药材、盐、碱和粮食，每年约25000吨，而由包头运回的工业品布匹、茶叶、煤油等约7万余件箱。这些进出口物资运输，全赖民间承担，其中船筏运输占70%"④。抗战时期，伊犁河水运的国际航运开通，1937年6—7月，中国与苏联之间达成轮船与货船租赁协议，商议在伊犁河上运输的货物总量固定为16550吨。主要将伊犁的毛皮、矿产资源运往苏联，运来对方的工业品与生活用品。⑤

渡口是河流沿岸一定区域内人流、物流的汇集和中转中心。黄河水运最便利和运输量大的区域为宁夏中心段各城镇，所设渡口也最多，尤以中卫县最多，有渡口11个，灵武有渡口3个，金积有

---

① 胡序威、刘再兴等：《西北地区经济地理》，科学出版社1963年版，第101页。
② 徐松：《西域水道记》卷4《伊犁河》，道光刻本，第301页。
③ 道光《新疆识略》卷9《财赋》，第900页。
④ 吴忠礼：《宁夏近代历史纪年》，第178页。
⑤ 《民国年间新疆裕新土产公司》，见《新疆商业志简讯》第18辑，转自祁若雄《新疆伊犁河航运开发始末》，《中国边疆史地研究》1990年第5期。

渡口1个，平罗设有若干渡口。光绪年间，绥远将军贻谷招民开垦，在蒙古族所居五堆子至红崖子一带设置渡口。如李刚堡、头闸、红崖子等处。还设有私渡口。① 在宁夏地区的所有渡口中，大多"列肆十余，贸易尚盛"。如中卫的新墩"为黄河船只航运之起点"。灵武的横城也是"西临大河，帆樯云集"，"凡由水道运往宁夏之货物，均于横城对岸上路"②。

晚清洋行贸易兴起后，在中卫设立渡口，且发展成为重要的码头中转集运中心。据民国《朔方道志》记载，中卫有渡口11处，其中影响较大的是炭场子、新墩和莫家楼，均位于城南。③ 石嘴山的水运地位也十分重要，依山而营筑，西高东下。地处"阿拉善蒙古与宁夏道属平罗交界之地，黄河纵贯南北，大山回抱东西，形势一束，诚要隘也"④。为连接甘肃、宁夏和内蒙古包头的重要水路枢纽。近代以来，一度成为宁夏重要的对外贸易城镇和区域中心市场。"有洋行三四家，皆设庄号以收皮毛货者。入口皮毛各货，皆于是处装载起运，沿河帆船停泊百余只。"也有行商各行专在甘、青一带收买皮毛，集中于此，待梳净后包装，以骆驼或木船载赴包头，岁约皮百万张，毛三千万斤左右。⑤

渡口不仅是区内人们往来的重要卡口，更是通向外界、沟通交通和商贸的要地。当黄河两岸所设渡口不能满足人民需要的地方，架设浮桥。至1934年时，贵德与贺尔加地方的渡口设置浮渡。所赖渡河，完全是牛羊等皮筏。⑥ 洮水上也建有洮水浮桥，1946年重

---

① 民国《朔方道志》卷5《建置志·渡口》，《集成·宁夏府县志辑》第2册，第284—288页。
② 叶祖灏：《宁夏纪要》，《史地文献》第25卷，第531页。
③ 民国《朔方道志》卷5《建置志·关梁》，《集成·宁夏府县志辑》第2册，第285页。
④ 陈赓雅：《西北视察记》，甘肃人民出版社2001年版，第47页。
⑤ 督办运河总局编辑处：《调查河套报告书（二）》，京华印书局1923年版，第194页。
⑥ 王昱、李庆涛编：《青海风土概况调查集》，青海人民出版社1985年版，第185页。

修。① 桥以十船贯铁索，实为 12 船，上铺木板及沙土，通车辆。尽管"水碧而流急，舟身摇摆不定"②，可是起到了方便民众和沟通商贸的作用。

### （二）商道捷径与运输成本

西北地域辽阔，商道险远，商人追求利益最大化，不惜求险省时，所以冒险行走捷径是商人赚取利润的组成部分。与此同时，官方在交通设施上的投入以及交通工具等的变化，乃至边地道路安全度的提升，均在客观上起到缩短商路距离与缩减营运时间的作用，有益于商贸发展。

进入新疆境内后的商道选择，受边疆安全与治理的需要有所不同。天山南北之间的众多捷径，因其军事地位，并非商民随意通行，或禁止，或设卡，纳入官方的考察与治理视野内。道光七年（1827）八月，道光帝曾派德英阿秘密查探伊犁往来喀什噶尔的捷径，"踩度该处路径及程站里数，军行有无窒碍"，并查明沿途有无开阔空间供战马休整，以提高伊犁到喀什噶尔的行军速度。并言"此系朕思患豫防，可以不用，不可不备"③。同年十月，再次要求勘察伊犁至乌什捷径。道光帝言："朕闻冰岭迤西，另有一路可通乌什，更为便捷。"④ 后查明此路所经之地多为布鲁特游牧之处，勘得"伊犁由特穆尔图海北至喀什噶尔草地，不但较冰岭一路平坦易行，即比之海南一路，亦有树木可供柴薪"⑤，军队换防极为便捷。此前，陕甘总督那彦成调查时亦发现，民众、商人多行通南北疆的这些捷径而并非冰岭道，如有民众偷越位于阿克苏西南的巧塔尔达坂，而赛里木的阿尔通霍什也是商人通往伊犁的走私

---

① 临洮县志编委会编：《临洮县志》（下册），第 270—271 页。
② 顾颉刚：《西北考察日记》，见《甘肃文史资料选辑》第 28 期，第 25 页。
③ 《清宣宗实录》卷 123，道光七年八月戊子，《清实录》第 34 册，第 1066 页。
④ 《清宣宗实录》卷 127，道光七年十月戊寅，《清实录》第 34 册，第 1121 页。
⑤ 《平定回疆剿擒逆匪方略》卷 50，道光七年八月，第 2985 页。

捷径。①

不管是战时出奇兵,还是平时商人犯险走私,都表明捷径并非日常众人所行之道。为缩短南北疆之间行走距离,管控南北交通,官方有意畅通伊犁与阿克苏之间的冰岭道②,"令南北必经冰岭一路,方不失前人措置之宜"。然而,冰岭虽为官道,路况却十分恶劣,那彦成考察后如是记:"冰岭一径,陡滑异常,盘旋八九十里,至峻处步步皆现修冰磴,三日不修,一人一骑不能飞越,诚为南北路之扼塞。"且"此路非日常修垫则不可行,寻常无事则修之而行,倘一旦有事,我且不修,即成废径"③。直到咸丰年间,亲行者称"人马履冰而行,高下曲折,极崎岖之致,逼仄处路仅一线,异常危险"。冰岭捷径之险与道路维护成本之大,只有倚国家之力方能够承担,且需时时修葺,时时巡查。即便如此,冰岭道始终是南北通行要隘,长期以来"伊江戍卒换防恢武及南路各城运送官物者,均取径于此"④。把控冰岭一道,是管理南北疆资源往来的必要策略。这也正是那彦成认为的若南北疆只通此径,反而便于来往物资管理与稽查,修冰岭道"此中操纵实有深意"之所在。⑤

当然,鉴于冰岭险峻的路况与投入成本,那彦成也不得不承认"改由他径,于兵、回行走,原属两便"。可是,对于军事交通位置重要的一些捷径,尽管不能减少投入成本,其也依然坚持设卡禁行,并奏报清廷"拟将现在查出私通伊犁捷径,无论几处,概行封禁。并酌派本城官兵数十名分拨设卡,轮班严查偷渡,借以稽查

---

① 《那文毅公奏议》卷75《查勘路径》,《续修四库全书》,第497册,第678页。
② 关于冰岭为穆素尔岭道的相关研究,参见王科杰《清代新疆冰岭道建置考》,《中国历史地理论丛》2020年第2期。
③ 以上引文见那彦成《那文毅公奏议》卷75《查勘路径》,《续修四库全书》,第497册,第678页。
④ 以上引文见景廉《冰岭纪程》,沈云龙主编:《近代中国史料丛刊》第36辑,文海出版社1969年版,第358号,第43、22页。
⑤ 《那文毅公奏议》卷75《查勘路径》,《续修四库全书》,第497册,第678页。

叶、大黄之出入。封禁之后，倘有私贩，一经盘获，治以应得之罪"①。投资设卡，盘查偷越，对捷径严防死守。

清廷不仅把控南北疆直通的捷径，对于由南疆周边经卡外绕越至北疆的近道，也纳入边地安全的提防之列。比如历年南北疆换防官兵并不取道冰岭，而是从卡外经过布鲁特，过那林桥至喀什噶尔。如此行走，均因"每年带兵会哨，修除积草乱石，年久悉成坦途，便捷之径，殊未周密。"为提防布鲁特商人走私或"惹事作乱"，新疆地方官又在"伊犁西南哈布哈克卡伦、乌什以北贡古鲁克卡伦各添派官兵，认真巡防，不准夷民取道往来"②，"庶奸商无从偷越，而有此一路备而不用，亦为周至"③。可以说，在经营新疆的过程中，清廷提防走"捷径"的意图体现在方方面面，这虽不便于提高交通效率，但在当时的驻防条件下和边地安全考虑，有益于清廷从国家层面管理南北疆各类战备资源往来，是防止商人走私而引发不必要的争端等不利于边疆安全的必要手段。

清廷在商贸营运管理中，将税局设立于行销要隘甚至必经要路，然而，贩运私茶与偷税漏税者，也有捷径可以绕越。这些捷径在战时则为军行便道，在平时则为走私小路，故一直受到地方的极大关注。各隘口间的道路连接，根据其联通地点划分，皆有迹可循。如南疆西四城之捷径大多与中亚各族群相连，故于此偷渡者常将茶叶等货私贩出卡。还如介于南北疆之间的捷径，则主要用于绕越税局逃避纳税。故而，清廷所设稽查走私捷径处，就需要依靠卡伦驻防体系。④ 由此，清廷围绕严查偷越捷径，对新疆卡伦驻兵人数与地点进行了调整。

南疆西四城位于边陲，通外捷径数量其实有限，且有许多就分

---

① 《平定回疆剿擒逆匪方略》卷62，道光八年四月，第3614页。
② 《清宣宗实录》卷142，道光八年九月上，《清实录》第35册，第172页。
③ 《那文毅公奏议》卷75《查勘路径》，《续修四库全书》，第497册，第679页。
④ 卡伦，满语karun音译，即哨所，分为常设卡伦、移设卡伦和添撤卡伦。参见于福顺《清代新疆卡伦述略》，《历史研究》1979年第4期。

布在卡伦附近。西四城中，除去和阗"所属卡伦十二处，并不与外夷相通"①，喀什噶尔、叶尔羌、英吉沙尔三城有卡伦共 20 处，其间俱有小路。道光初年时，由于驻卡兵员稀少，难以履行职能，不仅难查走私，连日常巡防也无法正常履行，故而张格尔之乱时仅数百人围攻就可使三城卡伦沦陷。因此，南疆善后过程中，着意增加西四城卡伦驻兵数，并于各卡伦之间要地加筑土堡，派专员稽查来往人员，使"存城兵力既不单弱，而外夷知各要隘俱设重兵，借可周查出入，实属一举两得"。经过勘察，喀什噶尔的八处卡伦中，喀郎圭、图舒克塔什、乌帕拉特三处为通浩罕要径，最需严密防范，遂于这三个卡伦距离适中的明约洛筑土堡，并将贸易亭设置土堡内，又于"巴尔昌、伊兰瓦斯、伊思里克三卡适中之阿尔瑚庄西，及玉都巴什、伊勒古楚两卡适中之马厂地方，均筑土堡一处"②。叶尔羌、英吉沙尔虽通边部，却并不与浩罕接壤，所以守备稍松，叶尔羌有"亮噶尔卡伦通巴达克山等外夷，库车雅尔卡伦通克什米尔等外夷"、英吉沙尔有"乌鲁克为通各外夷及布噜（鲁）特要路"③，故在该三处建立土堡，加派兵额。

西北商路交通网络的构建，有益于商业贸易的顺畅。然而，西北地域广袤，运输费用，也即脚价过高，对商品成本和商人投入却造成困难，成为制约这里商业贸易发展的另一关键因素，以致运输商品货物的费用相对较高。

前述乾隆十九年（1754），甘肃巡抚鄂乐舜奉旨向北疆军营运输茶叶，选择走陆路。是年七月下旬，押送茶叶的官兵自宁夏起程出口，经鄂尔多斯地方行走，再往察哈尔南运，直入军营大路。押送茶叶的官兵，分为四起，间日一行。派通判、守备各一员，千把总 4 员，佐杂 4 员以及若干跟役等组成的押运队伍。守备每员口内

---

① 《清宣宗实录》卷 146，道光八年十一月癸卯，《清实录》第 35 册，第 236 页。
② 《那文毅公奏议》卷 74《整饬卡伦》，《续修四库全书》，第 497 册，第 657 页。
③ 《清宣宗实录》卷 146，道光八年十一月癸卯，《清实录》第 35 册，第 236 页。

日给银3钱，口外日给银3钱7分5厘；千把佐杂每员口内日给银2钱，口外日给银2钱5分；跟役每名口内日给银6分，口外日给银8分。同行者除了精通蒙古事务者外，还雇了懂蒙古语的翻译4名。① 从中显示，官运茶叶在路径选择上以便捷通畅为主要目的，给押运官兵每人补给工价银差异，表明口外行走较口内艰难，路途苦累，更说明在西北社会尚处于不稳定态势下的官道运输以及商路行走的难处。

20世纪30—40年代，兰州一带的大车道运输，以马拉大车为例，则一匹马拉大车，载重500斤，四匹马拉大车，载重2000斤，商品货物不同，成本不一。如以水烟为例，由兰州运到泾阳水烟500斤，运费19元，需时20天。由兰州运至天水，水烟280斤，运费二十三四元，费时十余天。另如骆驼驮运，每峰载重约200斤，自兰州运至西安，每峰驮运水烟500斤，运费24元，需时20余日。

骆驼、骡、驴的运输，载重量不一，成本也有差异。如以骆驼驮运，自兰州至宁夏，每峰运输280斤，运费13元，需时15天。包头至甘州，每峰驮运280斤，运费三十六七元，需时50天。如骡、驴等牲口二头套一车运输，自兰州至西宁，每运输1000斤，日收费2.5元，费时7天，共计运费15元。甘肃32个县，用于驮运的牲畜中，骡子有12036头，马11061匹，驴82872头，骆驼30458峰。② 骆驼驮运水烟，每只每年甘肃、宁夏各收捐2.5元。

有了汽车后的商品运输，加速了商品转运速度，缩短了空间距离。如汽车装载1.5吨的货物，自兰州至西安，需时四五日。据西宁建设所1934年统计，西宁"近两年来，商人经营之车已有130辆之多"，客运汽车"去年此时每位客座价为十四、五元，每担货

---

① 录副奏折，甘肃巡抚鄂昌，奏明酌办运送军营茶斤并调任巡抚鄂乐舜起程日期事，乾隆十九年六月初十日，档号03-0478-012。
② 萧梅性：《兰州商业调查目录》，第112—113、116页。

物价为七、八元，而今则亦带二十公斤，座价二十六元三角五分，每车虽限十六人，但客多则加至二十人"①。至40年代，兰州至西安之间已经有航空飞机，运输费每公斤三元四角五分。②

每商户每年贩运的货物种类和数量很难有确切的数据可查，仅据1940年前后兰州官钱局赵君湘的货物运输清单可知，一年内自天津至兰州间的丝、毛、棉、麻各货，每担计240斤，运费五十七八元。全年运输丝45担、毛货78担、棉100余担，麻二三十担。全年运输煤油每桶约300斤，每箱11桶，共计3000箱。运输粗细斜布，每担240斤，约二十四五板，年运输800余担。官布20板，百余担。洋布二十四五板，约700担。二十支面纱30捆，百余担。洋蜡每箱16合，共5000箱。铁货240斤，三四十担。纸类16领，百余担。官茶每封260斤，有52封，共400余票。运至宝坻的永机布，每四卷280斤，共运输10800卷。另外，自兰州运至陕西的商货，棉花2包，每包约220斤，共千余担；条烟每2箱380斤，共运输18000担；棉烟每2箱500斤，共运输600担。自兰州运至湖北的府布200斤，有四卷，共运输1000卷。

20世纪40年代，自西北各地运出的商品中，以羊毛和土特产为大宗。青海湟源等处运至兰州的羊毛15000担。青海湟源至天津、甘肃永昌至上海的羊皮运输，每300余张，重280斤，共运输10000余担。自宁夏运输枸杞，每二竹笼240斤，共运输1800担；甘草每两大捆或四小捆为240斤，共运输200余担；发菜每2包240斤，共运输50担。再天津至四川间的糖类运输百余担。自岷县、武都、夏河、西固、西河、礼县运输药材往陕西三原和四川等处，有当归、大黄、党参、黄芪、秦艽等，每二竹笼240斤，共运输23000担。③

---

① 陆亭林：《西宁等处实习调查日记》，见萧铮主编《地政丛刊·土地问题资料》，成文出版社有限公司1977年版，第94595页。
② 萧梅性：《兰州商业调查目录》，第112—113、115—116页。
③ 以上数据均见萧梅性《兰州商业调查目录》，第120—122页。

总观上述商贸运输情形，以陆路运输为主，又以天津输入者为最多，尤其是洋货，多是自天津港入境后运入西北，运输量最多的是各种布料。输出的以畜牧产品与中草药为多，农产品较少。

至于水运成本，以黄河上的皮筏运输为例，西宁至兰州的皮筏水运，需时四五天，运费六七元。兰州水烟皮筏水运，500斤为一担，羊毛以240斤为一担，运费为百元，筏户贴印花税3元，过载行每担抽佣9角。兰州至包头的皮筏，多在城北门外滩，大的皮筏装载10万斤，小的5万斤，运费21元，需时20天。①

横渡黄河渡口的运量并不是很理想，直到民国时期，摆渡的速度和量一直没有得到很好的解决。据陆亭林记载，1934年8月，自黄河八盘台渡河至达家川，用时仅10分钟，但是上下搬运行李货物则费时4小时。且每渡一船的运量：即载驴骡30头，货物30驮，乘客20余人，船手20人。陆亭林等所乘之船，骡约20头，其余运物相同。统计每船载重8吨，每驮船价6角，每骑骡则需1元，每客需3角2角不等。运输工具等的投资而言，船约值价400元，分为15股，由15家认之。开渡时，每家出1人，无论老幼，以股东资格应其名而已，实则摆渡的水手"尽为老弱"。遇到黄河大涨时，水流极速，波浪沸腾，"加雇壮年有力者三五人，方敢引渡"，而"渡价亦增加"。船至中流，水势最急，稍不注意，不能靠岸时，则必须顺水流直下，不易靠岸，数里或数十里不等。"因水涨无岸可靠"的情况也存在,②表明水运交通仍缺乏近代因素。

## 第二节　西北商路上依托各府城的商业贸易

商业贸易与城市的关系密切。商业贸易是城市发展的基础，发

---

① 陆亭林：《西宁等处实习调查日记》，见萧铮主编《地政丛刊·土地问题资料》，第94595页。
② 陆亭林：《西宁等处实习调查日记》，见萧铮主编《地政丛刊·土地问题资料》，第94674—94675页。

展中的城市为商品集散提供场地，是商品发展的条件。城镇发展形成的商业贸易中心以及交易流通网络，成为联结一地与周边城镇的环节，进而促成城镇的稳固发展与体系的形成，相应促成城市商贸辐射的形成和商贸网络的建构。正如施坚雅所认为的，在区域体系理论框架下，包含着以镇和市为连接点的本地和区域体系的层级。而每一本地或区域体系均是一个有连接点的、有地区范围的、又有内部差异的人类相互作用的体制。每一个体系处在不断地有规律的运动之中，而其中的镇和市处于一个城市区域体系的中心，"起着连接和整合在时空中进行的人类活动的作用"[1]。清代以来，在商业经济的带动下，以兰州为中心的西北区域城镇则沿着以本城、城关、堡寨村镇、再城镇间的这样一系列的轨迹而开展经济活动，且有了较快的发展，尤其是步入近代及民国时的西部开发，对这里城镇商业社会的最终形成，起到十分重要的作用。

街市、市集或市镇是城市商业社会发展的重要环节，回顾学界对相关问题的关注和研究，就显得十分必要。关于市镇的问题，韩大成的研究中有详细论述：市镇，或称市集，是商贾凑集、进行贸易的处所。小的市集设立于农村，大的则设置于镇。镇在早期是指一些处于冲要地区的军事城堡或据点。[2] 随着人口集聚，经济发展，人们生活所需的主要物品在这些场所得以交换。明人如此解释村、镇，即"郊外居民所聚谓之村，商贾所集谓之镇"[3]。

此外，韩大成认为，在明代除了定期的集市外，还有固定的店铺，被当时人称为镇市或市镇。即所谓"市镇所以聚贾"。而"集市是介于城乡之间的社会细胞，是城市的坯胎与雏形"。集市大致分为几种形式：最原始的形式是不定期的，规定大致贸易时间的属于半定期，最常见的是指有固定的集场与集期的定期市，比较发达

---

[1] ［美］施坚雅：《中华帝国晚期的城市·中文版前言》，第3页。
[2] 韩大成：《明代城市研究》（修订本），中华书局2009年版，第99页。
[3] （明）正德《姑苏志》卷18《乡都·市镇村附》，《天一阁藏明代方志选刊续编》，影印本，上海书店1990年版。

的集市贸易则称为常市,或日市。① 根据集市贸易的规模数量不同,又有大市(集)、小市(集)和"会"之分,其中"会"是一种特殊的集市贸易形式,是指集期之外所进行的比一般集市贸易繁盛的集市。由于贸易在不同的地点进行,也分为城集、乡集、山市、庙市与寺市。"山市"是指在荒山广场进行的贸易,每年开市一两次,盛况却超过一般集市。庙、寺市形式,即于寺庙地方进行的集市。这些均为城市市镇研究廓清概念,为后人研究所起的基础作用不可低估。清代,在西北的西宁、宁夏族群集聚多元区,有繁盛的市镇,尤其在西宁府辖边界之日月山农牧交界处长期存在的"市口镇"。

实际上,日月山垭口处的贸易,自明代以来就十分活跃,清初在对蒙古贵族实行控制管理时,也制定有相应的贸易规程。所以,不论在清初,还是清中叶,乃至民国初年,这里都是一个重要的市镇中心。另外,该区域的寺庙集市也十分普遍,且是农牧区以及乡村与城镇之间极其重要的交易市场,有的还演变为重要市镇,进而发展为城镇。所以,从街市、市集到市镇的兴起,也是清中期以来西北区域市镇发展的重要特征之一,表明市镇的发展与商品经济发展有着直接的联系。兹就西北城镇的街市②、市集、市镇及相关组织机构等方面加以讨论。

## (一) 府城内的商业街市

清代以来的不同时期里,作为西北府城一级的兰州、西宁、宁夏城内街市,以及乾隆中叶以来在新疆逐渐兴起的乌鲁木齐、喀什噶尔等城镇为中心的街市中,大部分均划定有专门性的市场,尤其是百姓日常所需的米粮肉菜等生活必需品,基本分布在城中人口相

---

① 韩大成:《明代城市研究》(修订本),第100、101—102页。
② 数据《清代以来西北地区部分城镇街市概表》,见赵珍《黄河上游区域城市研究:1644—1949》,第331—333页。

对集中的街衢。一些较为重要和较高层级的城镇中，出现了具有综合性的商品批发零售兼营的近代意义上的大型市场。

兰州城街市的分布格局自清初基本定型，直至民国初年没有大的改变。康熙时期，兰州城内的商业街已按经营类型划分。有专门从事粮食贸易的称为"谷粮市"，进行牲畜交易的称为牲畜市，如谷粮市在南门内、东关、西关市场。牲畜市有牛驴、猪羊市场各一，均在城东新关。商贾市在东关、南关、南门内。① 乾隆年间，街市贸易类型和场所基本保持不变，如"南市、西市多五谷，东新关市多挚畜，南门外即南郭店铺，则商旅萃焉"②。时人称兰州府城"山环水绕，炊烟出屋瓦者万家，廛居鳞次，商民辐辏，扼敦煌、酒泉诸郡，此则总其枢纽，成一大都会，而居其形胜地"③。

延至民国，街市分布、交易规模和形式随着近代元素的增加而有所改变。"城南门内及东关、西关多五谷；东新关城壕，多孽畜；南门内外、西大街及南关店铺，则商旅之货萃集焉。"④ 1915年前后，街市在上述格局的基础上有所扩展，表现在兰州雷坛河、中山铁桥南头、水北门、西城壕、东稍门一带，先后自发地形成小的蔬菜市场。每天清晨有农民、菜贩、市民进入市场，买卖蔬菜。菜价随行就市，自由交易。⑤

当然，城内形成的很多大商店"司钱谷之权"。所经营的输出品以黄烟、水烟、羊毛、羊皮、药材、食盐为主，输入品以白大布、洋布、斜布、杂货、糖、纸、茶、瓷器等为主。此外，有外国洋行7处，专购羊毛及其他土货。其购羊毛年额达300万斤。织呢

---

① 康熙《兰州志》卷1《地理志·坊市》，《集成·甘肃府县志辑》第1册，第63页。
② 乾隆《皋兰县志》卷12《古迹·坊市墓寺观附》，《集成·甘肃府县志辑》第3册，第102页。
③ 绰奇：《修建北山慈恩寺碑记》，碑存兰州黄河北岸白塔山寺。
④ 民国《甘肃通志稿·建置志一·县市》，《稀见方志》第27卷，第243页。
⑤ 兰州市地方志编纂委员会等编：《兰州市志》第27卷《蔬菜志》，兰州大学出版社1997年版，第113页。

局在通远门外，规模宏大。洋蜡胰子工厂，在城北黄河之畔，并产陇缎、漆器、毛毡、皮革。① 呈现出"商贾骈集，阛阓四达，肩摩毂击，冬令尤甚"的商业繁荣情形。

1928年甘肃分省时，将城内东大街普照寺一带改建为综合性市场，名为中山市场。历时半年，"三月经始，九月落成"。建筑用大洋44067元，当年收租额洋4867元。整个市场依照地形而成，东西21丈，南北83.8丈，面积1743.16方丈。市场内有街道3，街名5，即中街、东街、西街、东后街、西后街，铺面180余间。工商业79家，饭店7家，小贩地摊69处。与商业相关的配套服务设施有营业部3，银行兑换所1，货架60具等。② 随着中山市场商业规模提升，仅股份有限公司就有12家，分公司17家，资本额高达8685.74万元。③

1932年时，城内商业繁华的街市，有东大街、西大街和南大街，其中以南大街为最盛。④ 城内的商店总数也逐年增加，有商行30多个，分别为皮货、药、砖茶、烟丝、杂货、山货、酒坊、粮油以及京货行等，各行店铺多者百家，少者数十家。⑤ 商业精华，最主要集中在南关与东关，尤其是南关，为兰州城商业最集中、最繁华的地方。许多著名的行店都设在这里，如许多京货店、行栈店即分布于此。⑥ 至1945年时，城内商行已经达到2095家，营业额达十多亿元。⑦

抗战后期，兰州城市商贸经济有衰败趋势。1948年春，兰州城内倒闭的商店有35家。1949年，自行关闭的79家，申请停业

---

① 佚名：民国《甘肃省志》，《稀见方志》第33卷，第30—31页。
② 民国《甘肃通志稿·建置志一·县市》，《稀见方志》第27卷，第248页。
③ 杨重骑等：《兰州经济史》，兰州大学出版社1991年版，第170页。
④ 王金绂编：《西北地理》，第418页。
⑤ 杨重骑等：《兰州经济史》，第170页。
⑥ 钱宗泽：《兰州商业调查》，陇海铁路管理局1935年版，第2页。
⑦ 陈鸿胪：《论甘肃的贸易》，《甘肃贸易季刊》1943年第4期。

的 48 家。① 形成新中国成立前夕"十有八九""内控外虚,奄奄维生的境地"②。参见表 1-1《民国时期兰州商业统计概表》。

表 1-1　　　　　民国时期兰州商业统计概表

| 行业 | 店铺 | 数量（家） | 资本额（元） | 经营范围 |
| --- | --- | --- | --- | --- |
| 京货行 | 协成裕、德新恒等 | 80 | 50000—1000 | 毛呢、羽毛纱绸缎等土布 |
| 杂货行 | 泰元涌、敬义泰等 | 77 | 50000—1000 | 布匹、纸烟、杂货等 |
| 茶业行 | 天泰和、福茂盛等 | 32 | 50000—5000 | 砖茶 |
| 土布行 | 德合生、敬信义等 | 15 | 50000—5000 | 土布 |
| 药材行 | 长春堂、万顺堂等 | 48 | 20000—500 | 党参、大黄、甘草等 |
| 皮货行 | 玉兴成、天盛生等 | 13 | 10000—3000 | 猞猁、狐皮等 |
| 海菜业行 | 万聚和、三合公等 | 14 | 30000—2000 | 海参、雪白官燕等 |
| 靴鞋行 | 新履鞋店、天生甡等 | 24 | 5000—500 | 鞋、靴等 |
| 染行 | 义兴和、义顺公等 | 13 | 5000—1000 | 布匹印染 |
| 煤栈行 | 茅茨沟、旋风沟等 | 26 | 承租式金额不定 | 煤炭开采、运输、售卖 |
| 书籍印刷行 | 未名书社、步云堂等 | 15 | 3000—500 | 铅印、石印 |
| 骆驼行 | 周泰店、天成店等 | 14 | 5000—500 | 运输、驮货 |
| 山货行 | 复兴成、文聚成等 | 9 | 1000—500 | 土杂产品 |
| 蓬灰行 | 义信勇、文义成等 | 18 | 500 | 蓬灰 |
| 毡行 | 天兴永、天成福等 | 8 | 20000—500 | 羊毛毡 |
| 过载行 | 福兴店、春发店等 | 6 | 20000—3000 | 贸易货栈 |
| 烟行 | 复信永、德生昌等 | 37 | 100000—1000 | 水烟烟丝 |

①　甘肃省政府编:《甘肃省情》第 1 卷,甘肃省图书馆藏,第 115 页。
②　赵景亨、吉茂林:《原兰州私营商业简况》,《兰州文史资料选辑》1985 年第 3 辑。

续表

| 行业 | 店铺 | 数量（家） | 资本额（元） | 经营范围 |
| --- | --- | --- | --- | --- |
| 铁行 | 天德福、长盛泰等 | 4 | 80000—10000 | 铁器 |
| 盐业 | 云集祥、永兴和等 | 17 | 10000—1000 | 各类食盐 |
| 筏子行 | 长兴德、天顺永等 | 10 | 4000—500 | 黄河运输 |
| 西药业 | 中外药房、华泰厚等 | 5 | 10000—2000 | 西药 |
| 饭馆业 | 仁和园、林盛馆 | 35 | 6000—500 | 各类饮食 |
| 照相业 | 宝生、华美等 | 7 | 6000—1000 | 照相 |
| 旅馆业 | 陇海旅馆、大旅社等 | 9 | 500 | 旅社 |

资料来源：参见潘益民《兰州之商业与金融》，商务印书馆1936年版，第37—138页。

从表1-1可见，兰州地区包含主要商贸行业共计24种。京货行、杂货行、药行作为民众需求最为集中的行业，分别有门店80、77、48个，遍布整个兰州及近郊，这种行业除了面向城市居民进行交易外，还是其他地区商品的供应中介，因此资金量需求较大。而具有运输功能，在商业交流中作为中间环节的行业有骆驼行、过载行、筏子行等店铺，多集中于商业贸易中心地、城市关口和黄河渡口，相对而言这类行业的专业性较强，由于设备、人员以及运输周期等因素，导致该类行业需要较为充裕资金支持。

烟行和蓬灰行是兰州地区特有的行业。兰州地区在清末开始大量生产、输出水烟，该行业也成为当地重要的经济来源，民国中期，水烟的销售、输出量依旧较为可观，其门店、资金量也相应较大。甘肃仅纸烟消费年200余万元。[①] 蓬灰是烧制的蓬草灰，有一定的市场和好的销量，与西北地区多食用面食相关联。因面粉发酵后具有一定的酸性，蓬灰含有碱性，中和发酵的面食，使食物更利

---

① 民国《甘肃通志稿·民族志一·族姓》，《稀见方志》第27卷，第580页。

于人体健康。同时蓬灰行相对而言，需要的技术、资金量较小，小本商人的参与度相对就更高。另外，新兴的行业有照相业和旅馆业。照相业完全是近代化以来的产物，店铺全部集中于市中心和人口集聚的区域，在当时属于技术性行业，产品的成本也较高，因此店铺数量不多，仅有7家，资本量却相对较高。旅馆业与旧时代的客栈，或曰大车店不同，主营业务为住宿，经营者多为租赁房屋后进行经营，相对而言兰州此时的旅馆业还较为简陋，旅客日均消费多为4—5角，极少达到1元。

青海西宁府城内各专门的货物"市"场，至乾隆年间时，已相继形成。菜果市在道署西，骡马驴市在石坡街，柴草市在大什字，石煤市在大什字土地祠前和小街口东，石炭市在驿街口和小街口西，缨毛市在祁家牌坊西，牛羊市在湟中牌楼东，硬柴市在北古城街。乾隆四年（1739）之前，西宁无粮面市，人们将粮食"各藏于家"，一城之中，价格互异。自是年起，在地方官的倡导下，"建铺数十楹"，以为储存粮面及交易之所。自此卖价不二，"买者卖者皆称便"。后又另设东关粮面上、下市。上市自史家大店起至柴家牌楼止，下市自东稍门起至西纳牌楼止。①

民国时期，西宁城内商店规模以销售药材、绸缎、皮庄等的铺子为最大。1930年代，西宁城的大小商号多集中于道门街，即东大街。1933年，在原贡院地址设置了中山市场，综合性经营。货物丰富，来自四面八方。有些高档品质的洋货，在西宁的店铺也能买到，甚至可以买到"卡几布、大炮台烟以及其他的真正英国货"，这些货物"全是靠一些专门徒步来往"于中国西藏与印度的商人，青海人称之为"藏货"，商人称"藏客"，由懂汉语的藏胞和少数汉族组成。而每次从西宁至加尔各答的时间，包括冰冻和暑热的阻碍，约需整整一年。这些人组成西宁商业界中一个特殊的

---

① 乾隆《西宁府新志》卷9《建置·城池·街市附》，见李毓澍主编《中国边疆丛书》第2辑第25号，第274页。

集团。①

宁夏府城商业的经济职能，在乾隆时期，就在以政治功能为主导的前提下有所凸显。乾隆三年（1738）地震后，由于城池布局得以重新修整规划，街市较为规范，形成专门的货物经营区。位于镇远门和清和门间的东西大街，是府城商业经济活动的核心地段，各类商品有专营的街区或市场。大什字街的四牌楼是本城的商业中心，"通衢四达，百货杂陈，商贾云集"。西自镇远门起，各种街市相间分布，且向南北小街巷延伸。米粮市在四牌楼西大街，是本城的商业中心，俗呼四鼓楼。羊市在城守营署前，猪市在南关，炭市在羊肉街口南，东柴市在鼓楼街，西柴市在镇武门东，骡马市在新街口北，碴子市在会府西；青果市在会府南；番货市在四牌楼南；旧木头市在箱柜市西；新木头市在道署南，故衣市在羊肉街口，麻市在什子东，箱柜市在管达街口西。② 除了上述专门性市场外，城中大街两边还有许多固定店铺，如在前营街有北临街店铺5间，黄公祠南官铺17间，米粮市官铺5间。还有"棉花店二座，当铺四十四座，布店九座，山货店五座，骡脚店一座"③。城内"人烟辐辏，商贾并集，四衢分列，蕃夷诸货并有，久称西边一都会矣"④。

另外，明清之际，宁夏城内还有许多坊的建筑。如熙春坊、感应坊、清宁坊、修文坊、毓秀坊、永春坊等。各坊设有专门的小市场，十分兴盛。有胡麻市、糟糠市、杂物市、布帛市、果品、颜料、纸笔、帽靴市、苏杭诸货市、五谷肉菜市、猪羊肉脯果菜市、马牛骡猪羊市等。乾隆三年（1738）地震后重建，坊名不存，市亦各异。此外，有鸡市、菜市、煤市、蓝石炭市等。⑤ 市场交易的

---

① 止戈：《西宁一瞥》，《旅行杂志》1945年第19卷第3期。
② 乾隆《宁夏府志》卷6《建置二·坊市》，《稀见方志》第50卷，第294页。
③ 乾隆《宁夏府志》卷7《田赋志·杂税》，《稀见方志》第50卷，第317页。
④ 乾隆《宁夏府志》卷6《建置二·坊市》，《稀见方志》第50卷，第294—295页。
⑤ 汪绎辰：《银川小志·物产》，《稀见方志》第51卷，第156页。

各类货物，均与普通市民的日常生活息息相关，"清代全盛之时，全城人口曾远在 10 万以上"①。增量人口的消费，无疑带动了府城商业贸易的兴盛。

民国初期，宁夏府城商贸依然繁盛，市场格局基本保持不变，各类商品专营分布在固定的街区，共有 17 处。随着外地经商者的到来，城内商人数量增多，规模扩张。1928 年，宁夏城内大小商店共 320 余家，晋商居十之六，秦商居十之二，余则为天津、湖南、四川及本地商店。② 尤其是建省使府城变为省城，街市的繁盛程度增加。连接东西城门之间的主干道（中正大街）仍是本城的商业主街，以玉皇阁为中心的"东、西、南、北四条大街为繁华街道，其中西大街最为繁华"③。由大什字至财神楼段的西大街米粮市是当时最大的集贸市场，生意极为兴旺，"每天到此做买卖的和逛市场的人有几千人之多"④。由此还带动了磨坊、碾坊、粉坊、油坊等与粮食相关行业的发展。一条自南关贯穿全城至北关的南北长街，在城中央与东西大街交会，时人称之为"羊肉大街"，十字交叉路口为全城繁华处，集中了来自天津、汉口等各地商人，各类小商贩亦不少。⑤ 至 1932 年时，城内有"居民三千余户，商店三百余家，市面繁盛，街道整齐，具内地都会之风味。城内多成为洋式门面之商店"⑥，有当铺 19 家，大杂货店 17 家。⑦ 1935 年前后，城内商号增至 428 家，经营百货中以羊皮为大宗。⑧

可见，自清至民国时期，宁夏省城的众多专门性市场都集中分

---

① 叶祖灏：《宁夏纪要》，《史地文献》第 25 卷，第 531 页。
② 王金绂编：《西北地理》，第 420—421 页。
③ [日] 马场锹太郎编著：《新修支那省别全志·宁夏史料辑译》，第 49 页。
④ 于小龙、唐志军：《百年银川：1908—2008》，宁夏人民出版社 2008 年版，第 98 页。
⑤ [日] 东亚同文书会编纂：《支那省别全志》第 6 卷，第 213 页。
⑥ 林鹏侠：《西北行》，甘肃人民出版社 2002 年版，第 191 页。
⑦ 民国《甘肃省志》，《稀见方志》第 33 卷，第 81 页。
⑧ 刘继云：《旧银川的八大商号》，《宁夏文史资料选辑》1986 年第 12 期，第 127 页。

布在东西向的中正大街,并有逐渐向南北街道纵向扩展的趋势,市场分布范围扩大。经营商品种类和行业,除了大量的专门性店铺外,传统的米粮市、骡马市、炭市、羊市、猪市、柴市、故衣市等近20种专门市依然保留延续。其中有固定店铺的坐商,从事贩运的行商和提篮小卖的流动小商贩等,经营规模既有店铺鳞次栉比的商业街区,也有小型的交易市场。属于宁夏南部的固原,在咸丰年间时,城垣基地平坦,居民稠密,"城四门关厢亦开铺面,南门处有过客店一处,以安行旅"①。

位于边陲的乌鲁木齐,居新疆南北经济文化发展的适中之处,带动了新疆商贸的发展。时人称乌鲁木齐为"四达之区,以故字号店铺,鳞次栉比,市街宽广,人民杂辏,茶寮酒肆,优伶歌童,工艺技巧之人无一不备,繁荣富庶,甲于关外"②。新疆建省后,这里为省会中心,商贸地位提升。

对于城镇扩展过程中与市镇的关系,民国时期编纂的大通地方志中载:"古者,日中为市,互聚货财,以交以易,盖有市无镇也。递至于今,生齿日以蕃,备用日以广。于是,本土不足,则必取给于外来,此邦不足,则必取给于他国。贩运于千万里之外,分散于数百户之乡。闾阎则日用而日多,阛阓则愈增而愈众,市之所由始,镇之所由终也。"③ 总之,西北各府城以及重要城镇的商业贸易较为繁盛,有相应的散集、常集,随着人口增加,货物需求与商业经营规模扩大,城内建筑格局日益密集,不仅使城内商业得到发展,且带动了周边乡镇集市的兴起与繁荣。

### (二) 作为最基层市场的乡镇集市

清代以来,西北区域各城镇内的商业分布,除了有商铺、商店为主的经常性的固定的经营场所外,还有每月常设或定期的市集,

---

① 咸丰《固原州宪纲事宜册》,咸丰五年抄本。
② 《西域闻见录》卷上《新疆纪略上》,道光丛书本,第22页。
③ 民国《大通县志》第2部《建置志·市镇》,《稀见方志》第55卷,第690页。

设在城外固定繁华的街道或城关外。这些县城外的集市，也即乡镇集市，实际就是最基层的市场。其存在是构成城内市集繁盛的辅助条件，也是城市外延拓展的基础场所。而城门则成为城市与周边区域间来往的交通节点，所以"紧靠城门外的地区是为乡村居民服务的集市和商业最有利的地方"，城门外附郭的发展，使得城市向郊区辐射与发展成为必然。如"客栈和迎合客商需要的其它服务设施设置，在通远距离商路的几座特定的城门之外"①。当然，清末民国，随着人口增加，原有城的面积不能支撑日益增长的人口需要，城市边界与城郊界线打破，势必在空间上形成连接城门以外具有相对稳定市场的区域，而这些区域就又成为城镇扩展辐射的下一个对象区。

民国时期纂成的《甘肃通志稿》中，保留了西北城镇周边相关乡镇集市空间的详细材料，兹根据记载做简单整理，就其与城距离、地点及集期等作为主要讨论要素，以考察乡镇集市的功能与其对城镇影响。该书记载的今甘青宁所在的四省区共有集场347个，② 其与城镇之间的空间距离不等。若按照每二三十里为等，则可分为四等，一等为距城镇约25里以内，有集场12个；二等为约30—55里之间，有集场128个；三等为约60—80里之间，有集场90个；四等为约90里以上，有集场73个。另外，无明确里数的有44个。在一等中，最近的为5里，是漳县的盐井镇。12个集场中，漳县占到2个。数量少的原因，应该与距离城镇太近，能够在城镇城垣内外，或者近城关处可以贸易解决所需，没有必要设置集市。除非特殊情况，如盐井镇，因以盐矿资源为优势而设置。除了42个无明确表明者外，四等集场也是少数，基本距离都在90里以上，而且多分布在永登、固原地势较为开阔的城镇，永登就有6

---

① 参见［美］施坚雅《中华帝国晚期城市》，第108页。
② 以下分析统计数据参见赵珍《黄河上游区域城市研究：1644—1949》，第334—342页。

个，几乎占到本城乡镇集场 13 个的一半弱。固原有 10 个，占到其集场 18 个中的一半强。而固原的 18 个集场中，有 3 个无明确标注，距离在 60 里的为 4 个，40 里的 1 个。

集场空间分布最普遍的是 30—55 里，有 128 个，占到总集场 347 的 37%。三等的 60—80 里之间，约有 90 个，也占到总集场的近 1/4。如此的布局设计，应该与参与集市贸易及购物、交换者的往返距离、备货时间等因素相关。在以畜类为主要交通工具的时代，备货周期相对较长。另外，在商品交换与消费需要并不急迫的前提下，这样的设置似乎更符合贸易交换的规律。当然，在城镇分布密集区，可以选择性参与相邻城镇间的集市，以弥补不时之需。如此，空间距离与集期的设置就产生了密切关系。

关于集期，每月集期的设定差异性很大，大致分为六类。即常集、单日、双日、两日、9 日集和无明确集期，也有稍微特殊情况的集期。其中 9 日集是按照每月三旬的每旬为周期，择日定集，也即每 10 天有 3 天集日，每月 9 天。如有 1—4—7 日、2—5—8 日、3—6—9 日。这是最常见的，每旬中每相隔 2 日有一天为集日，也较为有规律。还有如 4—5—9 日、3—7—10 日、1—5—8 日、2—6—9 日，这些尽管也是以 10 日为限期，选择集日，每月 9 天，灵台城周乡镇的集期就是这样，但是，安排并无规律，短的连续 2 天，长的间隔 3 天，也有间隔 1 天的。也有每旬 4 天集日的，如灵台东北 15 里的独店镇，以"一三五七"的奇数定日，每月 12 天。上表所列的此类乡镇集期有 138 个，约为总集场的 40%，主要分布在泾渭水上游和陇东地区，以及府城和所属重要的城乡镇。如兰州、西宁、平凉、临夏、临洮、静宁等，都存在无标准的情形。在 9 日集中，有些集场交易历史悠久，有的十分繁盛。如临夏县境内的双城集是自明清以来官方设立的边市贸易，韩家集是全县最大的集市。分上中下三庄。上庄通称韩家集，中庄称磨川庄，下庄称阳洼山。上庄有三条街道，各长里许，集期为二、五、八日，数十里以内农民皆来交易。① 西宁的鲁沙尔、镇海堡就是寺院和民族贸易重地。

那么，此处所说的两日集，也是按照每旬计算集期，只是规定了严格的日期，每旬的 2 天间隔时间不一而足，有 1—4 日、1—5 日、1—6 日、2—7 日、3—7 日、3—8 日、3—9 日、3—10 日、4—6 日、4—8 日、4—9 日、4—10 日、5—9 日、5—10 日等，最长的间隔时间有 6 天。另外，无明确集期的乡镇集市有 94 个，有常集 38 个，单日集 27 个，双日集 17 个。单、双日集，以月为周期，每月 15 天。还有极特殊的集市，每年仅有 1 天，如漳县的柯寨集，定于每年的腊月二十六日为集日。在漳县还有每旬的第 2 天，或第 7 天为集日的，前者为四族镇，后者为马兰滩集。平罗集在石嘴山，也较为特殊，以初一、初十、二十日为集日，也就是说，集期是以每月计，有 3 天。

在无明确集期的 92 个集场中，因资料所限，不能明确区分，但不能排除无常集的可能，因为其中一些集场原本就是商贸流通的中心或资源开发之处。如兰州的阿甘镇由于煤的缘故、漳县的盐井镇也以产盐而十分兴盛。当然，也有可能是既如纂修方志者所言："集，聚也，镇，重也，聚区村之民，于重要之地交易而退谷，各得其所，由来尚矣。""镇，或有市、有集，或仅有镇名，而市无集，有市无集者，此种贸易场之盛衰，当以生齿之繁简，地域之广狭，距离之远近，交通之便否为标准。"②

在 38 个常集中，主要分布在榆中（1）、会宁（1）、靖远（6）、漳县（1）、平凉（2）、泾川（3）、永登（13）、宁夏（2）、灵武（1）、盐池（2）、金积（2）、豫旺（3）、平罗（2）。其中永登、豫旺全部为常集，其次是靖远，占到 6/8 个。空间位置分别在四个中心点。即宁夏为中心的黄河沿线，平凉为中心的泾渭水交通

---

① 王树民：《陇游日记》，见《甘肃文史资料选辑》第 28 期，第 278 页。
② 民国《华亭县志》卷 2《区村·附镇集堡寨》，《方志丛书·华北地方》第 554 号，第 199—200 页。

主干道，以及兰州东北的榆中、会宁、靖远三角带和兰州西北的永登中心。宁夏的常市占到12个，除了永登外，位居第二。

再结合宁夏中心的所有集场讨论，在本区12个城镇中，有乡镇集市66个，占到上述所有集场345个的几乎20%，而中卫、平罗的乡镇集市就有12个，平均每个6处，灵武、金积、盐池、豫旺有13个，平均也有4个，形成以宁夏为中心，中卫、平罗、灵武、金积、盐池、豫旺以及惠安堡、宁安堡等为次中心的"省会——城镇——堡寨"模式的市场网络。

当然，以上仅是以一部志书为主要资料的集场统计，虽能反映一般的规律，但若以别的志书为参照，对上述的集场还会有补充。新修《临洮县志》记载，临洮县有集镇21个，较为著名的有衙下集、新添集。① 民国时在此处考察过的人也记载说，临洮的西大寨是洮州百姓从事交易的场所，"人民交易均须赴西大寨，与藏民往来甚鲜"②。相反，一些新设的街市某种程度上也仅相当于集市的规模。夏河县，治在寺院东里许，藏民称县政府所在地为唐瓦，义为市街。这里有商店百余家，规模"仅及一普通之市镇"。经商者以回民为最多，汉人次之。③ 另外，在隆德县地方志中，对9个集场的具体地点有十分清楚的记载，如沙唐（塘）铺市东西街口轮流，神林铺市在菩萨庙前交易，乱柴铺市在中街，三合镇市在上街口市，杨家河市、兴隆（龙）镇市均在中街，平分（峰）镇市在街南口，滚（巩）龙寺市在寺庙院。只不过能对应的只有8个，其中岳家峡和公议镇市不符，以后者而论，集场地点在镇东首。④

所以说一定乡村地域范围内的市镇经济职能活动的强弱，往往通过集市数量和集期频率表现出来。一般而言，"各堡寨距城稍远

---

① 参见临洮县志编委会编《临洮县志》（下册），第256页。
② 王树民：《陇游日记》，《甘肃文史资料选辑》第28期，第159页。
③ 民国《夏河县志》卷之7《政治》，《方志丛书·华北地方》第346号，第78页。
④ 民国《隆德县志》卷1《建置·县市》，《方志丛书·华北地方》第555号，第69—70页。

者，或以日朝市，或间日、间数日一市，或合数堡共趋一市，大抵米、盐、鸡、豚、用物而已"。其"布帛什器犹多市于城，若灵州之花马池、惠安堡，中卫之宁安堡，当孔道，通商贩，其市集之盛，殆与州邑等"①。又如渭源县并无富商大贾转京津沪汉洋广川陕各货而在商战场竞争者，只有"城乡各镇只小贩零售"支撑着民生所需。② 所以，乡镇集市不仅繁荣了城镇周边贸易经济，也成为补充和支撑城镇经济的基础。

清代以来，各城镇周边的市镇不仅在数量上，而且在形式上均有很大变化。有的增加，有的减少，有的一直以来都十分繁盛。如位于兰州东北方向常集三角带的会宁城镇，在康熙年间时，有"翟家、乾沟、郭城、陡城、水泉"五个市镇。至道光时期，有青家驿、翟家所、陇西川、碱滩铺、谢家岔、王家集、牛营堡、乾沟驿、郭城驿9个市镇。至民国时期，市镇数目相同，名称有所变化，集期也各有不同。市镇的繁荣表现在"巢户云集，籴车载道，凉兰两路皆取资焉"③。

不过，有些市镇，虽然名称存在，但实际作用已经不大。如位于会宁与定西之间的西巩驿，位于会宁西60里，原本也是会宁的重要市镇。④ 而位于定西县城西北60里的秤钩驿，也曾是一个市镇，民国时期，不过仅为有60户人口的一个寒村。⑤ 再如，康熙时期，河州的市镇主要有2个，即宁日镇市，在州南60里，居民500余家。定羌镇市，州南120里，居民也是500余家。两市镇均为明弘治年间立市，集期定为三日一聚。⑥ 民国时期，已经不见记载，州南仅有距离80里的买家集，西南80里的瞿家集。想必是因

---

① 乾隆《宁夏府志》卷6《建置二·坊市》，《稀见方志》第50卷，第294页。
② 民国《渭源县志》卷4《祠祀志·坛庙》，《方志丛书·华北地方》第326号，第118—119页。
③ 道光《会宁县志》卷之2《舆地志·市廛》，《集成·甘肃府县志辑》第8册，第62页。
④ 佚名：民国《甘肃省志》，《稀见方志》第33卷，第38页。
⑤ 民国《甘肃省志》，《稀见方志》第33卷，第47页。
⑥ 康熙《河州志》卷1《市廛》，《稀见方志》第49卷，第533页。

为远离城镇而逐渐被淘汰。相反，西宁东部日益兴起的巴燕城，直到民国时期，境内无镇。仅有札什巴堡、甘都堂堡。①

洮州是甘肃西南地区的商业重镇。清末以来，集市也十分繁盛，所不同的是，史志中别称为"墟市"。关于此，方志作者也解释道："洮州墟市，或称为盈，或名为集，而日中为市，著于经墟则未见虚。古墟字，战国策孟尝君谓市，朝则满，而夕则虚。南越中，野市曰虚，满即盈之义，虚即墟之名所由昉也。"实际就是与周围城镇周边雷同的集市。即"洮州墟市，十日一会，聚时少而散时多，故又谓之集"。主要有两个大集。一是城南门外的南门外营，每十日一集，谓之盈上。另一是旧城西门外的西河滩集，主要是"番汉贸易于此"。按年固定集期，除了城南门外的牲畜市场10天一期外，有三月会集、七月会集等。还有与寺院相关的寺集，即杨土司所治卓尼寺。也在每年的六月、十月间举行，俗谓之六月寺，十月寺。② 六月寺在六月初旬，十月寺在十月下旬，皆十日为期。交易期间，演戏十天或半月。集场均在临潭城南门外"买骡马牛之所"③。当然，临潭城南的牲畜交易集场，也是西道堂的集市贸易地点，集期同时，被称为六月集、十月集。随着人口增加，消费需求增大，会期外的每个月也有交易，一般在二月较少，四五月更少，六月以后至十月，交易最旺盛。集市有各种杂货摊、粮食、牲畜、畜产品等，参加的人很多。④

甘肃平凉的商务为秦陇最盛。清末时，其市镇不仅包括城东关，又在县方圆以内者有四，最大的是白水镇，商业隆盛。其他如花所镇、鄜县镇、安国镇，亦属于商旅辐辏之集镇。⑤ 至民国时期，白水、花所、安国等依然为要镇，还在安国镇增建了新堡。位

---

① 王昱、李庆涛编：《青海风土概况调查集》，第106—107页。
② 民国《甘肃通志稿·建置志一·县市》，《稀见方志》第27卷，第255页。
③ 光绪《洮州厅志》卷3《建置·墟市》，光绪刻本，第261页。
④ 党诚恩、陈宝生主编：《甘肃民族贸易史稿》，第59页。
⑤ 光绪《平凉县志·建置·驿递》，《稀见方志》第43卷，第513页。

于渭水之滨、天水城北 50 里的市镇三阳川，为天水境第一大镇，人烟稠密，地产丰厚。① 宁夏的中卫，在乾隆时期有乡镇集市 9 处，至民国时期只剩 6 处，缺少了张恩堡、石空寺堡和枣园堡 3 处，其中张恩堡每逢三六九日交易。②

总之，乡镇集市作为城镇与乡村的边界，在不断地分化组合中，肩负了自己的使命。除了繁荣区域商业的主要功能外，还成为城内街市不足的补充，也为城镇扩展增添了经济和物质基础。

### （三）边城商贸及巴扎尔

新疆建省较晚，然而，因所处的重要交通地理位置，其商贸经济在清朝统一这里时就已经融入中亚贸易圈，并成为一体，对外贸易尤占有重要地位。其西与中亚，东与内地，且连接沿海各城市，南与中国西藏、印度，北部与喀尔喀蒙古，其中与中亚各国的贸易关系最为频繁与重要。③ 清代新疆城中的贸易市场被称为巴扎尔，以本地生产和对外贸易为主体的商品与城镇集市成为这里商业贸易的标志。

巴扎尔，是指城镇每 7 日举行一次的市集，也专指"日中之市"，"每七日一集，五方之货，服食所需，均于八栅尔交易"④。巴扎尔市集规模不一而足，有长达 10 里的市集。各处的巴扎尔"周而复始，如北方之集、南方之墟。是日，各处之粗细货物俱驮负而来，以及牛羊马匹、牲畜、瓜果咸备，男女杂还，言语纷纭，互相贸易。傍晚多醉而归。无经济牙行，但凭在市众人讲说定价。计量米粮并无升斗，以察拉克、噶尔布尔、巴特满计之"⑤。交易

---

① 民国《甘肃省志》，《稀见方志》第 33 卷，第 51 页。
② 乾隆《宁夏府志》卷 6《建置二·坊市》，《稀见方志》第 50 卷，第 297 页。
③ 中央民族学院研究部编：《维吾尔族史料简编（下）》，参见《中国民族问题研究丛刊》第 2 辑，1956 年 7 月，内部参考，第 55、65 页。
④ 椿园：《西域闻见录》卷下 3《回疆风土记》，道光丛书本，第 223 页。
⑤ 察拉克、噶尔布尔、巴特满为维吾尔语，意为计量单位。参见乾隆《回疆志》卷 3《交易》，乾隆年间钞本，第 84—86 页。

较为成熟的巴扎尔，基本也是城市的商业中心。比如叶尔羌、喀什噶尔、阿克苏以及辟展与哈密等城市，均是以区位优势和商贸中心而成长起来的边城。

17 世纪时，叶尔羌是南疆著名的商业中心市场，即"鸦儿羌（叶尔羌）是喀什噶尔之都城，商贾如鲫，百货交汇，屹然为是方著名商城"。"专于贸易"的商人有 200 多人。和阗地方的商人多数兼营农业。① 延至 18 世纪，叶尔羌已经发展成为南疆最大的商业城市和重要的对外贸易中心地，城内回汉民人"比栉而居，几无隙地"，山陕江浙之人，不避险远，"货贩其地，而外藩之人，如安集延、退摆特、郭酣、克什米尔等处，皆来贸易"。其商业市集"八栅尔街长十里，每当会期，货若云屯，人如蜂聚，奇珍异宝，往往有之，牲畜果品，尤不可枚举"②。阿克苏城的巴扎尔，长 5 里许，城内的街市交错，茶房酒肆旅店，莫不整齐。③ 因而，以巴扎尔为核心的市集经济是彼时城市经济的主要形式。

管理巴扎尔的官员多由伯克担任。据《回疆则例》《嘉庆重修大清一统志》等载，准噶尔时期，南疆各城专司商贾贸易与征税的伯克，称为克勒克雅喇克伯克，也有专门管理市集细务的巴匝尔伯克，以及承办采玉事务的哈什伯克。统一新疆后，清廷则派出笔帖式等大臣带领伯克民夫等负责，无专设官职。④ 平市价曰巴济格尔，也称巴济吉尔，此种伯克，专司税务，如在阿克苏城的集市，设有 1 人，乌什设有 2 人，喀什噶尔设有 1 人。⑤ 除以上外，南疆各城还设有总管事务的阿奇木伯克。

新疆各城中的巴扎尔，货物丰富，专就新疆以东贸易商人运输

---

① 利玛窦：《鄂本笃访契丹记》，见《中西交通史料汇编》第 2 册。
② 椿园：《西域闻见录》卷上 2《新疆纪略下》，道光书本，第 67—68 页。
③ 和宁：《回疆通志》卷 9《途置》，第 286 页。
④ 蔡家艺：《清代新疆玉石的开采与输出》，《中国边疆史地研究》2010 年第 3 期。
⑤ 分别参见《嘉庆重修大清一统志》卷 524《阿克苏》；卷 525《乌什》；卷 526《喀什噶尔》。

往返的主要商品而言，输入疆内的有各种绸缎、欧美呢绒、各种茶叶、烟叶、海味以及国产细瓷，还有笔墨文具纸张，各种药材丸散，化妆品、陈设品、丝线、书籍等。《新疆识略》载：伊犁承平时，绸缎调之江南，棉布调之和阗等处，茶叶调之陕甘，均各储库分买。其中茶叶、大黄、绸缎等属于大宗商品，是当地以及对外贸易的重要资源，也是官方调控和管理新疆地方与中亚关系的重要物资。自新疆运出的商品主要是羚羊角、鹿茸、枸杞、贝母、蘑菇、葡萄干、杏干和一些未经加工的玉石等。① 吐鲁番是新疆的重要城市，这里的商货，如棉花、葡萄等产品，则运销俄国十之六，归化城等内地各处销行十之三，本境及省城一带销行十之一。其余粮食、果实销行本地，并无盈余。棉布为乡民自制，"纺绩不精"，仅供本地之用。② 哈密城内"人烟辐辏，店铺繁多"③。

新疆建省后，迪化、喀什噶尔、古城因商道四通八达，成为新疆商业中枢，"南北商货，悉自此转输，廛市之盛，为边塞第一"。关内绸缎、茶、纸、磁、漆、竹木之器，逾陇贩至，车马烦顿，厘税重困，商贩恒以为累苦，不偿其劳费。是以燕晋商人，多联结驼队，从归化城沿蒙古草地以趋古城，长途平坦，无盗贼之害、征榷之烦。其常以夏五月、秋八月为期，"岁运腹地诸省工产及东西洋商品，值逾二三百万，大率自秦陇输入者，什之三四，自归绥输入者，什之六七，而私运偷漏不在此数"④。迪化、吐鲁番、温宿、喀什噶尔、和阗等均因对外贸易发展而成为重要的商业中心。北疆的伊犁诸城内，均有京货商铺，多富商大贾，其中以津商居多。城内有商店600多家，货物有来自中亚的牲畜、羊毛、兽皮等。绥定

---

① 潘祖焕：《新疆解放前商业概况》，参见中国人民政治协商会议新疆维吾尔自治区委员会文史资料研究委员会编《新疆文史资料选辑》第1辑，新疆人民出版社1979年版，第152页。
② 《新疆乡土志稿》之《吐鲁番乡土志》，第136页。
③ 道光《哈密志》卷51《舆地志十二·街巷》，1937年铅印本，第51页。
④ 以上见民国《新疆志稿》卷2《实业志·商务》，《方志丛书·西部地方》第20号，第130页。

城内的粮店、铺户也鳞次栉比，人马穿梭往来。①

位于边境地区的塔尔巴哈台和阿勒泰的商业贸易，也在19世纪末20世纪初得到迅速发展。时塔尔巴哈台城内出现了许多新商店，仅由内地商人开办的茶叶店就达30多家，还有许多经营内地纺织品杂货的商铺。纺织品多来自四川，杂货来自北京和天津，甚至还经营一些由日本进口再转运到这里的商品。附近游牧的哈萨克人成为这里店铺的常客。19世纪末，塔尔巴哈台每年官茶销售额可达30万至40万两白银，茶叶销售总额达到每年60万至70万两。②塔尔巴哈台每年仅小砖茶一个品种，就要销售10万块。据统计，光绪三十三年（1907）和宣统元年（1909）的两年间，仅文丰泰商号一家，就在塔城地区的哈萨克部落中销售了25000块砖茶，29000块米心茶。③

至清末时，新疆商业经济对地方财政的补贴功能显现，从宣统二年（1910）新疆巡抚联魁致军机处电文中可知，商业在新疆经济中的地位之重要，其中"近年各省协饷报解稽迟，恒赖商家周转。故商界兴衰关系边局安危与政治通塞。全疆商业资本较巨者，统号均在省城"④。

## 第三节 农牧交界处的城镇商业个案

西北城镇空间分布格局于清代形成，一个明显的特征就是所增加城镇和辐射方向均是以府城为中心四散，过程中孕育了农牧交界

---

① [日]日野强：《伊犁纪行》上卷，东京博文馆1909年版，第214—216页。
② [日]林出贤次郎：《清国新疆省伊犁地方视察复命书》塔尔巴哈台之部·第八·商业情况·清朝的商业。
③ 录副奏折，忠瑞奏，奏为塔尔巴哈台印务章京景棻因病出缺等事，宣统二年十二月初二日，档号03-7451-132。又米心茶，亦称米星茶，以红茶片末为原料，经筛分拼抖、压制、退砖、检砖、干燥、包装而成，故亦指红砖茶。
④ 电报档，新疆巡抚联魁，为请由大清银行借银电兑来新疆以恤商艰而维边局事，宣统二年七月十九日，档号2-04-13-002-0077。

处的商贸经济，尤其位于交通枢纽或重要地理位置的城镇外围堡寨，以及堡寨向城镇的转型，在西北商贸发展中起到中坚作用。与此同时，延展中的城镇也孕育了相应的宗教文化场所，逐渐向寺院城镇转型。

### （一）府城外围农牧交界处的城镇商业

西宁府城自空间向四周的辐射，或者说扩展，因受地理环境的限制，呈现西向扩展的主趋势，俗称为向牧区的扩展。顺治年间，对于临近边关的农牧交界处多民族聚居区的管控，在经贸交换上受政治军事等一系列制度限制。顺治二年（1645），题准西宁府连通"西番"关隘处所，拨官军巡守，遇有夹带私茶出境者，拿解治罪。并专门提到"其番僧夹带奸人并私茶，许沿途官司盘检，茶货入官，伴送带人送官治罪。若番僧所到检处，该衙门官纵容私买茶货，及私受馈送、增改官文者，厅巡按察究"，同时也规定，进贡番僧应赏食茶，须给勘合。[①]

至迟在17世纪30年代至康熙三十年（1691）之前，西宁府城周边可能扩展的空间基本处于蒙古贵族的控制之下，尤其是西宁府辖境以西的青海地区属于和硕特蒙古割据之区。据《秦边纪略》载，大通河流域的西宁以北为蒙古贵族麦力干黄台吉住牧；西宁之南川口、西川口，以及青海湖为达赖黄台吉住牧；滚卜川（南盆滩）为达尔加（达赖黄台吉从子）台吉住牧，处于西宁东川之南。更远的西部草原亦为固始汗子孙扎实巴图尔后裔的势力范围。雍正二年（1724），清廷以平定罗卜藏丹津叛乱为契机，始将青海蒙古各部及其所属的藏族各部完全纳入了统治体系。此后，在府县行政建置向西部延伸过程中，西宁府城建设也逐渐向西、西北方向发展，出现的主要城镇为多巴、丹噶尔、哈拉库图营等，贸易形式各有特点。

---

[①] 雍正《大清会典》卷53《户部三十一·课程五·茶课》，第25页。

其中，多巴位于府城之西50里，明末清初，多巴所设的"夷厂"被看成为"居然大市"，"互市地也"，"世以西宁市口"。管理贸易的长官，称为宰僧，参与经营的商人有汉回藏蒙不同民族，人们筑屋而贾，各路商旅云集，"出而贸易，则西宁习番语之人。驮载往来，则极西之回与夷也。居货为贾，则大通河、西海之部落也"。"远而西城回夷，为行贾者，皆于是乎在。"康熙年间，多巴就是一个由蒙古贵族管控的民族贸易的重要城镇。"多巴岂非内地，而顾为夷之垄断哉"，"中国反不设官"[①]。直至雍正年间，这里依然有山西、陕西商人"往来络绎，俱集于此"[②]，从事商业贸易，而非以需要定时间开闭的互市形式。

罗布藏丹津事件后，和硕特蒙古贵族势力重创，权力削弱，更由于插旗定地，势力西移，多巴"大市"贸易地位的重要性也随之丧失，被位于西宁府西90里的丹噶尔取而代之。丹噶尔藏语称"东科尔"，有"市镇"之义。由于这里地处汉回与蒙古民族贸易重要道口，清廷对贸易往来予以严格控制，规定了贸易地点和时间，以每年二、八月在府城边外那拉萨拉，即蒙古语"日月山"地方贸易。后因"各蒙古需用茶叶、布、面等物，交易之期过远，必致穷乏"，增加两次。即每年四季四次，以"二、五、八、十一月为互市日期"[③]。不久，以那拉萨拉一处"恐不足供黄河东、西两翼蒙古易卖"，又给居牧黄河以东的青海蒙古五旗指定河州的土门关、松潘黄胜关的西河口为贸易处所。且强调"此二处地方俱有城堡房屋，地方宽阔，水草俱好，利于互市，可为永久"。这一措施，不仅使黄河西边、西宁以西相关蒙古部落的贸易移到丹噶尔

---

[①]《秦边纪略》卷1《西宁卫·西宁边堡》，第68—69页；卷1《西宁卫·西宁近边（疆）》，第77—78页。

[②] 中国第一历史档案馆，王小虹等编译：《雍正朝汉文朱批奏折汇编》，江苏古籍出版社1989年版，第855页。

[③] 季永海等点校：《年羹尧满汉奏折译编》，天津古籍出版社1995年版，第280页。

寺，而且规定蒙古贸易"每年不定限期，仍听不时贸易"①。更由于这里"路通西藏，逼近青海"的缘故，成为"汉土回民远近番人及蒙古往来交易之所"，为后来形成事实上的城镇奠定了极好的基础。雍正五年（1727）三月起，在丹噶尔筑城，次年九月竣工。在日月山随地就市的贸易活动自此移至丹噶尔城内进行，城镇因经济活动需要而成形。②

嘉道之际，丹噶尔城商业繁盛一时，形成"青海、西藏番货云集，内地各省客商辐辏，每年进口货价至百二十万两之多"③ 的繁荣局面。湖海盐泽等丰富资源也成为蒙古人贸易交换的主要产品，"挖盐捉鱼，运往丹噶尔、西宁、大通等处售卖，以资糊口"④。道光九年（1829），设丹噶尔厅，加快各民族经济贸易发展，其中最明显的特征在于"歇家"的出现，其则成为丹噶尔城贸易中集商业经纪人、货栈店主、牙侩、翻译身份于一体的居间商人。那彦成为陕甘总督期间，整顿歇家，创设"循环印簿"制度。⑤ 近代洋行贸易兴起后，丹噶尔城地近牧业区的优势得以发挥，城内商行就近收买蒙藏民族的畜产品，以备内地商人需求。而城以外的若洋商、皮商，每年按季节携巨资前来，收购羊毛、皮张，且在城内开设羊毛行，仅县境设有羊毛行十五、六处，"资本少者万金，多者十余万金"⑥。歇家多成为依附于洋行的商业买办，有的歇家发展成为民族资本家。

光绪四年（1878）时，城垣内外有铺户百余家。货物售于蒙藏民族者，居十之九。内以芜菁、大麦为大宗，湘产砖茶与五色粗

---

① 《清世宗实录》卷31，雍正三年四月丙申，《清实录》第7册，第482页。
② ［美］施坚雅：《中华帝国晚期的城市》，第327页。
③ 光绪：《丹噶尔厅志》卷5《商务出产类》，见《稀见方志》第55卷，第848页。
④ 哲仓·才让辑编：《清代青海蒙古族档案史料辑编》，青海人民出版社1994年版，第75页。
⑤ 赵珍：《那彦成整饬青海述略》，《清史研究》1997年第3期。
⑥ 光绪《丹噶尔厅志》卷3《地理》，《稀见方志》第55卷，第814页。

布次之，糖酒又次之。其余如食物、供佛所必需者，无一不具，城中街市分布的专门性特点明显。如粮市在东街永寿街，青盐市在隍庙街南，柴草市在东西大街，牛羊骡马市在东关丰盛街，羊毛市在西关前街。① 民国时期，城内旧有街市布局基本沿袭不变，增加新的商行，有烟行3家，每销烟一捆，缴纳税钱5串700文。酩馏酒铺数家，每月各缴税钱500或800不等。有大当销3家。而城周利用畜力、水力经营的粮油作坊，也有增加。1926年时，在旧有旱水油磨81盘条的基础上，增至157盘条，② 增加了76盘条。至民国初年时，城内人口几增10倍，迁居于城的蒙古族已成为事实上的土著。"汉土回民，与蒙番集此亘市者，百货辐辏，日增月盛，号称繁剧。"③

西宁府城西北向的农牧交界处，清中叶发展起来的重要城镇堡寨有白塔儿、大通城等。顺康时期，这里尚处在蒙古贵族麦力干黄台吉的控制之下，为其子南力木的游牧地。伴随清廷有效管理加强，这里"招纳流亡，牧羊孳马，溉种深耕，为根本地"。且黄城、酸茨河、三角城、白塔儿、咎卜寺等，青海之部落，凡受命咸听于此，亦足征其为一都会矣！"④ 缘于这里是重要的地理位置，出于控制蒙古的需要，清廷设卫筑城，所关注的是"防卫与安全"而非经济贸易"税收"。⑤ 然而，伴随府县制的推行，经济贸易的

---

① 光绪《西宁府续志》卷之2《建置志·街市》，第75页。
② 王昱、李庆涛编：《青海风土概况调查集》，第143页。
③ 民国《甘肃省志》，《稀见方志》第33卷，第88页。
④ 文后小字："大通河源在西宁西北三百五十里，在凉州之黄城儿南二百余里，青海北五百余里……大通河北属西宁，河经其北。河流数百里，凉、庄、湟皆有大通河，而源则在咎卜寺西二百里，于湟、庄、凉、甘为适中。其地在万山内，开广平衍，有土可耕，水草大善，夏凉冬暖，旧为塞外弃地。顺治十六年，麦力干于此开地伐木、陶瓦、大营宫室，使其长子南力木居之。而麦力干往来于黄城、酸茨之间。其长子招集流亡，种麦豆，畜牛马，竟如内地矣。黄城、酸茨、三角、白塔、咎卜及青海之曲先卫，皆其部落，凡事悉来禀命，其诞生罔不毕集。今南力木部落所住牧。"见《秦边纪略》卷1《西宁卫·西宁近边（疆）》，第80—81页。
⑤ ［美］施坚雅：《中华帝国晚期的城市》，第363页。

重要性逐渐凸显。

　　雍正二年（1724），清廷谕西宁以北"以地通西宁、甘、凉"，筑大通城，即门源县城。大通老城关"以地临西宁北川"，筑白塔城，永安"以地通甘、凉"，筑城。① 年羹尧在《青海善后事宜十三条》中，也强调西宁北川口外军事位置的重要，奏请在"西宁北川口外，至大通河、野马河，至甘州边都口外，修筑土墙，建筑城堡"，在"西宁等处增添驻军"，"甘州等处，宜添设员弁也"②。其中白塔，在《秦边纪略》载："白塔儿，在西宁西北，北川营之口外也。山环地衍，其土沃润，其道西夷错杂"，"四方之夷，往来如织。以旧市于北川，今近于多巴"。"其地之皮及货，皆至自西域，非白塔儿所产，但聚于斯耳，多巴亦然。"尤其对贸易商品、常住人口和居住形式有着详细记载。③ 显见，府城以北的人口增加，消费增多，贸易繁盛，不仅用于交易的场所扩大，市场增多，而且城垣的限制从"市"的层面被打破，城内街市与乡镇市集合而一。

　　所以，清前期尚位于府城与牧区交界处的大通城内街市与乡镇集市依托于城垣街市，与周边乡镇市集融为一体。方志载：时大通县城分为四部分，县城中心位居西关，衙门庄为东区，新城在南区，北区由北大通、口门子、永安城、俄博组成。其中西关，连郭门，长半里，南北铺屋共约百户，有典当1家；东区衙门庄，距离县城东40里，"市长里许，有铺屋约百户以上"。新城，距离县城南35里，市长过2里，各项铺屋共约300户，有典当1家。北区

---

① 以上均见乾隆《西宁府新志》卷9《建置·城池》，见李毓澍主编《中国边疆丛书》第2辑第25号，第270—271页。
② 季永海等点校：《年羹尧满汉奏折译编》，第280页。
③ "厥革：貂鼠、白狼、艾叶豹、猞猁狲、元狐、沙狐、牛皮、鹿、麋、羊羔。厥货：镔铁、金刚钻、球琳、琅玕、琐福、五花毯、撒黑刺、阿魏、哈刺、苦术、绿葡萄、琐琐葡萄。厥牧：马、骆驼、犏牛、牦牛、羱羊、羱羊。厥居：土屋、平房、木几榻。厥人：则汉、回错杂，各为村落，弓矢配刀，未尝去身。厥贡：则输之于夷，夷亦蕰以宰僧，董麦、粟、力役之征，如民牧焉。"以上均见《秦边纪略》卷1《西宁卫·西宁近边（疆）》，第78页。

的北大通，距离县北120里，城内外铺屋共约200余户，有典当。口门子，距离县城西北150里，居北大通西，铺屋约三四十户。永安城，距离县城西北160里，居北大通西，城内外铺屋共六七十户。俄博营，距离县城西北280里，居永安之西，市长1里，铺屋约百户。① 展现出大通城及周边商业经济的整体面貌。

西宁府城以东属于开发较早之区，自兰州以西的商贸交通而言，仅有一线通西宁，沿途重要城镇有下川口、享堂、老鸦、碾伯、威远、平戎城等堡寨。其中最重要的是碾伯。这里"东接老鸦、西连威远、南通南林、北抵胜番、剩防，可谓八达矣"②。康熙年间时，碾伯尽管行政建置还是"所"级，但是城内日常交易便利，百姓平日所需的米粮菜果则"日有集"。米粮市、菜果市，在中街。柴草市、骡马市、牛羊市，在东关。缨毛市、铺陈市，在鼓楼十字街。③ 雍正二年（1724），改碾伯千户所为碾伯县。乾隆二十九年（1764），城因旧址修筑。④

另外，西宁府城东南部的贵德，也是由牧区向农区转变的重要城镇，也是重要的堡寨转型城镇。至民国时期，这里有粮食市，在城隍庙前。牛羊市，在卫门街。骡马市在鼓楼街。但是这里在乾隆以前，由于"向无市集"，又"不使银钱"，以至于军民商贾"咸称不便"。乾隆年间，创设南关厢，又分东南西三街，遂移粮食、牛羊、骡马各市于关厢，召集商贾营业贸易。每旬以三八为期，一月六集。"清蚨白选，始有识者。"⑤ 毗邻贵德的循化城，在雍正年间建立之初，亦无市，后将临街营房租于城中回民或守军，"始立

---

① 以上均见民国《大通县志》第2部《建置志·市镇》，《稀见方志》第55卷，第690页。
② 《秦边纪略》卷1《西宁卫·西宁边堡》，第62页。
③ 康熙《碾伯所志·市集》，《稀见方志》第57卷，第20—21页。
④ 《嘉庆重修大清一统志》卷269《西宁府一·建置沿革》，《续修四库全书》，第618册，第487页。
⑤ 民国《贵德县志》卷2《地理志·贵德所·街市·附》，《稀见方志》第57卷，第152—153页。

街市"①。

在西北商贸发展过程中，位于城镇外围交通要道上的重要堡寨转型，助力了西北商业贸易的发展。西北区域城镇分布体现出一定的交通原则，即城镇大多分布在水陆交通沿线和战略要地，交通依旧是本区城镇分布与商业得以有效进行的重要参考依据，也是联系内部城镇之间及其商贸的重要纽带。例如宁夏地区的石嘴山，地处"阿拉善蒙古与宁夏道属平罗交界之地，黄河纵贯南北，大山回抱东西，形势一束，诚要隘也"②。也是宁夏与包头之间水陆交通必经之地，清代即为蒙古与内地交易指定的"市口"。③ 近代皮毛贸易兴起后，石嘴山发展成农牧产品集散地。光绪年间，相继设立了高林、仁记、新泰兴、天长仁、平和、聚立、明义、隆茂、瑞吉（记）、兴隆等专营皮毛的洋行。④ 各洋行专门在甘青一带收买皮毛，集中于石嘴山，"待梳净后，装包，以骆驼或木船载赴包头。岁约皮百万张，毛三千万斤左右"⑤。每年经石嘴山集散输出的羊毛一项，价值即达数百万元。"一时商贾辐辏，贸易繁盛，行商络绎，船驼麇集。"至1918年，"有商店大小二十余家，有巨商三四家，专营蒙古贸易"⑥。

以石嘴山为集散地的黄河段有木船700余只，往来包头、中卫之间。一般情况下，逆流行船往中卫，需时10天，自中卫顺流而行，需时4天。往包头逆流12天，顺流8天。其往来包头者，顺流多运皮毛、甘草、枸杞、麻之类，逆流则运洋货、糖、茶、土瓷

---

① 道光《循化厅志》卷3《营讯》，道光钞本，第231页。
② 陈赓雅：《西北视察记》，第47页。
③ "宁夏三市口惟石嘴通蒙古最多，哈尔哈、土尔古忒、乌拉忒等部，皆赴口通市。"参见乾隆《宁夏府志》卷2《地理·疆域》，《稀见方志》第50卷，第227页。
④ 刘廷栋：《外国洋行在石嘴山》，《宁夏文史资料》第20辑《宁夏老字号》，宁夏人民出版社1997年版，第169页。
⑤ 林竞：《蒙新甘宁考察记》，甘肃人民出版社2003年版，校订本，第49页。
⑥ 刘廷栋：《外国洋行在石嘴山》，《宁夏文史资料》第20辑《宁夏老字号》，第168页。

等。① 石嘴山城镇地位的提高，完全是因重要是交通地位而使得经济贸易得以发展的结果，从而构成宁夏中心一个商业重镇。

又如位于宁夏河东平原的吴忠堡，行政隶属灵州，地处金积、灵武两县交界处。清时，两地只是普通的集镇而已，在自光绪二十年（1894）至宣统三年（1911）的近20年间，商业贸易得以长足发展，至民国初，"吴忠堡列肆数十处，三六九日交易，逢集至者，骈肩累足，极为繁盛"②。市面开设的较大坐商字号有15家，主要销售被称为"京货"的绸缎、布、大小百货、杂货、山货、海味、五金用品，以及民族宗教用品之类。随着近代交通的兴起，水运的充分利用，进一步扩大了与外界的联系，尤其便于吸引资金和省外商人定居投资。一时间，商业资金总额达到160多万元左右，商业经营出现空前规模。至1949年前夕，吴忠堡共有商户560家，从业人员764名，大小商业字号87家。其中资本在万元以上的有24家，千元以上的58家，属于批发行栈的有16个。③ 更由于1923年京包铁路和1936年宁兰公路（包兰公路）的修通，给石嘴山、吴忠地方商业发展带来了前所未有的优势。20世纪20—30年代，铁路、公路交通条件改善，形成了南面自吴忠、韦州、平凉、天水一线，东面自吴忠同陕西北部，经安边、横山至米脂、绥德。北面经石嘴山、磴口、五原而包头。在这3条必经吴忠的商贸路线中，北线最为繁荣重要。

此外，西北商业经营具有丰富的民族性。兹仍以回民众多的吴忠堡为例加以讨论。清代以来的吴忠堡聚居大量回民，多从事商铺经营。在吴忠"八大家"中，除马季林的"廉益店"是汉族商人经营外，其余七家都是回商所开。由于各商善于经营，几乎垄断了

---

① 林竞：《蒙新甘宁考察记》，第49—50页。
② 民国《朔方道志》卷5《建置志下·市集》，《集成·宁夏府县志辑》第2册，第306页。
③ 胡建东：《近代吴忠商业述论》，《宁夏大学学报》（社会科学版）1996年第2期。

某些职业和行业，控制行业经济大权，有些甚至发展到跨区经营，延伸至包头。在包头仅资本在 1 万元以上的皮毛店，回族就占了四家，有三义栈、宝顺栈、德顺栈和聚盛公。其中资金量最大者，几乎都是来自宁夏吴忠堡的皮毛商人。① 回商将羊毛从其产地收购后，由陆路或水路运往包头，再由火车运往京津等地，转运国外。以至于这里的"商业之盛，远过县城，仅次于省城"，为宁夏第二大商业中心。② 所以，商业贸易的兴盛，促成吴忠由堡提升为城镇。

新疆商贸发展中重要的城镇——古城，位于新疆南北要冲，也称古城子，乾隆时期修筑，"地方极大，极热闹。北路通蒙古台站，由张家口到京者，从此直北去，蒙古食路全仗此间"，"口外茶商自归化城出来到此销售，将米面各物贩回北路，以济乌里雅苏台等处，关系最重。茶叶又运至南路回疆八城，获利尤重"③。前往迪化及新疆各地的交通枢纽，自古城分道，循天山而北，取道绥来以达伊犁、塔城；循天山而南，取道吐鲁番以达疏勒、和阗。如果以乾隆中期以来这里农牧经营的方式为节点，则也属于农牧交错的结合部。北部蒙古地区的畜牧业牲只产品与东部自哈密、巴里坤输入的农产品于此交会。"故古城商务于新疆为中枢，南北商货悉自此转输，廛市之盛为边塞第一"，"燕晋商人多联结驼队，从归化城沿蒙古草地以趋古城"④。

粮食和茶叶是古城贸易的大宗商品。由晋商自草原商路运至乌里雅苏台、科布多的茶叶等杂货，被销往古城后，再换取这里的粮食，北上运往乌里雅苏台和科布多，以供军民口食，同时又接运至

---

① 田澍、何玉红主编：《西北边疆社会研究》，中国社会科学出版社 2009 年版，第 344 页。
② 叶祖灏：《宁夏纪要》，见《史地文献》第 25 卷，第 531 页。
③ 方士淦：《东归日记》，参见杨建新编《古西行记选注》，宁夏人民出版社 1987 年版，第 423 页。
④ 民国《新疆志稿》卷 2《实业志·商务》，《方志丛书·西部地方》第 20 号，第 130 页。

归化城等处。道光年间，清廷对古城的茶、粮交易进行了规范，制定了相应的茶粮贸易办法。① 步入咸丰年间时，古城及其所属地方已是人稠地广，商货云集，"外夷贩卖牛马牲畜者络绎不绝"，城乡俱设有税局茶店，以防偷漏，立法甚严，与内地征收税科之例大同小异。仅就茶叶而言，奇台地方年收茶税银 9000 余两，另外有牲畜税银 3000 余两，均按年统归镇迪道库。②

入清后，伴随清准关系演变，位居北疆的乌里雅苏台、科布多两处逐渐成为喀尔喀蒙古集聚中心。乌里雅苏台，雍正年间筑城驻防，乾隆时北商在城内设有不少商号，有名的为大义德、大盛魁，多做高利贷营生。给蒙古王公放款收利，利息 3 分，还账时可以用牛马羊驼等牲畜抵账。由是，商号每年可以获得大量牲畜，再转售他处，获得高额利润。雍正八年（1730），相邻的科布多建筑城池，置官衙驻兵丁，城关为商业买卖处所，经商者主要是晋商，也有津帮。商人每年贩运粮食、茶叶、布匹和杂货，以供当地驻军和蒙古、民人等日常所需，再将当地的牲畜产品销往各处。

综上，以主要府城为中心的城镇在扩展过程中，孕育和发展了商贸经济，也就是在商贸经济依托城镇向牧区扩展或以牧区为基础发展的一定时期内，在民族集聚的边界和结合部，形成了多民族聚居的密切关系，随着政治统治的稳固，军事职能消退，行政功能增强，成为一般行政意义上的县城，城镇商业贸易也相应得以发展。

### （二）寺院城镇商业体系

清代至民国时期的西北蒙藏牧区，因优质畜产品在国际市场地位的提高而获得发展契机，催生出一批与寺院名称重叠的市镇，寺院名称被俗称为城镇治所。如拉卜楞几乎是夏河县的代名词，塔尔

---

① 朱批奏折，伊犁将军庆祥，奏报遵旨会议新疆运茶请仍循旧章杂茶由北路运售事，道光四年七月十八日，档号 04-01-35-0556-008。
② 录副奏折，署理吐鲁番领队大臣何永安、觉罗奎栋，奏清古城地面每岁由奇台县征收牲畜茶税银两提归满营搭放兵饷事，咸丰十年四月十五日，档号 03-4315-061。

寺等于所在地鲁沙尔镇名称，同仁的隆务寺等于所在地隆务镇的名称，以及湟源与东科尔寺的关系等。清代以来，清廷本着"兴黄教胜以安众蒙古"的指导思想，对西北的藏传佛教给予了大力扶持，佛教寺院建筑发展很快。表现在以塔尔寺为主的各寺院在经历了康雍之际的波折后，得以扩大昌盛，且伴随着近代皮毛为主要畜产品的商业贸易的兴起，融入了行政建置的县级城镇管理体制，为当地市镇行政功能的提升作出贡献。可以说，城镇发展与寺院经济市场有着密不可分的联系。因此，被誉为寺院城镇。

众所周知，作为一种学术观点，寺院城镇是民族学、社会学家于式玉最先提出的。抗战爆发后，于式玉随其夫李安宅在藏区调研考察，认为各处的寺院建立后，一些百姓为了供应活佛的差役，离开游牧的大队，在寺旁定居下来。还有内地商人，在向寺院提供用品的过程中，居住下来。经营皮毛的商人，自四方聚集而来，日久也定居下来。所以"百姓、商人乃形成今日寺旁的村庄"[①]。可见，在牧区，有一些城镇是依托寺院而发展起来的，这应该是西北城镇发展的一个特点。当然，寺院的建立，以及经济特征与周边村落之间的供养关系，不应该只是这样一个单一模式。行政建置的确立与行政管控程度的提升，也是加快寺院所在地城镇发展的重要驱动，由此所附带的近代贸易、近代交通、人口流动等要素，都是不能忽视的重要因素，尤其是近代国际商贸经济因素的影响巨大，不容忽视。

### 1. 拉卜楞寺的商贸

拉卜楞寺，地属夏河，乾隆二十七年（1762）之前，居民主要为藏族，即所谓的"南番二十一族"，军民行政分隶于循化、河州。是年，设循化厅，移河州通判于此。直到民国初期，拉卜楞地归西宁道署循化县管辖。1917年，划归甘肃省辖。1927年，于境

---

[①] 于式玉：《于式玉藏区考察文集》，中国藏学出版社1990年版，第44页。

地设拉卜楞设置局，次年，升县，名夏河。① 整个城镇以拉卜楞寺院、市街两部分组成。寺院部分为蒙藏之信仰中心，市街部分为汉、回、蒙、藏各族互市之地，其余地方则各有土官管理，自成村落。② 除去寺院建筑的部分外，整个夏河城的核心部分是当地以藏族为主，兼有蒙、回、汉等各民族集中互市之处，是牧区畜产品的主要贸易中心。这里出口商品以牲畜皮毛为主，进口以粮茶为主。所以，当时人说，夏河县"实依寺院而成立"，③ 而拉卜楞寺也为夏河县精华所在。

在近代皮毛贸易兴起之初，西北较大寺院的周围，既无常设市场，又无固定店铺，多以宗教会期为贸易高潮，每逢宗教盛日，"就旷野为市场，物贵者蔽于帐，物贱者曝于外，器物杂陈"④。拉卜楞也不例外，其作为"产羊毛，而无售羊毛之所。有制毡房，而无售毡之商店。产各种兽皮，而无硝皮、售皮之商店"，外地商人要收购各种皮毛，"须觅诸民家或喇嘛"⑤。但是，随着近代皮毛贸易的发展，拉卜楞寺周围逐渐发展起来，成为规模可观的商镇。以致"市上房屋栉比，且大半楼房，不类藏地。人烟稠密，商业繁盛。一因收买羊毛、羊皮者之汉商，多来此地。一因朝拜嘉木样活佛之藏人，多不远数千里而来，故成今日之廛市"⑥。

在近代畜产品商贸经济中，拉卜楞作为黄河九曲之地的商贸集散地，重要性更为凸显，主要输出品以皮毛为大宗。据统计，拉卜楞每年出口货值 50 万元，入口货值 28 万元，出超年约 17 万元。主要出口货为羊毛、狐皮、白羔皮、马，输入货主要为松茶、蘭

---

① 民国《甘肃通志稿·建置志·县市》，《稀见方志》第 27 卷，第 245 页。
② 塔哇，初指在拉卜楞寺周围做小生意者，后逐渐定居，人口渐多，形成村落。详见贡保草《拉卜楞塔哇的社会变迁》，民族出版社 2009 年版。
③ 《夏河县志》卷之 1《地位》，《方志丛书·华北地方》第 346 号，第 10 页。
④ 马鹤天：《西北考察记·青海篇》，见《亚洲民族考古丛刊》第 5 辑第 46 册，南天书局有限公司 1936 年版，影印本，第 210 页。
⑤ 马鹤天：《甘青藏边区考察记》，《民俗文献》第 20 卷第 4 辑，第 101 页。
⑥ 马鹤天：《西北考察记·青海篇》，见《亚洲民族考古丛刊》第 5 辑第 46 册，第 58 页。

绸、伏茶、青盐。输入货物来自天津、北平、上海、汉口、杭州、成都等地。其中北平来的货，多供给藏区，如铜壶、小刀、僧帽、珠子等。天津、上海来货多为日用品及洋货等。汉口、杭州、成都则为绸缎、茶叶等。四川来货多为骡、牛、驼驮载，经草地而来。其他各地则皆由兰州转运。①

输出货物中，皮毛位居贸易总额的 9/10 以上。境内有店铺商号数百余家（处），均为回汉商人所开设，② 约回汉各半，最有势力者为"河州帮"。③ 然经营羊毛者，亦多为临夏（河州）回商，"占十之八"。营业资本较大者为皮商，多系平津一带富商。每年九月间，携款运货而来，翌年四月间运载皮货而返。恰如候鸟，俗称"候商"，亦曰行商。收购旺季后，这些人派采购人员留守，从事零星贸易。此外，有山西、陕西及本省资本较小的皮商，收买羔皮，运往天水、西安、大同等地。1928 年，甘肃分省前，西康一带的猞猁、水獭、狐、豹等类兽皮，也大多经由拉卜楞输出。④

上述商铺的 80% 在拉卜楞寺周围，资本在 10 万元以上的占 40%，多为青海、临夏之官绅经营。资本在 10 万元以下者甚多，有 130 余户。杂货商及平津商人共有 210 户，杂货商的资本位居第二。藏商极少，约占 2.9%。外资所设洋行几家，德国资本有 2 家。其中一家的资本 10 万元以上，除了经营羊毛外，也兼营粮食、茶叶、瓷器、杂货、理发、制鞋、屠宰等 20 余个行业。各商号所收皮毛，也多运销于海外。以天津、上海为国内目的地，以兰州为转运站。抗战前，拉卜楞的羊毛输出量为 120 万斤，战后略有减少。其中，1939 年为最盛，大量输往俄罗斯境。苏德战争爆发后，输

---

① 以上引文均见王树民《陇游日记》，见《甘肃文史资料选辑》第 28 期，第 244—245 页。
② 俞湘文：《西北游牧藏区之社会调查》第二章《地理概况·市场与物产》，商务印书馆 1946 年版，第 24 页。
③ 以上均见王树民《陇游日记》，见《甘肃文史资料选辑》第 28 期，第 244—245 页。
④ 《夏河县志》卷之 6《商业》，《方志丛书·华北地方》第 346 号，第 65 页。

出量有所减少。1942年后又有所回升。①

就平时羊毛的转运交通和周期而言,自拉卜楞寺至兰州,走陆路3天,在兰州换皮筏沿黄河下放至包头,再经火车运至天津,最快需20日。西兰公路通车后,由兰州装汽车至西安,再换火车,运达天津、上海,时间大为缩短。羊毛运输,原本皆由客商自运,1936年冬季起,邮局开始收寄羊毛包裹,以骡、驼驮运至兰州,经汽车外运至天津。仅1936年的第四季度,运出4000余包,每包重六七十斤不等,占输出总额的7/10。全年中以九月至次年三、四月为旺季。② 由此可见,近代交通发展成为拉卜楞畜产品贸易发达的重要因素。

拉卜楞寺有属寺百余座,大多有经商放债基金,资本雄厚,商业数量较多。寺中稍有地位的喇嘛、管家及上层,大多拥有经商基金。放债过程中也相互竞争,以至于甘南较大的商户,都以寺院、土官作为资本来源的后盾,后者甚至于参与商业过程,形成以拉卜楞为中心、寺院土官和商人相结合的商业垄断集团。另外,寺院占有大量的寺产,其中夏河主要村子房屋及耕种地段的"所有权大半在寺院手里"。至1940年代时,寺院占有附近十三庄所有土地的90%以上。③ 寺院拥有雄厚的经济资本。

拉卜楞也有藏区最大的牲畜市场。尤其是夏河县设立后,原本在临潭旧城的牲畜贸易转至拉卜楞,马牛和羊市分设于2处。马牛市场在拉卜楞寺旁的"催拉",集市距夏河不到2里。羊市在离拉卜楞寺约3里的唐纳海,天天交易,但数量不是很大。这里的牛羊主要供给兰州市场。境内有屠户二十七八家,均为河州回民。居民以肉食为主,故屠宰业甚发达。还由于拉卜楞地处藏区出口的必经要道,牲畜市场的货源较广,尤其在寺院定期的庙会期间,牲畜的

---

① 党诚恩、陈宝生主编:《甘肃民族贸易史稿》,第54—55页。
② 均见王树民《陇游日记》,载《甘肃文史资料选辑》第28期,第244—245页。
③ 李安宅:《拉卜楞寺概况》,《边政公论》1941年第1卷第2期。

交易量最大。届时，附近及西南部各部落藏族，还有川、青、康界的牧民，利用敬佛、朝圣的机会，驱赶着牲畜前来交易。同时带来的还有皮毛、酥油、药材等，以换取粮食、日用品等。1930年代后，除了物物交换外，也用银圆、金、银等，因而拉卜楞也设有省银行汇兑所、中国农民银行农贷通讯处。①

显然，藏区畜产品贸易与民族信仰场所的结合，是促成寺院所在城镇发展的基础。而畜产品的使用价值，驱动了商贸经济的发展，且成为吸引国内外商人投资的主要媒介。若没有畜产品的吸引，寺院的庆典庙会，只能繁荣本地经济，很难形成跨国贸易。某种程度上可以说，皮毛贸易的规模直接影响了寺院周边经济的兴衰。而拉卜楞位居藏区的地理、民族等区位优势，包括人口规模、交通位置等基本条件，成就了其形成城镇的可能。

## 2. 塔尔寺的商贸

塔尔寺亦是藏传佛教格鲁派的六大寺院之一，雍乾以来，塔尔寺每年正、三、六、九月举行四次观经大会，以正月十五的酥油灯会为最盛，到场的民众不下五六万人，最盛时可达十万人。各地聚集而来者，在拜佛的同时，参加交易，以其所有，易其所无。人群中，除了汉、满、蒙、回、藏及青海土人外，"尚有西洋人点缀其中"②。隆重的观经大会，为期半月以上，热闹非凡，促成了商品交换的繁荣。

与拉卜楞的情形相似，塔尔寺所在的鲁沙尔镇，也位处农牧交界的半农半牧区，毗连纯牧区，有着丰富优质的畜产品来源用于交换。同样，回族商人在贸易中所起到的中坚作用，又是寺院商业兴盛的动力。在塔尔寺经商人群中，回民所占的比重依然是重头，"约占百分之六七十"，尤其是方便民众日用所需的小商小贩经营，

---

① 参见党诚恩、陈宝生主编《甘肃民族贸易史稿》，第56页。
② 参见李化方《塔尔寺之宗教源流与蒙藏社会》，《西北论坛》1947年第1卷第2期。

回民所占的比例更大,"约占百分之七八十"①。至1920年代时,塔尔寺周围已经成为商品交易的集散地,开设许多商号,藏区畜产品与内地贩运而来的日用品多种多样,交易繁盛。毫无疑问,塔尔寺已经成了周边民众交易的经济活动中心,②带动了寺院所在鲁沙尔镇商业贸易活跃,也促成了这里政治地位的确立和行政层级的抬升。③

### 3. 临潭旧城的西道堂

除了藏传佛教寺院在城镇转型中具有上述的特征外,回族以信仰伊斯兰教而建筑的清真寺,以及以寺为中心所从事的贸易经营活动,也具有寺院城镇的特征。众所周知,西道堂在传播伊斯兰教中的作用不可低估,在西北区域商贸经营中的地位也十分重要,是一个商业经营集团,主要经营商业和农牧副业。

临潭旧城的西道堂是甘南除了拉卜楞外的另一个寺院贸易中心。④ 起初有资本约200万元以上,在临潭旧城南关开有一批商店,总号天兴隆,分号天兴源、天兴德等,主要经营羊毛、皮张、粮油、木材、名贵药材、百货布匹、黄金白银等。除此外,还包括一些手工业作坊,如水坊、粉坊、醋坊、皮坊等。并在黄河上游的太子寺、临夏、贵德、保安、西宁、兰州、宁夏等城镇,以及省外的张家口、松潘、成都等处开办分号或代办所,业务深入牧区,遍及全国各地。由于形成网点,商业信息十分灵通。经营中,既有固定的行庄,也有大批的流动商队,带着铜锅、茶叶、佛香等商品深入牧区。货源充足,市场广阔。1947年,在北京开办了仁记商行,

---

① 中国科学院民族研究所、青海少数民族社会历史调查组编印:《青海回族调查资料汇集》(回族资料之二)《青海湟中县历史调查报告》,1954年,内部编印。
② 《甘肃省西南部边区考察记》(1942年),《民俗》第19卷第135册,第345页。
③ 中国第二历史档案馆藏:《青海省政府民国三十四年度政绩比较表》、民国三十五年上半年《青海省政府工作报告》,史料整理处档案(二),第6319号。
④ 临潭是甘南之商业重镇,有新旧城之分。新城历来是临潭的政治中心,商业大多集中在旧城,这里接近藏区,回汉藏的物资贸易集散地。

专门经营皮货和土特产品。①

值得一提的是，每年春秋两季，西道堂的商队一批批向草地进发，驮着牧区所需的商品，到处都是活动的市场。"放账、赊欠都可以用口头信用来担保，保证来年可以如约交货或交款。"商队归来时，"就是洮阳旧城皮毛市场最活跃的时候"。当然，商人们在经商过程中，既散布于牧区各处与当地人打交道，"每因生活上的不时接触，便和各部落的头人发生密切的联系。有时就在当地娶妻生子"，融洽了各族关系，甚至于牧区"各部落的活佛或温布、或郭哇"，时常依靠这些见多识广的回族商人"做政务顾问"。在"洮阳旧城再找不出如此有办法的商业组织"②。所以，时人把西道堂看成是"新社会的模型"③。也可以说是寺院所在地转型城镇历程中的重要力量。

不得不说，西北各城镇的清真寺周边，也是贸易便利之所。位于西宁城东区的东关大寺是西北地区的"海乙寺"，具有中心寺的地位，每逢礼拜五的聚礼以及每年的开斋节、古尔邦节，在该寺举行会礼，由是，在其周边逐渐出现了各种商业买卖。除西宁东关大寺外，还有"大寺十七，中寺十四，小寺二十七，共五十八所"④。这些地方便是日常街市买卖盛行的地方。

西北寺院转型中的城镇特征，也具有综合性。当然，严格而论，还是有区分。如除了清代以来已有府州县厅级别的一些城镇最引人关注外，在社会发展变迁的进程中，一些具有军事、交通、民族、宗教，甚至多要素集合等特征的堡寨，亦逐渐转型为普通行政级别的城镇，成为这里城镇化体系的重要组成部分。必须强调的是，大多数情况下，一些城堡转型为城镇，并不都是由一个主要特

---

① 参见党诚恩、陈宝生主编《甘肃民族贸易史稿》，第57页。
② 以上均见明驼《卓尼之过去与未来》（下），《边政公论》1941年第1卷第2期。
③ 王树民：《西道堂——新社会的模型》，《西北世纪》1949年第4卷第8期。
④ 马鹤天：《西北考察记·青海篇》，见《亚洲民族考古丛刊》第5辑第46册。

征而导致，其可能综合了宗教寺院、民族成分、交通道路、地理位置，抑或是地理资源、行政建置等综合性功能与特征。上述各城镇的转型过程中，仅从城镇某一突出特征而言，具有单一的功能，但是，更多的是具备单项，同时兼具多项，也就是说符合综合型的功能特征。如吴忠堡以交通为主要功能，兼及回族人口比例偏大及其擅于经商、设立商号等多种成分。寺院功能城镇中，实际包含了最基本的宗教、民族成分。拉卜楞地方原本就是多民族聚居之处，蒙、藏、汉、回各族缺一不可，也就是因为这里主体民族宗教信仰的缘故，支持和发展了寺院经济，加快了所属地方城镇及其商业化的步伐。

## 第四节 商路上由皮毛主导的商品集散与洋行

西北商路上商贸经济的发展，尤其是皮毛贸易，其实就是扩张西北城市间集聚与扩散能力的主体。就各城市间的相互作用而言，"城市与外部环境以及系统内各组织要素之间的相互关系，在每个组成要素或系统整体内可能产生有意义的变化。这种特征也有可能存在于某一城市，其中某一要素或城市的变化对相互关联的所有要素或城市都将产生影响"①。所以，贸易场所除了西北地区的中心城市外，还包括位居水陆交通要道、民族集聚中心、农牧生态的交点城镇，而商贸城镇即综合了这几个内容，极具有典型性。不过，货物转运的城镇空间分布，不仅与清代以来政区划分的府城体制相关，也与民国以来的省市行政体制相联系。

### （一）以皮毛为大宗及其他商品的贸易

总体而论，位居西北的甘肃、青海、宁夏、新疆诸省货物输

---

① 顾朝林等：《集聚与扩散——城市空间结构新论》，东南大学出版社 2000 年版，第 2 页。

出、输入，在嘉峪关内，主要由一条运道的两部分组成，运道中界在内蒙古的包头，包头以西多集中在湟源、西宁、兰州、中卫、石嘴山、磴口，再转而包头、归绥一带，包头以东，主要经张家口而集于天津，由天津出口。自天津输送内地的货物，至包头后分散输往本区各城镇。① 而位居嘉峪关外的新疆，因地理位置特殊，皮毛等畜产品的商运主要经边境城镇及其关口进行贸易，如伊犁、塔尔巴哈台、喀什噶尔等处，大部分属于国际贸易的范畴。除此外，其余各城镇也有自己零星商道，贸易量相对较小。故而，主要城镇所处重要交通商贸地位，带动了本区城市商业经济的发展。

西北地区输出品中，有几个重要的集中畜产品的城镇，如兰州、西宁、宁夏、伊犁、塔尔巴哈台等，以羊皮、羊毛、滩羊裘、驼毛为集散地的有兰州、西宁、宁夏，西宁还以各种皮张为大宗，狼皮、狐皮、猞猁皮、鹿茸次之，出入河西走廊咽喉的永登，除了以羊皮、羊毛为大宗外，还有驼毛、狐皮等货物，乌鲁木齐、伊犁、巴里坤等以马匹为大宗。除此外，各城镇依本地特产，作为大宗的集散商品。如兰州为中心的青条烟、水烟，宁夏等处的枸杞、甘草、栽绒毡、玫瑰酒，西宁的大黄及各种中药材，还有呢革、香料等商品。还有平凉、天水等城镇以酒及药材为大宗，褐布、木器次之。以上各城镇的输入品，主要是大布、洋布、绸缎、纸张、海菜、纸烟、茶叶等，尤以茶为最大宗，仅兰州南关设茶号数十家，多为湘人，也即南商执掌，年营业约数十万。②

**1. 兰州为中心的皮毛等商品集散**

兰州作为西北的中心和重镇，有着便利的交通优势。其商路四通八达，主要有五：东路经天水通陕西、河南；南路达巴蜀；北通宁夏、包头；西经河西走廊东端永登，通往新疆，延伸至中亚各国；西南经青海，往西藏。自清以来，一直是重要的货物集散中心。

---

① 参见王金绂编《西北地理》，第190—191页。
② 民国《甘肃省志》，《稀见方志》第33卷，第173—174页。

清代，兰州本地土产输出商品不多，仅以水烟、土药、兰绒为主。贸易经济的繁荣，主要依赖经此地集散的货物，也就是说这里转运货物的能量凸显了城市的商业功能。内地货物经兰州贩运西北各地销售者，初以棉布、杂料、粗物为主，同治战乱，西北商路不通十余年，即棉布粗物亦不能运输，"商务衰败不堪"。迨至光绪初年，左宗棠安置回民于各城镇周边，开通六盘山车路。道路疏通，沿途城镇人烟渐稠密，兰州商务渐兴。① 各类货物由兰州分销青海、宁夏及省内各处。由于永登城镇所在的大通河、庄浪河，临潭县城边的洮河，临夏城所在的大夏河，均不能通舟，因而各城镇所产之林木，顺流入黄河，至兰州后，再连成大木筏，运宁夏、包头一带。② 尤其是近代以来的皮毛贸易，开发和加大了兰州商贸城镇的转运能力。

至民国时，经兰州城而南来北往的货源更加丰富。各种货物的输入总金额年达1000万两左右，输出总额以1932年为例，约在700万两左右。在此之前，尚未禁种的鸦片，输出岁收200余万两。③ 输出货物中，价值量最大的为兰州五条商路中的北路，是为商品出入的主干商路，也是兰州的中心商路，尤以近代以来兴起的羊毛、皮货贸易和加工业最为突出，据统计，1932年到1934年，兰州资本在5000元到1万元的皮商有12家，各皮行每年在皮毛上市季节，"挟巨资赴各地办货，所办之货，均系生货，剥割未久，血污狼藉，且极坚硬，此项生货运归兰州，即开始硝制"④。

显然兰州不仅是西北皮货交易的一个中心，也是皮货加工之中心。至1940年代，在兰州经营皮毛的商家有20家，有皮商兼营毛业、杂货兼营毛业、驼行兼营毛业、钱庄兼营毛业、过载行兼营毛

---

① 彭英甲编：《陇右纪实录》卷8《甘肃商务情形说略》，见沈云龙主编《近代中国史料丛刊三编》40辑，文海出版社1966年版，第391册，第301页。
② 民国《甘肃省志》，《稀见方志》第33卷，第132—133页。
③ 王金绂编：《西北地理》，第417—418页。
④ 藩益民：《兰州之工商业与金融》（中央银行丛刊），商务印书馆1936年版，第68—69页。

业，甘肃银行也兼营皮毛，估计资本在45万至60万元的5家，在7万元至10万元的7家，在1万元至7万元的5家，1万元以下1家，2家资本不详。① 由于皮毛，尤其是羊毛有利可图，遂吸引各行业加入经营，专门投资，成为兰州市镇发展和扩大的一支重要力量，构成兰州城市经济兴起的中流砥柱。当然，这一点在西北区域的其他几个重要城镇中也十分突出。

抗战前后，是近代皮毛业国际商路经济萎缩转型的档口，因战事需要，以兰州为中心的西北交通网形成，商品吞吐量加大，输入的货物不论在品种上还是数量上都有了战时新元素，战备物资的运转，为城镇的持续繁荣创造了条件。如1943年，仅输入兰州的布匹就有6万多匹，面粉达1314万担。1945年前后，兰州城内商店总数已经达到2095家，营业总额增加到十多亿元，店员人数也达1.3万人之多。② 出现了具有较大规模的综合性商店总汇达到12家，如兰州中山商场股份有限公司，分支公司有17家，资本额高达8685.74万元。③ 与此同时，面粉、毛织品等产品的机器加工业出现，加速和方便了兰州城市商业经济发展。

甘肃南部的商业贸易，自清以来，一直较为繁荣，尤其是回民在商业贸易中的作用非常突出。甘肃西南部商业市场，以岷县及临潭旧城为首，夏河次之，卓尼附近虽为木材、麝香等物品产地，但是因交通不便，商业资金流通滞阻，仍以岷县、临潭旧城为集散市场。岷县商业以木材及药材为主，临潭旧城及夏河，则以皮毛为主。尤以临潭、夏河商贸城镇地位突出。

临潭县商业以旧城为最盛，新城虽为政治中心，而人口不如旧城多，商贾也逊色。临潭旧城交通位置更为突出，其西北近拉卜楞寺，南连上下叠部，西达双岔毛里西仓，均为藏区，集散较新城便

---

① 李屏唐：《兰州羊毛市场之调查》，《贸易月刊》1943年第4卷第8期，第44—45页。
② 陈鸿胪《论甘肃的贸易》，载《甘肃贸易季刊》1943年第4期。
③ 杨重骑等：《兰州经济史》，第175页。

利。且商业贸易以藏地出品为多，如皮毛、药材。显示集散市场之交通距离对城镇的发展尤为重要。

1939年，临洮旧城贸易物品及数量，牛羊及各种野生动物皮毛达11种515000张（只），麝香200只，药材600担，木材160000根。至1940年，超过上年，价值12023000元，其中皮毛类价值6913000元，占全部输出值的57.47%，牲畜类价值388万元，占32.27%，药材类价值26万元，占2.16%，木材类价值84万元，占6.98%，羊肠、猪油等价值13万元，占1.0%。进口货物，以棉花、布匹为最多，次为粮食，再次为青盐、纸张等杂货，总价值880000元。两相比较，出超6463000元以上。① 所以，旧城不仅是甘南藏区的商业重镇，且为货物转入卓尼的要地。每年由临潭转输卓尼物品，及卓尼输入合计548000元，估临潭旧城输入总值181%，输出合计4524000元，占旧城输出总值3.76%。详见（表1-2）临潭一地货物中转运输概表。

表1-2　　　　　　　　临潭一地货物中转运输概表

| 临潭转输卓尼货物 | | 临潭转口输出货物 | | 临潭转口输出货物 | |
|---|---|---|---|---|---|
| 货物数量 | 价值（元） | 货物数量 | 价值（元） | 货物数量 | 价值（元） |
| 杂粮6000石 | 900000 | 羊皮10万张 | 400000 | 羊毛1万余斤 | 20000 |
| 布匹700卷 | 420000 | 狐皮1000张 | 70000 | 木材35000根 | 245000 |
| 青盐2000斤 | 14000 | 狼皮1000张 | 70000 | 麝香1000个 | 100000 |
| 杂货 | 250000 | 水獭50张 | 19000 | 马1000余匹 | 1500000 |
| 总计 | 584000 | 猞猁皮5000 | 1300000 | 牛2000余头 | 800000 |
| | | | | 总计：4524000 | |

资料来源：《甘肃省西南部边区考察记》（1942年），《民俗文献》第19卷第135册，第391—392页。

---

① 《甘肃省西南部边区考察记》（1942），《民俗文献》第19卷第135册，第386—387页。

夏河县对外贸易的种类与临潭旧城相似，只是贸易额相对较大。1940年出口货物价值为2882071元，进口额2277899元。其中出口额中皮毛类价值2667141元，占全部输出92.15%，牲畜及其副产品价值196720元，占6.82%，药材类价值8211元，占0.028%，布匹类价值1万元，占0.34%。其进口货物中油盐糖类价值326460元，占全部额的14.33%，粮食类价值1799000元，占78.97%，布匹类价值4万元，占1.75%，杂货类价值111438元，占4.93%。1941年1—9月份出口货物价值为10602871元，进口为8116607元。其中出口额中皮毛类价值10558388元，占全部输出99.57%，牛羊油及羊肠、羊筋等类价值25101元，占0.823%，药材类价值25101元，占0.23%，木材类价值10410元，占0.09%。其进口货物中糖盐类价值457780元，占全部输出额的5.5%，布匹类价值243200元，占2.99%，粮食类价值7320000元，占90.8%，药材类价值2647元，占0.03%，杂货类价值92980元，占1.14%。[①] 从整个甘肃西南部贸易额进出口比较来看，皮毛输出比重最大，几乎占所有输出品的90%多，为出超现象的主力。详见表1-3。

表1-3　　　　　　甘肃西南部贸易额进出口比较

| 县别 | 进口总值（元） | 出口总值（元） | 差额（+出超）（-入超） |
|---|---|---|---|
| 岷县 | 800000 | 6355000 | 入超（-） |
| 临潭 | 28000 | 12013000 | 5475000（+） |
| 卓尼 | 1584000 | 4524000 | 2908000（+） |
| 夏河 | 2277898 | 2882071 | 604173（+） |
| 合计 | 4856898 | 25784071 | 20927173（+） |

资料来源：《甘肃省西南部边区考察记》（1942），《民俗文献》第19卷第135册，第400页。

---

[①]《甘肃省西南部边区考察记》（1942），《民俗文献》第19卷第135册，第399页。

另外，甘肃东部泾渭水流域的商业贸易也有其特色。平凉作为西安至兰州间之第一都会，陕甘之门户，通衢繁盛，货物云集。这里设有天水驻甘肃的转运支局，主管输送货物、保护行旅等事务。平凉城商业殷盛，多烟草、毛皮、石炭等商品，还有钱行、当行20余处。城内家庭制毡业亦十分兴盛，主要供应本地。① 与平凉毗连的天水，地当汉中四川之冲途，商务甚盛。川糖由此入陕，陇之水烟由此入川，其他如纸、药材、杂货、木耳、皮货、漆等，皆属重要商品。② 另外，至1930年代中期时，河西走廊东端永登与内地的贸易，主要是以麝香、皮革换取洋货、布匹。③

所以，有评价说：其时兰州成为西北地区联系关中、华北、中原以及长江流域的重要商埠，内地南北各货均可购办，俨然成为甘肃全省乃至西北商务总汇，其商业之兴旺与否对西北数省商业盛衰影响甚巨。④

### 2. 河湟地区的农牧商品集散

河湟地区的西宁，系蒙、藏与内地贸易孔道，"举凡汉蒙藏货物莫不总汇于此"⑤。康熙年间，这里"城中牛马羊常以万计，四境之牧无不至此，羽毛、齿革、珠玉、布帛、茗烟、麦豆等种类繁多，车载马驮，交错于道路"。城东为商贾聚集之处，商铺林立，时人有"举袂成云，挥汗成雨"之慨。⑥ 尤其是茶马交易，依照旧制，增加茶引，及折价银易马，⑦ 依然兴旺。以致河洮一带虽邻近蒙古，而一切交易俱在西宁，不赴河州，故商贾辐辏殷繁，不但河西莫如，"虽秦塞犹多不及"⑧。

---

① 民国《甘肃省志》，《稀见方志》第33卷，第67页。
② 王金绂编：《西北地理》，第443—444页。
③ 李扩清：《甘肃省县实习调查日记》，见萧铮主编《地政研究·土地问题资料》，第93415页。
④ 福克：《西行琐录》，《小方壶斋舆地丛钞》第六帙。
⑤ 许公武编：民国《青海志略》，第80页。
⑥ 《秦边纪略》卷1《西宁卫》，第63—64页。
⑦ 乾隆《西宁府新志》卷16《田赋·茶马》，第432—433页。
⑧ 许公武编：民国《青海志略》，第80页。

近代皮毛贸易兴起以后，西宁的"唐番古道"交通咽喉地位复显，为中国上等羊毛商业中心。青海牧区所产之羊毛皮革皆集中于西宁，羊毛年产百余万斤，专售于各洋行，进而转运内地或国外。故这里的羊毛有"西宁毛"之称，占全国年出口羊毛的一半。每年西宁城北的湟水南岸，"羊毛堆积如山"①。牧区"所产羊毛必由此通过者，约七万担"。据顾执中、陆诒在西宁考察时所引商会统计，输入西宁的商品，"每年约在六百二十万七千余元，输出商品以羊毛、皮革、牲畜、油木、药材为大宗，每年约计在一千五百四十九万七千余元"②。

西宁毛的运输分陆路和水运。陆路运输十分壮观，"每年夏末秋初，青海平野山谷，缓缓移动者，类皆运输羊毛之犁牛队也"。柴达木一带牧民，多用橐驼。湟中一带有用骡车者。运至西宁以东，则由皮筏或骆驼驮运至包头镇，再运往天津。而水运羊毛，被时人看成是"实为西北有之经济敏速方法"。主要经营者为甘南河州人。每年由水运输出的羊毛占"最大部分"。西宁毛用皮筏运至兰州，再由兰州至包头，20余日可达。因其所用之皮筏，以生牛皮连缀而成，故载之羊毛，可塞于皮胎内。当然，皮筏上也承载其他货物，如水烟箱，就平铺于皮筏上，以麻绳系紧，一般数十皮胎，连成一筏，轻浮易行。大者可装货三四万斤，小者亦万余斤。③

在皮毛贸易的带动下，西宁不仅成为青海最大的商业中心，而且还是重要皮毛加工基地，"西宁辖境内，关于工业之原料，以皮毛为大宗"，其中以皮毛加工的产品，在1930年代初，年产值约为93642元。④ 西宁亦因是青海皮毛等商品的集散中心而变成了仅次

---

① 周振鹤编：《青海》，商务印书馆1939年版，第206页。
② 王自强：《中国羊毛之探讨（续）》，《新青海》1934年第2卷第11期，第11页。
③ 民国《甘肃省志》，《稀见方志》第33卷，第132—133页。
④ 参见顾执中、陆诒《到青海去》之《西宁主要工业出产品表》，商务印书馆1934年版，第304、311、300页。

于包头、兰州的又一商业中心。

在西宁中心周边城镇的集散地中，最著名的当为湟源，时称丹噶尔。这里地居农牧交界处，惟有东路通西宁，其余几面连接牧区，是农牧货物的集散中心。嘉道之际，商业特盛，青海、西藏番货云集，内地各省客商辐辏，每年进口货物价至百二十万两。牧区货物，每年玉树的牛皮、羔皮、野牲皮、毛褐、厥麻、茜草等类，均运到丹噶尔销售。道光年间，售银达六七万两。光绪末时，有二三万两。近代商贸兴起后，丹噶尔的羊毛贸易空前繁荣。"售卖羊毛之商，来者日多，各项皮货贩者亦众，故货价皆蒸蒸日上，视曩昔似大有进步矣。"① 天津之羊毛商，咸集于此。② 城内除了设有洋行外，还有专门从事皮毛贸易的中间商人"歇家"。以至于货价增高很多，至清末时，仅"羊毛一项，比诸光绪初年 7 倍于前"。当然，货物价值增高的同时，物品短缺明显，如"鹿茸一物而论，昔年至七千百余架之多，今则三四百架而已"③。

丹噶尔作为农牧商品的集散地，由西宁一带输入的物品主要包括绸缎、布匹、桃枣、糖果、丝线、佛金、玩器、铜铁各货。每年输入两次，皆靠马驮，车亦罕有。其中洋布自西安、天津采办而来，大部分售给蒙藏，每年约为 5000 匹，银 3 万两。大布自陕西三原运来者多，每年约 1000 卷，银 2500 两，基本在境内销售。伏茶自兰州运来，每年万余封，大半售予蒙藏民众，共银 20000 两。其中黄茶由竹筐所盛，砖茶，为川字号，无纸封。羽绫等物，自内地运来，每年约 100 匹，全部售给牧区蒙藏民众。自内地运来的还有洋缎、佛金、铁锅、铜器（锅、罐、茶壶）、铁、大米、小黄米、麻、细泥瓷器、陶器、石煤、煤砖、纸张、药材等。另外，酒自西宁运来，靛青自兰州运来，土药自碾伯及西宁所属各乡运来，

---

① 以上引文见光绪《丹噶尔厅志》卷 5《商业出产类》，《稀见方志》第 55 卷，第 848 页。
② 王金绂编：《西北地理》，第 201 页。
③ 光绪《丹噶尔厅志》卷 5《商业出产类》，《稀见方志》第 55 卷，第 848 页。

麦面、青稞、木炭亦自西宁所属各乡运来。①

输入货物中比例较大的是粮食、茶、布，均自西宁输入。光绪末叶，自西宁各地输入粮食、茶叶等货物中，小麦每石价约10两上下，青稞、豆子每石7两左右，伏茶每封为1两，斜布每板（1板等于10丈）价银5两上下。1926年前后，"本境内人口亦骤增，自外县前来者多，用度维艰则荒旱迭遭"，粮食的输入量加大，价格也猛增。小麦每石由12两涨到20两有奇，伏茶每封涨至1两七八，斜布每板也涨至七八两。其他日常生活用品，均较10年前之物价升高数倍，间有增至10倍者。尤其是每年七八两月，蒙藏商人自牧区入湟源交易，尽管百物齐集，但粮价大涨。② 这也是城镇商贸随行变价的调试现象。

### 3. 宁夏的农牧商品集散

宁夏北部各城镇分布于黄河沿岸，交通畅通，自河湟、甘南汇集而来的畜牧产品运至兰州后，绝大部分走水路，经中卫、宁夏府城、石嘴山，最后至包头起卸，再经张家口运往京津一带。自兰州的陆运，也是经中卫、宁夏府城、石嘴山，然后通过黄河水运到包头。宁夏各地的羊毛也基本沿这两条通道，先集中于中卫，然后经吴忠、宁夏府城、石嘴山，最后经黄河水运汇聚于包头。因而，石嘴山也因商贸带动，由一个小渔村而兴起，成为重要贸易城镇。宁夏南部海原、固原、隆德等地货物，则集中于平凉，经陆路运往天津、汉口。就宁夏整体区域而言，自兰州至中卫始，黄河水运成为贸易运输的核心，黄河连接了中卫、吴忠、宁夏府城、石嘴山，直至包头这些重要城镇，其中除了中卫、宁夏府城原本就是县级城镇外，吴忠、石嘴山均具有堡寨转型特征。

宁夏城在近代皮毛贸易兴起以前，能称之为商业交易的，主要是与北部蒙古人之间的"市口"贸易。咸丰年间，城内商铺不多，

---

① 光绪《丹噶尔厅志》卷3《地理》，《稀见方志》第55卷，第845页。
② 王昱、李庆涛编：《青海风土概况调查集》，第131页。

也无资本雄厚的大商号，小商小贩是商品交易的主流。皮毛贸易兴起以后，不仅其毗连牧区的地理优势显现，位居黄河襟带的水运交通功能更强。自这里西越贺兰山，往北通阿拉善，是重要的皮毛产地，所产畜牧产品，顺黄河北运至包头、归化城。东隔黄河与陕西北岸之诸城镇连接。南部是固原、平凉，为通陕西的大道，沿黄河南向，经中卫，连接兰州、西宁及河西走廊。各城镇间所有货物的往返输送，使宁夏货物集散中心的地位凸显。

当然，自阿拉善等处而来的畜产品中，尤以套毛，又称石嘴山套毛的品质优良而著称，[①] 光绪末年，宁夏城的八大商号，绝大部分从事或兼营皮毛贸易，其他大商户"多是由小商贩和倒卖二毛皮发展起来的"[②]。1918年，宁夏城年输出皮张，包括老羊皮、黑羊皮、牛皮，约千担，每担360张，羊毛1000会万斤，驼毛、羊绒40万斤。输入各货，约一万三四千担，通过货物约7000担。"东来者以洋货为大宗，西来者以皮毛为大宗"，时宁夏全城有大小商店325家。[③] 在皮毛贸易的带动下，宁夏城的毡织业也得到了极大发展，1916年银川有毡坊13家，[④] 1931年时已有34家，工人近300名。[⑤] 抗战前，宁夏贸易达到极盛时期，"每年由此下行皮约百万张，羊毛不下三千万斤"[⑥]。因此，宁夏商贸的发展同兰州、西宁有异曲同工之效，皮毛贸易确实是推动因素之一，很大程度上可以说是主要因素。

宁夏南部的中卫，为兰州与宁夏水陆交通枢纽，东过黄河与固原、平凉、庆阳、环县，西经沙漠达永登，再由永登通青海，北上

---

[①] 王自强：《中国羊毛之探讨（续）》，《新青海》1934年第2卷第11期，第13页。

[②] 李风藻：《解放前的宁夏商业》，《宁夏文史资料》1999年第22辑，第212页。

[③] 林竞：《蒙新甘宁考察记》，第56页。

[④] 吴成等口述，刘策、高树瑜整理：《银川毡坊》，《宁夏文史资料》第20辑《宁夏老字号》，宁夏人民出版社1997年版，第153页。

[⑤] 刘士勋：《毡坊和纸坊》，《宁夏文史资料》第20辑《宁夏老字号》，第150页。

[⑥] 叶祖灏：《宁夏纪要》，《史地文献》第25卷，第531页。

凉州，故军事与商业皆为要道。① 历来是通西蒙的重要"市口"，为交通位置重要的集镇。也由于近代皮毛贸易兴起，地位凸显。又因其"位于西宁与凉州之通路"，加之本县城周就有牧业经济，羊毛"到处出产"，尤其以黄河以南之秀山、海城一带最多，总额200万斤以上。所以，中卫、宁安堡、五佛寺等地也成为主要集散地。② 1918年时，中卫城中有商店大小200余家，有尽盛魁、合盛恒等。附近的宁安堡，也有较小商号340余家，承担北路羊毛集散，设有羊毛行4家。输出的商品中，除了以皮毛为大宗外，还有量大且受市场欢迎的地方特产枸杞、甘草、红枣、稻米等。每年输出枸杞一千四五百担，每担240斤。甘草千余担，红枣二千数百担，米七八百担。主要依赖黄河水运，陆运次之。③

综合中卫城的贸易行类，主要为毛商、皮商、布商、杂货商。以毛商资本最大，每年购集羊毛六七十万斤，顺黄河水运输出。皮商每年运羔羊皮万余张，赴山西、北京。布商以布易枸杞、发菜、甘草，价值约5万两。杂货由津购来，年值20万两。稻米运向兰州、西宁。④ 民国时人考察时，记录下当地老人的回忆片段，说中卫城内商店旧址达数里之长，运送皮毛的商船，盛时连绵几里，晚上船火通明。实为当时西北一重镇，"为宁夏省商业政治中心"⑤。

1930年代以来，是宁夏商业达到极盛时期，自从北到南，形成以宁夏府城为中心，以吴忠、石嘴山、宁安堡、中卫等城镇为次级中心的商贸网络。而宁夏商业网络的初步形成，也使宁夏在西北区域的通商口岸和物资集散的地位更加巩固，成为连接西北与华北经济往来的重要枢纽和通道，尤其是在平绥铁路通车后，运输量前

---

① 范长江：《中国的西北角》，见《稀见方志》第128卷，第308页。
② 王自强：《中国羊毛之探讨（续）》，《新青海》1934年第2卷第11期，第12—13页。
③ 林竞：《蒙新甘宁考察记》，第65页。
④ 民国《甘肃省志》，《稀见方志》第33卷，第83页。
⑤ 王自强：《中国羊毛之探讨（续）》，《新青海》1934年第2卷第11期，第12页。

所未有加大，方便快捷经济，使京津一带的日用百货和工业品，几乎全自宁夏中转运往甘青各城市，同时，甘青各种各样的特产，包括羊毛在内的畜产品，也大量经由宁夏运至京津。铁路促成了商贸更有利的发展，且带动了人流、物流的汇集，加快了城市及其商贸发展进程。

### （二）与国际接轨的洋行及其销售网络

近代西北商贸转型的一个重要特征表现为洋行的设立。不仅开埠通商城市逐渐演变成洋货倾销与土产收购的集散地，内地中小城市也普遍成为洋行的经营区，逐渐渗透至内陆深处的西北。光绪十九年（1893），英、美、法、德、日等国在中国沿海、沿江各主要通商口岸设立的洋行达580家，① 洋货销售网络形成。与此同时，也有一些华商从事洋行贸易，光绪二十八年（1902）正月初十，西北各省及陕甘总督收到直隶总督袁世凯电，对于华商贸易不能阻拦，陕甘总督长庚等回应，已将华商相关税单20张，"飞行各税员，查照放行"，并言"兰州无禁押洋行华商事"②。只是，从晚清官僚对西北出口货物的论断可知，此时自西北"运销俄境及内地较巨者，除羊毛、皮张外，惟和阗之丝与毛毡，吐鲁番之棉花、葡萄数宗"，然而，就这几宗，在清末民国之交，"因道远运艰，行销亦不甚畅"。故这里对华商征税较优待，即"建省之初曾经开办华商货税，旋因收数无多，经升任抚臣陶模奏明停止"。只不过，这一情形在洋行深入西北内陆的进程中，又发生变化。

至光绪二十七年（1901），华商税复又开征。是年八月，新疆巡抚饶应祺以每年认摊赔款40万两为数过巨，无款可筹，不得已

---

① 姚贤镐：《中国近代对外贸易史资料》，《中国近代经济史参考资料丛刊》第五种，中华书局1962年版，第1000页。
② 电报档，收直隶总督袁世凯电，为兰州无禁押洋行华商事，光绪二十八年正月初十日，档号2-04-12-028-0047。

奏请复开华商税。为便于实施，拟定征收额"与内地不同"，按各海关"值百抽五税则"酌减，改为"值百抽三"，无论外来土产各货，只按"一起一落"征收，经过地方概不重征，以示宽大而广招徕。故而，在哈密设局一处，收由甘肃入口货物起税；古城设局一处，收由草地入口货物起税；省城设立总局，收各处赴省售销落税。此外，喀什噶尔、莎车、伊犁、塔城、阿克苏、库车、吐鲁番，各设分局一处，抽收各路货物落地税及本处运赴各路土货起税。至光绪三十年（1904），新疆地方依旧坚持征收华商税，并表明一省有一省之办法，"在边省与各省固不必故为抵牾，而各省与边省而断难强使划一"，奏请仍照饶应祺时确定的旧章办理。朱批：户部知道。①

在西北内陆，无论是华商税的复征，还是洋行的出现，均是近代西北商贸跻身全球经济贸易格局的体现。洋行的销售商品以鸦片、洋布为大宗，另有五金、机器、药材、颜料、瓶盎、针钮、肥皂、灯烛、钟表、玩器等各类生产生活用品，以各通商口岸城市为集散点，倾销于中国城乡，以至于"虽僻陋市集，靡所不至"②。同时，洋商大量购买茶叶、生丝、皮货、纱头、草帽、黄铜器、棉制品、褐制品、肠衣、猪鬃、古玩、蛋制品、瓷器、锡器、藤器、漆器、绣货、发网、籽仁、生皮、兽脂等原材料和各种土产，由各通商口岸输往海外。

光绪十九年（1893）至三十一年（1905）间，外国洋行纷纷在兰州、西宁、宁夏、乌鲁木齐各府城及所属城镇开设分行。其中在兰州开办的洋行有英商设的新泰兴、高林、仁记、隆成、礼和、聚立，德商设有瑞记、兴隆，美商的平和等。在西宁的丹

---

① 朱批奏折，甘肃新疆巡抚潘效苏，奏报华商货税拟请照现在章程收税事，光绪三十年八月十九日，档号04-01-35-0582-060。
② 彭泽益主编：《中国近代手工业资料》第2卷，《中国近代经济史参考资料丛刊》第四种，中华书局1962年版，第165页。

噶尔开设有十几家，包括英商的新泰兴、礼和、仁吉（记）、怡和，德商的瓦利、美最时，美商的平和等。① 其中以英商居多，仅光绪十九年（1893）中设立的洋行中，属于英商的就有宝顺、怡和、隆贸等。在甘南河州开设的九家洋行中，英商占有八家，德商一家。八家英商洋行为新泰兴、高林、聚利、仁记、天长仁、瑞记、普伦和平和，德商洋行为世昌。②

河州的九家洋行都设庄，逐步发展到宁夏、石嘴山、兰州、西宁、拉卜楞、循化、湟源、肃州等地。其中兰州庄是作调款、汇兑、放贷的财务机构，不做收羊毛的业务。其他各地所设庄，以收购羊毛为主，兼收皮张、肠衣、药材、猪鬃等畜产品。光宣之际，洋行收购的土产包括砂金、皮毛、马匹、木料、狐狸皮、牛黄、鹿茸、麝香之类。其中皮毛土产多运销天津，再由天津贩运杂货、布匹、茶叶、京洋杂货等售于青海。买卖之间获利数倍。③

河州九家洋行中，最早设的是英商新泰兴，由直隶沧州青县大兴口商人宁星普招引而来，宁星普也为该行最早的买办。光绪年间，宁星普作为英商大古洋行的职员往英国伦敦催款，了解英国毛织品工业发达和羊毛原料缺乏的情况后，便带着中国羊毛、驼绒的样品再次往伦敦，引起英商极大的兴趣。宁星普遂在天津组织新泰兴洋行，担任经理，从事以羊毛为主的大宗畜产品收购经营业务。后生意做大，名声大振，宁星普担任了天津华商公会会长，天津总商会特别会董。④

---

① 青海地方志编纂委员会编：《青海历史纪要》，青海人民出版社1987年版，第89页。
② 秦宪周：《帝国主义洋行在河州等地"收购"羊毛》，参见中国人民政治协商会议甘肃省委员会文史资料研究委员会编《甘肃文史资料选辑》第8辑，甘肃人民出版社1980年第1版，第175页。
③ 许公武编：民国《青海志略》，第80页。
④ 宁星普（1842—1928），名世福，以字行，直隶沧州青县大兴口人；又秦宪周《帝国主义洋行在河州等地"收购"羊毛》，参见《甘肃文史资料选辑》第8辑，第175页。

洋行在西北收购羊毛的中心地有两个，一是拉卜楞，附近甘甲集及青海果洛等地的羊毛，全部运到拉卜楞，交洋行过秤验收。二是循化，即循化、保安、隆务寺一带的羊毛，均集中于此。两中心全年收购羊毛总量约为一百四五十万斤，集中运到河州，再由河州转运至永靖黄河岸边孙家咀。① 河州九家洋行定购羊毛时，系以托拉斯形式垄断，待羊毛收齐后，按所出资金大小分配。其中以新泰兴力量最大，每次收购约占总数50%。西宁、贵德、湟源、塔尔寺以及自河西走廊的肃州等地洋行所收购的羊毛不在此内。

从拉卜楞、循化两地集中到河州的羊毛，均是雇用河州西川一带的民户用驴、骡驮运。而从河州运往黄河沿岸的羊毛，也是雇河州附近20里之内的民户用毛驴驮运，经康家湾至孙家咀河沿。羊毛在孙家咀集中后，雇用皮筏子，沿黄河运往包头。皮筏上插有英商、德商等白旗，上写"保护"二字，亦有英文或德文的字样。装有羊毛的皮筏启运时，散布在上下百余里的河面，蔚为壮观。

洋行经营的一般程序是先由外商经本国领事请报所购羊毛等货物种类，获准后，方可前往购办货物。如英德商人通过本国驻天津领事，请报购物单，取得同意函后，再委托代理商，携带巨资，前往西北各省会城市，或深入农牧交接处的城镇，采购皮毛等畜产品。再经过陆路、水运，销往天津，输运海外。因洋商实际购物的数量远远大于报单所请数目，光绪二十四年（1898），清廷实行新章，即请报单、买货后，收回报单，换给运照，并在运照内注明实买的货数、报单的日期、号数，以凭核对办理。② 光绪年间，在日月山农牧交界处的丹噶尔收购畜产品最多。

如光绪二十二年（1896），英国孙代领事函称，新泰兴行赴甘

---

① 秦宪周：《帝国主义洋行在河州等地"收购"羊毛》，参见中国人民政治协商会议甘肃省委员会文史资料研究委员会编《甘肃文史资料选辑》第8辑，第176页。
② 西宁府欧阳□□为英国新泰兴行赴甘肃等地购买驼绒等物事致循化厅，光绪二十四年六月二十八日，档案馆代号463001，全宗号07，案卷号2210。

肃西宁、兰州府属地买生熟羊皮、羊绒毛、驼绒,请报单20张。①次年,驻天津的德国艾署领事函称,瑞记行赴甘肃西宁买羊毛、驼绒、皮褥、山羊绒、生熟皮张、毡、羊皮袄、马尾、马鬃、生熟猾皮(山羊羔皮),请报单15张。又驻天津的英国宝领事函称,清廷准平和行赴甘肃西宁府买皮袄、羊毛、驼绒、毛羊绒、生熟皮张,请报单15张。② 二十四年(1898),驻天津的英国司领事函称,新泰兴行赴甘肃西宁府买驼绒毛、羊绒毛、生熟皮张,请报单10张。买货后,收回报单,换给运照,按照新章执行。③ 是年,津海关道宪李某,移开案,准驻津德国艾署领事函称,瑞记行赴甘肃西宁府买羊毛绒、驼毛绒、生熟皮张、皮褥、马鬃尾、滩皮袄、滩皮、猪鬃、大黄、麝香,请报单30张。俱按照新章的手续办理。④实行新章后,为满足购货需求,洋行不得不再增请报单。同年,先是英商仁记洋行报单10张,平和洋行报单15张。同日仁记洋行又增加报单20张。⑤

洋行派往西北各地收货的代理人,也需要向清廷报呈请领护照,并报名采购路线。光绪二十四年(1898)五月二十七日,驻天津的英国司领事函称,英商仁记洋行派遣王万银赴西宁府丹噶尔厅采买土货。由归化城起票,沿途骡驮船装。带现银2万两,行李25件,洋枪4杆。请发给护照。同时还有高林行赴西宁府属地购买畜牧产品的报单2张。⑥

---

① 西宁兵备道联□□,为英商新泰兴行赴甘肃西宁买生熟羊皮等物准给报单事致循化厅,光绪二十二年十月初十日,档案馆代号463001,全宗号07,案卷号2211。
② 西宁府为德国瑞记行赴甘肃西宁等地卖羊毛驼绒等事致循化厅,光绪二十三年四月十九日,档案馆代号463001,全宗号07,案卷号2211。
③ 西宁府欧阳□□为英国新泰兴行赴甘肃等地购买驼绒等物事致循化厅,光绪二十四年六月二十八日,档案馆代号463001,全宗号07,案卷号2210。
④ 西宁府欧阳□□,为德国瑞记行赴西宁等地采买羊驼绒事致循化厅,光绪二十四年六月十九日,档案馆代号463001,全宗号07,案卷号2210。
⑤ 西宁府燕□□,为英商仁记洋行赴甘肃等地采买羊驼绒事致循化厅,光绪二十四年七月二十九日,档案馆代号463001,全宗号07,案卷号2209。
⑥ 西宁府燕□□,为英商仁记洋行派遣王万银等赴西宁采购土货事致循化厅,光绪二十四年七月十四日,档案馆代号463001,全宗号07,案卷号2209。

洋商货物转运也带动了转运集散地商业的兴起。宁夏石嘴子由小渔村转型为宁夏地区羊毛业的一大集散重镇,与洋行兴办关联,每年由此地转运的羊毛1000万斤。石嘴子的主要洋行有英商新泰兴、天长仁、仁记、平和等洋行,以及德商瑞记、兴隆等洋行。凡新疆、青海、甘肃河套之羊毛,"皆萃于是"。羊毛装船运入包头,每船可载重19600斤上下。[①]

新疆洋行的出现,与近代以来的开埠通商有关。咸丰至光绪年间,新疆开放伊犁、塔城、迪化、喀什为商埠,在中国新疆经商的俄国商人,便在领馆附近设立洋行,同时英属印度和阿富汗的商人,也先后进入新疆贸易。由于签订有光绪七年(1881)中俄《伊犁改订条约》,俄国商人输入新疆的商品享受最惠国待遇,并不纳税,直至清末,没有改变。光绪九年(1883),在乌鲁木齐有"德盛洋行",1917年,有"茂盛洋行"。后者主要经营羊毛加工与各类皮张贩运,很快成为新疆资本雄厚的著名商号,资本达1150万卢布(每卢布合库平银5钱)。[②]因有利可图,俄国商人大量输入毛织品、棉布、各种糖果、烟酒、五金以及制马掌的铁料、磁器、玻璃制品、皮革品、石油、火柴、针线、玩具、纸张、文具、化妆品,应有尽有。"俄货充斥全疆","每家所用的无一不是俄货"[③]。

清末新政中,伊犁将军长庚提出包括商业在内的五点经济发展建议,以求改善新疆经济状况。光绪三十三年(1907),在迪化设立了商务总局,以适应国际贸易的展开。在新疆设的洋行,将输入货物出售后,再大量收购本地的棉花运出。大量的皮张、羊毛、驼绒、马鬃尾以及各种细皮张,包括狐狸、貂、猞猁、灰鼠、银鼠、

---

① 民国《甘肃省志》,《稀见方志》第33卷,第85页。
② 高文德主编:《中国少数民族史大辞典》,吉林教育出版社1995年版,第2522页。
③ 潘祖焕:《新疆解放前商业概况》,《新疆文史资料选辑》第1辑,第149—150页。

旱獭等动物毛皮，在俄国加工成品后，复运中国新疆出售。为了便利商贸，加快资金周转，俄在新疆伊犁、塔城、喀什还开设了华俄道胜银行，为俄商服务。疆内各县几乎都有俄籍商务代理人，被称为"俄商约"，直接受俄国领事管辖。在南疆有英属印度、阿富汗的商约。至清末时，塔城的"商务日增，洋行林立"，每年运往天山南北的货物估值30万两俄银，本地售货额也达数万两之多。据不完全统计，1913年，俄商输入中国新疆的商品总值980多万卢布（每卢布合库平银5钱），由新疆输出的商品总值840多万卢布。[1]

自清末中国新疆与俄罗斯贸易开通，以及恰逢国际市场牲畜皮革价格暴涨，新疆的畜产品价格"十倍于昔"，输出速度加快。仅"镇迪一属岁运出境者，数逾百万。库车之羊皮，温宿、莎车之马、牛皮张，岁值亦数十余万。计全疆牧产总额当在三四百万以上"。"迪化省城洋行八家，资本皆数十万，其意不专在销售俄货，而在收买羊毛皮革归获大利也。"据俄商报告，"镇迪属内羊毛出口值五十余万卢布，其他牲畜皮张勿论。即羊肠一项值五千六百卢布之多"。在伊宁创建官商合办的伊犁制革公司后，便利国际贸易，"俄商岁贩皮革出境，制成复售于我，利市三倍。熟牛皮一张其值三十余金"。俄国在中亚、西伯利亚铁路修通后，"以往西商由甘肃、宁夏一带贩运皮毛转载回国，水路之烦殆、关市之稽留，节节阻滞。近则俄疆铁路直接伊塔边外，运道即便，又无权税之烦，是以各国商贾趋利如鹜，俄之斜米帕拉廷省渐为皮革交会之中枢"[2]。

宣统元年（1909），拥有30万两银资本的官商合办伊犁制革公司成立，不久改为商办，由新疆著名商人玉山巴依经营。旋购置德国机器及聘请技师，招募以本地工匠为主的工人100多名，年加

---

[1] 潘祖焕：《新疆解放前商业概况》，《新疆文史资料选辑》第1辑，第151页。
[2] 民国《新疆志稿》卷2《实业志·畜牧》，《方志丛书·西部地方》第20号，第80页。

工皮张1万多张。随时而起的还有官督商办、官商合办、商办等形式的农林实业，但是，由于受经营模式、资金技术、政治形势等限制，难以和洋商、洋货竞争，多数不久被迫停办。

可以说，外商资本投入及洋行的设立，是西北商贸经济得以发展的不可低估的外部推动力。

# 第二章　商帮及其经营资本与模式

　　清代至民国时期，西北商业贸易中一个极其明显的特点是经商者或以地域乡土关系为纽带结成商业团体，或以族群为标识从事商业买卖。而以地域乡党组成的商帮，较为著名，主要有山西帮、陕西帮、天津帮、湖南帮等，分别简称为晋商、陕商、津帮和湘帮，其中的晋商在很长一段时期里，被称为北商。又由于山西和陕西商人是甘肃以西的西北商业经济中的经商主力，常被放在一起，俗称山陕商人。《陇右纪实录》载，甘人"家园株守，无百里负贩之人，所以省会及各属，凡商业稍有可观者，山陕人居多"[1]。这些组织在一起的商人团体，在西北当地也称为帮口，或客帮。[2] 在西北区域由东向西的商贸推进中，尤以晋商为主力，除了长途贩运和转手贸易是晋商经营的特点之外，聚集资本，开设票号，更是晋商有别于其他商帮的特质。

　　西北作为一个多民族集聚区域，族群为标识的商帮也是其特色。如青海蒙藏牧民中的经商者及寺院专门从事生意的僧人，每年秋、冬、春三季，即阳历七月至翌年三月底，"将羊毛运至附近集市如贵德、湟源、大通、夏河、临夏等地，与汉民交换茯茶、布

---

[1]　彭英甲：《陇右纪实录》卷8《甘肃商务情形说略》，见沈云龙主编《近代中国史料丛刊三编》第40辑，第391册，第313页。
[2]　《清稗类钞》载，"客商携货远行者，咸以同乡或同业之关系，结成团体，俗称客帮"。见徐珂《清稗类钞·农商类·客帮》，中华书局2010年版，标点本，第5册，第2286页。

麦、青稞等生活用品"①。甘肃夏河拉卜楞寺皮毛商人中，回民商人占到十分之八。甘南的临潭一带活跃过一支时长达半个多世纪的由"西道堂"成员组成的回民商队，这些人是在一起生产生活的共同体，商业经营集中于每年春秋两季，届时"西道堂商队一批批向草地进发，到处都有他们活动的市场，商队归来时，就是洮州旧城皮毛市场最活跃的时候"②。所以，清末的伊犁将军广福称，新疆一带的"缠商等语言文字均不相同"③。但是，无论如何，以族群区分的回商和蒙、藏商帮，以及近代洋行贸易出现后的中间商——歇家，包括穿街走巷提篮小卖的小贩，亦是西北商贸市场上极其活跃的分子，都是促进西北商业活跃的一分子，这些人架构起了生产者与消费市场关系的桥梁。

当然，在西北商贸经济社会发展过程中，也有区域之外的很多著名商人做出过投资贡献。著名商人胡雪岩就大量投资于西北，自光绪三年（1877）起，胡雪岩协助左宗棠在兰州织呢局的设厂、敦煌文殊山金矿开采、引泾河水入平凉的一系列工程中，大量投资了采办机器、延聘技师、招募工匠等的活动。新疆收复后，又受委自江浙代募熟悉养蚕、栽桑以及种田能手入疆传授经验技艺。清廷授其职官和顶戴花翎。光绪十年（1884），又给西北捐输棉衣、粮食以及现银，助赈甘肃灾荒。④

总体而言，近代的西北已经形成了以北商为主导，回商为辅助的商帮格局，且二商帮进而均居垄断地位。与此同时，随着西北融入世界商业体系，商业化程度加快，尤其在新疆建省的过程中，湘帮的融入，不仅表现为从事商业人群的结构发生变化，即使商贸格局也略有改变。另外，在西北经营商贸的商帮，其所拥有的财富和

---

① 李屏唐：《兰州羊毛市场之调查》，《贸易月刊》1943年3月。
② 明驼：《卓尼之过去与未来》（下），《边政公论》1941年第1卷第2期。
③ 台北故宫档，军机处朱批奏折，伊犁将军广福奏为伊塔茶务有限公司请改专归商办由，宣统二年三月十九日，文献编号：186800。
④ 左宗棠：《道员胡光墉请破格奖叙片·上谕》，见《左宗棠全集·奏稿七》，第93—94页。

社会地位，与清代至民国的社会形势与国势兴盛有着共振关系，与国势盛而商业兴的趋势，具有正相关性，反之亦然。

## 第一节　商业贸易与行政区属的商帮

清代以来的西北商业贸易中，本地商人的资本实力较弱，投入资金强大且生意兴盛者，均为外省来的生意人，尤以山陕津等处的商人为主，这些商帮所拥有的资本占据了西北贸易市场主要经济份额，形成"城市金融率操纵于秦晋津贾，各县市各货行店多晋商，钱号、钱庄、药肆多秦商，而药肆自县至村镇所在皆有至"的局面。① 也有人总结说，在西北地方商贸的各行业中，由山陕津湘等同乡，或同行等结合的帮口，操纵着金融之权。而各大行店，晋商称盛。钱庄药号，秦人居多。购办批货绸缎杂货事业，津晋两帮，可称并驾；制造青条黄烟，陕甘两商，亦足齐驱。② 商帮从事大宗货物多种，若以甘肃茶引中的领引茶商为例，乾隆十八年（1753），从事甘肃茶引的商人有 546 名，均"籍隶陕、甘二省"，每名办引自数张、数十张至百余张不等。③ 故有甘肃茶商，旧设东、西两柜，"东柜之商，均籍山、陕，西柜则回民充商，而陕籍尤重"④ 之说。清末之后融入的湘帮，在茶叶贸易中自称一派，被称为南柜。至民国时期，出现新的一派，即"新柜"，"近人招新柜，承领南柜"。茶商管理章程也有改动，每"柜"由散商互选一总商，由甘肃省财政厅颁给委任状管理。⑤ 另外，西北不同省份商人的经营格局中，除了本地的一些回商大贾外，还是"多山、陕、

---

① 民国《甘肃通志稿·民族志一·族姓》，《稀见方志》第 27 卷，第 578 页。
② 萧梅性：《兰州商业调查目录》，第 2 页。
③ 宫中档案奏折（乾隆朝），甘肃巡抚鄂乐舜，奏报酌办茶务情形折，乾隆十八年五月十九日，台北故宫博物院藏，文献编号：403003882。
④ 杨自舟等：《清末到抗战期间伏茶行销西北简述》，《甘肃文史资料选辑》第 4 辑，甘肃人民出版社 1961 年版，第 112 页。
⑤ 引文见民国《隆德县志》卷 2《食货志·盐茶》，1935 年石印本，第 161 页。

平、津商贾"①。新疆建省时，迪化城的内地商人逐渐增多，以天津塘沽等地商人为最。

自乾隆朝统一新疆后，从事贸易活动的商人以"商帮"的形成遍布新疆各地的商业城镇，而各重要城市的市场，作为全国市场的组成部分，无不与清代数次用兵新疆有很大的关系。清代康雍乾三朝，锐意经营西域，大军频年西进，军中有力者多招携本乡商人随军，此等商人形成了各色"商帮"。

据地方志书记载，"清朝以兵力削平西域，汉番杂处，联系弥合，多藉商力"。当西征之始，北出蒙古至科布多、乌里雅苏台者为北路，西出嘉峪关至哈密、巴里坤者为西路。其时师行所至，一切取供于商。随军商人出售的货物，其价均高出内地之数倍至几十倍，随军商人无不腰缠万贯。战事结束后，随营商人又依聚敛财力而留守各处，"市廛栉次，商务渐兴"。位居北疆的古城，作为新疆商务中枢，南北商货悉自转输。"其东自嘉峪关趋哈密为一路，秦陇湘鄂豫蜀商人多出焉，其东北自归绥趋蒙古为一路，燕晋商人多出焉。"② 位于新疆东部的巴里坤"城关内外，烟户铺面，比栉而居，商贾毕集，晋民尤多"③。

同治年间，新疆地区社会动荡，"西师再出，湘军屯营哈密。其时四郊多垒，转运艰屯。惟天津商人，首蒙霜露，冒锋镝，随大军而西。军中资粮充积，俘获所得，恣为汰侈，不屑屑较锱铢。故津人之行贾者，征贱居贵，多用此起其家，一时其乡之人，相顾色动，闻风靡从，谓之曰：赶大营"④。统一新疆之后，除了些许

---

① 刘向东：《兰州服务志》，甘肃人民出版社2007年版，第156页。
② 以上引文均见民国《新疆志稿》卷2《实业志·商务》，《方志丛书·西部地方》第20号，第127、129页。
③ 陕甘总督文绥：《陈新疆情形疏》卷59，乾隆三十七年，见琴川居士编《皇清奏议》，《中国近代史料丛刊三编》第99辑，文海出版社2006年版，第990册，第4828页。
④ 民国《新疆志稿》卷2《实业志·商务》，《方志丛书·西部地方》第20号，第133页。

原"赶大营"积累巨资的津商外,其燕、晋、湘、鄂、豫、蜀、秦、陇商人之步履亦遍及天山南北,使新疆与全国市场的联系愈加紧密。

以上皆是对西北各商帮在商贸领域内基本经营格局的写照,一些富商大贾的地位也随着中国近代化的开启,逐渐有所改变。正如时人所言:"咸、同以前,缙绅之家蔑视商贾。至光绪朝,士大夫习闻泰西之重商,官、商始有往来,与为戚友,若在彼时,即遭物议。"[1] 关于中国历史上的商帮,学界较为关注,成果亦丰硕,[2] 此处仅就西北地区重要的山、陕、津、湘帮稍作梳理,以为全书框架系统之组成部分。

## (一) 起着引领与中坚作用的晋商

晋商以山西籍贯和身份,在西北商业贸易中起到了引领和中坚作用。明清之际,晋商的足迹已经遍及西北,商贾长途从事商品贩运,促进了货物流通,也孕育出许多百货聚集之区。至清末民初时,西宁一带的商业贸易经营者中,山西商人最多,且多是握有大资本的商人。光绪二十八年(1902),西宁商会成立时,担任会长的泰源涌经理张经如就是山西人。

一直以来,学界对于"晋俗以商贾为重"的主要原因归结于山西"不资地力"[3] 的地理环境,正是由于晋中土狭人满,耕地资源匮乏而不足以养活人口,故而背井离乡,赴远谋生。此在清官方文献中多有记载,如位于晋中盆地的太古阳邑,民多田少,就是丰收年景,收成不足供二月口食,故而人"咸善谋生,跋涉数千里,

---

[1] 徐珂:《清稗类钞·婚姻类》,第5册,第2051页。
[2] 主要专著有王先明的《晋中大院》,生活·读书·新知三联书店2002年版;王俞现《权力资本与商帮:中国商人600年兴衰史》,北京联合出版公司2011年版;珠原《清代旅蒙商述略》,新星出版社2015年版;罗新《从大都到上都:在古道上重新发现中国》,新星出版社2017年版。
[3] 光绪《五台新志》卷2《生计》,光绪九年续修刻本,第297页。

率以为常，土俗殷富，实由于此"①。"晋省民人，经营于四方者居多。"②"查晋省人，多系外出贸易。"③

**1. 山西籍的晋商及其投资买卖**

在西北的晋商，主要来自山西的平遥、临汾、平阳、翼城等地。如翼城就是其中很重要的县份，该地北关的安家，就在西北的甘肃、青海及内蒙古一带，以贩卖皮货为主业，尤其是冬季皮货生意兴隆时，便以骆驼为运输工具，进行皮货为主的营生，甚至远涉俄国。也有的以当地畜牧产品或药材等特产换取南方的茶叶、丝绸等商品，以达到互通有无。襄汾师庄的尉家就做江南丝绸和当地药材、皮毛等产品的贩运。曲沃县的商人高科，赴南方购买茶叶后贩运至兰州、西宁、哈密以及蒙古地区。故而史书记载，山西"汾（州）平（阳）两郡，多以贸易为生"④。

乾隆年间，山西代州人刘廷仕、马文魁作为迪化和镇迪道三义号的伙计，与店铺坐商，即同为山西人的贾有库合伙做生意，每年赶着驼队于归化城与迪化间贩运货物，包括绸缎、瓷器。乾隆四十三年（1778），刘、马二人的驼队有21人，载驼134只，马2匹，一次贩运货物驼只估值银11853.776两。⑤清中后期时，平阳商人在宁夏银川的太平一条街开设了许多店铺，主营茶叶、皮货，其中商人张子珍创办了百川会杂货商店，成为专门的商品经销商。⑥至清末时，山西平遥段村镇的北常张家，在甘肃、宁夏一带经营当

---

① 乾隆《太古县志》卷3《风俗》，乾隆六十年刊本，第280页。
② 《雍正朱批谕旨》第58册，雍正八年二月十二日，文海出版社1965年版。
③ 《清高宗实录》卷1052，乾隆四十三年三月壬戌，《清实录》第22册，第68页。
④ 李燧著，黄鉴晖校注：《晋游日记》卷3，乾隆六十年正月初一日至四月十五日，山西人民出版社1989年版，第69页。
⑤ 朱批奏折，乌鲁木齐都统索诺穆策凌，奏报查办张窝在归化城三义号贸易货物事，乾隆四十四年正月初九日，档号04-01-35-0743-015。
⑥ 襄汾政协文史资料委员会：《襄汾文史资料》第12辑，内部资料，2005年，第270页。

铺，同时当铺也开在了河西走廊的酒泉。① 山西临汾赵康的杨家，在西北的营生主要是丝绸，该商家自江浙、两湖购买丝绸，贩运至西北，再将西北当地的皮毛、药材及其他土特产运往江南出售。②

  自清中叶以后至民国初年，西宁城内经营布匹杂货的商人多"晋帮"，有一些著名山西籍商人开设的商号，如聚益、福益、福兴、德源、永丰等。"晋帮"商号由于资金充裕，在内地商业联系广泛，其经营不同于一般零售商店，具有较大规模之货栈性质。其营运方式除从内地自购自销外，主要从兰州、西安、三原、两湖、四川等地设庄口，以接收绸缎、布匹、瓷器、海菜、文具等，抽取担头费及佣金后，批发各大商号出售。

  在河西走廊的酒泉商贸中，"以山西商人势力最大"，所开设的大小商铺"遍及酒泉城邑乡镇"，经营包括丝绸布匹、京广百货、日用杂品，糖茶烟酒。③ 据统计，光绪年间，河西走廊的甘州，仅当地及移入的商号多达千余家，其中晋商商号44家，陕商商号153家。④ 还是属西北商贸最有实力的商家。甘肃天水的元兴恒就是由山西商人经营的专门生产和销售汾酒的商号。

  统一新疆后，自归绥道进入新疆的山西商人逐渐增加。太原府祁县商民高尚先的商队8人，往乌鲁木齐做生意，其中除了2名蒙古人外，均为太原府人，1人为祁县同乡，4人为文水县人。另外，还有阳曲县人范奇珍，自归化城往乌鲁木齐做生意，商队有14人，其中7人与其同乡，2人各为祁县与文水人，2人来自朔平府右玉，1人来自代州崞县，1人为蒙古人。⑤ 所举例的两个商队中，除了

---

① 翼城县政协编辑委员会编：《翼城晋商史料》，内部资料，2008年，第172、235页。
② 山西省政协《晋商史料全览》编辑委员会、临汾市政协《晋商史料全览·临汾卷》编辑委员会编：《晋商史料全览·临汾卷》，山西人民出版社2006年版，第48页。
③ 穆雯瑛主编：《晋商史料研究》，山西人民出版社2001年版，第574页。
④ 《张掖市志》编修委员会编纂：《张掖市志》，甘肃人民出版社1995年版，第344页。
⑤ 归化城副都统衙门档案（汉文），乾隆四十一年，80-10-1；嘉庆十六年，80-4-812。

为生意顺利而用于翻译的个别蒙古人外,几乎均是山西籍商人。

　　山西商人建立的商号——大盛魁,总柜设在归化城得胜街,即今呼和浩特市玉泉区得胜街。该商号自雍正二年(1724)始立,至1928年歇业,存史200多年。大盛魁业务遍及全国各处,在京、津、沪、杭、晋、鲁、豫、湖、广等地都设有分支机构、小号和坐庄人员,在西北主要商贸中心,都有大盛魁的小号或其他商号铺面,早期还以乌里雅苏台、科布多为贸易中心,推及中俄边境。就茶叶而言,大盛魁投资银十万两给总号设在山西祁县的三玉川、巨盛川茶庄,主营进茶业务,在产地①自采自制,再销往西北茶市。自采茶叶后于巨盛川茶庄制成的"巨盛"砖茶,在西北极负盛名。此外,该号还经营马、羊等牲畜,以及绸缎、烟草、铁具、面粉等重要商品。大盛魁经营范围之广,贸易额之大,获利之巨,为中国传统贸易史之罕见。

　　晋商从归化城运杂货和茶叶经草地至古城,也称奇台,使奇台成为新疆货物集散地。所以,山西巨商大贾的大多数也均在奇台发迹。在迪化,晋帮经营金融业的有蔚丰厚、天成亨、协同庆三家票庄,专营汇兑和存放款业务,内地各省都有连号,东家都是山西太古的富户。至清末时,晋商一直是新疆金融界的执牛耳者,清末民初,内地银行纷纷开办,替代票号。晋帮在迪化除了经营金融业外,还有一些著名的商号,如永盛生、日星功等,还有饮食业中著名的三成园。晋帮经商稳健,收成持久,大都殷实。② 故而,入新疆经商者的"货款大多经山西帮票号汇往内地,资金周转往往是一年一次"。

　　晋商自筹资金在西北做生意的大有人在,如山西右玉县商人贾有库,乾隆四十四年(1779),贾有库自称年六十三岁,其做买卖

---

　　① 产地在湖北蒲圻县羊楼洞,蒲圻县与湖南临湘县交界处羊楼司以及临湘县的聂家市。
　　② 潘祖焕:《新疆解放前商业概况》,《新疆文史资料选辑》第1辑,第152—153页。

已有年头，自乾隆十二年（1747）与王厚、郭尧各出本银，做"三义号"绸缎杂货买卖。十八年（1753），孝义县人武积贮亦出本入伙。后因王厚、郭尧病故，贾有库自己掌柜，在归化城与阿克苏、乌鲁木齐之新城、旧城共有三义号铺四处，又有伊犁发货寓所一处，各有伙计在彼管事。①

可见，自归化城等处往新疆经商者多以山西籍人为主。有人对乾隆四十一年（1776）至嘉庆四年（1799）的 24 年里，归化城副都统档的 101 份商民贸易件进行了统计，显示登记籍贯商人有 603 名，其中山西籍 594 人，且以晋中汾州府和代州居多，其余多为太原府、大同府和朔平府人。② 而自道光至清末，从归化城领票外出贸易的 529 个商队中，请领票照往乌里雅苏台贸易的有 75 个商队，往科布多的有 4 个商队，往乌鲁木齐的商队有 54 个，往巴里坤的有 3 个，其余多往喀尔喀部。③

归化城的三义号，培养出的很多伙计，亦多为山西人，尤其参与了乾隆年间盛极一时的玉石买卖。比如玉石贪腐案的高朴家奴张銮，山西右玉县人，乾隆三十一年（1766），为归化城三义号的伙计，次年，购置绸缎、梭布等货物前往巴里坤贩卖，积攒了本金，使得绸缎等货的买卖扩展至阿克苏、叶尔羌等处。乾隆三十五年（1770），因清廷将开采后选剩的玉石作价出售于商民允许买卖，张銮就在叶尔羌购买玉石 120 斤，每斤银 5.5 两，贩运至阿克苏后，以每斤 11 两的价格卖出，获利颇丰。

乾隆三十七年（1772），张銮至喀什噶尔，看到驼只多用于运粮生意的商机，次年，遂带驼只至叶尔羌出售，其间从一回民手中购得私玉 90 斤，价银 450 两。三十九年（1774），又在官局购得变

---

① 巴延三奏折，高朴私鬻玉石案，见故宫博物院文献馆编《史料旬刊》第 28 期，北京图书出版社 2008 年版。
② 田宓：《从归化城副都统衙门档案谈清代旅蒙贸易及部票制度》，《历史档案》2016 年第 4 期，第 92 页。
③ 米镇波：《清代西北边境地区中俄贸易——从道光朝到宣统朝》，天津社会科学出版社 2005 年版，第 94—97 页。

价官玉100斤，每斤价银1两，贩运至肃州出手，每斤得价银8两。次年二月，携带五六千银子本钱，往江南，在苏州购买顾绣绸缎等货，发往肃州，自己则自苏州起身北上归化城，于十二月抵达后，与三义号结清账款，抽出自己在三义号的投资，共计六千多两，于四十一年（1776）二月，仍往苏州购买顾绣等货物贩往新疆。途经肃州时，带上此前发的货物，抵达阿克苏，将货物出售部分。四十二年（1777）三月至叶尔羌，将剩余绸缎等货卖给贝勒鄂对，计价银11000两。货银并未立刻兑付，四五月时，鄂对将张銮引见给高朴，此后，张銮专营玉石营生。

高朴多次托家人李福向张銮以借的名义索要金子100两，张銮前后给出80多两。后高朴以手里没有金子还张銮为由，将手里的玉石用于抵债，张銮答应。高朴岁将回民给自己的玉石约2800斤，让张銮与李福一起贩运至江南，其中800斤给张銮折算所欠金账。至九月二十日，张銮同李福至城外，看到玉石共有90块。与此同时，高朴又让张銮自己也买一些玉石，并将张銮带去见了鄂对，由鄂对出面给张銮买玉石，并抵之前所欠银11000两。随之，张銮获得玉石51块，重1200斤。如此，张銮、李福以及高朴的幕府熊濂等人，赶着装满重约4000斤玉石的11辆车，于十月初十起程入关。一路无人查问，至肃州后，将车辆更换为骡驮，高挑着兵部侍郎的灯笼，因边外僻静好走，选择走边墙一路，经兰州、凉州、中卫，至山西汾州府后，熊濂自此分路进京，张銮、李福至浦口，雇船一只至江宁。在此，李福往地方相关部门官员处送信物请安，张銮则继续往镇江口，向苏州行进。在苏州专诸巷，张銮置有房产一处，遂将玉石卸在家中，随后出手。

此次卖出的玉石2800斤，价银128850余两，分为7股，其中高朴5股，计银75700两，为卖出2000斤玉石的价值。张銮分得2股，计银30281两，为800斤玉石的价值。另售出的玉石400余斤，计价13080两，分给了李福和熊濂。如此，一趟玉石买卖基本结束。①

清中叶,进入新疆的茶叶,基本由被称为北商的晋商所控制。晋商在归化城的茶叶生意兴隆,与其行政隶属有极大的关系。清代的归绥道隶属于山西行省,位置属今呼和浩特一带,地缘上与蒙古族集聚区相邻,晋商十分了解西北地区的蒙古、民人日常所需茶叶及商品,加之具备经营生意的优势,遂以归化城为踏板,把茶叶从湖南为中心的产茶区,经陕西泾阳一带运往归化城,再经过申领部票、纳税后运往新疆及各处,完全垄断了西北地区茶叶市场。当然,晋商也利用地缘优势,把茶叶转运西北边疆相邻各国以及俄罗斯境内,曾一度利用中俄不平等条约的空隙,将茶叶输出俄罗斯后再倒灌进国内牟利。

### 2. 著名晋商个例与经营理念

著名的皇商山西介休范氏,祖籍陕西,明成化年间,作为范氏家业起步的第一代范志纲时,由陕西迁徙至山西,寄籍介休,居于张原村。继之的范家掌门人为范毓馪,康熙四十八年(1709),范毓馪任内务府官差,范氏家族生意逐渐兴隆,且进入鼎盛时期。尤其在西北商贸中,经营资本集聚较快。如在康雍两朝统一西北的军事战争中,范氏承担了运输军需口粮的重任,"前后十年,所运米,凡百余万石,所省大司农金钱六百余万,较最先所定值不啻百亿巨万"②。康熙六十年(1721),范氏集聚家财作为运输军需粮饷的资本,其运输量前后达万石。由于运输量大,所耗成本相对较低,即每石费银40两,此与官府费帑运输的每石120两相较,仅费三分之一。雍正十一年(1733)五月起,范氏费时八个月,往新疆北路的科布多运输军粮八万石。③ 为有效管理随军西行商人,

---

① 以上引文均见朱批奏折,军机处行走员外郎舒濂奏(附单供词),乾隆四十三年十月二十三日,《乾隆朝惩办贪污档案选编》第1册,第557—558页。

② 汪由敦:《赠中宪大夫太仆寺卿衔范府君毓馪墓表》,见《碑传集》卷42《内阁九卿下》,道光刻本,第2029页。

③ 《清高宗实录》卷77,乾隆三年九月辛未,《清实录》第10册,第220页。

清廷给了范家很高地位。雍正帝谕：范毓馪之运米商人，每年分数路前往，人数甚多，未便人人散给票照，应交范毓馪将人收拢而行，米运至军地返回时，将留下之人，查明报部。① 此后，范家以皇商自居，在西北商贸中的地位依然很高，乾隆二十二年（1757），清廷与毗邻中亚的哈萨克之间展开绸缎与马匹贸易时，范氏家族的范清洪、范清旷受清廷委托，并带领能做买卖的"熟练人员"，参与主持经办与哈萨克的贸易。②

山西平遥商人中，最著名者莫过于近代实业家李宏龄③。至晚清时，全国各省电汇银两已经开始通行，各票号业务纷纷转型改而电汇，晋商中一些商号经理意识到，不使用电汇，将不利于经营，"势必耽搁买卖"，电汇势在必行。而对于位居西北边陲的新疆而言，开展汇兑业务的利润不及本金。蔚丰厚总号以电汇业务所得利润微薄，"电会必系紧急用项，而刻下电局偏将此项电报第三等，且字多舛错"，商家往返查问，耗时费银，不仅票汇或信汇的汇水，每汇千两银收30两，而且收汇与交汇的时间在四五个月，这对需要资金运转盈利的商家而言，不是很有吸引力，遂电令各省分庄停止此项业务。对此，分号经理李宏龄从实际情况出发。指出"惟新疆省城只有咱号一家，不怕他人争做，且路途太远，万一有误，岂不后悔"，何况"刻下各省电汇银两已属通行，不能不随众办理，以广招徕，若各家皆电汇，独本号不用，势必误事"。遂致函总号，强调除新疆蔚丰厚一家票号，无惧他人竞争，可禁止电汇业务外，其余仍应继续承办。④

李宏龄的经商理念中，对用人有自己的立场与观点。其在对商业经营中的各家商号作了比较后，分析道"将各号得礼比较，数

---

① 大本议覆档军务，领侍卫内大臣丰盛额等遵旨议奏，缉拿军营脱逃兵丁跟役等折，雍正十一年四月初四日，档号782-0002，分件号0003。
② 《清朝文献通考》卷33《市籴考二》，第2514页。
③ 字子寿，山西平遥人，生于道光二十七年。
④ 李宏龄编著，黄鉴晖校注：《同舟忠告》，山西人民出版社1989年版，第99—100页。

目我号皆在其次"，商业自立"其要惟在得人"，"即如肃州，某某为某掌柜亲戚，其人本非干济之才，当时即不当委以专任。况某掌柜过去已多年，即使存厚待之心，不妨从丰给股，岂可以重事相任。看肃州号事成何局面？"故而希望肃州所设商号能够"以蔚泰厚、天成亨为法，若新泰厚各号皆可以为戒也"①。从此可知晋商对经营中用人层面的经验之谈。

在对西北设号的获利情形中，李宏龄认为在西北的肃州生意获利并不如意。并以在肃州的商号为例说道："即以肃州一处，通年收款七万余，交款九万余，一处码头三人办事，受交生意仅十余万，岂不成笑谈。"指出此种亏本经营状况"若不即早更动，迁延愈久，生意愈形减色"②。

在经商过程中，各商也处于权衡社会各种关系的漩涡中。在这方面，李宏龄有自己的一套经商理念，在给自家兄弟的信中提到关于官与商关系中经营中的利弊得失，表明如果关系处理得当，就会得到官的眷顾。并以赵尔巽、升允二人为例讲述处理官商关系的心得。即第一件事是说赵尔巽在湖南时，曾出面为李家商号"追还欠款"。对此李氏怀有感恩之念，后赵尔巽至京城任户部尚书，提出要用李氏商号银2000两时，李氏痛快应允，且给予赵尔巽无息无利的帮助，并言"赵处所借，似与寻常不同，碍难过于追索，应待其有钱，自行归还，方为合体。此关号事大局，以后难免有事相求"。第二件事是说光绪后期，任陕甘总督的升允，用李氏在京票号银3000两，对此，李氏依然认为"亦未便索其兑费并利"，其意是"我号在兰，尚望其照拂，似不必计目前小利"③。

可见，在李氏的经商理念中，除去能够及时捕捉商机的经营方法、用人之道等外，还重视传统商业经营中的官商关系的拿捏，一方面显示商业社会关系中商家对官权的敬畏与顾虑，以及李氏家族

---

① 李宏龄编著，黄鉴晖校注：《同舟忠告》，第114—115页。
② 李宏龄编著，黄鉴晖校注：《同舟忠告》，第137页。
③ 李宏龄编著，黄鉴晖校注：《同舟忠告》，第142页。

对有恩者人情往来的善意回馈，另一方面也表明以利为先的商人阶层与官权力的微妙利益关联，不仅对商业贸易产生较大的影响，而且延展于整个社会关系体系中，成为一种社会风气。值得一提的是，这后一点，不论是古代，还是社会历史步入信息时代的当下，都缠绕于官商关系中，而且贯穿于中国商业文化的始终，成为社会发展中不能回避、也不能克服的弊端。

在近代银行建立、票号转型过程中，李氏商号尽管经历了风雨，但是，能够审时度势，在转型中立足。李氏认为，自家票行"多年汇票一项，得为商界中特色者，独一无二故也"。并认为不仅官办钱业与民营夺利不可避免，而且外国资本的加入也将对票号产生不利影响。故言：在户部设立总银行、外国银行"又将及于内地，藉其权势，尤非我敌，官绅商款更为其所夺必矣"。并将以往票号与银行的不同之处作出分析，指出"至惟开设银行，虽与票号性质相同，做法究有分别"，而若能"保我票号"，就必须"或改票号为银行，或扩充银行以补票号"。而对处于"偏外边徼"的兰州金融业务也提出远见，说道：兰州风气晚开，"一切新政新事多难闻见"，而开设银行一事，"尚祈联合同行，会议熟商，速为办理"[①]。这就是清末民初山西商人中作出突出贡献的典型代表。

**3. 晋商投资票号及金融业**

西北商贸中，作为经商资本运作的汇票，首创与出现要归于山西商帮。至道光年间，继乾隆中叶以来清廷在西北的绸缎生意愈加兴隆，甘肃每年往苏州置办货物所需银两，有的可达百万两。这一方面给从事商贸者的资本转运腾挪产生麻烦，商人远距离携带大量银两行走极其不便，另一方面作为绸缎西部终端的新疆地区出现了银两与市钱不等的现象。每银一两，值钱一千一百六七十文至二百

---

[①] 李宏龄著，黄鉴晖校注：《山西票商成败记》，山西人民出版社1989年版，第200页。

余文不等。① 由是便于携带的汇票应运而生，商贾经营大量绸缎所需银两，俱系汇票往来，并无现银。② 又由于与市厘钱价相平，商民称便，使用频繁。

出现在西北著名的协同庆票号，由晋商率先创立，也称西商票庄。咸丰六年（1856），协同庆票号创立于山西平遥南大街，最初资本仅 3.6 万两，其财东是榆次聂店王家、平遥县王智村米家。故而有协同庆票号"以区区万金崛起于咸丰末叶"之说。而先已开办的大票号资本，少则十几万两，多则二十几万两。至咸丰末年时，票庄由山西乃至中国近代票号的创始人雷履泰之长子雷元明掌门，雷家票号在西北以兰州为中心，生意兴隆。③

能够与协同庆比肩的票号是天成亨票号，该票号的前身是绸布货行。同治初年，由平遥县北娃庄武子健任总经理，同乡侯王宾协理。同治三年（1864），改组为票号，经理为侯王宾，财东为介休县张兰镇马辙林。在国内票号兴起的过程中，改牌匾为"天成亨票号"，资本有所扩展，增加了介休北贾村侯家资本银 5 万两，共计银股 20 股。银股中，侯氏占 17 股，马氏 3 股，每股银 3000 两。另有人力股共 7 股多。设分庄于全国各地，尤其设在西北的陕甘，后扩至新疆等地，用人百余名。

蔚丰厚票号是由山西商人开办。道光十九年（1839），由介休贾村侯氏开设于平遥城西大街，继之在西北的兰州、肃州、迪化设立分号，专营汇兑、放款、贴现及信托等项业务。光绪年间，平均年获利 20 万两左右。光绪二十六年（1900），慈禧西狩，该号获利颇丰。光绪三十四年（1908），甘肃大灾，各省募捐百十万资金以救助，蔚丰厚接受汇兑业务，"悉数陆续承汇"。1915 年，该票

---

① 亦引起银价飙升，出现每银一两易置钱一千二百八十九十文至三百余文不等的局面，参见朱批奏折，财政金融货币类，卷号 54，道光八年四月初八日。
② 朱批奏折，财政金融货币类，卷号 54，道光八年四月初八日。
③ 李宏龄著，黄鉴晖校注：《山西票商成败记》，第 203 页。

号改组为蔚丰商业银行，1921年停业。①

至迟在光绪十一年（1885）时，晋商在兰州城开设的汇兑票号已有多家，除上述的天成亨、协同庆等外，或专营汇兑和存放款等业务。这些票号还在凉州府属肃州各设有分店，②包括蔚丰厚在内的票号业务延展至乌鲁木齐。商人们的西行款项，总是利用晋商天成亨等票号，将银票汇至肃州等处，享用票号的便捷服务。商人们在新疆经商所赚取的大量银两，亦多经过各家票号汇往内地，实现了资金的双向流动。

由于晋商在资本运作中特有的能力，清廷官方饷银也会委托晋商票号周转。如同治四年（1865）八月，河东应解兰州饷银，因受西北回民起事影响，道路梗阻，便前后三次委托发交山西平遥商人汇兑银八万两。③同样，光绪八年（1882），甘肃地方督府在遣散军中先锋、中前两营马队的过程中，需要发放饷银，也是委托晋商的协同庆票号汇至凉州，时共传饷银八万两。④

与此同时，地方各级因公务而委托晋商票号汇兑银两的情形较多。光绪三年（1877），苏松太道冯焌光自上海汇银一千两，委托友人转汇出关进疆，然因银两由票号汇兑，而因"关外无从汇兑"，只能解到肃州而罢。⑤光绪四年（1878），江西藩司委托晋商商号蔚长厚汇兑协拨伊犁军饷银1万两，七月初五，归该驻转运局领解。次年五月初六，广东厘金项下拨给新疆北部科布多城的协饷1.25万两，该款"兑交殷实银号志成信汇解赴察哈尔都统衙门查收，转解科城交纳"⑥。同年七月初二，江西四库依旧委托晋商蔚

---

① 张正明：《晋商兴衰史》，山西古籍出版社1995年版。
② 录副奏折，陕甘总督谭钟麟奏，光绪十一年六月初七日，卷号42。
③ 录副奏折，财政类，同治四年八月初五日，卷号36。
④ 录副奏折，协办大学士刑部上述文煜等奏，光绪八年十一月十一日，卷号13；又录副奏折，山西巡抚布政使王榕吉为汇解甘饷银奏，同治四年八月初五日，卷号36。
⑤ 冯焌光：《西行日记》，光绪三年三月初九日记，光绪辛巳年刊本，第3、37页。
⑥ 录副奏折，广东巡抚刘坤一奏，财政类，光绪五年六月二十一日。

长厚票号汇解饷银1万两。其时参与军饷汇兑的晋商票号还有志成信、协成乾、协和信等,① 志成信票号,也被称为银号。所以,从光绪十一年(1885)年底,新疆巡抚刘锦棠奏折中所谓新疆初设行省时"尚无汇兑商号"之语,疑似是专门就官办汇兑商号而言。

步入民国后,票号业务得以转型,各商号也纷纷改名换号,即将票号改称钱庄。1915年,晋商的蔚丰厚票号率先变更组织为股份有限公司,改称钱庄。天成亨于1921年前后,始改名钱庄,由于其经理人应付得当,从来经营方针最称稳健,民国以后,营业日行发达。②

至1930年代,西北地区的甘肃汇兑业务,则由各钱庄酌定,逐日公布,每一汇款地点开两个行市,分当月和下月底为周期。如由兰州汇款至凉州、平凉或天水,每千元汇水20—60元不等,自兰州汇至甘州、肃州,汇水则较高,在40—130元之间,总以汇款总额确定汇水高低。自西北地区汇出,如往上海等处,则汇水在一二十元至一二百元不等,有时也有票号倒贴的情况。如羊毛、水烟出口时,汇款往上海、天津,往往会倒贴,一般也就是平汇。自中央银行设立后,由兰州汇往上海、天津汇款的汇水相对降低,一般为百分之一二,基本稳定了汇水。③

## (二) 渐居次位的陕商

陕西商人,简称陕商或陕帮,是自明清以夹被称为全国十大商帮之一的商人群体,和山西商人一起合称为山陕商人,或秦晋大贾。明清之际,陕商"输粟于边塞,治盐于淮阳河东,贩布于吴越,运茶于川蜀"④。尤其在西北商业贸易中,包括陕商在内的

---

① 录副奏折,瑞联奏,光绪六年,军务类,卷号14。
② 《西北金融之今昔》,《金融周刊》1943年第4卷第27期。
③ 萧梅性:《兰州商业调查目录》,1935年,第108页。
④ 傅衣凌:《明清时代商人及商人资本》,人民出版社1956年版,第170页。

"西客"，以经营茶叶为主的大宗商品，推动商贸社会发展。据《三原县新志》载，本县富商大贾多靠西北"中茶"及东南"引盐"致富，故称"茶盐之利尤巨，非巨商贾不能任，第市法有禁，而西北在茶，东在盐"①。

所以，在甘肃经商的大部分商人，祖籍多为陕西。尤其自康熙六年（1667）陕甘分治之前，陕帮商人中的陕西和甘肃籍均视为陕西籍，故有甘肃是陕西商帮发祥地之一的说法。在河西敦煌的经商者主体，多为客帮，县志有"商贸先自山西、陕西贸易至此，近亦渐入土著，置田起屋，均列户民。其原籍尚有家室者，每隔三五年归省家属庐墓，其有力者，父母殁后，子孙仍扶梓归里，亦不忘首邱之义耳"②。武威的"商人以陕籍为多，晋次之"。这里的"陕商多贩卖土产及湖北白布、蓝布等，本县所需棉花，向持陕西运来"③。陕西商人将自己整体融入甘肃社会商业氛围之中，形成对甘肃文化心理认同。有如商人高雄，祖籍甘肃庆阳，自明正统间，其"兄通贩淮盐"起家。其同乡王良，家族也经商，其"父靠远出商贩"，"偏历江淮，八十不能归"④。嘉庆年间，咸阳人王才，"贩木陇右诸山间，不数年，家日畜"⑤。陕西蒲城人王洪绪"向在肃州日新店开张杂货生理，领凉州陈成章、泾阳何兴邦本钱"，行运49年，口碑极佳。⑥

商人的多籍性与各籍之间的合作，是西北商人经营的特点，如陕西商人徐子建、师回，与甘肃商人李步安、付德一起与山西商人董某合伙，在肃州、凉州收购玉石后，再运往苏州售卖。乾隆年间

---

① 《三原县新志》卷4《引旧志》。
② 道光《敦煌县志》卷7《杂类志·古迹》，第344页。
③ 林竟：《蒙新宁甘考察记》，甘肃人民出版社2003年版，第102页。
④ 乾隆《甘肃通志》卷38，李毓澍主编：《中国边疆丛书》第2辑，第26号，第24页。
⑤ 陈鸿杰：《咸阳碑石》，三秦出版社1990年版，第114页。
⑥ 故宫博物院编：《史料旬刊》第28期，京华印书局1931年版。

著名商人穆士元，"原籍甘肃威武人，因办茶务，居陕西泾阳之时多"，清朝鼎革，其"茶务勃兴，日无宁刻，为通行领袖数十年"①。故而，陕西商人又视赴兰州经商为本土营生，纷纷远上陇右，独立或与甘肃地方商人合伙做生意，成为当时陕商经营的普遍现象。还如著名商人刘足民，其家族世居陕西户县北乡渭曲里之南留村，及至足民，只身移至甘肃，往来徽县、略阳之间，为商家佣，积有微资，乃治产居积，不数年，遂数千金。同乡友人太原村赵姬，欣赏刘氏经商能耐，遂投资刘氏。"初设钱庄于白水江镇，既又设酒店于徽县。"不久，商业遂为酬冠。②

乾隆年间，陕西渭南县回民商人赵钧瑞，在叶尔羌做买卖20余年，充当乡约③。在阿克苏、叶尔羌等处，置有客店四座，饭铺一所，住房一所，骡马15头。又在阿克苏置办骆驼79只，肃州亦有用于出租生意的骆驼90余只。其父赵进贵，儿子赵世保，弟弟赵金海即赵四等，均跟随其做买卖。乾隆四十三年（1778）的高朴玉石贪腐案发时，赵钧瑞所做的货物买卖从南疆延展至江南姑苏，从事绸缎、玉石等货物贸易。④乾隆四十四年（1779）十月，陕西巡抚派人在赵钧瑞老家搜出房产衣物的估值，计市平银792.9两，又在赵钧瑞经商商队的半道，搜获行李、车内衣物，估值市平银550.34两。还在赵钧瑞的雇工黄虎儿家中搜查出赵钧瑞之子赵世保的各项货物，估值市平银7213.74两，以及给赵世保代买瓷器的估值市平银1500两。与此同时，陕西巡抚还派人盘获一部分陕西籍商人的货物，其中有魏良弼等人的绸缎货物，估值市平银

---

① 马长寿：《陕西回民起义历史资料调查记录》，陕西人民出版社1997年版，第83页。
② 何炳武编：《户县碑石》，三秦出版社2005年版，第572页。
③ 朱批奏折，陕甘总督勒尔谨、陕西巡抚毕沅，奏为究明高朴家人常永及商人赵钧瑞私带玉石确情具奏事，乾隆四十三年十月二十六日，档号04-01-08-0191-007。
④ 朱批奏折，陕西巡抚毕沅，奏为遵旨查抄赵钧瑞家产资财复奏事，乾隆四十三年十一月初四日，档号04-01-08-0191-032。

13497.562两,梁清标等卖玉石获得的市平银1500两,还追获已经花销的玉价款,合市平银1020两,追获田生英卖给梁清标玉石获利款,合市平银1820两。还查获赵钧瑞在叶尔羌交给蓝汉华的马、骡8匹(头),以及蓝汉华在渭南家中自置的马、骡牲畜、在途变卖倒闭的牲畜共估值市平银38.1两。以上总计各项并追回价值合计市平银30932.656两,折实市平纹银28504.443两。[①] 从中可见赵钧瑞等陕西商人群体在经营贸易中的本金投入和利润收益。

陕西商人还经营西北当地的药材、皮毛、烟草和布匹,在市场中占有优势,尤其专做兰州、西宁等处的布匹生意。陕西同州一带的乡党自明以来就善于营商,"富者皆弃本逐末,各以服贾起其家","朝邑富人,尤甲一郡焉"[②]。乾隆以后,兰州的水烟业日渐发达,主要参与者多为同州朝邑人,故又称"同朝帮",在兰州烟行用人方面形成了该帮约定俗成的帮规,就是"非同朝人莫用",烟坊中从财东到学徒,外人不得插足其间,财力富足的同州帮,几乎垄断了兰州水烟业。这种状况一直维持到抗战时期。[③] 在西宁商界,"陕帮"亦是一支重要力量。清末民初时,西宁商贸界,陕商位居第二,排在晋商之后。西宁一带经营药者,主要为华阴籍。所经营的药材原料来自陕西和西宁及周边,商人自制成药出售。

陕帮在新疆或开药店,或设商号,或经营酱菜等,生意兴隆。以开药店而著称的是设在迪化的凝德堂和元泰堂,前者开设较早,声望也高。陕西蒲城商人的继美丰商行,兼营行栈,在前往新疆的沿途,即东自兰州,西往凉州、甘州、肃州,直到哈密,均设有字号,民国以后生意惨淡倒闭。经营酱菜园子的集义生,颇负盛名。

西北的一些大商号、货栈及其经营的大宗商品运输和批发、收

---

① 朱批奏折,陕西巡抚毕沅,奏报办理私贩玉石案内查获家产货物估变情形事,十五日,档号04-01-35-0743-04
② 咸丰《同州府志》卷21《风俗志》,第2039页。
③ 彭英甲:《陇右纪实录》卷8《甘肃商务情形说略》,见沈云龙主编《近代中国史料丛刊三编》第40辑,第391册,第331页。

购，亦多为陕西籍人。清末时，在西宁被称为山陕商人的陕西籍和山西商人一起构成这里经商的主力，所开设的一些货栈或商号，均从事大宗商品的批发、收购，买卖均可赊账经营，按月结账，被称为"镖期"。具体而言，即有固定的按月经营的周期，每月23日定为走镖日。一般自21日之前，各行店和商号收齐外欠货款，再集中到由兰州、陕西、三原等处的几家大商号设于西宁的货栈或者商号，然后将银两封装于木匣内，由专门驮送镖银的脚夫运送货款，鉴于安全起见，西宁当局亦委派七八名骑兵护送。驮镖的脚夫来自西宁互助，于每月23日起程赴兰州的庄口，兰州庄口则在29日将集中的银两分送往各处庄口。各庄口也是专门购置货物的机构，收到银两后，即着手采办货物，集中包装后，再发往西宁。

值得一提的是，当山西商人开辟了沿蒙古草原南端入新疆的商路后，尤其是贩运杂茶且逐渐占据主流后，陕西商人在西北空间范围内的那种自清初以来屈居山西商人之后的趋势更有所下降，更弱于山西商人。如前已述，自明代以来，陕西籍商人在西北所经营中属于最大的生意就是茶叶买卖，步入清代，陕西籍茶商的生意逐渐被山西籍茶商所取代，表现在雍乾年间，西北茶商分出了东、西柜，至同治年间，南柜出现。其中的西柜则以本地回商为主，① 东柜多是陕西、山西籍商人组成，即"多陕晋籍"，而陕籍茶商则"多泾阳、潼关、汉中籍"②。陕西茶商在甘肃开设的魁泰通、马合盛等，都是重要的茶商商号。南柜则以湖南商人为主。如果说清代早期西北的茶叶经营以东柜的陕西籍茶商为主的话，清中叶以后，在西北经营茶叶的商人群体结构变化很大，东柜中的山陕商人逐步分化，经营茶叶多转为山西籍，尤其在新疆茶叶贸易中，形成了以陕甘总督辖属的西柜茶商为主，北路茶叶贸易则以绥远将军辖属的

---

① 溯甘省茶商，旧设东西两柜。东柜之商，均籍山、陕，西柜则皆回民充商，而陕籍尤众。左宗棠：《变通办理甘肃茶务疏》（节录），见《甘肃新通志》卷22《建置志·茶法》，宣统元年刻本，第2497页。
② 陈椽：《茶叶通史》，农业出版社1984年版，第59页。

晋商为主的格局。同治年间，引改票后，南柜则后来居上。值得一提的是，及至民国，又出现了新的一帮茶商，称为新柜，致使南柜在盛极一时后撤庄，① 这是后话。

### （三）后来居上的津湘等帮

津帮，指在西北经商的以天津杨柳青等地为主商人组成的行帮，这些商人是清末兴起的西北商业主力，最初只是随湘军赶大营的小商贩，挑担子行商。在西行战火中，积累了原始资本，逐步形成了自己的贸易体系，成为西北乃至新疆的一大商帮。尤其是新疆设省后，津帮或为行商、或为坐贾，大小商号，以其时称为迪化的乌鲁木齐为中心，遍及新疆南北，包括伊犁、塔城、焉耆、阿克苏、库车、喀什、莎车、和阗以及各小县城。兴盛时的商号有如永裕德、同盛和、公聚成、德恒泰、中立祥、聚兴永、复泉涌、升聚永，有八大家之称。此外，还有合玉成、庆春和等几家商号的营业也很兴盛。属于津帮的商人们从内地购进公文纸张、笔墨、朝服靴鞋及宴客的各种高档海味，供给高官达贵享用。有些实力较强的津商还花钱捐官，以便跻身红顶商人之列，更方便与官府结交往来，在推销货物和其他经营方面都能得到当时官场的特别照顾，同时津帮也代办西北各省外在任官员在省城向省库解交或领取公款的营生，并吸收交卸后满载而归的官僚私款，存入各自商号中以扩大资金。因此，商人们在推销货物和其他商贸方面亦都能够得到官场相关官员的特别照顾。其中伊犁的文丰泰，由于得到伊犁将军衙署各级官吏青睐而获得发展。光绪二十九年（1903）七月，伊犁将军马亮承办官茶，就是由天津商户文丰泰办运，量相对较大，即有红茶913箱，大茶600箱，米茶150箱，斤茶200箱。② 清末，伊犁将军广福亦称，伊犁向无富商大贾，营运资本稍丰者，"不过津商

---

① 呈省长呈报换发第十七案茶票情形呈请转咨立案文，见《甘肃财政月刊》1925年第31期，第18—19页。

② 《马亮（明山）致覆各处函稿》，光绪二十九年，北京大学图书馆藏。

数家"①。

津帮中如永裕德、同盛和等商号发行的油布票,于光绪二十七年(1901)前后得到官方许可。其时,新疆通用货币除了纹银外,还有红钱,就是用红铜铸造的一种圆形方孔钱,二面有满汉文"光绪通宝"字样,每文约重二厘五,四百文为一串,抵纹银一两。永裕德、同盛和等商号采用木板印行了可以兑换红钱的油布票,面值400文。这种油布票可在各自商号兑换红钱的同时也可以购买货物。由于油布票携带方便,民众颇为乐用,流通很广,商号获利颇巨。② 同时,油布票还可以扩大业务,加速资金周转,如客户在商号存有100两现钱,商号即可发行1000两或2000两的油布票,无形中增加一二十倍资本。由是,一些津商藉此扩大营业资本。尤其一些实力雄厚的津商商号,纷纷发行本号的油布票,业务扩展很快,实力远在其他商帮之上,甚至超过晋商。

可以说,津商在货币兑换流通渠道中所捕捉的商机,奠定了该群体在新疆重要的商业贸易地位。光绪三十四年(1908),藩司王树枏发行纸币,并整顿迪化官钱局,且在阿克苏、喀什、伊犁道各设总局,各府、县、州、厅除蒲犁,即塔什库尔干、若羌、尉犁、霍尔果斯外,都设分局,办理放款和汇兑业务。各商号的专业人员也被邀请主持业务。如商号公聚成的经理王锦堂和商号永裕德的经理杨绍周,先后被委派前往主持迪化官钱大局的业务。并且由于王、杨担任官钱局业务的缘故,津帮各商号在资金周转方面得到优先的便利。宣统二年(1910),迪化火灾中,焚毁津帮商号数十家,官方即禁止津商发行油布票。事后,由地方组织官吏捐款救账,并由省库贷给纹银30多万两。不数年,被灾商号恢复元气,较前繁荣。

---

① 台北故宫档,军机处朱批奏折,伊犁将军广福奏为伊塔茶务有限公司请改专归商办由,宣统二年三月十九日,文献编号:186800。
② 《马亮(明山)致覆各处函稿》,光绪二十九年,北京大学图书馆藏。

津帮商业势力的兴起与近代中国与世界的接轨而渐凸显,光绪二十年(1894)前后,津帮参与洋行贸易,主要业务是深入西北从事羊毛、皮张的收购和贩运,再用于出口,获利远远超过其他商号。如在河州设庄的英商新泰兴洋行,就是从事以羊毛为主的畜产品大宗商品收购。还由于洋行收购的皮毛大部分自天津港出海,津帮就有着地缘的得天独厚优势,获利丰厚。这也是津帮后来居上,并远超西北老牌的山陕商人的重要原因。

再说湘帮,是随左宗棠西征湘军而行商,在新疆为主的西北地区发展起来的一个商帮,尤其在清末新疆建省过程中出现的以申领茶票而涌现的新商一族。有道是"湘人从征功最多,势亦称盛,朋党比周,不下于津人"。西征结束后,"湘帮"夺取晋专利,"擅商务大行等"。①

湘帮商人出现在西北经营以茶为主的营生之前,西北茶叶经营中,以陕甘茶商与回商为甘肃茶引贸易主体,晋商专营北路杂茶贸易。同光之际,西北时局大变。表现在:一是西北边疆危机,在左宗棠收复新疆的大势下,湘军主力奔赴西北,随军商人及湘籍人口大量迁移聚集于西北。二是甘肃茶务面临困境,茶商采运不便,无商承引,即所谓"山陕旧商,无可招致,回商存者,更属寥寥"②。为此,左宗棠力行实施茶票制,湘籍商人积极参与,出现了专门经营茶务的湘籍茶商组成的所谓南柜,也称为南商。光绪二年(1876),南商泰长昇、欧阳寿椿、钱辉楚等人,在青海经营茶叶贸易。③

同光之际,湘籍商人经营茶叶势头日盛,成为事实上的湘帮。如在兰州湘帮中,经营茶叶的著名商号有乾益升、裕升昌、恒成

---

① 潘祖焕:《新疆解放前商业概况》,《新疆文史资料选辑》第1辑,第151页。
② 左宗棠:《变通办理甘肃茶务疏》(节录),参见光绪《甘肃新通志》卷22《建置志·茶法》,宣统元年刻本,第2496页。
③ 参见青海档,为南商派人往青海等地察看运茶销售情形发给护票查验事,光绪二年。

顺、公和福等二十号①，其中乾益升商号将大量私茶贩运至新疆获利丰厚。光绪二十九年（1903）十二月，南商乾益升在羊楼洞开庄，一次运茶 3000 箱。与晋商一律完厘。② 在迪化开办的该商号称，"商号自光绪纪元承办引茶三十余年，共纳过课厘税银四百余万两"③。故史载"晋商多富庶，同光以前，官茶引课，咸属晋商，谓之晋茶。乱后流离，渐归湘人，然握圜府之权，关内输辇协饷，皆藉其手"④。由湖南商人参与的西北茶叶贸易中，以乾益升茶号为湘帮首领，继起的有升恒茂。清末时，也有开设行栈兼营湖南杂货的商号，如协胜泰杂货铺。湘帮也经营药铺，如杏林春药铺。乾益升在新疆的引地，直到民国初年才取消。⑤

至于其他商帮，如四川与湖北的商人，也在西北的新疆等处做生意，不过多是挑担商贩，每年往返一次，多以日用品换回伊犁的老鹿角等。川帮在新疆也有坐商，多经营酒馆，以鸿升园和鸿春园为主。⑥ 当然，在清末西北边疆危机形势下，左宗棠督办新疆军务，从事军运粮饷事务的商贾，还有很多并非能够归类于行政区划，如浙江归安商人章维藩，引襄理军需有功，赏戴花翎。另外，京帮在新疆也有生意，主要有迪化的德行和商号和德生堂药店，德兴和商号在喀什开有分号。所以，新疆商业的特点，比不上关内，但是，各帮大商号的业务，无所不包，贵重的如珠宝玉石，呢绒绸缎，细微的如黄表、针线、膏丹丸散，有批发，也兼零售。

---

① 镇迪道奉转严缉晋商取巧运销私茶整顿茶务一案札吐鲁番厅文，光绪十三年闰四月初九日，中国边疆史地研究中心、新疆维吾尔自治区档案局编：《清代新疆档案选辑》，第11册，广西师范大学出版社2012年版，第98页。
② 端方档，湖北巡抚兼署湖广总督，为南商乾益升来崙开庄运茶与晋商一律完厘应否放行请查案酌办事致开封河南巡抚陈夔龙电报，光绪二十九年十二月初八日，档号27-01-001-000094-0083。
③ 1913年7月11日《驻迪化合作茶商乾益升号禀文》，转引自厉声《新疆对苏（俄）贸易史》，新疆人民出版社1994年版，第225页。
④ 林竞：《新疆纪略》卷5，天山学会铅印本，1918年。
⑤ 杨增新：《补过斋文牍·庚集二》，见李毓澍主编《中国边疆丛书》，文海出版社1984年版，第51、53页。
⑥ 潘祖焕：《新疆解放前商业概况》，《新疆文史资料选辑》第1辑，第153页。

新疆本地商人中，也有汉族经营大买卖的。以绥来，即玛纳斯的史培元最著名，还有原籍奇台的胡老五，以驮运起家，在归化开设天义栈，专门搞运输，生意最兴隆时，几乎垄断了归化至奇台的商运。伊犁的文丰泰依赖伊犁将军府各官吏得以发展。在伊犁还有官督商办的羊毛公司，由伊犁将军署创办。该公司用于支羊或支毛的税款①，转售给俄商得利。1911年，由回商沙懿德，也称木夫提阿洪主持并通过俄经纪商哈山舍米也夫，从波兰购入运客汽车两辆，经营惠远和宁远之间的短途公共汽车业务，每日往返十余次。这与原来往返两城的客运马车发生利害冲突，有人在路上暗埋小刀，尖向上，汽车驶过，轮胎常被刀尖戳破，无法行驶。伊犁辛亥革命后，羊毛公司停办，汽车被人盗卖给帝俄商约尤努斯。这或许是近代商贸肇始时所遭遇的新旧之争。

## 第二节　回商等族群与所属商帮

在西北各族中，最喜经商和善于经商的民族，非回商莫属。这里的回商如前文所述，专指清以来在西北地区以地缘与民族及信仰关联的专门从事大宗商品贩运的商人群体，其组成主要为陕甘及其周边的回商。清初，由于西北乃至中亚贸易被准噶尔控制，清廷与准噶尔间的贸易往来限定时间与地点，茶叶贸易规模及其经商空间范围，相对受限，亦随着清廷与准噶尔关系及完成对新疆的统一事业而不断变化，清廷允许新疆的商人久居肃州经营贸易。并谕令甘肃巡抚、提镇等，"嗣后，哈密回子来甘肃等处交易，须验明印文，令其交易，弗禁"②。

自康熙年间移居青海的回商较多，至乾隆初年，新疆回商居于

---

① 所谓支羊或支毛的税款，是将军署利用所收牧民的羊毛税款，再放贷给牧民，定期收回单只羊或羊毛。
② 参见《清圣祖实录》卷201，康熙三十九年十月丁亥，《清实录》第6册，第67页。

陕甘地方行商的现象较为普遍。据乾隆四年（1739）九月二十九日甘肃巡抚元展成的奏折可知，在西宁、多坝、七石峡等处，居住有经商回民苏尔坦、胡里等30人。这些人是康熙五十四年（1715）以前陆续由伊犁一路来西宁贸易的，是年，因"大兵驻扎（扎）口外，商民难回本处"，经商资本用尽，"竟至有求乞者"。由是，清廷就是否给予这些商民救济而展开讨论。[1] 乾隆十一年（1746）五月，川陕总督鄂弥达亦有一个与元展成所述事由相同的报告，称"陕西西宁等处住居之喀什噶尔各处回民"，陆续来西宁贸易，最初有百十余人。数十年来，除病故并往西藏贸易未回外，现在尚有30人。[2] 相较不同时间里地方官的两件报告所涉内容和30人数字而言，可能说的是同一拨回商。

新疆的维吾尔族商人也主要经营货物贸易，南疆的维吾尔商人，主要贩运南部的土布及桑皮纸等货往迪化出售，也贩运葡萄干、杏干等特产往陕甘及京津沪地区，再将各处的货物输往新疆出售。其中较著名的商人为伊犁的玉山巴依、喀什的玉满巴依。二人最初以贩运俄货和四川等处的绸缎，再将疆内的各种皮毛、棉花等土特产运出，以赚取差额。玉山巴依以福盛行为商贸中心，业务宽泛，资金雄厚，凡是伊犁、塔城的维吾尔族商人，大多与其有商贸联系。玉山巴依曾前往德国莱比锡参加商品展览会，尤与俄国人有进出口贸易。1911年前，还从德国购置制革机器，聘用德籍工程师，在伊犁沙河子开设制革厂。二位巴依，不仅在维吾尔族中是商贸佼佼者，在整个西北商贸经济中也是重要人物。[3]

自康熙年间至西宁居住的回商，至乾隆年间时，还是很容易寻找其踪迹。如乾隆年间在西宁、河州办理甘肃茶引的回商马起凤，其祖上就是康熙年间投诚后居于青海，后占籍河州。乾隆三十年（1765），其父亲马君选举家迁至西宁多巴。马起凤承办甘肃三茶

---

[1]《清高宗实录》卷101，乾隆四年九月癸酉，《清实录》第10册，第540页。
[2]《清高宗实录》卷267，乾隆十一年五月甲子，《清实录》第12册，第477页。
[3] 潘祖焕：《新疆解放前商业概况》，《新疆文史资料选辑》第1辑，第154页。

司茶引共 247 道，西宁、河州二处均系该商行茶地面。而马君选则为阿拉善王办理盐务。①

青海西宁，地处蒙藏交界之地，自雍正以后，青海蒙古内附，民族贸易成为西宁商业的重要内容，畜牧产品如皮毛等经西宁集中外运，而牧区所需之布匹、药材、日用百货亦必须由西宁分销青海各地。除晋帮外，西宁本地回商参与其中。

甘肃茶引经营中的行业管理者，称为商头，基本由回商充任。而将茶引分配给若干的商头经销，也是清廷在甘肃实施茶务的最佳途径。乾隆三十六至三十七年（1771—1772），经营茶叶的兰州回商苏允恭、马尚德，并作为茶商商头。时甘肃茶务茶引申领迟缓，二人奏报地方官，愿意传集众商，"情愿减少领引额度，仍按原额度缴税，俟渡过难关后再按原额度配运"②。至乾隆末年，苏、马依旧承担着兰州茶商商头的任务。与此同时，兰州另一组领引茶商的回商商头是怡绪远、马汉卿，其时，甘肃茶司茶引"积滞未销"，二商头呈称，茶商指望领引销茶，"多销一引，则正供之外尚兴些微羡余，以资俯仰，何干听其沉压"。为促茶商领引积极性，二商头还主动申请承担当年茶引的同时，分年带销所积欠的乾隆三十五、三十六年的茶引，且情愿减少领引额度，仍按原额缴税，以渡过茶引滞销难关。③

甘肃茶引经营中，各处不同"商头"之上的组织者，称为总商。道光年间，甘肃茶务总商是回商毕新兴。④ 咸丰三年（1853），

---

① 以上引文均见朱批奏折，陕甘总督倭什布，奏报详议甘肃茶商定籍章程事，嘉庆十年闰六月二十五日，档号 04-01-35-0551-019。

② 朱批奏折，陕甘总督福康安，奏为陕省滞销茶引酌请分拨甘省疏销事乾隆五十二年六月初九日，档号 04-01-01-0423-026；又录副奏折，陕甘总督福康安，奏报陕省茶引分拨甘省事，乾隆五十二年六月初九日，档号 03-0631-011；朱批奏折，陕总督勒尔谨，奏请甘肃分年带销积压茶引事，乾隆三十七年九月初九日，档号 04-01-35-0547-028。

③ 以上引文均见朱批奏折，陕甘总督勒尔谨，奏请甘肃分年带销积压茶引事，乾隆三十七年九月初九日，档号 04-01-35-0547-028。

④ 录副奏单，甘肃省茶务总商毕新兴，呈湖茶私贩肆行官引积滞缘由清单，道光十二年三月十八日，档号 03-3765-013。

总商为回商封德远。时库贮茶叶滞销，课税无着，清廷令总商封德远等设法分领茶引，缴纳茶税，并由"该司道等正设法严追"①。

随着商号和商帮的增多，货物品种和来源渠道也发生改变，自清末以来，回族集聚的临洮商品主要从陕西汉中、四川中坝进货。民国时期，输入城内的主要商品有汉中的生铁，宝鸡、西安的机织布，山西土布，兰州的陶瓷器皿及其他各地的绸缎、棉线、红白糖、中西药材、纸张、食盐等。输出的商品有黄烟、青烟（水烟）、中药材、木油漆家具、马鬃尾、皮张、羊毛、粮食、木材等。②

民国时期的研究成果中，提到此时西宁回民人口中，"土著尚不足十分之二，其余则由各地移植者"，因从事商业而迁移来的回商，仅自"临夏移来十分之三"③，而且"汉回多从事商业，务农者较少"④。这里的汉回，指的是长期在汉文化圈小规模集聚的回民。在西宁一些较大的从事收购批发皮张货物的商人和资本雄厚的大商人，亦多为回民，如"沈家隆、何郁、马生禄、马升、米福贵、冶生录、刘善、马彦春等"⑤，从事销往天津、汉口、张家口、包头等处的贸易。还如清末民国时期的巨商苏兆泉，就是西宁东关回民。其先是在东关大街进化巷开设商号泉生涌，经营皮货制造，专做皮马褂、皮衣。后又在南小街开设商铺5间，专营购自京津沪汉的绸缎、布匹、呢绒以及五金、钟表等百货，并在相应各处设立分号。⑥

---

① 朱批奏折，陕甘总督易棠，奏报甘省茶引滞销援案分年带征未完课银事，咸丰四年十二月初十日，档号04-01-35-0559-042；又录副奏折，陕甘总督易棠，奏为甘肃省茶引滞销商力拮据请授案分征未完课银事，咸丰四年十二月初十日，档号03-4395-049。

② 以上均见临洮县志编委会编《临洮县志》（下册），第269、283页。

③ 高文远：《青海省垣回民概况》，《突崛》1933年第1卷第3期。

④ 魏崇礼：《西北巡礼》，《新亚西亚》1934年第8卷第5期。

⑤ 王生孝：《西宁东关大寺及有关资料》，西宁市城东区政协文史资料委员会编：《西宁城东文史资料》第1辑。

⑥ 苏昌滋：《东关"泉生涌"皮毛庄创始人苏兆泉轶事》，西宁市城东区政协文史资料委员会编：《西宁城东文史资料》第2辑。

清末民国初期，西北商业贸易中，西北"三马"，即青海的马步芳、宁夏的马鸿逵、甘肃的马鸿宾，三派势力最大，几乎垄断了西北有利可图的经营项目与行业。其中河湟地区城市间最大的官办商业贸易为马麒、马步芳、马步青父子所把持，是马氏家族最为主要的资产。马氏家族最先在循化、临夏建立的较大商号有德顺昌、德义恒、德盛厚等，主要从事西宁至天津间的货物贩运，获取厚利。1915 年，将德顺昌移至西宁城中，改为总号，经营大宗的羊毛、皮张、茶叶、布匹、百货等。并在贵德、同仁、大通、循化、乐都、门源、互助等城镇建立分号，主要从事皮毛、金沙、药材等货物购销。1932 年，生意扩大，设立了协和商栈，主要经营皮毛和药材。1939 年，改义源祥为德兴海，与协和商栈构成青海最大的城镇商业贸易经营机构，在省内外广设分支机构，成为最大的官僚资本商业网络，垄断进出口商业。1946 年，合并为湟中事业有限公司，又在包头、宁夏增设办事处，在泾川、庆阳设茶庄，有的业务扩展至印度加尔各答。①

据统计，至 1934 年时，西宁一带有巨资的回族大商人有 25 家，资本额约 1500 万元；中等商人 107 家，资本额约 570 万元，回族商人占到 70%。② 临夏夏河拉卜楞寺皮毛商人中"占十分之八"的是回商。

临潭是西北多民族从事商贸活动的重镇，这里活跃着一支俗称为"西道堂"的回民商队。实际上，西道堂是指伊斯兰教派，20 世纪初，由马启西创建于甘肃临潭旧城。创立之初，为获得商业资本，利用教徒捐赠的白银万两，于光绪三十一年（1905），在临潭、岷县开设了两个总商号，即天兴隆、天兴永，还开办了天兴昌等三个商店，组织了各种行商队。其中行商队主要活动于安多藏区，把各种日用杂品贩运至西部藏区，如布匹、百货、粮食等生活

---

① 陈秉渊：《马步芳家族统治青海四十年》，青海人民出版社 1987 年版，第 189 页。
② 翟松天：《试论青海解放前的社会性质》，《青海社会科学》1987 年第 4 期。

必需品及民族特需用品，再换回这里蒙藏民族生产的牛羊和各种皮张，以及麝香、鹿茸、虫草、药材与其他土特产。① 每年春秋二季，西道堂的行商队一批批向草地进发，"到处都有他们活动的市场，商队归来时，就是洮州旧城皮毛市场最活跃的时候"②。

西道堂的主要经济以经营商贸为主，同时也兼营农牧及餐饮服务，并设置有经理以管理各项经营，经理之下设有保管、会计等职务。在马明仁担任教主时，除了继续在临潭、岷县开设商号、商店外，将商贸向周边扩展，先后在甘南江木关、四川松潘、甘孜，青海玉树、果洛以及河北张家口等处开设十余个商号，且在全国各大商业城市设置行庄，组织大批商队贩运货物，商队最多时有20个。③

1932年，西道堂处于极盛时期，足迹遍及甘、青、川、藏，有牦牛1700多头、马200多匹，流动资本16万银圆。另外还有骆驼等牲畜。20世纪40年代后，因西道堂教派倾注于文化教育和地方建设，故行商队的牲畜有所压缩。新中国成立后随教众不断分散，商队活动逐渐歇止。④ 西道堂在活动期内的利润不得而知，据说商业资本共有100万银圆。⑤ 修建清真寺及平时的宗教活动所用经费、兴办学校以及其他各项活动的花费，均由商贸利润支出。据不完全统计，至1949年时，西道堂共建有清真寺7座，其中以临潭旧城西大寺的规模最大，耗资10万银圆。建有学校2所。

1941年元月，甘肃"西北贸易公司"成立，是为西北商贸经济发展的顶峰，为官商合股的经营性质，股本总额10余万元。公司主旨在于调剂物资供应，发展地方经济。基本垄断了五金、文

---

① 铁木尔·达瓦买提主编：《中国少数民族文化大辞典·西北地区卷》，民族出版社1999年版，第394页。
② 明驼：《卓尼之过去与未来》（下），《边政公论》1941年第1卷第2期。
③ 赵瀚豪：《伊斯兰教临潭西道堂的历史和现状》，政协甘肃省委员会文史资料和学习委员会编：《甘肃文史资料选辑》第58辑，2004年，第214页。
④ 铁木尔·达瓦买提主编：《中国少数民族文化大辞典·西北地区卷》，第394页。
⑤ 黄奋生：《藏族简史》，西藏人民出版社1986年版，第414页。

具、颜料、粮食、纸张、糖、茶叶、花纱、棉布、服装等行业。同时在夏河、临夏、临潭及张家川均设有办事处。① 抗战时期，由中央财政部管控的复兴商业公司西北分公司，委托成立不久的贸易公司采取战时强制手段，对战时物资加以统制，尤其对夏河地区的羊毛等畜产品进行统购，地方商业集市萧条，私贩现象加重，影响了区域商贸发展。

## 第三节　乾隆中期的近边贸易与专业经理人选派

新疆统一，实行屯垦，马匹需求增加，清廷十分重视马匹获得与这里商贸发展，除了要求各级官员按照制度规定与本身职责内对商贸事务的管理及委派专人进行管理外，还专门选定有资深商贸经验之人，从事与周边族群的商业贸易事宜，尤其与哈萨克之间的绸缎与马匹贸易，据相关档案与现有研究可知，② 清廷不仅选定资深商人，把丝织品等各项交易货物运至贸易现场，拟定交易方法，而且还任命了一批谙悉哈萨克情况、勤于政务、办理新疆军务多年且卓有成效的官员，主持管理贸易事务。

乾隆帝亲自过问商业贸易官员的任命。乾隆二十三年（1758），先是兆惠等奏称，至秋哈萨克将前来贸易，以官员顺德纳熟悉哈萨克情形而荐之，奏请顺德纳往乌鲁木齐驻扎，办理贸易事务。对此，乾隆帝并未同意，而是专门谕令"顺德纳已派令进剿回部，其哈萨克贸易事务，著派努三办理。努三可仍遵前旨来京，朕面询彼此情形，再行遣往。谅秋季贸易之事，自不致迟误"③。可见，护军统领努三就是乾隆帝认可的专门办理与哈萨克

---

① 党诚恩、陈宝生主编：《甘肃民族贸易史稿》，甘肃人民出版社1988年版，第64页。

② 林永匡、王熹：《清代西北民族贸易史》，中央民族学院出版社1991年版，第134页。

③ 《清高宗实录》卷555，乾隆二十三年一月癸卯，《清实录》第16册，第35页。

贸易事务的合适的商人。

关于努三的记载相对集中，据林永匡等人的研究并相关档案记载可知，努三参与过清军追剿阿睦尔撒纳的战事，到过哈萨克草原，谙熟哈萨克内部情况，也是经营商业的熟手。努三在同哈萨克族上层贵族交涉中洞察到，尽管哈萨克上层的阿布赉、阿布勒比斯和哈巴木拜等人，有强烈的与清朝建立贸易关系的意愿，但是，因清廷将贸易地点确定在乌鲁木齐，与其希望有悖，加之此时南疆还处于战事末期，哈萨克心存观望，也在情理之中，需要委托懂得经营商业的专门人才前往妥善办理贸易事宜。对此，努三为了遵旨妥善办理首次与哈萨克之间的贸易，遂将自己对哈萨克的了解与抱有的商业理念上奏清廷，主体建议大概有三：

一是贸易地点分歧与亲往朝觐的折中办法。努三指出，平准后，哈萨克上层请求开展贸易，双方在达成可以贸易的过程中，否定了哈萨克提出的贸易地点，即在乌陇谷、奇撒靪巴斯的诺尔进行交易，清廷则提出将贸易地点设在额林哈毕尔噶、乌鲁木齐两处，同时邀约哈萨克上层阿布赉等人亲自前来朝觐与贸易，对此，阿布赉先是拒绝，后感觉不妥，决意委派其弟之二子以及手下巴图鲁及跟役50人前往朝觐。

二是在与哈萨克上层沟通贸易事宜时的犹豫不决。当努三向阿布赉询问至七月底往乌鲁木齐贸易的商队人数与携带马匹等商货时，阿布赉则显得"态度冷漠""支吾其辞"，并言"因其统辖哈萨克等散居，故携带贸易马匹，未能与我等货物相敌，令贸易者听其自便"。显见阿布赉对双方首次贸易并不积极主动，对原本掌控的部族不能自便和希望与清廷交易以及与可能获得的利润不确定而怀揣观望态度。此被努三看穿，指出双方开展贸易，是哈萨克上层所希望的，有着诱惑力，不会遭其"断然拒绝"，当然，一定程度上也与清廷在南疆战事尚未结束有关。

三是提出仍可展开贸易的建议。努三认为清廷应该允准哈萨克愿意进行贸易之请，哈萨克既然是初次前来，"若随其意，令获利，此后蔚然成风，将来则难以办理。若彼等不得利，是次贸易毕，来年即难料其不来贸易"。所以，双方贸易，唯以多获马匹为要。努三还进一步分析道，与哈萨克的交易"理应长远计宜"，若其解来马匹多，不能因后期继续贸易而多换马，若解来马匹少，"则随其意，令稍得利"，使其喜悦返回。看来努三对在商言商的基本道理拿捏得十分到位，并言：哈萨克"是次得利，来年亦难料多解马匹前来。俟届多带之时，再行酌量办理交易"。

除了以上三条主要内容外，努三还建议清廷提醒地方管理官员，当哈萨克商队人数过多时，"难免其内有盗贼"，为此在贸易过程中，随时将换得的马匹赶往乌鲁木齐达坂，解往吐鲁番。对于换得马匹的暂时牧放，努三提出俟自己到新疆后，尚需与大学士黄廷桂、巴里坤办事大臣等商议，至于七月底若哈萨克商队抵达原定的贸易场所，则八月二十日前后交易即可完竣。[①] 此为清廷在统一新疆前夜自国家层面出发而筹办的与哈萨克之间首次贸易，由于清廷高度重视，故而委派谙熟哈萨克贸易的专门商人承担任务。

努三面见乾隆帝后，于乾隆二十三年（1758）七月十六日抵达乌鲁木齐，中途行至巴里坤时，检查了准备与哈萨克进行贸易的货物，且告知沿途各台站，当有哈萨克商队经过台站时，即前往送信报告。然而，双方原定的七月底的贸易拖延到了九月中旬，为加强双方贸易顺利进行，清廷又命侍卫永德驰驿前往乌鲁木齐，"协办哈萨克贸易事务"，派那旺为钦差往哈萨克安抚和敦促阿布赍、阿布勒比斯、马木拜等上层，按照约定前往乌鲁木齐贸易。与此同时，清廷对哈萨克迟迟不来的情况也有担心，九月十日，乾隆帝降旨问努三，按商定哈萨克贸易使者理应到来，是否来还是未到，目前如何判定？贸易事务如何？并就可能情况作出判断，请努三等执行。

---

[①] 以上相关引文与大意均见满文奏折，努三奏，为请敕事，乾隆二十三年四月，参见林永匡、王熹《清代西北民族贸易史》，第135—136页。

乾隆帝的大意是：若现在哈萨克贸易商队还没有到来，我方已经守候等待贸易的商人可以撤回，只留努三守候即可。若撤回过程中不超过十日而哈萨克商队到来，即可唤回我方撤离商队进行贸易，若撤回路程较远，就不必再折回，可以令当地驿站告知后到的哈萨克商队，我方这边来贸易的商人守候月余，迟迟未见贵商队到来，且贵商队已超逾贸易预定期限，等候月余的"我等大贾皆已返回"。努三、永德等人亦不必再等，即可返回库车，于兆惠军营效力。乾隆帝甚至预判道，若兆惠等"业已招抚回子，擒获逆首小和卓事竣"，那么，努三、永德即行返回。[①] 只不过，俟乾隆帝的这份谕旨送抵新疆前沿、再传到等候哈萨克前来贸易的努三等人手中时，已是九月二十八日，由清廷国家层面准备的由官商努三等直接组织的与哈萨克首批商队间的贸易已经告竣。

所以，当哈萨克的第一批商队至乌鲁木齐后，为使得首次贸易开局得胜，努三就清廷与哈萨克双方贸易中的具体操作事项又加以细化，对双方商队采取不同的经营策略和办法。就清廷而言，作为国家层面的贸易，清廷自上而下做出了较为周密的安排，由努三在内的一批绿营官员参与其中。故而努三令参与商队的绿营官员装扮成商人模样，参与和哈萨克商队的讨价还价。并对这些假扮商人的官员说道："若此辈亏本，不但来年不至贸易，且尔等若不得利亦不前来。尔等惟彼此无伤，和睦相处，公平交易。如此，尔等哈萨克则可得稀有之物衣之，每年贸易。"至于参与贸易的哈萨克商队而言，努三告知哈萨克商队头人等，参与此次贸易的内地的商队，均是自愿来参与的，由民间大商人组成。而实际都是官为筹备、官员假扮商人参与的双方贸易。努三向来贸易的商队头领这样介绍自己，"我曾经作为使者前往你们那里，与你们相识，并熟悉情况。皇帝特别降恩，要我前来看护你们，以保障交易的顺利进行"。将

---

[①] "回子"是依照清代档案文献的说法，其时将南疆及安集延人亦称为"回子"，满语为 hoise，文中沿用。引文见满文录副奏折，永德奏，乾隆二十三年九月二十八日，参见林永匡、王熹《清代西北民族贸易史》，第 139 页。

## 第二章 商帮及其经营资本与模式

贸易地点安排在乌鲁木齐，亦是为了交易的安全考虑，通过交易，"彼此互通有无，得利无穷"①。同时要求哈萨克贸易商队回去后，多宣传贸易的好处，以便有更多的商队前来参与贸易。努三的这番话，使得哈萨克上层及其商队加深了对其的信任，更有利于双方贸易的展开。

双方首次贸易结束后，官商努三等给清廷的汇报中，详细陈述了哈萨克商队的具体表象，以便清廷对其后双方的贸易决策有更合适的判断。其中有"哈萨克看见我贸易货物甚为爱之，且又爱惜彼等马匹如命，惟争多得价值。议定价格，欲以额外加价，如此无准。两日后，虽始贸易，但又屡屡善言道，'若令我等交易多得利返回，诸部落闻得，则悉以前来贸易'。而若价值稍有不适，即以返回挟制。同知范清旷、副将穆通阿、原道员成德等，谙悉彼等性贪，与哈萨克言之，圣主为恩施于彼等起见，派遣我等大贾，我等全然不赖尔等价值，尔若果然前去，即可离去。然彼等易换马数匹，又言加增货物。哈萨克竟性贪无厌，经三日细心办理，除彼等存留骑、驮、食用马匹外，剩余者皆以换获"。首次贸易后，"哈萨克已喜悦返回"。当乾隆帝接到这些信息后，亦称赞努三等"尔等所办甚妥"②。

当然，清廷所希望的哈萨克大批商队并未在预定的日期内达到，直到十月底时，仅有哈巴木拜之子额德格所率商队，在乌鲁木齐与清廷进行了贸易。针对清廷有因哈萨克商队失信而予以惩罚时，被努三阻止，建议不能贸然从事，一旦不慎，将可能波及此后的贸易，也要考虑哈萨克商队距离乌鲁木齐的路程远近，要区别对待。与此同时，努三等官商将组织的自巴里坤调拨的索伦100人及察哈尔兵丁遣回，将准备贸易的剩余货物经奏准后留存乌鲁木齐库

---

① 以上引文均见满文录副奏折，努三、永德奏，乾隆二十三年九月二十四日，参见林永匡、王熹《清代西北民族贸易史》，第138页。

② 满文录副奏折，永贵等奏，乾隆二十三年十月初九日，参见林永匡、王熹《清代西北民族贸易史》，第138—139页。

贮，以备来年之用。① 在清廷第一次与哈萨克在伊犁贸易时，参赞大臣阿桂也模仿了乾隆帝的做法，选派善于经商的都司陈圣谟扮作商人参与官营贸易。②

清初以来，参与贸易的官商不计其数，但是，由清廷指名道姓派往从事近边重要贸易事务的专门商人还是屈指可数，努三就是少数专门商人的代表，是代表官方出资从事国家层面贸易事务的专门商人，意义不同。

## 第四节  山陕会馆与金融支撑

清代以来，西北的商业贸易由最初简单的内生、内需性，向区域外扩展，此与本区域所具有的较强的民族性相关联，得益于这里农牧经济支撑。近代以来，伴随着西北畜牧产品贸易融入国际市场，外省籍商人资本流入加速，商业会馆、金融机构及洋行相继设立，尤其是近代工厂的出现，引起了这里城市所在商贸及其相互间关系演变。区域内原本简单的商品贸易，逐渐向较大规模投资、运营及加工生产品的商业化转型。

### （一）山陕商人为主体的会馆及商会

清人对会馆的定义是"所以便往还而通贸易，或货存于斯，或客栖于斯，诚为集商经营交易时不可或缺之所"。会馆有着"叙乡谊、通商情、安旅故"的功能。③ 清代以来，居于甘肃为中心的西北地区的山陕商人，为了护卫商业利益，在商贸竞争中获胜，以或联合或单独的方式在西北各地设立商会和会馆，大多以行政区名

---

① 满文录副奏折，永德奏，乾隆二十三年十月二十七日，参见林永匡、王熹《清代西北民族贸易史》，第141页。
② 《平定准噶尔方略·续编》卷9，乾隆二十六年正月戊申，乾隆刻本，第10261页。
③ 《吴县永禁官吏占用钱江会馆碑》，见江苏省博物馆编《江苏省明清以来碑刻资料选集》，生活·读书·新知三联书店1959年版，第25—26页。

称为会馆名称。如"山陕会馆"、陕西会馆、山西会馆等。

由于清初以来的甘肃地区是山陕商人活动的主要区域，因此山陕商帮在甘肃设立的会馆也最多，至清中叶时，在西北与商业经济相关联的商号、会馆等机构大批出现，兰州城内就有很多山陕商帮建立的会馆，属所有会馆中规模最大，① 是为山陕商人在西北最多、也最为集中的体现。延至清末至民国的前三十年中，西北的会馆主要创建在兰州、西宁、宁夏、乌鲁木齐为中心的较大城市，部分设在具有较强经济功能与区位优势的交通要道、农牧经济交接地，以及商业集散贸易为主要功能的重要城镇。故而，新编方志载："甘肃近代商业经营管理落后，富商大贾者少，多属小本经营，皮毛、茶叶、布匹、绸缎，主要由山陕大帮经营，本地商贩主要经营杂货、饮食、服务等。山陕大帮为了扩大联络，在重要商品集散地的县城，一般都设有会馆，致富之后，有的携资还乡，有的就地安家落户，世代经营商业，成为当地的商业世家。"②

清代以来甘肃山陕会馆实体的分布，就是山陕商人在此处商贸活动的最好纪实。甘肃作为丝路走廊要道，成为连接中原与关外民族地区的商品中转地，民国时人写道：甘肃"乃一边境商场，而操纵此商场者，大都外邦人，以秦晋帮势力最为雄厚"③。因此，清初以来甘肃的山陕会馆分布，基本是沿丝绸之路和茶马古道推进和展开。

西北商路自兰州商业中枢西出长安往中亚各国，山陕商人在这条商路上留下了足迹。位于河西走廊的凉州府，因其介于甘肃与新疆的关口，商贸区位优势明显，天成亨、协同庆等商号组成的商会、会馆数量较多，如山西会馆等，可与西北各大城市中所设会馆

---

① 道光《皋兰县续志》卷5《古迹·山子石》，见《稀见方志》第34卷，第253页。

② 甘肃地方志编委会编：《甘肃商业志》，甘肃人民出版社1993年版，第15页。

③ 刘文海：《西行见闻记》，《西北史地丛书》第2辑，甘肃人民出版社2003年版，第38页。

比肩。又因凉州商人以陕籍为多，故独设陕西会馆，"各界假陕西会馆欢宴"。甘州为甘新交界之枢纽，亦为甘省资源出产之地，这里"市廛殷阗，人口稠密，商肆货柜横列门首"①，雍正三年（1725），于此设立山西会馆，这亦与清初晋商力量强盛关联，乾嘉以后乃至民国时期，均有修缮或扩建。②另外，同光以后，甘州的陕商力量突起，光绪二十六年（1900），又专设陕西会馆。现仍有遗址留存。肃州为甘肃极西之锁钥，商贾往来，蔚成大观，为商品转运市场，"输入品由东大道来者，以陕西之大布及纸张为大宗"，"商人晋人为多，秦人次之"③。故建有山西和陕西各自本省的会馆。

商业组织的建立是商业发展的一个显著标志。兰州南部的茶马交易重镇河州，是清初以来山陕商人聚集之区，全城商号有两千余家，又以山陕商号"资本大，握商界牛耳"④。凭借雄厚实力，山陕商人"不惜重赀在城内下驴市街购占大片土地，修山陕会馆一处，此馆规模宏大，建筑甚壮丽，成为河州著名景点"⑤。甘南景泰的会馆命名最为典型，显示山陕商人商业力量角逐结果。最初这里商帮力量是晋商势盛，陕商势弱，雍正三年（1725），所设会馆命名为"山陕会馆"，道咸以后，陕商由弱转强，压倒晋商，咸丰五年（1855），会馆匾额改为"陕山会馆"，门前有铜旗杆屹立。⑥

山陕商人沿平凉和天水的丝绸之路和茶马古道汇聚兰州，在这条商路上分布的山陕会馆数量不少。天水的商人以秦晋两帮为多，会馆亦是山陕两帮分立。自天水出长武、平凉为丝绸之路入甘孔

---

① 高良佐：《西北随轺记》，甘肃人民出版社2003年版，第102、114页。
② 参见光绪九年及1918年的《重修山西会馆碑记》、宣统二年《重修山西会馆大殿卷棚厢房牌楼碑亭记》，石碑现藏于甘肃省张掖市山西会馆旧址。
③ 林竞：《蒙新宁甘考察记》，甘肃人民出版社2003年版，第119页。
④ 马鹤天：《甘青藏蒙考察记》，甘肃人民出版社2003年版，第23页。
⑤ 刘甫田：《山陕商人在河州经营土布始末》，《临夏文史资料选辑》第2辑，第37页。
⑥ 林竞：《蒙新宁甘考察记》，甘肃人民出版社2003年版，第91页。

道，沿途隆德、通渭、榆中是山陕会馆设立最早的区域。在平凉城，山陕商人所经营的钱行和当行就有20余家，东关外有宏大的山陕会馆，内附设商务总会及阅报所等。① 城西南铁局街有陕西会馆，城西草巷东有平阳会馆，城东南新华街西有太汾会馆，城东羊市街口南有合阳会馆。其中，陕商建的合阳会馆历史最久、规模最大，有商家150余户。② 隆德"铺户多系山陕人营业"③，尤其"茶商初多山陕人，号东西柜"④。通渭经营茶叶、布匹的山陕商人很多，县城"东多民居，西多客商"，"西关中街有山陕会馆"⑤。

位居中国地理版图中心的兰州不仅成为甘肃的省府，也成为推动甘肃以及西北商业经济发展的大都会。至1930年代之前时，建筑于兰州的会馆已成规模，如有三晋会馆、山陕会馆、陕西会馆、陕西新馆、两湖会馆等。据现有的普查数据与研究所得数据显示，甘肃山陕会馆约有33座，⑥ 其中古浪仅晋商会馆就有3座，山陕会馆1座。⑦ 现存最典型的山陕会馆有4座，即天水、永登红城、古浪土门和张掖的山陕会馆。所以山陕会馆广泛分布在以兰州为中心的陇中、陇南和陇西以及河西走廊沿线的交通要道与重要城镇的必经之地，基本与城镇人口集中地和经济中心地相吻合。故而，甘肃山陕会馆的分布状况，深刻反映了以兰州为中心，以平凉、天水、甘州、凉州、肃州为外围层级，以各大县镇为辐射市场的商业网络结构。

宁夏城内三四百家大小商店中，山西籍商人约占3/5，陕西籍

---

① 民国《甘肃省志》，《稀见方志》第33卷，第67页。
② [日] 东亚同文书会编纂：《支那省别全志·甘肃省》第6卷，第882、786页。
③ 民国《隆德县志》卷2《食货·商》，1935年石印本，第185页。
④ 民国《隆德县志》卷2《食货·盐茶》，1935年石印本，第165页。
⑤ 光绪《通渭县新志》卷之三《地域》，《方志丛书·华北地方》第330号，第86页。
⑥ 蒋晶：《明清时期甘肃山陕会馆调查研究》，硕士学位论文，西北师范大学，2021年，第29页。
⑦ 民国《古浪县志》卷2《地理志》，《稀见方志》第148卷，第184页。

商人占 1/5，其余为天津、湖南籍及当地商人。资本较大的商铺有 8 家，约计 200.5 万元。中等商铺有 10 余家，资本计 100.5 万元。小商铺 30 余家，资本计 30 余万元。其余更小的商铺，仅有铺面而已。[1] 最有名的商号属敬义泰、天成西、隆泰裕、合盛恒、百川汇、广发隆、福新店和永盛福，称为"晋商八大家"。主要是向其他省份输出大宗的羊毛、羊皮、甘草、枸杞等土特产品，输入棉丝布、火柴、砂糖等日用杂品。生意兴旺时，每家年收入可达 5 万至 20 万银圆。商户的销售方式，清末以零售为主，民国则以批发为主。商号大多坐落于店铺云集的柳树巷，即鼓楼南街。该街巷位于中正大街南部，北起鼓楼，南与新华街交接处。至 1949 年新中国成立前夕，"银川仍有大小店铺 400 多家，其中山西帮商号约占 75%"[2]。另外，山西商民会馆，位在黄公祠对面大街南财神楼。同治年间，因陕甘回民起事，社会动荡，商贸经营一度萎缩。[3]

河湟地区的商人中，亦以山西、陕西籍为最。山陕商人在西宁开设的合盛裕、晋益老等商号，贸易兴旺。至清末民初时，西宁最大的四家商号都是由山陕商人经营，以贩运皮毛药材等获得厚利。如西宁一地的 30 多家中药铺，基本是陕西华阴人开设的。1940 年代时，西宁较大的四五十家大商号，也由山陕商帮经营。较大的裕丰昶商号，主要经营布匹、绸缎、百货、茶叶，兼营沙金、猪鬃、大黄、鹿干角、牛马尾等，1940 年代中，资金达到 100 万银圆。该商号除了在西宁、湟源建有分号外，在汉口、天津、成都、兰州、拉萨也设有庄口，在牧区祁连、刚察兴办有裕丰牧场。[4]

西宁北门外的山陕会馆建立较早，民国初年，又先后在大通城

---

[1] ［日］马场锹太郎编著：《新修支那省别全志·宁夏史料辑译》，第 53 页。
[2] 刘继云：《旧银川的八大商号》，《宁夏文史资料选辑》1986 年第 12 期，第 127 页。
[3] 乾隆《宁夏府志》卷 7《田赋志·杂税》，《稀见方志》第 50 卷，第 317 页。
[4] 廖霭庭：《解放前西宁一带商业和金融业概况》，见《青海文史资料选辑》第 1 辑。

西关、民和下川口、湟源城内、贵德河阴镇建立了分会馆,均称为山陕会馆。会馆内由 16 家商号的经理为会首。后为与官僚资本商业对抗,部分河南、河北、山东籍的商人也加入其中。

以上大多数会馆均是内地各省的富商大贾在城外关厢开设,尤其是山陕会馆,是西北区域内创建最早且规模最大。会馆所属各行帮及会所,有布行、油行、杂货行、布店行、当行、绸行、山货行、钱行、东市山货行、西市山货行、韩城行、箱板行、杂货行、烟行、药材行、铁货行、估衣行、过载行、清油行、青器行、棉花行等行业以及千秋社、五福会、绸缎会、三吉会、三星社等会社。故而,兰州"金融之权,操纵于山陕京帮之手。各大行店,晋商称胜。钱庄药号,秦人居多。购办皮货绸缎杂货事业,津晋两帮,又称并驾。制造青条黄烟,陕甘两商亦足齐驱"①。

随着近代商业转型,光绪二十八年(1902),西宁商会成立,②活动经费来自各商号,其中大商号每季缴纳会费银 13—14 两,小商号分定班次缴纳。商会附设在山陕会馆内,有 16 家商号的经理为会首,管理经营西宁的商业贸易。商会也分帮内、外,入馆商号为内帮,不入的为外帮。商会设会长、副会长各 1 人,特别会董 4 人、会董 12 人。陕西、山西两省占大多数,本地人占少数,鲁豫人更少。经商者一百五六十人,艺徒 1600 多人。经营种类有羊毛、杂货、海菜、布匹、绸缎、绫缎、京货、药材数种。1913 年前后,大通、贵德、湟源、循化、乐都、化隆等城镇也相继成立商会。大通城乡约有五六十家商铺,系小本杂货生意,经理者多为山西客商。据 1932 年前后调查,大通城内居市贸易的只有十几家,多半挑担至乡间自行销售。贵德城经商的人家有 182 户,以山西、陕西及甘肃河州人居多。经营大黄、发菜,销往天津、北平等处,每年输出大黄约 3 万斤。③

---

① 钱宗泽:《兰州商业调查》,陇海铁路管理局发行,1935 年,第 2 页。
② 又说商会成立于宣统三年。
③ 王昱、李庆涛编:《青海风土概况调查集》,第 55—56、68、88、204—205 页。

表 2-1　　　　　　　　清末民国西北商会概况①

| 省别 | 商会名称 | 设置时间 | 经理姓名 | 入会商号 | 议事人员 | 会议次数 | 议事次数 | 年营业经费 收入 | 年营业经费 支出 |
|---|---|---|---|---|---|---|---|---|---|
| 甘肃 | 甘肃商务总会 | 光绪三十三年八月 | 南济川 |  | 4 | 12 |  |  |  |
| 甘肃 | 秦州商务分会 | 宣统三年一月 | 蒲芳 | 224 | 28 | 36 | 86 | 250 | 403 |
| 甘肃 | 西宁商务分会 | 宣统三年四月 | 魏佐贞 | 180 | 15 | 50 | 26 | 320 | 329 |
| 甘肃 | 平凉商务分会 | 宣统三年五月 | 张福荣 | 135 | 30 | 16 | 9 |  |  |
| 甘肃 | 成县商务分会 | 宣统三年七月 | 雷正霖 | 10 | 8 | 12 | 18 | 120 | 234 |
| 甘肃 | 循化商务分会 | 1912年12月 | 孟淑 | 48 | 4 | 5 | 2 | 40 |  |
| 甘肃 | 固原商务分会 | 1912年12月 | 孙成均 | 116 | 6 | 6 | 3 | 70 | 35 |
| 新疆 | 新疆商务总会 | 宣统三年九月 | 易炳元 | 1200 | 10 | 18 | 3 | 800 | 800 |

湟源因地理位置和农牧产品的优势，商会的规模较大，与商业有关的机构较多。1915年设湟源皮毛公卖分所，1917年设湟源百货征收局、湟源牲畜税局，均位于县城东关。还有如湟源烟酒分卡及1923年设湟源邮包落地税分局，1924年设药材统税局等。②

### (二) 山陕商人的商业金融机构与资金支撑

西北金融业的兴起，离不开商贸的发展与繁荣。清初兰州商业虽然较盛，但票号仅有四家，主要为兰州向重庆、西安等地贩卖羊毛的商家提供金融服务。另有当铺两三家，资本额不大。③ 近代以来，城市金融业渐兴，旧有的钱庄、票号、典当业逐渐向新式金融组织的银行转变，如兰州仅钱庄就有60多家，以存放汇兑业务为

---

① 据农商部总务厅统计科编纂《中华民国元年第一次农商统计表》，1914年刊行，第191页。
② 王昱、李庆涛编：《青海风土概况调查集》，第144—145页。
③ [日] 东亚同文书会编纂：《支那省别全志·甘肃省》第6卷，第140、827页。

主，有了专门从事银钱的"三市钱行"。① 期汇业务利润很大，"数额横有数十万乃至百万之钜者"②。典当业数量也有所上升，1929年甘肃分省前后，兰州典当行增至14家，③ 其余分布在临夏、永登、天水等城镇。兰州当铺分大、中、小三档，至1940年代，由于经济不景气，大、小当铺多数关停，未关停的中等当铺有13家。④

宁夏典当业，乾隆年间已有起色，在地方税收中占有较大比重。据载整个宁夏府辖的宁夏县有当铺44座，岁课银220两；宁朔县有当铺48座，岁课银240两；平罗有当铺22座，岁课银110两；灵州有50座，岁课银250两；中卫41座，岁课银205两。⑤ 近代以来，宁夏金融机构除了沿袭传统典当外，典当数量和金融种类有所增加，主要有当铺、票庄和银楼。府城内较大的当铺有21家，其中宁夏13家，总资本约为10万余两；宁朔8家，总额约为5.8万两。共计15.99万两。此外，还有三盛、德盛等二三家小当铺，资本较少。至于当铺，则大多设在东西贯通的大街和南北贯通的羊肉街附近。另有银楼10家，规模都不大。较大的7家，又均经营金银饰品制作，与金融业无关。⑥ 详见清至民国西北的典当业及其资本概表。

表2-2　　　　清至民国西北典当业及其资本概表⑦

| 省别府县 | | 典当户数 | 资本总额 | 一年内资本运作 | | 各户存款总额 |
|---|---|---|---|---|---|---|
| | | | | 当出总额 | 赎入总额 | |
| 甘肃 | 皋兰县 | 15 | 110499 | 112475 | 118573 | 68991 |

---

① 三市指东、南、西市。张令琦：《解放前四十年甘肃金融货币简述》，见《甘肃文史资料选辑》第8辑。
② 潘益民：《兰州之工商业与金融》，商务印书馆1936年版，第175页。
③ 赵景亨：《兰州的当铺》，见《甘肃文史资料选辑》第13辑。
④ 萧梅性：《兰州商业调查目录》，陇海铁路管理局1935年版，第107页。
⑤ 乾隆《宁夏府志》卷7《田赋·杂税》，《稀见方志》第50卷，第317页。
⑥ [日]马场锹太郎编著：《新修支那省别全志·宁夏史料辑译》，第118—119页。
⑦ 农商部总务厅统计科编纂：《中华民国元年第一次农商统计表》，第262—263页。

续表

| 省别府县 | | 典当户数 | 资本总额 | 一年内资本运作 | | 各户存款总额 |
|---|---|---|---|---|---|---|
| | | | | 当出总额 | 赎入总额 | |
| 甘肃 | 河州 | 22 | 74283 | 56690 | 105143 | |
| | 狄道州 | 9 | 21689 | 17654 | 11396 | 7981 |
| | 渭源县 | 1 | 807 | 3517 | 3346 | 2895 |
| | 岷州 | 4 | 9000 | 4800 | 3100 | 1800 |
| | 西和县 | 8 | 28500 | 40895 | 27181 | 18202 |
| | 伏羌县 | 5 | 33692 | 48895 | 27181 | 18202 |
| | 洮州 | 3 | 4701 | 2466 | 1922 | 1012 |
| | 安定县 | 2 | 6346 | 5610 | 4100 | 2371 |
| | 宁远县 | 2 | 5600 | 8600 | 5000 | 14000 |
| | 会宁县 | 3 | 7400 | 7000 | 6500 | 1300 |
| | 通渭县 | 17 | 71810 | 50660 | 4100 | 2371 |
| | 平凉县 | 1 | 15000 | | 7310 | |
| | 静宁州 | 3 | 7655 | 2840 | 3625 | 3424 |
| | 隆德县 | 1 | 4500 | 7500 | 4500 | |
| | 安化县 | 2 | 9000 | 5500 | 1750 | |
| | 东乐县 | 3 | 13153 | 16293 | 9394 | |
| | 古浪县 | 1 | 10000 | 8000 | 7000 | 1000 |
| | 平番县 | 5 | 19350 | 14739 | 10104 | 24990 |
| | 中卫县 | 7 | 32600 | 24470 | 13310 | 11160 |
| | 西宁县 | 13 | 46650 | 53449 | 47646 | 47580 |
| | 丹噶尔厅 | 3 | 11250 | 30492 | 28306 | 12303 |
| | 贵德厅 | 3 | 9300 | 8845 | 11036 | 1470 |
| | 循化厅 | 4 | 11109 | 16320 | 14695 | 5601 |
| | 碾伯县 | 1 | 5000 | 2000 | 1200 | 3000 |
| | 巴燕戎格厅 | 4 | 7800 | 3000 | 2400 | 1800 |
| | 礼县 | 6 | 23550 | 11400 | 8600 | 8600 |
| | 两当县 | 1 | 5000 | 2000 | 1200 | 3000 |

续表

| 省别府县 | | 典当户数 | 资本总额 | 一年内资本运作 | | 各户存款总额 |
|---|---|---|---|---|---|---|
| | | | | 当出总额 | 赎入总额 | |
| 甘肃 | 清水县 | 8 | 25600 | 18860 | 9840 | |
| | 肃州 | 7 | 32210 | 16106 | 15989 | |
| | 敦煌县 | 6 | 11600 | 7500 | 5550 | 2450 |
| | 玉门县 | 1 | 6173 | 3977 | 1265 | 2711 |
| | 山丹县 | 4 | 14700 | 11800 | 2910 | 2800 |
| | 小计 | 175 | 734593 | 624161 | 544038 | 278485 |
| 新疆 | 迪化县 | 3 | 16761 | 65104 | 61695 | 16654 |
| | 绥来县 | 3 | 5734 | 10667 | 9067 | 1733 |
| | 吐鲁番县 | 4 | 15137 | 49666 | 43364 | 15067 |
| | 塔城县 | 1 | 1333 | 8000 | 5333 | 320 |
| | 阿克苏县 | 2 | 15840 | 11000 | 6000 | 3000 |
| | 小计 | 13 | 54805 | 144437 | 125459 | 36774 |

各府城内有从事兑换业务的票庄，或称票号，主要有蔚丰厚、协同庆、天成亨几家，均是山西平遥、祁县等处总号的分店，分布在兰州为中心的甘省。其中除了兰州、凉州有天成亨等三家外，甘州有协同庆、天成亨，肃州有蔚丰厚、天成亨。青海和宁夏、乌鲁木齐均有票号。各票号资本额多寡不均，开在兰州、甘州的协同庆，资本多为12万两上下。肃州的两家，资本各为20万两。宁夏协同庆在当地票号中规模最大。乌鲁木齐的天成亨等三家票号，资本20万—30万两，成立于新疆建省次年，主要通过承兑本号和新疆汇往内地的商业汇款获取利润。[①] 各票庄"每年获利甚丰"，仅汇兑一项，以进出口之商品计，每年汇出、汇入，约千万两。除去商人办货而彼此顶汇外，收交尚有六七百万两。

相对而言，西北各处所置官银号则少，加之社会动荡，票庄信

---

① 复旦大学金融史研究中心编：《辛亥革命前后的中国金融业》，复旦大学出版社2012年版，第13页。

用渐失，仅于京、津、汉等处，从事汇兑，然亦不能多做。因是有关商人不能不设法起标顶汇，以为购货之资，而途中之危险，银色之亏折，"暗中实大受其害"。故各商每每以汇兑停止为苦。

细究"兰垣汇兑习惯，从前有现收、对期、迟期之别"。民国以来，票庄资本掉转不灵，遂不作迟期，仅于京、津、汉稍作对期、现收二种，而对期一项，到期交款。其汇价，若官银号、票庄汇出官款，每千两汇价四五十两。商款多为对期，中分收汇、交汇两种，收汇每千两汇价 20 两左右，交汇每千两汇价十四五两。邮局汇款，每百元汇价八元或十元不等。[①]

近代以来，西北金融业一个新的变化就是银行的出现。光绪三十二年（1906），甘肃官营钱局正式成立，资本为兰平银 30 万两，由甘肃藩库与统销局各承担半数。是为甘肃第一家银行。1913 年改组为甘肃官银号，1921 年停办。三年后，省财政厅着手筹办甘肃银行，同时，国民军在兰州设立了西北银行兰州分行。1926 年，在天水、平凉等地设立办事处，并将甘肃银行划归西北银行督管。不久改组为甘肃农工银行。1930 年，国民政府出面成立富陇银行，资本 150 万元，实行董事会制。与此同时，兰州的平市官钱局在平凉、天水、凉州、甘州、肃州各设分局，发行当 100 文、当 200 文、当 500 文、当 1 吊文的铜元票四种，方便兑取现款。[②] 至 1939 年，甘肃银行改组为省银行，组织规模扩展，带动了以兰州为中心的甘肃及青海、宁夏等城市金融业发展。至 1948 年，甘肃境内各种金融机构达 121 个，其中总行 13 个，分支行 26 个，办事处或分理处 82 个。[③]

1912 年后，西北的钱庄、钱业及票号，包括资本总额等情形，据农商部总务厅统计科的数据，甘肃所辖皋兰、通渭、伏羌、平凉、西宁、宁夏 6 县的钱庄 11 家，钱业 17 家，资本大者 5 万元，

---

① 《中国各省钱业调查录》，见《钱业月报》1922 年第 2 卷第 10 号，第 2—3 页。
② 萧梅性：《兰州商业调查目录》，陇海铁路管理局 1935 年版，第 106 页。
③ 以上数据参见张令琦《解放前四十年甘肃金融货币简述》，《甘肃文史资料选辑》第 8 辑。

小者 3 千元，大半为晋陕商人所经营，办理兰州金融及汇兑业务。普通借款，利息在一分二厘至二分左右，市面缺钱时，也高至三分以上。① 甘肃有票号 5 家，共计资本总额 195307 元，存款额 294400 元，发行纸币 2419 元。新疆各县有钱庄 5 家，钱业 15 家，其中票号 3 家，资本总额 552937 元，存款额 100297 元，发行纸币 111577 元。详见清末民国之际西北钱业概况表。②

表 2-3　　　　清末民国之际西北钱业概况

| 省府州县 | | 钱业户数 | | | 资本总额（元） | 存款总额（元） | 纸币发行总额（元） | 公积金总额（元） |
|---|---|---|---|---|---|---|---|---|
| | | 官钱局 | 票号 | 钱庄 | 小计 | | | | |
| 甘肃 | 皋兰县 | | 4 | | 4 | 60000 | 271500 | | |
| | 通渭县 | | | 1 | 1 | 5200 | 1150 | | |
| | 伏羌县 | | | 8 | 8 | 51200 | | | |
| | 平凉县 | | | 2 | 2 | 10000 | | | 300 |
| | 西宁县 | 1 | | | 1 | 68907 | | 2059 | 2850 |
| | 宁夏县 | | 1 | | 1 | | 21750 | 360 | 2500 |
| | 共计 | 1 | 5 | 11 | 17 | 195307 | 294400 | 2419 | 5650 |
| 新疆 | 迪化县 | 1 | 3 | | 4 | 333829 | | | |
| | 拜城县 | 1 | | | 1 | 7415 | | 1584 | 90 |
| | 哈密县 | 1 | | | 1 | 41333 | 38973 | 41333 | |
| | 鄯善县 | 1 | | | 1 | 34666 | 18324 | | 1169 |
| | 库车县 | 1 | | | 1 | 40000 | | | 794 |
| | 塔城县 | 1 | | | 1 | 5333 | | 22133 | |
| 新疆 | 吐鲁番 | 1 | | | 1 | 52351 | | 29861 | 2587 |
| | 绥来县 | | | 5 | 5 | 38000 | 43000 | 16666 | 4666 |
| | 共计 | 7 | 3 | 5 | 15 | 552937 | 100297 | 111577 | 9306 |

---

① 《兰州百年大事记专辑》，《兰州文史资料选辑》第 4 辑，第 111 页；又参见萧梅性《兰州商业调查目录》，陇海铁路管理局 1935 年版，第 107 页。

② 农商部总务厅统计科编纂：《中华民国元年第一次农商统计表》，第 245 页。

1912年至1914年，西北区域内的钱庄、钱业总计、资本总额及在全国总数中所占比例情形详见表2-4：

表2-4　　西北钱庄、钱业及资本总额占比概表[1]

| 省份 | 年份 | 钱庄 | 钱业 | 资本总额（元） | 资本总额较全国占比 |
| --- | --- | --- | --- | --- | --- |
| 甘肃 | 1912 | 11 | 17 | 195307 | 0.79% |
|  | 1913 | 18 | 21 | 654870 | 0.12% |
|  | 1914 | 21 | 21 | 126500 | 0.476% |
| 新疆 | 1912 | 5 | 15 | 552937 | 0.22% |
|  | 1913 | 6 | 17 | 621554 | 0.12% |
|  | 1914 | 18 | 18 | 645799 | 0.24% |
| 全国 | 1912 | 3829 | 4365 | 71721613 |  |
|  | 1913 | 4160 | 4761 | 86628664 |  |
|  | 1914 | 4491 | 4589 | 53110535 |  |

## 第五节　商业经营中的合伙模式

合伙经营是现代经济学意义上的一种企业组织形式，清代西北地区商业经营中所存在的合伙形式与之有类似之处，只是清代的合伙形式较之现代含义更为宽泛，实行过程中更为普遍，具有很强的随意性。清代西北商业经营中的合伙主要包括普遍存在的一般合伙、均股投资的股份合伙以及建构于区域与民族特有含义之上的贩

---

[1] 农商部总务厅统计科编纂：《中华民国元年第一次农商统计表》，1914年刊行，第234—247页；农商部总务厅统计科编纂：《中华民国元年第三次农商统计表》，1916年刊行，第371—372、394页。

运业合伙。凡此均围绕资本集合与盈利目标展开，而且或处于动态商业经营某方面或某阶段的联合结队合作，或具有现代合伙制和公司制的特质，体现了商业活动与西北地域、族群的密切关联以及商业文明进程的阶段特征。[①]

合伙是现代经济中常见的企业组织形式，据其经济性质，于法律层面有所界定。《中华人民共和国民法通则》中是指"两个以上公民按照协议，各自提供资金、实物、技术等，合伙经营、共同劳动"[②]。在《合伙企业法》中从合伙行为的角度解释为"两个以上的民事主体共同出资，共同经营，共负盈亏的协议"[③]。表明合伙组织均具有一定的团体性，且包含协议、共同出资和共同经营等要素。有道是现代所实施的条款不能涵盖过往的合伙内容，亦不能简单借用和套用，然而，纵观中国古代商业经营中的合伙形式多样，商业经营的合伙实践经验不断层累演进，并且随着商品经济的发展而有所变化，翻检文献，有关合伙的含义比较广泛，诸如"合伙计""合本贸易"以及合伙同行、领本经营等概念相关的模式[④]，在历史上或多或少已经在实践，尤其是在清代，随着西北边疆的统一与稳固，区域自身及与外界间的商业贸易都得到较大发展，商业经营的合伙模式受这里社会商业发展需求、地理环境与民族构成等因素的局限，合伙形式、种类、内容与性质等层面呈现出其所具有的结构特点。

学界既有成果中，对清代合伙有较多关注，尤其自合伙经营的法律意义、形态、内容以及与现代合伙的异同等为主而进行分析，也有对不同商人群体合伙经营中的运作方式、经营模式和商业制度

---

[①] 本节主要内容参见赵珍、许瑶《清代西北商业经营中的合伙模式探析》，《青藏高原论坛》2020 年第 4 期。

[②] 中国法制出版社编：《中华人民共和国民法通则》，中国法制出版社 2005 年版，第 8 页。

[③] 刘登阁编：《合伙企业法》，中国社会出版社 2006 年版，第 1 页。

[④] 后两种方式是今人依据历史积累出的商人经营形式给出的概念，参见刘秋根《中国古代合伙制初探》，人民出版社 2007 年版，第 186—244 页；仲继银《公司：治理机制的起源与演进》，中国发展出版社 2015 年版，第 262 页。

创新等的探讨,① 而专门论及清代商业合伙形式,且按实现形式分为一般合伙和股份合伙的研究②,则与本论题有相近之处,亦为本主题的展开与讨论奠定了基础,尤其从西北区域商业经营本身出发,结合日常维持民生的微型商业活动,梳清与讨论小本经营者合伙经商的具体情形与客观形式,有益于清代全国性商业合伙模式构成的讨论,且有所补充。

事实上,细筛与本论题相关涉的西北商业经营模式的既有研究成果,则较少提及西北商业经营中的合伙模式,笔者通过比对史料,结合史实,并依据和相较现代经济学、法学所定义的合伙概念,可知清代西北商业经营中的"合伙",未必形成经营主体,也缺少法律层面的保障与监督,然而却含有其营商的集资本金特点,也就是说其含义可以这样来界定,即凡是两人或两人以上经过协商,共同出资,出资形式不限,共同经营且按照协议确定各方权利与义务的行为或组织,都可以称为合伙,这其中不仅包括了清代普遍存在的一般合伙、按股投资的股份合伙,还有具有西北地域、民族特色的贩运业合伙。而且一般合伙在西北各地的日常经济生活中比较常见,股份合伙则多出现在较大的商帮和商号组织中,贩运业合伙在西北商业经营中比较特殊,且完全依托于西北广袤地域的长途贩运的商队运营为根基。所以,无论哪种合伙,均离不开集资,

---

① 主要成果有：刘秋根《中国古代合伙制初探》《中国古代合伙制下盈余的分配》,《宋史研究论丛》第四辑,河北大学出版社 2001 年版；刘秋根、谢秀丽《明清徽商工商业铺店合伙制形态——三种徽商账簿的表面分析》,《中国经济史研究》2005 年第 3 期；张忠民《略论明清时期"合伙"经济中的两种不同实现》,《上海社会科学院学术季刊》2001 年第 4 期；李力《清代民间契约中关于"伙"的观念和习惯》,《法学家》2003 年第 6 期；罗冬阳《清中叶陕西工商业的合伙经营》,《东北师大学报》(哲学社会科学版) 2003 年第 1 期；钞晓鸿《从"高朴私鬻玉石案"看乾隆时期的商业"合伙"》,《中国经济史研究》2004 年第 3 期；王俊霞、李刚、广红娟《明清陕西商人"合伙股份制"经营模式初探》,《西北大学学报》(哲学社会科学版) 2010 年第 3 期；刘俊、刘建《从一批晋商契约析清代合伙经营》,《中国社会经济史研究》2014 年第 1 期。

② 张忠民:《略论明清时期"合伙"经济中的两种不同实现》,《上海社会科学院学术季刊》2001 年第 4 期,第 159 页。

或者说出资形式是构成区分合伙类型的根本。经商者或出资，或出力，或二者兼之，通过不同的组合，以达到营利的终极目的。兹就上述层面的相应表现形式、内容构成和资本组合分别加以考察。

### （一）普遍存在的一般合伙

任何类型的合伙，均是商户在独资不足以展开经营的情况下，通过合伙获得足够的资金实现经商活动。清代西北商业活动中，一般合伙模式的人员构成简单，以二三人为主，出资形式随意，没有明确标准，较易操作，适用性强，应用范围广，是最为常见的合伙形式，尤其中小规模的商业活动，普遍采用此类模式。有合伙需求者，通过协商，约定出资数额和收益分配方式，出资视合伙人各自情况而定，数额基本相近，各方共同经营，共分收益且同担亏损，资本投入与收益分配没有确定的比例。在具体经营过程中，由于一般合伙的所有权和经营权尚未分离，所以，有的合伙人在合作时，既出资本也负责经营，加之资本投入的随意性以及平均分配收益和共同分担风险的习惯使然，在约束分配和界定合伙人权利与义务上存在一定的瑕疵，以致负责经营的合伙者经常瞒报账目，在清算利润与资产时，无论盈亏，合伙者之间时常发生纠纷。

在一般合伙形式中，两人合伙的情形较为常见。乾隆四十一年（1776），陕西凤县人李洪建与权珍合伙卖油，双方以麦子为标的集资而从事换油营生，且由李洪建负责销售。结果生意亏损，按商议例，二人共同分担。第一次亏损了六碗油，两人各自承担一部分。第二次又亏损七碗油，权珍认为李洪建欺骗自己，不肯承担，引发二人纷争而散伙。[①] 嘉庆十年（1805），陕西南郑县民人白得惠和李万海合伙赶脚，也就是俗称的"跑运输"，两人约定"除过

---

[①] 刑科题本，英廉、余文仪奏，题为会审陕西凤县民人李洪建因合伙贩油纠纷伤毙权珍一案依律拟绞监候请旨事，乾隆四十二年六月初七日，档号02-01-07-07298-003。

用度，得利均分"①，由白得惠管理银钱和账目。可是，白氏独自掌控营利，不肯与李万海清算账目，终因白氏违约而发生纠纷，合伙终止。嘉庆十一年（1806）二月，蒲城县民刘丙午儿与刘印山各出本钱3500文，合伙经营纸张生意，约定"有利均分"。然而，负责经营的刘印山，经营不善，独吞本利，将大部分据为己有和用于个人花销，至年底生意散伙时，刘丙午儿只分得1400文钱，不仅没有获利，还损失本钱2100文。②

在一般合伙形式下，也有两人以上的合伙。乾隆三十二年（1767），甘肃玉门民人孙绍必、焦世宁、曹日信、彭世文几人决定合伙开磨坊，商议赚钱均分，推选曹日信管理账目，后因生意不佳，结算时亏银12两，四人决定散伙，按照先前商议的亏损均摊原则，各自负担所亏银3两。然而，由于曹氏拿不出具体亏损账目，引起孙、焦的质疑，以致发生争执。③

在合伙模式中，不论是何种形式，其资本组合种类的确定与认可，是合伙实现的重要途径。一般合伙形式的资本组成有资本合伙、资本与劳力合伙，以及合伙人既出资本也出劳力的混合合伙三种。单一的资本合伙比较简单，或以实物，或以银两。上述的李洪建和权珍卖油生意，就是以麦子为资本的实物出资。白得惠和李万海合伙做运输生意，属于银两资本。白出资44两，李出资36两，买了四头骡子用于跑运输，属于很常见的双方共出资本合伙。而资本与劳力合伙以及混合合伙，则相对复杂，往往同时存在。乾隆四十七至四十八年间（1782—1783），陕西回民马之玉、王二与直隶

---

① 刑科题本，董诰、长麟奏，题为会审陕西南郑县民李万海因合伙赶脚分利起衅扎伤白得惠身死一案依律拟绞监候请旨事，嘉庆十年五月十四日，档号02-01-07-09103-007。

② 刑科题本，方维甸奏，题为审理蒲城县民人刘丙午儿因索还合伙本钱争吵砍死刘印山一案依律拟绞监候请旨事，嘉庆十一年四月初一日，档号02-01-07-09145-001。

③ 刑科题本，刘统勋、舒赫德奏，题为会审甘肃玉门县民孙绍必等因合伙亏本起衅谋死曹日信案依律拟斩监候请旨事，乾隆三十二年闰七月二十五日，档号02-01-07-06233-004。

民人侯二小，合伙出资，且三次结伴往蒙古，与丹津多尔济、什特瓦贩马，每次卖马十余匹、二十余匹不等。① 这是属于既出资也出力的资本组合。

　　乾隆三十四年（1769），李尚仁、李广生以及李怀三人合伙，在陕西洛南县做放筏子的木材生意，其合资情形就相对复杂。三人约定，李尚仁、李广生以资金入伙，李怀以人力入伙。第一次，李广生出银30两，交给李尚仁收购木材，自己没有跟班参与。第二次，李广生出本金82千钱，而李尚仁则出400斤靛青，在出售后作为本钱，依然是交给李尚仁贩木材，自己没有参与经营过程。此例中三人约定的合伙属于资本加劳力的形式，可是经营过程中，李广生出了本钱后不参与经营，而李尚仁在出本钱的同时还负责收买木头，参与了经营活动，又具有混合合伙的性质。②

　　前文所述的甘肃玉门县民人孙绍必、焦世宁、曹日信、彭世文四人开磨房的合伙，经营过程中焦世宁仅以劳力入伙，不出资本，彭世文出资50两，不参与磨房经营，而孙绍必与曹日信各出资30两，并在磨房帮忙照看生意。这当中，焦氏与其他三人的合伙属于资本与劳力合伙，而孙、曹二人则属于混合合伙，整体统归于混合合伙。

　　一般合伙的出资方式，尽管是以自愿协商为前提，可是随意性很强，无论是出资约定前，还是约定后的经营中，也无论哪种出资方式，各合伙人在商业活动中以经营是否盈利或随时据经营情况做出是否继续和散伙的决定，具有一定的经营决策权。嘉庆九年（1804），新疆的八旗步甲贵勒赫与郝镜约定合伙开铺子，在出资问题上，贵勒赫可以自行决定将货物赊给别人，而郝镜在对经营的可能前景产生疑问，故而选择散伙，且后者还说"既无本银，不

---

　　① 《清高宗实录》卷1190，乾隆四十八年十月癸亥，《清实录》第15册，第915页。

　　② 刑科题本，文绶奏，题为审理雒南县民李尚仁因合伙买木生理算账口角扎死李广生一案依律拟绞监候请旨事，乾隆三十四年九月初一日，档号02-01-07-06423-013。

如散伙"①。光绪七年（1881），甘肃张掖民人白汉镜与秦大才合伙贩卖杂货，因生意惨淡，白汉镜提出终止合伙。②当然，合伙中的出资与出力相比较，前者的决策性稍显强些，可也并非起决定作用。可以说，出资形式的混合模式，在一般合伙中较为普遍。

### （二）更具现代涵义的股份合伙

股份合伙的最大特点是将合伙经营的约定资本划分为等额股份。合伙人按照经营情况约定协议，然后进行资本投入，并按占有的股份获取收益、承担风险和责任。由于该种合伙的参与者相对较多，经营规模和资金需求相应较大，因而合伙时所立的书面协议里，基本包括合伙人的一般信息、资本投入与收益分配、风险与债务承担以及需要明确的权利与责任，具有民间合约行为的特质。这些虽然表明合伙的约束更规范，更有制度因素，与今天公司制有相似之处，但是，本质上仍然不具有现代合伙的组织含义和法律内涵。

股份合伙正是适应了清代西北商业经济及商人群体的规模发展趋势。时以山西、陕西为主的各地商人进入西北，形成强大的经济力量，如西宁的山陕商帮、迪化的"八大商帮"等，促进了当地社会经济发展，尤在各大商帮商号经营中，大宗商品、贵重商品买卖，多采用股份合伙形式。该形式的资本聚集过程中，也存在资本合伙、资本与劳力合伙以及混合合伙的资本组合情形，其中资本合伙是最基本的以资金或实物等取得股份的形式，实际操作简单。道光四年（1824），陕西户县的四名商人合伙开铺，其中弋新、沈欣、张可让各出本钱25千文，弋忠信以房屋、家具折作本钱，约

---

① 《清仁宗实录》卷130，嘉庆九年六月庚午，《清实录》第29册，第760页。
② 刑科题本，文煜、潘祖荫奏，题为会审甘肃张掖县民白汉镜因合伙贩卖分本纠纷殴毙秦大才案依律拟绞监候事，光绪七年十一月二十一日，档号02-01-07-13016-024。

定共分四股，各自认领，得利均分。① 此与前文所述一般合伙出资的随意性相比，明显具有按股进行资本投入和收益分配的特点。

就资本与劳力合伙的出资而言，最具代表性的案例是陕商的"合伙股份制"与晋商的"人力顶身股制"，被学界统称为"委托经营管理模式"②。其中"合伙股份制"在实际经营中表现为"东西制"，"东"即财东出资并负责盈亏，"西"是掌柜经营的无限与承担责任的有限，财东负责重大决策，不再负责具体某个商号的经营，日常商业活动由掌柜负责。财东通过记名开股给掌柜股份，因而，这样的掌柜便称为"领东掌柜"。商号的其他人员也可以通过投入资本而升为掌柜，获得身股，以此提高经营者的积极性，有效汇集资金，加大资本流通。陕西泾阳吴家的裕兴重商号，在安化、兰州、西宁、银川、藏北草原等地都有分号，③ 时人刘光蕡在《烟霞草堂文集》中记载了吴家一个掌柜，名叫袁祖荣。其中说到"故吴氏任君专长，又以盐业大起，君获余润，家渐裕"④，表明袁祖荣的发迹源于"东西制"的所获股份逐渐增值的结果。懂得经营和具有良好商德的掌柜，给财东的帮助很大，双方的合伙也稳妥且赢利，反之则不利商业运营。清末乌鲁木齐津帮"老八家"之一的永裕德，财东郑家和掌柜杨绍周之间的财产纠纷，则是由于财东不直接参与经营，掌柜私自侵占资产而导致。⑤

"人力顶身股制"是指财东的银股和伙计的身股合伙的形式，

---

① 刑科题本，戴均元、那清安奏，题为会审陕省鄠县民人弋新等因合伙开铺算账起衅伤毙沈欣一案分别按律拟斩拟徒请旨事，道光四年五月三十日，档号02-01-07-10483-009。
② 关于"委托经营管理模式"的说法，参见王俊霞、李刚、广红娟《明清陕西商人"合伙股份制"经营模式初探》，《西北大学学报》（哲学社会科学版）2010年第3期，第124页。
③ 李刚、赵沛：《大话陕商》，陕西人民出版社2007年版，第46页。
④ 刘光蕡：《烟霞草堂文集》卷4，点校本，三秦出版社1994年版，第22页。
⑤ 《新疆通史》编撰委员会编：《"民国时期的新疆"学术研讨会论文集》，2013年，第288页。

简言之，就是前者出资，后者出力。伙计凭借劳力占有股份，从而参与利润分配。在顶身股制中，财东投入资本，占有银股，掌柜等层级的经营者以人力顶股份，获得身股，再参与商号的分红。有时候经营较为得力的伙计被掌柜推荐、财东认可后，也能得到身股。晋商祁县范家于清初开设的兴隆魁商号，至光绪末年临倒闭时，占有顶身股的职员达 290 人左右。[①]

显见，"合伙股份制"与"人力顶身股制"俩者均具有现代股份制的特点，是山陕商人在传统合伙经营基础上的"制度创新"，结合史实，其基本内容可概括为以下几个方面：

（1）明确的契约规定。为了保证合伙人各自的利益，相互制约，减少财产纠纷和矛盾，大商号在采用股份合伙时，大多制作一种称为"万金账"的契约，载明合伙人占有的股数、分红方法及认债方式，按规定据出资份额进行收益获取和债务清偿，以此更好地确立合伙人的地位，维护个人私有财产，充分调动各方积极性，也使得合伙人的权利与义务更加明晰。

（2）资本经营权与所有权分离。"合伙股份制"与"人力顶身股制"均采用银股和身股合伙，财东出资获取利益，同时承担经营风险，对亏损负责。掌柜作为专业的经营人员，专门负责商业运作业务，对经营产生的债务不负连带责任，可以说已经具有现代职业经理人的雏形。如此所有权与经营权分离的优势在于能够提高管理素质，分散投资风险。

（3）产权明晰、责权明确。在山陕商人的股份合伙中，资本的所有权归财东，因而，财东负有偿还责任，又由于身股持有者所占股份很少，没有决策话语权，相应承担的亏损风险也比较小，具有有限责任的特点。

---

① 史若民：《票商兴衰史》，中国经济出版社 1998 年版，第 47 页。

所以，著名的晋商大盛魁商号①的伙计能"顶一二厘生意者，可管点儿杂事、接待客商等；顶三四厘生意者，可在柜上应酬买卖，但大事尚不能作主"，"顶九厘生意者，日常营业不管，专决断重大疑难"②。占有顶身股的多寡，与伙计的能力和资历有一定的关系。虽然顶身股有利于激励掌柜、伙计等人员的积极性，可是财东和身股持有者的权利却不尽相同，"银股有享永久利益，父死子继，永不间断。而身股则仅可及身，一旦死亡，其利益立即停止"③。当然，顶身股的权益与义务在不同的商号中有不同的规定，但是基本以一股为限，如大盛魁个人身股最多为九厘，不再增加。一些商号在顶身股的伙计身死后还给予几个账期的"故身股"分红，④只是个人身股仅及自身，不能继承。总体而言，顶身股的伙计身份低于一般合伙中以劳力入伙的合伙人，却又高于普通的雇佣劳动力。

至于资本的混合合伙，指合伙人既出资本，也掺杂劳力形式的合伙。乾隆年间，在新疆为官的高朴伙同商人私贩玉石，主要参与者的山西商人张銮、陕西商人赵钧瑞等为了筹集资金，均采用了合伙方式。赵钧瑞与卫良弼、徐盛如合伙，各出本银5000两，短期内就凑集大量资金购买玉石，贩至南方，所得收益按照出资份额约定的"照股分收"⑤得以分配，其中一次卖玉获利达6000多两，每股可分银2000多两，具有按股投资并取得收益的特点。同时，

---

① 该商号是康熙年间由三个山西货郎与杀虎口几人合伙开办的商铺，后来逐渐做大，成为在中俄边境地区从事贸易的首屈一指的商行，活动范围遍及内外蒙古、新疆及内地，参见侯龙、解洪文、薛军《晋商发展史话》，中国金融出版社2018年版，第166—168页。
② 杨云霞：《我国企业职工参与法律制度的系统分析》，西北工业大学出版社2009年版，第191—192页。
③ 《山西票号史料》编写组编：《山西票号史料》，山西经济出版社1990年版，第587页。
④ 薛中行：《中国式股权激励》，中国工商出版社2014年版，第86页。
⑤ 《清高宗实录》卷1070，乾隆四十三年十一月辛丑，《清实录》第22册，第354页。

赵钧瑞在参与玉石买卖时，虽然与其他人合伙出资，可是也直接负责玉石的收买、运输以及出售的经营全流程。如合伙人常永供称，"高朴原有玉石一千斤，交伊与向在叶尔羌充当乡约之赵钧瑞，携带进口，沿途设法售卖，将银带京"①。此间，赵钧瑞属于既出资也出力的合伙。可见，清代西北商业经营中的股份合伙已经趋于成熟，不仅通过规范化的契约确定出资收益与权利责任，且其资本组合形式在商业实践活动中更为细致，也呈现出复杂多变，交错存在，乃至相互转化的倾向，使资本获取与集中使用显得更加灵活。

### （三）区域特色的贩运业合伙

贩运业合伙，是清代西北的商业活动中较普遍且具有特色的一种形式。贩运是指商人从甲地买进货物运到乙地出售，② 过程中包括了运输和贩卖两种行为。那么从事该商业经营的合伙，是指两个及以上的实际贩运人或商人，也称为脚户③，在从事贩运贸易的过程中，通过不同程度的共同经营，获取利益并且分担风险，主要有三个特点：一是与偶然性商业合伙④有相似之处，都是追求单独一次生意的利润，权利与义务往往以单次合伙为限。二是合伙行为多次出现，每次的人员组合有一定的随机性，单次合伙具有独立性。三是合伙行为通常发生在商业活动的某阶段或某方面。

西北地域辽阔，随着清代以府县城镇或宗教场所为点面的商业贸易中心的涌现以及各商业中心之间的贸易往来频繁，相应的长途运输与大宗商品运输的需求促进了脚户合伙以及较具商业规模运输组织的形成。从事各种运输的脚户与商人以马驼为交通工具，形成

---

① 《清高宗实录》卷1068，乾隆四十三年十月甲子，《清实录》第22册，第304页。
② 阮智富、郭忠新编：《现代汉语大词典·下册》，上海辞书出版社2009年版，第2249页。
③ 脚户，泛指受雇于店东、商号及赶骡马长途贩运货物的苦力，同时也是对从事运输的回汉小商贩的称呼，本书特指拥有运输工具的商贩。
④ 偶然性商业合伙是指偶然合作，追逐单独一次商业利润的合伙行为。

独具特色的贩运组织，往来于各条商路，推动了地区商品流通和文化交流。由于西北多样的地貌与地阔路远，交通困难增加了商品运输的难度，长途贩运也一直是这里主要的贸易形式。

运程遥远是西北贩运业的显著特点，商路运输中的脚户往返一趟，通常需时数月乃至更长时间，结伴往返漫漫商路与商路安全的考虑，成为合作经营的原动力。商旅遭劫掠事件屡见不鲜，文献中诸如"平庆地方盗贼蜂起"[1]，"凉州镇属之镇羌卡外，番贼复行窜入滋扰"[2] 的记载也比比皆是。因此从事贩运贸易的脚户、商人联邦结队而行也成为必然选择。此外，西北地区族群构成与民族贸易的兴盛也为贩运业合伙提供了发展空间，回商群体是西北商业经营界的一大特色，受西北农业生产条件的限制与回族善于经商的传统，在贩运业的脚户中，回族成为业务主力。如虎非耶学派穆夫提门宦始传人马守贞年少家贫，务农为生的同时兼营赶脚营生，贩盐贩炭，被乡邻称为"脚户哥"[3]。还如清末民初"河州三马"之一的马海宴，年轻时也做过驮脚营生，马辅臣少年时往来于河州与拉卜楞之间贩运粮食、皮毛。回族脚户的经商活动，不仅促进了西北贩运业的发展，也成为民族贸易的润滑剂。

贩运业合伙与前述一般合伙、股份合伙两种形式有所不同的根本点，在于其资本组合方式均属于混合合伙类，合伙人以投入运输工具的牲畜或大车、资金及劳力作为资本参与合伙。可以依据发生在合伙贩运贸易中某些方面或阶段的运行状况，将贩运业合伙形式分为三类。

其一，合伙运输。主要指经营规模较小的个体脚户，以人力畜力为资本，组成大小不一的牲畜驮队，合伙承揽运输业务，获取收益，承担风险。西北地区蓄养骡马等牲畜的家庭通常会从事赶脚来

---

[1] 乾隆《河套志》卷5《艺文一》，乾隆七年刻本，第498页。
[2] 光绪《甘肃新通志》卷首之3《上谕》，宣统元年刻本，第276页。
[3] 秦惠彬主编：《中国伊斯兰教基础知识》，宗教文化出版社2005年版，第232页。

获取农业生产以外的收入。如陕西镇安"又多畜骡之家,以赶脚为业,每于途中购取客货,成群结党"①。青海乐都"回民多事贩运、小贸、屠宰,兼亦务农、商者"②。小本脚户一般置办的牲畜不多,为了适应日益增长的运输需求,通常是多人相约合伙经营。有的脚户在运输货物的同时,也自行捎带一些农牧产品和生活用品进行贩卖,逐渐发展成行商,具有脚户与行商的双重身份。

甘肃河州的脚户合伙组成驮队,为一些商号提供大宗商品的长途运输。这些驮队有单帮的,也有由若干驮帮组成的,后者合伙中有"揽头"、各帮的"掌柜的"以及受雇的"脚户"。③ 其中"揽头"是从几帮脚户中选出的驮队总领,具有长途贩运经验和管理才能,负责与商号接洽承揽生意以及驮队的运行。组成驮队的每个单帮都有自己的管理者"掌柜的",拥有一定数量的牲畜,大多既从事商业运输也从事商品买卖,负责商品交易和驮帮事务。"掌柜的"也是合伙的主要发起人,通过组织经营贩运生意,共同赚取脚钱,若途中遇货物遗失被抢等,也会有血本无归的风险。所不同的是,那些驮队中的"脚户",通常是指没有运输工具而被"掌柜的"雇佣的劳力,属于人力合伙。往来新疆的驼户中,一些自备骆驼较少,缺少资本开办驮运店的驼户。也经常几人合伙一起揽运货物贩运。

其二,合伙贩卖。合伙行为涉及贩运贸易的整个过程,参与者共同购置商品并进行运输和售卖。其中临时性的合伙贩卖情形较为普遍,比较典型的如乾隆五十九年(1794),河州回民苏有伏等7人合伙赴蒙藏地区从事贸易。④ 道光二年(1822),回民马噶奴与庄邻24人合伙,其中有回人、也有藏人,一起置备口粮和杂货,

---

① 乾隆《镇安县志》卷6《风俗》,乾隆十八年刻本,第224页。
② 青海社会科学院省志办公室:《青海风土概况调查集》,第95页。
③ 严梦春:《河州回族脚户文化》,博士学位论文,中央民族大学,2006年,第29页。
④ 《清高宗实录》卷1449,乾隆五十九年三月辛亥,《清实录》第27册,第327页。

并且持有器械护货,前往口外和蒙藏交易。① 还有一些随季节变化而合伙的商队,如甘肃洮州盐帮,由临潭的回商组成的贩运组织,每年农闲赴青海茶卡盐湖贩盐,每帮通常有 20—30 个称为"锅子"的盐帮,每个锅子由 6—10 人自愿结合,锅子的成员同吃同住,选出一名"小郭哇"作为领头,其上再选出 2—4 名"大郭哇",均为盐帮的领头。② 合伙者共同贩盐,获得利润。河州的回商经常组成专赴蒙藏牧区的商队,以赊销粮食、布匹等方式,交易马牛羊等畜产品,往返一次即可获得重利。③

其三,合伙结伴同行。此指经营上相对独立的贩运队伍,在贩运过程中形成一个有共同利益的组织。结伴同行时,合伙人员共同出资置办途中所需的日用食物等必需物资,途中同吃同住,纪律严明,统一管理,遇到危险共同承担。不过,这种合伙仅存在于运输阶段,运输过程以外的商业活动部分,则各自负责,互不干涉。往来于内地和新疆的长途运输驼帮,一般由 15—20 头骆驼为一列队,10 列队组成一顶帐篷或一顶帐房作为运输单位。3—4 顶帐房组成一个驼帮。④ 驼帮中每顶帐房通常属于一个骆驼驮运店,几户小驼户也可以共同组成一顶帐房,帐房的主事人"领房子的",也叫掌柜。⑤ 一个驼帮内几顶帐房各自的经营归属、托运的货物可能并不相同,但是在贩运途中,驼帮内的成员实际具有共同的利益。

西北当地的一些大商帮也组织专门的贩运队伍,如"青海帮"的商人前往西藏贸易,除了常驻拉萨的十几家商号,其余商人依据季节,往来贩运,每次几十家商人临时组成驮队,运输大量物资进

---

① 《清宣宗实录》卷 44,道光二年十一月丁丑,《清实录》第 33 册,第 782 页。
② 敏文杰:《临潭回族的商业变迁研究》,博士学位论文,兰州大学,2008 年,第 57 页。
③ 党诚恩、陈宝生主编:《甘肃民族贸易史稿》,第 45 页。
④ 刘卓:《新疆的内地商人研究》,博士学位论文,复旦大学,2006 年,第 153 页。
⑤ 王平:《新疆回族驮运业的调查与研究》,《回族研究》2006 年第 3 期,第 23 页。

入西藏。① 清末左宗棠整顿甘肃茶务，西柜仅存的魁泰通商号，由于资金较少，经常和东柜的天泰运、裕亨昌合伙买茶。往湖南购茶途中，常在兰州合买骡子，驮运行李，换船时再将骡子卖掉。如此合伙十几年后，魁泰通商号才逐渐兴盛起来。② 这些商号虽然在采购环节存在合伙同行的情形，可是在资金投入和日常经营中，各自领票，互不干预。

故而，西北地区的贩运业合伙以保证自身安全，获取利益为基本诉求。在合伙的驱动力上，除了对资本的需求外，还出于商路安全与结伙同行的需求，以避免长途运输中出现的各类风险，增加安全保障，得到相互照顾。另外，由于单次合伙具有一定的独立性，因此贩运业合伙基本没有固定的经营主体，脚户们根据需要形成规模不一的各类运输组织，通过资本、劳力在贩运贸易不同方面或阶段的组合，进行不同程度的合伙，虽然相较而言，贩运业合伙不够规范，存在较明显的随意性和临时性，然确是当地社会、地理环境影响下做出的最优选择。

清代西北地区商业经营中的合伙模式，实际上，并非行文叙述的如此规范和分立，其具有相对的复杂性与结构性，也远比现代意义的合伙内容宽泛，不能简单地用现代合伙制的概念去解释。由于清代西北地区社会经济发展的不平衡、地理环境的限制，以及各地商人在原始资本和经营观念上的差异，使其商业活动和经营模式形成自身结构与特点，反映到商业合伙上，则表现为合伙形式的多样性和独特性。

总观经营中的合伙模式，多种合伙途径共存，出资形式多样随意，商人各取所需，切实可行，利弊互现，各具特点。其中一般合伙使中小商贩能够组合资本进行经营，通过商人的联合和财产的联

---

① 李德洙、丹珠昂奔主编：《中国民族百科全书》第 6 卷《藏族、门巴族、珞巴族卷》，世界图书出版西安有限公司 2015 年版，第 254 页。
② 中国人民政治协商会议甘肃省委员会文史资料研究委员会编：《甘肃文史资料选辑》第 4 辑，甘肃人民出版社 1961 年版，第 120 页。

合，筹集更多资金，分散经营风险，提高拥有较少本金者的经商能力。股份合伙有利于较有规模的大中商业组织的资本流动和经营管理，更加规范的经营模式能够约束各方的权利与义务，保障合伙者的权益，扩大商业资本，扩展经营范围，有益于营商活动深入边疆民族地区。如果说，前两种模式在清代以来全国的商业经营中还具有普遍性的话，那么贩运业合伙则是传统合伙在西北特殊区位因素影响下的自我调适，不同的商人通过各种组合形式在贩运过程中实现互利共赢，不仅有利于自身商业活动的展开，也使西北地区长途运输和大宗商品运输更加便利，加强了各民族间的商贸交换与交流，促进了边疆民族地区的社会经济发展。

新疆的茶叶贸易中，多数是由合伙的骆驼商队承运，往返于内地与新疆的驼队每支少则五六十头，多则二三百头骆驼。光绪二十六年（1900）三月底，在伊犁二台至芦草沟的道路上，探险者遇到一支由 250 只骆驼组成的商队，驼只均载负茶叶，每只驼负载重量约为 260—380 斤，整个驼队载运茶叶重量达 8 万斤左右。[①] 新疆建省后，伊犁仅湖茶交易额每年达到几十万两白银，其中最高的两年为 40 万两。在湖南茶商与山西茶商的竞争中，清廷规定，湖南商人每年用 60 票茶在伊犁等地销售，每票 4400 斤，合计达 284000 斤。这里尚不包括数量相当大的晋茶私运、私贩之数。[②] 所以，不同形式的合伙经营共同存在，有效地组合了人力和资本，促进了西北地区商品经济的发展。同时也可以看出清代西北地区商业经营中的合伙内涵与现代合伙制存在一定的区别，彼时更多的内涵是以诚信为保障的民间契约行为，形式与内容都更简约朴素，缺少现代合伙的制度和法律规范，因此只有把握历史时期的概念含义，才能更好地认识和理解清代西北地区商业合伙的真实情况，为现代经济生

---

[①] Percy W. Church, *Chinese Turkestan with Caravan and Rifle*, London：Rivingtons, 1901, p. 149.

[②] ［日］林出贤次郎：《清国新疆省伊犁地方视察复命书》伊犁之部·第六章·商业情况·清朝的商业。

活中仍然广泛存在的合伙经营寻找历史注脚。

　　清代西北商业经营中的合伙模式，不仅是商品经济发展的产物，也是西北地区区域特点的体现。除了上述的合伙方式外，清末西北地区出现了一个独特的宗教教派西道堂，其特点是将教民的社会经济生活和宗教生活结合起来，实现公社性质的大家庭生活。呈现在商业经济形式上，则是一个多人共同出资、共同经营、利益均分的经济组织，具有合伙的结构特点，只是其特殊之处在于这些"合伙人"是在族群与宗教信仰的纽带下，集体生活，各有分工，并不直接在某一特定商业经营中合伙，是特殊的合伙组织形式。西道堂虽然成立于清末，其商业经营大多在民国时期。

# 第三章　作为国制的茶法与茶叶贸易

　　茶叶被西北民众广泛食用，与其特有的生态功效分不开，站在今天科技进步的角度，审视古人日常生活中青睐茶叶，不能不说具有科学依据。据今人研究，茶叶中含有咖啡碱、多酚类化合物、脂多糖等多种元素，对人体有益。① 西北民众大多喜食牛羊乳酪，这些食品的脂肪含量较高，茶叶能够消脂，加之其他功效，能够满足民众生活所需，是必不可缺的日用品，愿意以马匹牲畜交换必需的茶叶。正如当地俗语所言，人"宁可一日无食，不可一日无茶"。《明史》亦载："番人嗜乳酪，不得茶，则困以病。故唐宋以来，行以茶易马法，用制羌戎，而明制尤密。"② 明朝的茶马互市是北部沿边九卫军事防御体系的辅助措施，即"虽以供边军征战之用，实以系番夷归向之心"③，具有怀柔北方及西北边地各族的作用。清因明制，在西北地区因地制宜的实施茶马贸易之制，既符合当地各族群的生活习性，也是从马匹需要入手的资源调控手段。只不过清代的调控有别于明代"制番"之意，在明人看来"睦邻不以金缚，控驭不以师旅，以市微物，寄疆场之大权，其惟茶乎"④。清

---

① 茶叶具有药理作用，与其含有的咖啡碱、多酚类化合物、脂多糖等化学成分密切相关。咖啡碱有利于强心利尿、解痉平喘；多酚类化合物可用来杀菌，对痢疾、伤寒、肺炎、肾炎等有一定疗效；脂多糖有保护血液等的功效。参见陈椽主编《茶叶商品学》，中国科学技术大学出版社1991年版，第2页。
② 《明史》卷80《食货志四·茶法》，中华书局1974年版。
③ 《明世宗实录》卷188，嘉靖十五年六月乙未，影印本，中国书店1983年版。
④ 雍正《陕西通志》卷12《茶马》，雍正十三年刻本，第1673页。

廷则更偏重于马匹的军需，以茶中马。当然，这仅仅是其茶法的一小部分内容，可也是关注人与自然系统的环境史研究中资源利用的价值所在。

清代的西北茶法可以分为两个阶段，以雍乾之际为节点，该节点之前，清廷据茶叶功能制定了以换取马匹为主要手段的策略，该节点之后，则以保证国家税收为重，并形成一系列相关政策与制度，具有政治与经济乃至生物等多重性的特点。故而，在很长时期里，为保税收，清廷围绕茶叶这一大宗商品，展开具有独到治理逻辑的贸易策略，以应对茶叶市场流通需要，并成为清廷重要国策和西北茶法的核心。为此，西北地方官亦明确表示"茶商承引办课，上关国赋"①。也由于此，清廷设置管理机构，配合以一系列制度，并适时予以调整。与此同时，满足西北边疆多族群对茶叶的需求，而非国家对边马的需求，成为清代中后期茶叶市场维系的关键。当然，这一重要特征也是自清初以来茶马互市在市场需求与国家管控两厢结合层面的延续。为了获得足够的茶税以供边疆军饷和补助财政，清廷还加大了对私茶的稽查力度，规范对私茶的管理。

领"引"，是清廷茶法中的重要内容之一。清廷对西北茶叶贸易有严格的规定，所有进入市场的茶叶，均通过领引或领票后方可展开贸易，在行销引地设置茶马司以行其事，这是西北独有的茶政，自成体制。即如光绪初年掌广东道监察御史邓庆麟所言："西北各省惟甘肃专设茶马道，亦惟甘督官衔兼管茶马事务。"可见，"茶政乃其专责，除甘省别无茶引，是西北口外概系甘茶引地也"②。随着清代大一统事业完成，西北社会形势演变，茶马交易

---

① 朱批奏折，甘肃巡抚黄廷桂，奏报本省茶商承引办课陋规等事，乾隆七年正月二十四日，档号04-01-35-0312-051。
② 录副奏折，掌广东道监察御史邓庆麟，奏为西北甘茶引地被归化城私茶侵占请派员经理等事，光绪三年六月初十日，档号03-6686-018。另外，乾隆末年，陕甘总督福康安亦言，"晋省素无茶政"，参见朱批奏折，陕甘总督福康安，奏为陕省滞销茶引酌请分拨甘省疏销事乾隆五十二年六月初九日，档号04-01-01-0423-026；又录副奏折，陕甘总督福康安，奏报陕省茶引分拨甘省事，乾隆五十二年六月初九日，档号03-0631-011。

## 第三章 作为国制的茶法与茶叶贸易

的管理机构、纳税办法与交换形式也随之改变，尤其是在新疆茶税实行过程中，改变了旧有的"以货兑货"为以"银两"结算，进而逐步纳入国家财赋体系，凸显了清廷重视茶叶贸易的核心本质是将追求税利的目的与这里市场需求相适应，诠释了清廷在西北地缘关系中控制与利用茶叶这项重要大宗商品的根源。而对清代以来的茶马贸易尾声与官方调控茶叶以及西北统一及茶叶市场拓展相关问题的讨论，是对丝路要道西北治理中商业贸易功用的最佳诠释。

关于清以来茶叶贸易的研究，学界前期成果较为丰富。其中林永匡、王熹对西北商业贸易的研究具有开拓之功，强调了茶马贸易在民族交往过程中所发挥的重要作用。[1] 魏明孔围绕清前期马政、茶政以及茶马互市所代表的不同经济方式展开考察，并就其在推进西北各民族交往过程中所起作用加以讨论。[2] 姚继荣等在分析清代茶马贸易衰落原因时，也先后指出康熙朝以后的茶马互市中，易马已非主要目的，满足多民族的茶叶需求才是重要推动力。[3] 有学者也认为，即使中马功能瓦解，"以茶驭番"的内在动因并未受到影响，所以，清代茶马贸易对民营因素的控制不会放松。[4] 而从茶马贸易对维系民族关系所发挥的作用研究成果相对较多，[5] 有学者还

---

[1] 林永匡、王熹:《清代西北民族贸易史》，中央民族学院出版社1991年版。
[2] 魏明孔:《西北民族贸易述论——以茶马互市为中心》，《中国经济史研究》2001年第4期；魏明孔:《西北民族贸易研究：以茶马互市为中心》，中国藏学出版社2003年版。
[3] 姚继荣:《康熙、雍正年间的茶马互市与民族关系》，《青海民族大学学报》（社会科学版）2010年第2期；王晓燕:《论清代官营茶马贸易的延续及其废止》，《中国边疆史地研究》2007年第4期。
[4] 沈桢云:《清代茶马贸易制度及其对汉藏关系的影响》，《敦煌学辑刊》2017年第1期，第181页。
[5] 主要有王晓燕、晓舟《茶马互市与边疆内地的一体化》，《中国边疆史地研究》1992年第2期；《官营茶马贸易的历史作用和意义》，《中国西藏》2003年第2期；李英华、姚继荣《康熙、雍正年间的茶马互市与民族关系》，《青海民族大学学报》（社会科学版）2010年第2期；杨红伟、丁阿洁《变革与锢辙：清朝甘肃茶法与甘青藏区民族政策》，《青海民族研究》2020年第2期。

对茶叶与商人群体经营问题，推出了系列成果。① 也有的研究视角集中于贸易推动区域经济与商业市场层面。② 有专门从茶叶生产、储存、食用及商品性入手研究的成果。③ 如此，均从不同视角考察了茶马贸易以及茶叶本身所涵盖的政治与经济二元性特征，乃至社会影响等。整体而言，由茶马贸易主导下发展起来的西北茶法，呈现出由官方垄断到官方主导与官控民营的转变。

至于清代以来茶马贸易及后续茶叶市场管理制度的制定及其社会背景、制度执行与商业市场关系、商业政策演变的趋势等问题，可以通过爬梳第一手的档案，进行深入分析和细致考察，可以从清代国家大一统层面出发，考察和讨论其对不同族群的管理以及对茶、马等这些特殊大宗商品在交换和市场需求中的功能等问题的把控与利用，从而探究清廷实施茶法的内在制度逻辑。而正是由于作为大宗商品的茶与马在农耕与游牧不同环境条件下，具有其特殊的价值与使用价值，茶与马才成为清廷构建西北社会经济与族群交往交流交融场景的重要资源。

自清中叶后，茶与马以及茶叶的政治管控价值与功能逐渐消退乃至荡然无存，茶与马各自在市场经济中的商品属性得以回归，茶与马依然是西北商贸的大宗商品，茶叶的市场需求和马匹输出的商品性凸显。步入民国后，征收茶税依旧是政府管控茶叶资源的较好办法，而需长途贩运方至西北的茶叶受政局与战时影响，一度难以满足民众需求，地方与中央各级着力调整贩运及贸易途径和管控办法，茶叶贸易被新型公司制的商业形式所取代。是为近代西北商业

---

① 陶德臣：《晋商与西北的茶叶贸易》，《安徽史学》1997 年第 3 期；陶德臣：《晋商与清代新疆茶叶贸易》，《中国社会经济史研究》2015 年第 4 期。
② 樊如森：《清代民国时期西北区域市场的发育和整合——以茶叶贸易为中心》，《江西社会科学》2016 年第 9 期；刘立云：《明清陕藏商道研究》，《西藏研究》2016 年第 6 期；杜玲：《清代内地与新疆茶叶贸易探析》，硕士学位论文，新疆大学，2010 年；丁孝智：《近代兰州地区的茶叶贸易》，《社会科学》1990 年第 5 期。
③ 陈椽主编：《茶叶商品学》，中国科学技术大学出版社 1991 年版，第 120—126 页。

经济转型的重要特点。

## 第一节 西北茶马司与茶司

  制度是泛指以规则或运作模式来规范个体行动的一种社会结构。这些规则蕴含着社会的价值，其运行彰显出一个社会的秩序。茶制，是清代西北社会商业贸易史上的重要层面，其实施范围主要限定在今天甘肃及其以西的广阔区域，包括甘青宁新藏蒙各省区及邻近省份与毗邻国别，只是不同时期稍有变化。尤其是实施制度的茶马司，因时期不同亦称司、茶司或司茶①，是清廷用于管理西北地区"茶马贸易"的机构，是清前期调控西北社会商业贸易发展有效制度的职责行使之处。清初将以茶易马立为国制，各茶马司，先差御史主管，下辖茶马同知，或由府县兼管。② 后统由陕甘总督掌管。乾隆中，随着西北战事平息，作为军事储备资源的马匹获取渠道增多，来源充足，以茶中马的价值丧失。该过程中，因清廷调整茶法不到位，致茶叶库贮大增，陈陈相因，壅滞浥烂。为此，清廷又不断调整办法，以茶易粮，扩展行销引地，陈茶折银或变价出售，扩大兵饷搭放，同时裁撤茶马机构，且将原五茶马司减为西宁、庄浪、甘州三司，尤其是以茶司代替茶马司的名称变化，表明了制度设计上马匹的痕迹消失，茶叶的商品性凸显，茶法也相应调整。

---

  ① "司茶"之说，有如"但现在陈茶年复一年，以致霉变，至将'司茶'各员参处追赔，亦觉冤抑"。参见朱批奏折，大学士仍管川陕总督查郎阿，奏报茶封久积难销酌请减价事，乾隆三年六月十八日，档号04-01-35-0543-029。另外，本节主要内容参见赵珍、高煜潮《清前期西北茶马司与茶司》，《青藏高原论坛》2023年第2期。
  ② 西宁茶司由西宁府兼管，朱批奏折，甘肃巡抚黄廷桂奏，乾隆七年五月二十二日，奏为茶政之法不便屡更敬筹粮茶交易之法以垂永久以便官民事，档号04-01-01-0088-001。

## (一) 茶马司职责及其演变与茶马贸易

入清后，清廷沿袭"摘山之利，而易充厩之良"①的治理办法，继续以茶叶作为交换军需马匹的主要手段，同时满足西北各族群日常饮茶之需。鉴于西北战事频仍，马匹需求量大，五茶马司所承销的茶引占到全国茶引总数的95%。② 茶马贸易得到清廷的大力扶持，尤其从制度层面加强对茶马贸易的管控，从国家税收与行销获利的角度，逐步进行全面制定与调整，主要体现在四个层面，即清初茶马司制度层面的设计与调整、茶马贸易实践中的规章调整、茶马需求变化与茶马司的裁撤、陕甘总督掌管的茶叶贸易。

### 1. 清初茶马司制度层面的设计与调整

该主题内容体现在茶马司职官设置、执掌演变及贸易区域和办法的规定与调控。其中贸易办法是以官方颁布的招商引领行茶为根本，贸易区域的划分有两种涵义。一是指清廷从农牧经济与民族构成层面的划分，即史料中所称的"西番"与府县辖地的界限。另一是商人领引后能够销售的市场区域，可简称为行销区域，或者说是各茶司所在区域。就界限而言，顺治三年（1646），题准甘镇以茶易马，允许"各番许于开市处所互市，不容滥入边内"③。两年后议准"茶篦止供中马，不许开销赏番"。凡道接"西番"各隘处所，派官军巡守，遇有夹带私茶出境者，拿解治罪。番僧夹带奸人并私茶，许沿途官司盘检，茶货入官，奸人送官治罪。番僧所到处，该衙门官纵容私买茶货及私受馈送，乃至增改关文者，由巡按察究。进贡番僧，赏给食茶。当然，这是清初受西北社会特殊军政

---

① 康熙四年，裁陕西各苑马监；七年，裁茶马御史，归甘肃巡抚兼理。乾隆《甘肃通志》卷19《茶马》，见李毓澍主编《中国边疆丛书》第2辑第26号，第1906页。
② 魏明孔：《西北民族贸易述论——以茶马互市为中心》，《中国经济史研究》2001年第4期，第124页。
③ 朱批奏折，陕甘总督长庚奏，奏报甘省续发第十二案茶票事，宣统三年三月十六日，档号04-01-35-0589-035。

## 第三章 作为国制的茶法与茶叶贸易

形势局限下的制度设计,伴随雍正初年行政建置不断向西推进,茶马互换停止,既有"边"的界限逐渐模糊。

茶引行销区域的划分,是清代茶法实施的地理空间基础,决定了西北茶叶市场的范围与规模。雍乾之前,以茶马司处所为行销引地。规定茶商领引售茶,于所在茶马司缴纳官茶、行销商茶与附茶。雍乾时,严格行销引地的同时,对行销不畅的茶马司进行相应调整。如"地僻引多,茶斤塞滞,不能营销者,该商具呈该司,该司详报甘抚,行令往别司分,通融发卖办课"①。可见,执行相对灵活,至于各茶司地位因社会形势改变而变化的,或被裁撤,或撤后再立,且地位得以提升。有的茶马司也承担着维护社会稳定的作用。②

位于兰州的甘司就属于撤后再立的茶司,其地位也因盘验等缘故而得以上升。康熙三十六年(1697),甘司因无马可中被地方官奏请裁撤,"嗣后茶马惟四司括之"③。六十一年(1722),重设于兰州城。④ 且自乾隆中期始,甘司贸易地位逐渐上升,作为甘肃引茶中心市场的功能增强。按例茶商自南方购买茶叶后,必经官方盘验方能入甘出售。乾隆十八年(1753),经巡抚奏请,将盘验关口自巩昌改往兰州,且就近责成临洮道盘验,以致兰州城茶贸地位得以提升。另外,输往新疆之茶原本经庄司转运,途中茶箱多受水和破损,而补封手艺店铺又都位于兰州,为解决行茶不便,三十七年(1772),令将茶引之官茶集于兰州盘验的同时,再交由甘司负责办箱装运。此举成为茶商所交官茶先入兰州甘司

---

① 乾隆《甘肃通志》,见李毓澍主编《中国边疆丛书》第 2 辑第 26 号,第 688 页。
② 乾隆五十六年,甘肃凉州府庄浪茶马分府,参与平息因棹子山草地被垦而引发的社会争端。见周燕梁主编《甘肃馆藏档案精粹》,甘肃人民美术出版社 2009 年版,第 42—43 页。
③ 《甘肃新通志》卷 22《建置志·茶法》,见《稀见方志》第 24 卷,第 59 页。
④ 乾隆《西宁府新志》卷 17《田赋志·茶马》,见李毓澍主编《中国边疆丛书》第 2 辑第 25 号,第 593 页。

"存库待运之嚆矢"①，也是甘司地位提升的又一原因。而兰州受甘司地位变化的影响，也成为其周边地区及新疆所需茶叶的集散中心。

在新疆行销茶引之茶的市场，称为甘司引地，主要限定在南疆的吐鲁番、喀喇沙尔、库车、阿克苏、叶尔羌、和阗、英吉沙尔、喀什噶尔八城，以及北疆的巴里坤、古城、乌鲁木齐、库尔喀喇乌苏四城，即俗称的十二城。这些城的茶叶市场，岁行甘肃茶引9900余道。②相较甘司而言，位于兰州西的庄浪司、西宁司等原本重要的易马处，其行销地位相对较弱。

清前期茶马司制度层面的职官设置与执掌变化与"边"的西向延展相关联。清初茶马司专设巡茶御史督办诸项事宜。顺治二年（1645），差派茶马御史一员，辖五茶马司。四年（1647），仍设差官巡视，人数有所增加，置满、汉巡茶御史、笔帖式、通事各一员。③康熙四年（1665），尽管裁陕西苑马各监，然而甘肃茶引仍由御史招商领引，纳课报部，所中之马，牡者给各边兵，牝者发苑马寺，喂养孳息。④七年（1669），"甘肃所中之马既足"⑤，裁茶马御史，事务转由甘肃巡抚兼理。⑥二十四年（1685），准刑部给事中裘元佩奏，差部员专管茶马事务，至四十四年（1705），停止

---

① 叶知水：《西北茶叶贸易之实施（续）》，《闽茶》1946年第1卷第8—9期，第15页。
② 松筠：《西陲总统事略》卷3《南北两路疆舆总叙》，见李毓澍主编《中国边疆丛书》第1辑第12号，第324页。
③ 雍正《大清会典》卷53《户部三十一·课程五·茶课》，见沈云龙主编《近代中国史料丛刊三编》第77辑，第769册，第3181页。
④ 朱批奏折，陕甘总督长庚奏，奏报甘省续发第十二案茶票事，宣统三年三月十六日，档号04-01-35-0589-035。
⑤ 康熙《岷州志》卷9《田赋志下·茶马》，康熙四十一年刻本，第355页；乾隆《西宁府新志》卷17《田赋志·茶马》，见李毓澍主编《中国边疆丛书》第2辑第25号，第573页。
⑥ 乾隆《甘肃通志》卷19《茶马》，见李毓澍主编《中国边疆丛书》第2辑第26号，第1906页。

差官，还甘肃巡抚兼理。① 六十一年（1722），兰州置厅，成立甘州茶马司，"名曰甘司"②，由茶马同知执掌。同时谕令总督办理甘肃茶务，是年定例之后，仍交于巡抚办理。③ 延至乾隆二十九年（1764），茶务改由陕甘总督兼理。

甘肃府县行政建置变化带动了茶马司执掌的调整，雍正三年（1725），河西厅改为府案内，西宁厅改为西宁府，西宁茶马司茶务，归西宁府管理。④ 八年（1730），题准改岷厅为州，洮岷司茶务，归洮岷道管理。除了西宁府之外，庄浪等各茶马司仍由同知执掌贸易事务，均对总督负责。层级管理体现出作为大宗商品的茶叶在西北各地市场之间流通的重要性。

颁引征课是清廷在制度层面所进行的最重要的事宜，并围绕此对茶引额数与税课以及领引行茶中的市场管理不断调适。顺治初年，规定商人行茶，须领户部所颁茶引，即所谓"商领部引，输价买茶"。七年（1650），题准旧例所颁茶引，分为大引、小引。税分差等，"发卖民用"，大、小引平分。相对应的甘肃五茶马司由茶商纳钱所请之"引"，亦有大、中、小之分，以此作为清廷对领引茶商购买茶叶量的判定。起初给达到上引标准的茶商发茶700斤，中引发茶560斤，下引发茶420斤。⑤ 十年（1653），统一大小引，每引发茶1000斤，允准携附茶140斤。茶商的行茶量有所增加。

---

① 以上均见雍正《大清会典》卷53《户部三十一·课程五·茶课》，见沈云龙主编《近代中国史料丛刊三编》第77辑，第769册，第3180、3182页。

② 乾隆《西宁府新志》卷17《田赋志·茶马》，见李毓澍主编《中国边疆丛书》第2辑第25号，第593页。

③ 时称川陕总督，见雍正《大清会典》卷53《户部三十一·课程五·茶课》，见沈云龙主编《近代中国史料丛刊三编》第77辑，第769册，第3185页。

④ 朱批奏折，陕甘总督长庚奏，奏报甘省续发第十二案茶票事，宣统三年三月十六日，档号04-01-35-0589-035。

⑤ 乾隆《西宁府新志》卷17《田赋志·茶马》，见李毓澍主编《中国边疆丛书》第2辑第25号，第567页。

为保护茶引，使茶商在领引行茶过程中不得私自夹带茶叶，也即茶引之外茶商不得夹带私茶，清廷设置了盘验关口。规定茶篦先由陕西潼关、汉中二处盘查，至甘肃巩昌再经通判查验，然后分赴各司，交纳官茶贮库。该盘验办法和地点至乾隆年间有所改变，地点改在兰州，就近由临洮道查验。茶引的商茶部分，听任商人于本司贸易。如有地僻引多，茶斤壅滞，不能行销者，该商具呈该司，该司详报甘抚，行令往别司分，通融发卖办课。如以私茶易马者，概行禁止。各番交易茶马，"量赉烟酒，以示抚绥"①。

清廷部颁引茶额数因马匹用量增减等而有相应变化。顺治四年（1647），五茶马司发行茶引总数仅为228引。至康熙年间，西北战事需马量大增，茶引额数也有调整。二十二年（1683）时，甘肃五茶马司额定茶引20796引。四十二年（1703），核查茶引时，题准茶引额数未变。只是其中有些区域的茶引有所调整。如在西、凤、汉中三府行销小引800余道，因被"大引渐次侵更"，仅余小引100道，三府百姓不敷食用，私贩横行。为此，是年于小引原额内，颁引500道，三府茶引保持在600道。五十七年（1718），以西宁为通番大道，增引2000道。另将宁夏道额定270引及榆林等处旧额茶引加以整合，使甘肃茶引增至24400道。延至乾隆中叶，甘肃茶司旧额新增共引27296道，②相较顺治初设，扩充了百倍，反映清廷因时局变化而调整茶引额量。

茶引有官、商茶之分，也就有其相应的税率标准，相对稳定。康熙年间，实行的茶引税率标准是：每引征茶五篦，每篦折银四钱。四十二年（1702），共征银1000两。乾隆年间，茶引税率仍旧，甘省茶司旧额、新增共征茶136480篦，课银6266.236两。又

---

① 朱批奏折，陕甘总督长庚奏，奏报甘省续发第十二案茶票事，宣统三年三月十六日，04-01-35-0589-035。

② 录副奏折，陕甘总督倭什布奏，奏为甘州司请增茶引事，嘉庆十八年七月十六日，档号03-2143-036。

宁夏道额引270道，课银1053两。① 在以茶换马过程中，清廷所征茶税不单以本色为主，时常要求茶商将官茶折成银两纳税，即纳折色银。而茶叶的本折色比例，由于受销售市场影响较大，亦与清廷财政税收关联，因而比例调整较为频繁，变化较大。如乾隆元年（1736），茶叶全征本色，税银仍折银缴纳。

2. 茶马贸易实践中的规章制定与调整

清廷置茶马司从制度层面予以大宗商品茶叶以足够的重视，并以额定茶引为基础，在交换马匹过程中，确立茶马交换比例与管理者的考核制度，并对马匹需求增减及时应变，随时调整茶与马的交换形式与比例。各种规章的确立完善，使得茶马贸易在清初以来较为复杂的西北社会演变过程中得以实践。

茶马交换比例与管理考核制度确立于顺治初年。就交换比例而言，清廷规定各茶马司库贮茶篦，官、商均分，一半入官易换马匹，一半由各茶马司发给商人售卖。②每茶1篦，重10斤，上马给茶12篦，中马给茶9篦，下马给茶7篦。茶篦只供中马，③每引茶120斤，在此明确交易比例下，官、商行茶、换马也按照相应办法进行。自顺治四年（1647）至十年（1653），茶马司茶篦折合茶由27360斤增至296845斤，换马由1204匹④增至3097匹⑤，后者

---

① 朱批奏折，陕甘总督长庚奏，奏报甘省续发第十二案茶票事，宣统三年三月十六日，档号04-01-35-0589-035。
② 乾隆《西宁府新志》卷17《田赋志·茶马》，乾隆十二年刻本，第572页。
③ 雍正《大清会典》卷53《户部三十一·课程五·茶课》，见沈云龙主编《近代中国史料丛刊三编》第77辑，第769册，第3181页；又乾隆《西宁府新志》卷17《田赋志·茶马》，见李毓澍主编《中国边疆丛书》第2辑第25号，第570页。
④ 洮州司行茶48引，换马97匹；河州司行茶67引，换马240匹；西宁司行茶56引，换马250匹；庄浪司行茶24引，换马546匹；甘州司行茶33引，换马71匹。据乾隆《西宁府新志》卷17《田赋志·茶马》、康熙《岷州志》卷9《田赋下·茶马》、康熙《临洮府志》卷10《茶马考》及《清史稿》卷124《食货五·茶法》记载整理。
⑤ 除了西宁司外，洮州司换马362匹，用茶3422篦；河州司换马927匹，用茶8838篦；庄浪司换马300匹，用茶3025.5篦；甘州司换马190匹，用茶1901.5篦。每篦2封，每封5斤。据乾隆《西宁府新志》卷17《田赋志·茶马》、康熙《岷州志》卷9《田赋下·茶马》及《清史稿》卷124《食货五·茶法》整理。

中马所用官茶总量是前者的 10.8 倍，以西宁茶马司换马数最高。引茶激增，所易马数相应增加，茶马各自数量与易换频次呈正相关，茶马司所执掌的马匹交易得以迅速兴盛。

清廷对茶马交换官员的管理是通过设置奖惩制度来实现的。康熙二年（1663），题准，茶九万篦，作十分考核。欠不及半分者，罚俸六个月；欠半分以上，罚俸一年，一分以上，降一级；二分以上，降三级；三分以上，四级调用；四分以上，革职溢额。每分以上，纪录一次；至四分以上，加一级；五分以上，加一级，纪录一次。茶引不完者，虽多得茶斤，不准议叙。

与此同时，清廷制定了配套的稽查办法。康熙四十三年（1704），复准，嗣后陕境交界处，设卡盘查茶斤。行人携带 10 斤以下者，停其搜捕。如有驴驮车载，无官引者，即系私茶，照私盐律治罪。失察官员，俱照私盐例议处。次年，为了避免"沿途行人，分带零运"的不良后果，谕令仍照旧例对携带 10 斤以下者，缉拿处分。雍正三年（1725），严格盘查条例。令各盘查处，照引目及正茶、附茶斤两，盘查验放，不得勒掯留难。附茶不依所定斤数、多带私茶者，照私盐律治罪。查验官故纵失察者，照失察私盐例处分。①

为了应对马匹需求的增减，清廷对各茶司库贮陈茶除了采取既有的充饷办法外，还采用了或易粮或招商发卖或应征商茶部分全部改折银两的办法。由于清廷所需马匹量因军需而时罢时兴，各茶马司易换马匹量多寡不一，易马的茶叶"市场"需求量也属动态，而每年发引额数却不轻易更张，以致库贮茶叶越来越多。顺治十三年（1656），清廷对新旧茶易马有一个规定，新茶中马既足，陈茶变价克饷，如新茶不足，陈茶两篦折一中马。次年，因"今七监马匹蕃庶"，又复准原留中马支用的私茶、私马变价及赎罪银，改

---

① 朱批奏折，陕甘总督长庚奏，奏报甘省续发第十二案茶票事，宣统三年三月十六日，档号 04-01-35-0589-035。

解克饷。①

步入康熙年间，尽管茶马司库贮茶渐增过剩，陈茶增多，可是军需马匹量亦增加，故清廷增大茶引额数。康熙四十二年（1703），将20796道官茶拨发庄浪、西宁、洮州和河州四司，令其"通番中马"。②继之，马匹需求减少，库存陈茶加多，清廷又采取措施以解决陈茶问题。至四十四年（1705），一个最明显事实就是五茶马司中易马量较大的西宁司"招中无几"，西宁等处所征茶箆停止易马，③这是自清初以来西北以茶易马首次停摆。至康熙五十七年（1718），因军需马匹量变化，清廷以通番大路的西宁茶马司原额茶引9248道"不敷民番食用"，议准增引2000道，以交换除了马匹以外的牛、羊、骆驼等牲畜和粮食作物。六十一年（1722），在"界连口外"的西宁、庄浪、岷州、河州四茶马司增引4000道，加强贸易。④如此，均表明以茶易马制已处于转折的拉锯关头，以茶换取其他畜产品和粮食的办法逐渐在被易换马匹及变价折银冲饷等举措中突出，可以说，该时期也是清廷所置茶马司停止易马并使茶叶进入贸易市场与银钱常规交易的纠葛时期。

西宁等五处茶马司易马渐处于停滞状态后，所执掌的易马之差形同虚设，库贮茶叶变价折银充饷成为一时之急务。直到雍正九年（1731），西北战事再起，军需马匹增加，西宁等茶马司重启了于康熙中已经停止的易马，且调整了中马标准，除了12箆茶换1匹

---

① 雍正《大清会典》卷53《户部三十一·课程五·茶课》，见沈云龙主编《近代中国史料丛刊三编》第77辑，第769册，第3178页。
② 乾隆《西宁府新志》卷17《田赋志·茶马》，见李毓澍主编《中国边疆丛书》第2辑第25号，第573页。
③ 乾隆《西宁府新志》卷17《田赋·茶马》，见李毓澍主编《中国边疆丛书》第2辑第25号，第431—432页；又雍正《大清会典》卷53《户部三十一·课程五·茶课》，《近代中国史料丛刊三编》第77辑，第769册，第3182页。
④ 雍正《大清会典》卷53《户部三十一·课程五·茶课》，《近代中国史料丛刊三编》第77辑，第769册，第3185页；又乾隆《西宁府新志》卷17《田赋志·茶马》，见李毓澍主编《中国边疆丛书》第2辑第25号，第575页。

上等马的标准保持不变外，中、下等马的交易标准有所调整，即中等马1匹需茶7篦，下等马1匹需茶6篦。① 调整后的每匹中、下等马换取茶叶量均较顺治年间减少，中马由9篦减为7篦，下马由7篦减为6篦。同时规定，俟一年后，计收马之数，如换得一二千匹，留甘省军营，换马多于此数，则分拨河南、山西相近之各营汛喂养。值得一提的是，此次重启中马办法一直延至雍正十三年（1735）"军需告竣"② 方罢。学界对于以茶中马交易停止的时间问题，尽管有多种观点，③ 但是普遍以自雍正十三年为茶叶不再用于中马的节点，④ 亦基本达成共识。

再说，雍正九年（1731）战事再起后，规定中马须见马给茶，并规定了喂养料草标准，茶商船票仍由甘肃巡抚衙门给发。⑤ 十三年（1735），"复停甘肃中马"⑥，五茶马司停止中马。⑦ 自此，茶马司所贮茶主要与蒙番易粮、搭饷和行销，衙署的易马职能丧失。所以，康雍时期，西北茶马贸易因革损益，成为中国古代自唐以来茶马贸易制度的转折时期，至雍正末年，既往的以茶易马制永久停止，单纯的茶叶贸易进入了适应时代经济贸易变化的不断变革之中。

---

① 乾隆《西宁府新志》卷17《田赋志·茶马》，见李毓澍主编《中国边疆丛书》第2辑第25号，第578页。
② 《清史稿》卷124《食货志五·茶法》，中华书局1977年版，第13册，第3659页。
③ 主题论文参见朴文焕《清代茶马贸易衰落及其原因探析》，《西南民族学院学报》（哲学社会科学版）2003年第2期；王晓燕的《论清代官营茶马贸易的延续及其废止》，《中国边疆史地研究》2007年第4期；陈海龙《清朝官营茶马贸易的衰亡》，《南通大学学报》（社会科学版）2013年第5期；张楠林《清前期陕甘边地"招番中马"制度与茶马司的兴废》，《清史研究》2021年第3期。
④ 是年因"军需告竣，番民以中马为累，详请奉文停止"，《西宁府新志》卷17《田赋志·茶马》，见李毓澍主编《中国边疆丛书》第2辑第25号，第596页。
⑤ 朱批奏折，陕甘总督长庚奏，奏报甘省续发第十二案茶票事，宣统三年三月十六日，档号04-01-35-0589-035。
⑥ 道光《兰州府志》卷5《田赋·杂税》，第323页。
⑦ 据乾隆二十五年吴达善奏"今其制已停"，可知茶马贸易制度最终被废除到了乾隆朝。见《清史稿》卷124《食货志五·茶法》，第13册，第3659页。

乾隆元年（1736）起，清廷所管控茶叶贸易各种政策中的经济元素不断增强，且更偏向了关注市场需求与运转销售，尤其重视茶引发放与对前期过量库贮剩茶的处理。是年起，清廷令各茶马司茶叶"改征折价"，并核减每引配茶额数一半，以期减少库贮。①至七年（1742），又命西宁等五茶马司茶征本色，只是不再加增库贮，而是主要用于易换杂粮，以裕仓储。此为雍乾之际清廷面对西北社会形势变化后对既往茶马贸易制所做出的探寻出路之举。

## 3. 茶马需求变化与茶马司的裁撤

茶马需求变化表现在对马匹用量减少和茶叶贮备过剩。乾隆二十四年（1759）后，随着新疆统一与西北社会形势的变化，西北茶叶市场格局大变，表现在：一是作为甘肃茶司行销引地在新疆的销售区域扩展到需求更加广阔的天山南北。二是以山西商人为主体的自北方草路入新的北商贸易拉动的杂茶②销售旺盛，使得甘肃茶司在新疆的行销市场受到严重冲击。三是位居甘南的河州、洮州茶马司在其"易马"执掌消失后，亦渐失去了引茶行销地的功能，而遭裁撤。③ 西北茶马管控机构由清前期的五茶马司留有甘州、西宁和庄浪三茶司，行茶引地也相应改变，茶务中裕课的经济元素凸显，招商领引和征收茶税成为茶司核心任务。可以说，因西北行政辖境变动而带来的贸易管控机构随之变动的同时也引发了以茶中马的终结。

至于西北五茶马司中河、洮二茶马司被裁汰的缘由，既有研究

---

① 朱批奏折，甘肃巡抚黄廷桂奏，奏报饬商领引办理茶课情由事，乾隆六年十二月二十一日，档号04-01-35-0544-009。

② 杂茶是指自归化城及布科多、乌里雅苏台输入新疆的晋茶，种类繁多，可按茶叶品质分为粗茶、细茶两种，细茶包括武夷、珠兰、大叶、香片、普洱等类，粗茶包括千两、百两、帽盒、筒子、大小砖茶（即斤茶）等。至于各种茶叶的来源以及区别，见蔡家艺《清代新疆茶务探微》，《西域研究》2010年第4期。道光年间，据那彦成调查，南疆民众所饮茶叶中杂茶所占比重较大，只是杂茶向不出嘉峪关，自杀虎口、张家口及归化城一带运往北路，至古城聚集，由乌鲁木齐运赴南路。见《那文毅公奏议》卷77《议立茶税》，《续修四库全书》，第497册，第741页。

③ 光绪《甘肃新通志》卷19《建置志·驿递》，宣统元年刻本，第2393页。

均以《文献通考》记载的"位置偏僻"为依据,① 爬梳乾隆二十五、二十六年里,前后两任巡抚吴达善、明德所奏档,② 更能明晰洮、河二司"俱不近大路",人口稀少及引地购茶消费力弱及不利茶商缴纳与行销等重要原因。概其内容,大致有以下三点。

其一,二人指出"甘省茶课向为中马而设,今其制已停",各司中洮、河司属茶商每年纳茶"趱运既属不便,疏销亦多雍(壅)滞",以致洮、河司各贮茶三四十万余封,较甘、庄司"为数倍多",尽管多次改收折色,缩减本色至二成,并于乾隆二十一年(1756),准截洮、河司茶叶留甘、庄司,然而库贮茶叶难销的局面难以改变。经吴达善奏准,以搭放兵饷为计。其二,洮司近四川,民皆采取山茶树皮熬食,驻扎官兵亦少,"所买茶封有限","故该司商销茶斤历年具告改别司售卖",而交官茶封仍雇用脚力运交洮库,不仅库贮积至数十万封,而且茶商所交茶封运到兰州盘验后,又雇骡运赴洮司,往返千余里,"不无虚靡脚费"。河司所征商人茶封虽改交甘、庄二司,可是改折捐输等银仍赴河司缴纳,"是以银、茶两地完交,与商人不便"。故"河司之虚设与洮司之应裁无异"。其三,河司地虽近青海蒙古,事务由河州同知兼管,然而所执掌的"一切交易,俱在西宁,从不赴河州贸易",且"民食已有商销茶",库贮积茶很难售出。关键是河州同知有专管口外番民之责,然却"远驻州城,不能整饬番地,与边境治理非宜",呈两张皮。鉴于以上实际情况,二人还先后确定了裁汰河司后的茶

---

① 乾隆二十五年(1760),因洮州司位置偏僻,"该司商销茶斤历年俱告改别司售卖,惟交官茶封仍交洮库,往往积至数十万封始请疏销",将洮州司裁撤,额颁茶引并归甘州、庄浪二司。乾隆二十七年(1762),河州司"虽近青海蒙古,而一切交易俱在西宁,从不赴河州,其情形与洮司无异,亦行裁汰,其额引五千道并归甘庄二司"。见《清朝文献通考》卷30《征榷考五·榷茶》,浙江古籍出版社2000年版,第2226—2227页。

② 朱批奏折,管理甘肃巡抚事务吴达善奏,奏请改拨茶引缘由事,乾隆二十五年正月二十五日,档号04-01-35-0546-012;朱批奏折,甘肃巡抚明德奏,奏请改拨茶引事,乾隆二十六年十一月二十二日,档号04-01-01-0246-011;录副奏折,甘肃巡抚明德,奏请裁虚设之茶司事,乾隆二十六年十一月二十二日,档号03-0629-034。

引分配和税收办法。建议将河司茶务额引 5000 道由甘、庄二司平分，改折捐输等银，亦俱交于茶引所属茶司。河司库贮陈茶，仅搭放兵饷。茶务改由河州知州就近兼管。

巡抚明德还特别说明各项情形均已与陕甘总督面商，且二人意见一致。并认为如此行事，对商人而言，"输纳即便，而交收银、茶之例亦归划一，自必踊跃完公，于茶政不无裨益"。对此，朱批：该部议奏。① 次年，经吴达善、明德所奏得以实施，河州司裁汰，其茶务也随移循化厅属。② 从其可见，行政隶属的不合理、设官与实地征收的两张皮、茶叶库贮难销以及行销运费高昂，市场需求不旺等问题，也是洮州、河州二茶马司被裁汰的缘由。

至于洮州司的裁撤动议，经翻检档案可知，乾隆七年（1742）已经提出，与清廷推行以茶易粮关联。时甘肃巡抚黄廷桂奏，以茶易粮，对于洮州司而言，具有诸多不便。其言：甘属五司，"唯洮司一隅，僻处万山之中，产粟不广，小民生计半赖伐木烧炭、佣工糊口，原无余粮可以易茶。因仍其旧，毋庸置议"③。表明洮司在西北五司中不仅易马使命完成，易粮也没有实行的基础。而清廷停止易马是洮司被裁汰的关键因素，只是落实过程相对缓慢，至乾隆二十五年（1760），洮司才裁汰。

这里需要补充甘州茶马司的废立问题，此在以往研究中很少关注。即在清代地方史料中记载，在康熙后期的二十多年里，甘州司因"中马"而经历了兴废过程。即康熙三十六年（1697）废，六十一年（1722）复立。此过程在光绪《甘肃新通志》中载：康熙

---

① 朱批奏折，甘肃巡抚明德奏，奏请裁撤虚设茶司以便商输事，乾隆二十六年十一月二十二日，档号 04-01-01-0246-011；录副奏折，甘肃巡抚明德，奏请裁虚设之茶司事，乾隆二十六年十一月二十二日，档号 03-0629-034。
② 光绪《甘肃新通志》卷 22《建置志·茶法》，宣统元年刻本，第 2493 页。
③ 朱批奏折，甘肃巡抚黄廷桂奏，奏为茶政之法不便屡更敬筹粮茶交易之法以垂永久以便官民事，乾隆七年五月二十二日，档号 04-01-01-0088-001；又录副奏折，甘肃巡抚黄廷桂，报筹画粮茶交易之法事，乾隆七年五月二十二日，档号 03-1195-020；又户科题本，甘肃巡抚黄廷桂，题为备陈以粮易茶之法事，乾隆七年十月二十九日，档号 02-01-04-13449-005。

三十六年，驻兰州城的甘州司，因"兰城无马可中，奏裁之"。嗣后"茶马惟四司括之，每年茶院按临传集各官商，以部颁茶行，按四司令其分掣"，计部引旧额新增27200余道，茶商掣签领引后，即"赴楚中所办运茶厅"①。延至六十一年，清廷以西宁四司界连口外，地理位置重要，予以增引的同时，又于兰州复设茶司，"令兰厅管理，名曰甘司"②。

如此看来，康熙三十六年的"奏裁之"，经清廷允准。然而，再查康熙、雍正朝《会典》及巡抚德沛在谈及甘省引茶本、折色时说，甘省西、庄、洮、河、甘五司茶厅，自康熙六十一年改征本色以后，"积贮甚多"，表明此时甘司尚存在。自此直到洮、河二司先后被裁撤，甘肃茶司由五所减至三所。陕甘总督征收茶税，也由之前五茶司改为甘州、西宁、庄浪三司。

**4. 陕甘总督掌管的茶叶贸易**

17世纪以来，随着人文环境与行政辖属变动，陕甘常常联用，也成为西北最高军政长官的称呼。清初以来西北茶马贸易机构执掌在经历了清廷临时差官及巡抚兼管的多种形式后，最终确立了由总督掌管的局面。

康熙六十一年（1722），准甘肃五茶马司茶引交与总督办理，一年定例之后，仍照旧交由巡抚办理。③ 乾隆二十九年（1764），交由陕甘总督兼理。总督是置于多省府之上的封疆大吏，在职官架构上，更接近于清廷中央，能够更好地为清廷负责。此改变表明大宗商品茶叶作为一种农耕社会重要资源对国家治理西北区域社会的重要程度，而且直到清末，由总督治下进行的引茶征课制度一直没有改变。总督衙署置于兰州，兰州也因此成为西北茶叶贸易的中

---

① 光绪《甘肃新通志》卷22《建置志·茶法》，《稀见方志》第24卷，第59页。
② 乾隆《西宁府新志》卷17《田赋·茶马》，见李毓澍主编《中国边疆丛书》第2辑第25号，第593页。
③ 朱批奏折，陕甘总督长庚奏，奏报甘省续发第十二案茶票事，宣统三年三月十六日，档号04-01-35-0589-035。

心，也是湖南等地茶叶进入西北的前沿。督署下辖并置于同城的甘州茶马司，发挥着西北官茶集散地的重要作用。一般情形下，甘州司每年拨运新疆和西宁及蒙番等处官茶26100篦。①

清前期，因"准噶尔最重官茶"②，其商队在清廷常设的肃州作为农牧产品交换处。准噶尔以马、牛、羊等牲畜易得肃州嘉峪关内的茶叶、粮食等农产品。鉴于准噶尔进藏熬茶等多种特殊需求，清廷亦按其所需增加贸易市场，如每年二、四月组织邻近的蒙、藏、汉、回等族商人在西宁边外日月山一带的那拉萨拉进行交易，也会关照地处黄河以东的察罕丹津等蒙藏部落，在河州等地就近贸易。

西北统一后，清廷从新疆的实际需茶出发，调整了总督辖属甘司引茶的供应量，以新疆为引茶行销的专门市场。因总督辖属区茶叶主要由湖南安化办运，至陕南泾阳压制成砖茶后输到兰州，再自兰州发往西宁、庄浪各茶马司及其所在属地和陕甘总督辖属的宁夏、新疆、内蒙等地销售。故包括新疆及甘青宁所在的西北地区，所行销的官茶"均系甘司引地"③。乾隆二十七年（1762），陕甘总督杨应琚奏，至新疆地方，现在生聚渐繁，米粮蔬果物产，在在丰裕。"惟茶斤一项，向须取资于内地。诚如圣谕，各处济用，自属多多益善。"④ 此后，每年自兰州发往新疆的茶叶逐年递增。嘉庆年间，自兰州甘司发往新疆官茶保持在20多万封。⑤ 至道光年间，达四五十万封。青海农牧交界处的丹噶尔厅贸易之茶，也是"自兰州运来，每年约万余封，大半售与蒙番"，"此外如黄茶、砖茶，

---

① 魏明孔：《西北民族贸易研究：以茶马互市为中心》，中国藏学出版社2003年版，第253页。
② 《清高宗实录》卷487，乾隆二十年乙亥四月，第15册，第120页。
③ 那彦成：《那文毅公奏议》卷59《刑部尚书三任陕甘总督奏议》，见沈云龙主编《近代史料丛刊》第21辑，第208册，第6735页。
④ 《清高宗实录》卷4，乾隆二十七年五月下，《清实录》第16册，第565页。
⑤ 户科题本，户部尚书禄康、戴衢亨，题为遵察甘肃省嘉庆八年份征收茶马银两事，嘉庆十一年七月二十五日，档号02-01-04-18648-029。

虽例禁极严，而番僧、蒙番私相交易于境内者亦不少"①。另外，以总督衙署所在兰州为中心的茶叶市场，除了运销茶马司引茶外，城内也设立许多官茶总店，如马合盛、天泰运、天泰和、新泰和、魁泰和、文泰运、裕亨昌、魁泰通等，约有40多家。这些商家还以其商号为名，在西北设立相关分店，促进茶叶贸易。②

历任陕甘总督在管控茶叶的过程中，为避免茶司库贮存茶过多而滞销霉变，不时在各茶马司之间进行调拨，做出调整，尤其关照位于兰州的甘州司库贮量，一旦这里存库过剩，多拨往庄浪和西宁二司代为收贮。如乾隆二十七年（1762），庄浪司截留甘州司所收贮各年官茶20818篦，西宁司截留甘州司所收贮各年官茶25770余篦，截留的官茶再发往甘州司，按照原来的发行标准统一发行销售。③

当然，无论清廷如何改变对茶叶的管控机构和管理办法，包括加强陕甘总督对引茶贸易的管理权，以领"引"行销的形式始终没有大变。如经乾隆中期整顿后的西宁、庄浪、甘州三茶司，原额茶引28996道，额销茶210余万斤，纳课银127000两，应纳课银于每年奏销前"尽数清款，倘有蒂欠，照例锁禁"。至清中叶时，该办法继续实施，且茶引数量未变动。道光六年（1826）三月初七，署理陕甘总督杨遇春奏报甘肃滞销茶分年带销完课时，所报茶引仍为28996道。④ 其中仅每年销往南疆之茶引有9900余道，加以带销滞引及拨运官茶，约计20万封。⑤ 自同治三年（1864）至

---

① 光绪《丹噶尔厅志》卷5《商务出产类》，见《稀见方志》第55卷，第11页。
② 参见李建国《近代甘宁青农牧区商贸活动问题探析》，《西北师大学报》（社会科学版）2016年第2期；聂敏《明清陕西茶商研究》，硕士学位论文，西北农林科技大学，2005年，第29页。
③ 户科题本，署理陕甘总督和其衷，题为奏销乾隆二十八年茶马事，乾隆三十一年二月初九日，档号02-01-04-15810-001。
④ 以上见录副奏折，署陕甘总督杨遇春奏，奏为甘肃茶商带销滞引商力维艰请恩准展限事，道光六年二月十九日，档号03-3196-058。
⑤ 那彦成：《那文毅公奏议》卷77《议立茶税》，《续修四库全书》，第497册，第732页。

1938年，甘肃平均每年运销茶叶达312250封。①

陕甘总督专管茶税的征收。乾隆中叶以后，除了每年对今天以兰州为中心的甘肃、以西宁为中心的青海和以宁夏府城为中心的宁夏三省区的茶税就近征收核对报部外，对新疆在道光年间立居征税的税款也进行有效统辖征收，以附和体制。而且督署所征茶税，经清廷核收后又作为军需饷银拨补西北，一定程度上可以说，茶税收自西北，用在西北，起到了以边养边的良好效果。

所以，在清代以来的西北茶法实施过程中，茶马司管控之大宗商品茶叶被视为战略资源，用于满足国家在不同时期内各种长短期发展的需求，亦折射出清廷治理西北的政策与战略取向，也是茶司事务专门归属陕甘总督管理的重要原因。道光年间平定张格尔乱后，清廷着手整顿西北茶政，并将通过市场而征收茶税的办法移植到天山南北，开始了自乾隆年间统一新疆以来的茶税征收，将新疆商业贸易完全纳入近代中国税务体系。左宗棠任陕甘总督期间，尤对整个西北茶法进行改革，实行茶票制度，这一办法直到民国时期仍在沿用。当然，由于同治年间，新疆社会变化而影响到茶叶市场，茶票制的推行也在市场竞争下与伊犁将军主办的伊票并存，且较伊票势弱。②

## （二）有茶无马的茶司与以茶易粮

清廷利用农牧资源在西北置茶马司所实行的茶引贸易政策，适应了清初恢复和发展经济以及军事征战的需要，亦有利于西北商业贸易的发展，可是，限于贸易政策特定历史背景，并随着清廷西北统一大业的完成，军用马匹需求减少，获取马匹的来源增多，茶马司的中马功能逐渐废弛，既有制度势必做出适当调整。即如何处置

---

① 约为15612.5担，每担约合20封，58千克，见甘肃公路交通史编写委员会编《甘肃公路交通史》第1册，人民交通出版社1987年版，第366页。
② 伊犁将军马亮奏，试办官茶以济民食而顾国课折，光绪二十九年五月十一日，见杜宏春校笺《伊犁将军马、广奏稿校笺》，中国社会科学出版社2016年版，第18页。

库贮过剩官茶,纾缓商力,以裕国课,成为西北茶务治理要务。同时"茶马司"的称呼也逐渐被"司茶"或"茶司"的称法取代,"以茶易粮"成为一项茶司职责被提上茶司议事日程,以致茶叶在既往引茶中的政治属性逐渐弱化,经济性转而增大,且成为以税收为主趋势转变的过渡办法。尤自乾隆中叶新疆成为甘肃茶引行销之地后,使得茶司引茶行销范围得以扩展,茶司职责亦趋于单一化,过渡至仅负责茶叶贸易市场与茶税征收。

## 1. 茶司替代茶马司与以茶易粮的确立

至乾隆朝时,清初以来的茶马司,已简称"五司"或"某司",如"西司""河司"等,"马"的元素不再显示,尤以五司减为三司,茶马司易换马匹事宜彻底退出历史舞台。

关于茶马司称呼的演变,兹所寓目档案,最早是在乾隆三年(1738)。时川陕总督查郎阿以"甘省五司茶封"的字样,报奏处理各处久积难销之茶的办法,并分别用西司、河司、洮司、庄司和甘司作为五茶马司的简称。[①] 至七年(1742),甘肃巡抚黄廷桂在言茶政之法时,亦将甘肃五茶马司直接称为"司茶"或"茶司",而非茶马司。[②] 由是,总督辖属各府道及茶马同知所执掌的主营茶叶事项又另辟蹊径,开始着手实施以茶易粮办法,并逐渐制度化,使其成为清廷管控茶叶贸易的另一种模式,也是自茶马向纯茶叶贸易过渡的一种形式。

茶司的主要职责及其转变过程,甘肃巡抚黄廷桂有明确表达,其指出,甘肃茶政设置茶引,初为易马而设,且以中马停止为节点,分为两个阶段。中马停止之前为第一阶段,主要职责是易马,以雍乾交替之际,为中马停止时间。而此后至易换粮食办法的提出,为第二阶段。在这一阶段,因西北统一,军务告竣,官马场马

---

[①] 朱批奏折,大学士仍管川陕总督查郎阿奏,奏报茶封久积难销酌请减价事,乾隆三年六月十八日,档号04-01-35-0543-029。

[②] 朱批奏折,甘肃巡抚黄廷桂奏,奏为茶政之法不便屡更敬筹粮茶交易之法以垂永久以便官民事,乾隆七年五月二十二日,档号04-01-01-0088-001。

匹孳息繁盛，茶司库贮茶叶不再用于易马，且库贮增多，出售维艰。面对这种已历数载得不到好转的不利局面，清廷中央与地方各相关官员，从不同的角度讨论酝酿改变办法。

当然，整个转变过程中，清廷实行的调控主要集中在少收本色茶叶，将库贮茶叶变价出售。即"乃令商人改折纳银，又将官茶减价发卖，虽渐次疏销，而纳银之费倍于交茶"①。所以，在交茶与交银的转换中，对茶商极其不利，以致茶商无领引积极性而畏惧不前，进而"引张沉搁，课额虚悬"，影响到国家正常的财政税收与运转，考验清廷的决策与治理能力。由是，地方官能想出的办法之一，就是易换粮食。

以茶易粮被清廷确立为定例的时间，学界一般以《清史稿》所载的乾隆七年（1742）为起点。而检索档案可知，是年，清廷仅令甘肃五茶司库贮茶叶可以易换粮食，补充官仓，并不是制度开始的年份。但是，正式作为定例并得以实行，则始自其后的乾隆十一年（1746）。不过，粮茶贸易的端倪，还应自康熙五十七年（1718）算起。是年，兼管茶马司事务的巡抚在增加西宁茶马司茶引额数的同时，规定官控茶叶可以用来交换青稞、粟、谷等粮食作物。② 六十一年（1722），议准西宁等处，行茶原照例易换马、驼、牛、羊，并买粟谷。③ 至雍正十三年（1735），五茶马司易换马匹，"招中无几"，清廷准予停止"以茶中马"，且规定各茶马司库贮茶封，除了搭饷与销售外，也用来与"番民"进行粮茶交易。步入乾隆朝后，以茶易换茶司引地之粮食，渐成常态，加之西宁、河州、庄浪三司引地"番民错处，惟茶是赖"④，清廷准许各茶司库贮官茶交换引地范围内的粟谷等粮食作物及牛、羊、驼等牲畜，并

---

① 《清史稿》卷124《食货志五》，第13册，第3656页。
② 乾隆《西宁府新志》卷17《田赋志·茶马》，见李毓澍主编《中国边疆丛书》第2辑第25号，第575页。
③ 雍正《大清会典》卷53《户部三十一·课程五·茶课》，见沈云龙主编《近代中国史料丛刊三编》第77辑，第769册，第3183页。
④ 《清高宗实录》卷261，乾隆十一年丙寅三月，《清实录》第12册，第383页。

逐渐演化成茶法的主要内容。所以，乾隆七年（1742）所实行的以茶换粮办法，也是继承了康雍以来的先例。

将茶司和以茶易粮的办法放置于清朝初期西北社会的整体形势下，不难理解粮食与马匹在军事需求上的重要程度，这也是康雍乾三帝在统一西北问题上的思想理念得以实践的前提和基础。故而，在乾隆年间倡议实施茶叶易粮时，地方官直言此法的益处在于"可省巢变之繁""坐收储蓄之利""恤商裕课"。然而，梳理清代茶司的政策创立与执行力度和速度，发现每一个新现象和问题出现后，为做出决策，地方官与清廷之间常常会就该现象与问题的讨论耗时几年，甚至十几年，且执行过程总是反反复复，兴废波折数回。前述洮州、河州茶马司被裁汰就是明证，而以粮易茶的实行，自中央与地方之间的往复讨论也费时多年。乾隆元年（1736）做出茶引全部折色的决策后，没有执行几年又停止。至乾隆七年（1742），巡抚黄廷桂接准部复"仍交茶斤本色，而此后出陈易新，亦令妥议。正以将来日收日增，恐致更复雍（壅）滞。此官茶之在库，而恒患其有余者也"。当然，就本条部复内容而言，表明清廷在传统与新现象之间做出决策时摇摆不定，在保持茶叶库贮与折色中犹豫不决。

### 2. 实施以茶易粮的理由与建议

乾隆七年（1742），甘肃巡抚黄廷桂提出"以有余之粮，易必需之茶"办法，并论证了实施该办法的理由，提出了可操作的建议。黄廷桂认为，居于西宁、庄浪、河州、甘州四司境内沿边一带的"汉番回夷，终岁衣食，咸取给于收获之粮，而茶又其日用所必需。是以皆系持粮入市，巢卖银钱，转买茶斤，历次交易，折耗实多"。而实施以粮易茶，直接便利，民众无不乐从，可省巢变之繁。在官库以巢销之茶，"易有用之粮，坐收诸蓄之利"。亦可使茶封"出售甚易，无虑陈积"，令商人永远交茶，不必改折，徒益纷扰，"似于恤商、便民、实仓、裕课均有裨益"。

鉴于以上的诸多益处，巡抚黄廷桂提出实施以粮易茶需要做的

第三章　作为国制的茶法与茶叶贸易

前期准备以及具体操作建议和可行性办法，并请作为制度颁行。其建议大致有三点：一是以茶易粮，先确定可收储之粮库。黄廷桂言，经查西司库茶归西宁府管理，而庄、甘、河三司库茶系各同知兼理，各处均未设厫座，易换之粮，无可存贮。应令司茶、府、厅，各将库茶分拨所属之州县若干封，承领收贮，专责经理。二是承办中的粮茶关系处理。即要求州县将所易之粮，另贮一仓，茶叶变价及所易粮数色样价值，按月分析造册，通报备查。茶如用完，报明续领，仍符用去茶数年款。且饬该营上司按季盘查出结，以杜亏缺。所收粮石，遇有需用，咨部酌拨，作正报销。三是张贴告示晓谕政策，务使易粮者心甘情愿。即明白出示晓谕"番民"，使其情愿赴州县衙门缴纳粮石，不拘色样，不论多寡，"茶照各司定价，粮照本地时价"，公平兑换。严禁胥役抑勒需索。不能因为以茶易粮，而不许以银买粮，因而规定"以银钱买茶者"，任从民便，照旧赴府厅衙门交易。对此，朱批：该部速议具奏。①

乾隆八年（1743），清廷准甘肃巡抚黄廷桂奏，将五茶马司库贮官茶发给商人往甘省各州县卫所易换粮石，"以裕边仓积贮"，同时也销售减少库贮积茶，执行效果明显。自是年至十一年（1746）的三年里，西宁司共发茶46000多封，"宁郡各属"易贮各仓粮27182.7石。② 如此，既消化了库贮陈茶，又充实了边地仓储，一举两得，效果良好。故而，乾隆十一年（1746），黄廷桂请定"以粮易茶"例，清廷令甘省将该制度"嗣后遵照办理"③。自此，甘肃各茶司茶叶易换对象由以马匹为主转变为以粮食及除了马

---

① 以上引文均见朱批奏折，甘肃巡抚黄廷桂，奏为茶政之法不便屡更敬筹粮茶交易之法以垂永久以便官民事，乾隆七年五月二十二日，档号04-01-01-0088-001；录副奏折，甘肃巡抚黄廷桂，报筹画粮茶交易之法事，乾隆七年五月二十二日，档号03-1195-020；户科题本，甘肃巡抚黄廷桂，题为备陈以粮易茶之法事，乾隆七年十月二十九日，档号02-01-04-13449-005。

② 乾隆《西宁府新志》卷17《田赋志·茶马》，见李毓澍主编《中国边疆丛书》第2辑第25号，第580页；又西宁、河州、庄浪三茶马司以茶65500余封，换取粮食38100多石，见《清史稿》卷124《食货志·茶法》，第13册，第3656—3657页。

③ 《清高宗实录》卷261，乾隆十一年丙寅三月，《清实录》第12册，第383页。

匹以外的其他牲畜为主，且将易换粮食作为茶司的主要职责。

地方官对以茶易粮制的实施并非行贸然之举，而是从实际出发，因地施政。故而，巡抚黄廷桂就明确提出，"茶患其有余，则多者，当设法以衰之"，必然要采取"贸迁转移之道"，以达到通变可行。若是一味地不顾实际不加区别地不断采取变换茶叶贸易办法，并不适宜西北边地族群及社会形势，尤其是实行以茶易粮，在各茶司间，应该区别对待，且单独对不宜实施以茶易粮办法的茶司提奏报批。如对甘属五司中的洮州，就奏准不能实行以茶易粮。理由在于洮州一隅，僻处万山之中，产粟不广，小民生计半赖伐木、烧炭、佣工糊口，原无余粮可以易茶，"不必要以茶换马"，也没必要"更用茶叶易换粮食"及其他物品之办法，即"应仍其旧，毋庸置议"①。之后不久，清廷裁汰洮司。

不能不说，以茶易马或易粮，是清廷就西北茶政因时因势的调整，同时伴随的还有茶叶本折色与搭饷的实施，然而多种办法与反复折腾，不利于茶政的稳定实施，茶司依然处于"茶政屡更，积贮未充"的窘境，尤其对于地方执政者而言，操作难度加大。乾隆初年，巡抚黄廷桂提出西北茶政"不便屡更"的建议，以期更定甘肃茶法，认为甘肃各司茶叶库存与本折色的反复折腾，不仅中央与地方各级多费周折，也影响商人行茶的积极性，更不利于课税。而课税能否顺利完成与完纳程度高低，又直接关联到甘肃日常财政的运转和社会稳定。所以，只有稳定的茶政，方能以便官民，以裕国税。

3. 茶司引茶行销市场的扩展机遇与挑战

至乾隆中叶，甘肃三茶司引茶用于供给新疆军民食用正在逐渐取代易马易粮，且影响着茶司官茶改折比例。另外，清廷也需要大

---

① 以上均见朱批奏折，甘肃巡抚黄廷桂奏，奏为茶政之法不便屡更敬筹粮茶交易之法以垂永久以便官民事，乾隆七年五月二十二日，档号04-01-01-0088-001。

量茶叶用于行赏藩部不同族群或供给军营，所以，没有易马职责后的茶司，还承担着国家对茶叶需求的调配功能。如乾隆元年（1736），清廷准予茶引全征折色，不久又按本、折色比例征收，并规定之后即便有特殊需要亦不再全征本色。可是，至三十六年（1771），因要赏给暂行安置于伊犁地区的土尔扈特归部茶叶10000封，于是甘肃官茶当年改征二成本色、八成折色。有时候，库贮增多，又会增加折色比例。四十二年（1777），又出现"以库贮茶封足数新疆十年之用"的仓库满额情形，故清廷又提升改折比例。①

乾隆中叶起，茶叶配给新疆和折银裕帑成为茶司管理引茶的重要功能。茶司大量茶叶运销新疆，天山南北作为新的茶叶引地，使茶司执掌的区域范围不断延展。正常而言，西北茶法应该根据此新局势做出一定的调整，以顺利实现对新疆茶叶市场的管控。然而，实际进入新疆的茶叶，并非独甘肃茶引，只不过甘司茶叶管控有法，去向明晰，多在伊犁、塔尔巴哈台、乌什三城行销，其余各城多行北路杂茶。

此所谓杂茶，也称为"北路商茶"，是由晋商为主的北路茶商自湖北、福建等地采买，再经山西或河南抵运张家口、归化城，再经领理藩院茶票，自古城贩入北疆。② 如此，地理位置适中的古城地方则成为粮茶贸易最盛中心，也是位于北疆的乌里雅苏台、科布多两地南下道路之中枢，沿途"商贾行走，络绎不绝"③，一定程度上体现了清廷以茶易粮制度实施区域的宽泛与良好结果。只是，

---

① 内阁全宗，潘世恩奏，题为遵察甘肃省道光十八年茶马奏销案内各司征完官茶并各属额征茶课等项银两数目事，道光二十二年三月二十三日，档号02-01-04-21176-004。

② 北商即北路贸易往来之客商，本书中北路贸易，均指以晋商为主体的汉蒙民族贸易及中俄恰克图贸易，主要经行区域为口外蒙古地区以及中俄边境，新疆北路商茶贸易即是北路贸易的副产品之一。关于北路贸易的定义，见丰若非、刘建生《清代杀虎口的实征关税与北路贸易》，《中国经济史研究》2009年第2期。

③ 寄信档，寄谕乌鲁木齐都统索诺木策凌等著严行访拿王伦同伙归太等，乾隆四十年七月初五日，档号03-134-3-061。

这种茶粮贸易和自北商大量输运进疆内的杂茶价廉质优、市场广泛。这些杂茶在归化城缴税领票行销①，其税收和茶价的确定，不归陕甘总督管控范畴，被其视为无引私茶，②但是，因其运行规模较大，在一定程度上占据了新疆茶贸市场的主体，对甘省茶司行销市场的冲击力度不容小觑，茶司执掌遭遇挑战。

至道光年间，据钦差那彦成调查，张格尔之乱前，北疆乌里雅苏台、科布多二城向食北路商茶，其余十二城③均系甘司引地，岁行官引9900余道，加以带销滞引及拨运官茶约计20万封，由官商运至凉州，再由来往客贩转运出嘉峪关，进入新疆后，随地销售。④再如上文所述，由于北商销售的杂茶纳税远低于甘肃茶司引茶的官茶部分，⑤且出售价格低廉，相较之下，茶司引领行销的官茶缺乏市场竞争力，大量滞销。鉴于"惟新疆既为官茶引地，商茶究有碍官引"⑥的困境，道光四年（1824），清廷一度考虑停运杂茶，后又以禁运不便民生，只得允许乌里雅苏台、科布多的商民及蒙古人等"每年驮运砖茶七千余箱，前赴古城兑换米面"⑦，以此禁止北茶由古城贩往新疆其他各城。实际上，北商因有理藩院茶票为据，在归化城将军处属于合理的贩运，故而杂茶依旧源源不断地运往南疆，甚至"北路茶商所贩杂茶，惟南路回夷

---

① 朱批奏折，伊犁将军庆祥奏，奏报遵旨会议新疆运茶请仍循旧章杂茶由北路运售事，道光四年七月十八日，档号04-01-35-0556-008。
② 《清宣宗实录》卷131，道光八年八月丁亥，《清实录》第35册，第159页。
③ 此处所谓十二城，指南疆除去乌什之外的吐鲁番、喀喇沙尔、库车、阿克苏、叶尔羌、和阗、英吉沙尔、喀什噶尔八城，与北疆除去伊犁、塔尔巴哈台、科布多、乌里雅苏台之外的巴里坤、古城、乌鲁木齐、喀喇乌苏四城。松筠《西陲总统事略》卷3《南北两路疆舆总叙》，见李毓澍主编《中国边疆丛书》第1辑第12号，第324页。
④ 那彦成：《那文毅公奏议》卷77《议立茶税》，见《续修四库全书》，第497册，第733页。
⑤ "甘肃官茶每百斤纳课银四两四钱零，北路商茶只于杀虎口、归化城二处，每百斤共纳税银二钱，课税相悬"，见朱批奏折，长龄奏，奏拟遵旨会议新疆茶税事，道光六年六月初三日，档号04-01-35-0556-026。
⑥ 《清史稿》卷124《茶法》，第13册，第3659页。
⑦ 《清宣宗实录》卷60，道光三年十月丁巳，《清实录》第33册，第1055页。

销售最多"①，这就扰乱了甘省茶司引茶行销市场秩序，不利于茶税征收。不久，清廷于古城设局征税。② 另外，为引导茶商积极请引，清廷亦调整了引领茶商携带的附茶量，③ 以此从制度层面来协调北疆杂茶与甘省茶引之间的不合理管理。

可以说，自乾隆元年（1736）至道光二十年（1840）的 100 多年间，清廷频频改变"茶马贸易"管理办法，裁汰茶马司，处理不能易马的积滞陈茶，并将引茶改征折银的同时，官方相关奏折及使用文件中出现"茶司"的称法，该名称的出现，更表明自唐以来历经宋明至清前期的中央政权在西部地区所实行的通过茶马"互市"形式以控制西部游牧民之制已无痕迹可循，显示商贸经济在治理方式转换中的重要作用。

### （三）作为国制的甘肃引茶滞销与调试

茶叶有助于西北各族民众日常饮食均衡，不过，茶叶也含有大量色素、维生素、脂肪类以及抗氧化的多酚类化合物等，久存于空气并有其他化合物的存在，多酚类化合物又极易发生自动氧化而变质。加之受四季气候与库贮温湿度变化的影响，库贮茶叶会发生色泽变暗、串味、陈化、霉变乃至渴烂的现象。④ 前文已述，甘省引茶初为中马而设，其中官茶部分，由茶司征收存贮于库，长年累月征收，陈茶堆积，新茶变陈，库贮茶叶滞销。

现代经济学中的滞销，指的是贸易市场上的商品因没有销售对

---

① 朱批奏折，英惠奏，奏报古城地方议设茶税请从现在试收事，道光八年十一月二十四日，档号 04-01-35-0556-050。
② 见赵珍、王一祎《清中叶新疆治理与茶叶设局征税》，《西域研究》2023 年第 3 期。
③ 朱批奏折，甘肃巡抚德沛奏，奏请变通茶法并请敕部查询刘于义加增附茶情由事，乾隆二年七月十七日，档号 04-01-35-0543-024。
④ 参见陈椽主编《茶叶商品学》，中国科学技术大学出版社 1991 年版，第 120—126、136 页。

象而导致的销售缓慢或过剩积压现象。清代以来的西北引茶滞销是指茶商缴纳的作为官茶的本色茶税为主的茶叶库贮积累超量难销的局面，该滞销势头自康熙中后期起已现端倪，且愈来愈趋严重。各级官员担忧"攸关国课"的库贮引茶大量变质溷烂，遂采取了一系列措施，旨在推出陈茶，减小财政损失。乾隆初年，采取多方法多途径的调试与改革，比如加大折色，减少本色，或全征折色，或调整茶商携带附茶比例等。可是，囿于制度限制下的引额数量及市场需求的矛盾难以协调和把控，加之行销区域的限定与茶商所属省份不同及茶类缴纳税率参差不齐，尤其是新疆北路杂茶销售势头旺盛所带来的冲击，即北路茶叶缴纳茶税税率和路径与甘司茶引税率不同，两种茶的市场价格悬殊又较大，北商杂茶的需茶人群也较多，甘肃茶商领引积极性受挫，茶司官茶市场流动性减弱。不仅国家层面的领引额量得不到顺利调剂，反而加大了领引茶商所携带的附茶量。更由于后者为茶商行销利润所在，也是茶商熟悉茶市需求而携带的易销茶，故在无形中加重和冲击着官茶市场销路。茶司库贮茶叶滞销更加严重，以致茶司各级官员陷入引茶难以被茶商认领及行销官茶与北路杂茶两股力量争夺茶叶市场、清廷税收难以定期实现的新困境。为此，清廷将调控主线放在了库存滞销官茶的处理上，采取了充饷、变价出售和籴私等办法。

1. 新茶变陈茶与陈茶销售困境

雍正年间甘省茶叶停止中马后，茶引本额逐渐增多，缴纳库贮茶亦愈积愈多，新茶变陈茶，滞销加重，各茶司在不断减价变卖中去库存，以保证清廷茶税征收。

雍正六年（1728），库贮陈茶已很难销售，自此至十年（1732）间，滞销加大。仅八年（1730）年底时，五茶马司各库存茶均在几十万篦，其中洮岷司库存 220970 篦、庄浪司库存 220250 篦、西宁司库存 224902 篦、甘州司库存 159250 篦。九年（1731）

年底，临巩布政司库存茶 217703 篦，均不同程度变质。① 为此，各茶司只能采取后一年变卖前一年乃至前几年陈茶的办法，处理库贮滞销之茶。如雍正十年（1732）各茶司销售过往两年库贮陈茶均在千篦以上，即九年为 1945 篦，八年为 5875 篦。至于九年的新茶，在其后的十一、十二年里才逐渐售出。其中十一年销售九年陈茶 2120 篦，十二年销售九年陈茶 7945 篦。② 由于售出陈茶降价折损，清廷中央与甘省地方不仅承受了一定的经济损耗，市场停滞后茶商也无利可赚，拖欠税课，茶引认领与茶课征收均难以实现。

对此，各级官吏寻找解决办法。军机大臣张廷玉认识到茶引本色与陈茶难销的矛盾症结在于：一方面是甘肃茶商按引缴纳的本色新茶大量积聚，茶叶不用于换马，供给大于需求；另一方面是茶市行销停滞，茶税拖欠，催征的本色茶又增加了库贮量。据统计，雍正十年（1732）催征九年商欠茶 1945 篦；十一年（1733）催征十年商欠茶 5350 篦；十二年（1734）催征十一年商欠茶 5875 篦。③ 然而，由于制度限制，清廷难以对市场需求准确估量，间或继续按引征收本色茶税，故库贮新茶变陈茶的现象并无多大改观。乾隆元年（1736），五茶司库贮茶叶积至 200 余万封，达到康熙四十年（1701）的峰值。④ 次年七月，巡抚德沛报告了五司茶篦积年堆贮艰于销售变现，商欠茶税自康熙六十一年（1722）改征本色后，出现陈茶尚未售出，新茶又不断增收与库贮增加的趋势，并表示即使按照清廷允准的变价旧例经年不停地销售库茶，至少需 20 年。建议自乾隆元年起，新茶全部改征折色。支持并附和德沛建议的还有西宁道杨应琚，其提出将茶马司

---

① 户科题本，大学士仍管户部尚书事务张廷玉，题为遵旨查核甘肃奏销雍正九年份茶马事，乾隆元年三月十四日，档号 02-004-12861-005。
② 户科题本，吏部尚书协理户部事务讷亲等，题为会议奏销雍正十三年年份甘肃茶马钱粮事，乾隆七年七月二十四日，档号 02-01-04-13447-019。
③ 户科题本，大学士仍管户部尚书事务张廷玉，题为遵旨查核甘肃奏销雍正九年份茶马事，乾隆元年三月十四日，档号 02-01-04-12861-005。
④ 乾隆《西宁府新志》卷 17《田赋志·茶马》，见李毓澍主编《中国边疆丛书》第 2 辑第 25 号，第 579 页。

商办茶封全部改征折色。① 吏部尚书讷亲等人也称各茶马司库贮陈茶经年累积,必然发生霉变,建议改变茶法,将茶商应交茶折银征收,减少新茶入库。②

此后各年,甘肃地方官员向清廷奏报的茶叶销售及官茶征收情况中,均能看到官茶滞销,折本征收,改征折色以减少库茶的关联信息。如乾隆三年(1738),甘省各司库存陈茶变价出售无几,因库贮年久,不仅茶味变淡,且常现霉变。为此,巡抚查郎阿提出以茶叶库贮存放年代远近为标准,分类分年降价出售。③ 乾隆十八年(1753),五司积贮茶自乾隆九年至十二年(1744—1747),已领未销引1458道,自雍正十一年至乾隆十二年(1733—1747),未完改折充公等项银97600余两,未完官茶259300余封。乾隆三十一年(1766),皋兰茶商欠二十八年(1763)价银2596.5两。④ 征收办法演变直接影响到茶市行销,地方官员连年上奏请示茶司库贮难销问题的解决办法。

尽管清廷中央据地方官的建议在本、折色之间不断调剂作为官茶的茶税征收办法,然而库贮茶叶越积越多的困境很难得到扭转。领引茶商也因茶叶市场饱和,手中本金难以收回,难以按期缴纳茶税,领引积极性大挫。尤其是改征折色后,茶税缴纳高于本色,负担加重,连年拖欠。茶司实有难于赔累之苦,加之茶陈价贵,库茶壅滞难以改变,后经巡抚元展成建议,实行库贮陈茶变价给商,以

---

① 朱批奏折,甘肃巡抚德沛奏,奏请变通茶法并请敕部查询刘于义加增附茶情由事,乾隆二年七月十七日,档号04-01-35-0543-024,又其中论及康熙六十一年五茶马司的库贮茶叶均征本色事。
② 见户科题本,吏部尚书协理户部事务讷亲等,题为茶封久积难销请再行减价以实帑项为疏壅滞事,乾隆三年十二月十二日,档号02-01-04-12846-007;林永匡、王熹:《清代西北民族贸易史》,中央民族学院出版社1991年版,第61页。
③ 朱批奏折,大学士仍管川陕总督查郎阿奏,奏报茶封久积难销酌请减价事,乾隆三年六月十八日,档号04-01-35-0543-029。
④ 户科题本,署理陕甘总督陕西巡抚和其衷,题为奏销乾隆二十八年茶马事,乾隆三十一年二月初九日,档号02-01-04-15810-001。

第三章 作为国制的茶法与茶叶贸易

为办课之本，并将"黄茶"① 全准茶商配运，"抑或酌量增给茶斤，务期商本不亏，课额自可无误"②。当然，引茶发放与商茶难以脱销的困境很难改变。

值得一提的是，乾隆二十五年（1760），谙熟西北事务的杨应琚移官陕甘总督后，针对陈茶滞销问题有精到的分析，认为引茶滞销的根源有二：一是茶司颁发茶引额量日渐增多。其时因新疆统一过程中军民用茶量大增，每年除了领引中给茶商增配茶引 24 万余封外，还有自北疆输入的大量价格低廉的杂茶，后者对甘引市场的冲击不容小觑，导致官引茶市停滞，库贮增加。二是课税的本色引茶额量与茶税量同增，导致本色加重。按照清例的甘引征税本色标准，茶商每领茶一引，缴纳官茶 50 斤，作为茶税。自乾隆初年以来，为配合西北用兵，清廷增配甘引 24 万余封，为此所征本色官茶税也随之增加，以致引、税两项本色同增。为此，地方官建议清廷将领引商人缴纳官茶部分改征折色银的同时，将库存陈茶按"每封三钱"减价出售，直至各茶司库贮陈茶全部售空，再征本色而纾商力。③

由于清廷没有从根本上也不可能从解决茶叶投放与市场需求之间的关系入手，而是将茶叶作为补充财政和调控社会的一种资源，还在于新疆统一后，受藩属关系与府县体制不同管理策略的限制，清廷必须储备一定量的本色茶用于犒赏和发放军饷，同时北疆杂茶与甘肃茶司争夺茶叶市场的矛盾一直得不到解决，两者茶税不同，茶叶价格悬殊，价差过大，极大地打击了领引茶商的行销积极性，因而官引库贮滞销问题长期难以解决。嘉庆十七年（1812）时，甘州司存积茶叶数量年有增加，库贮陈茶因壅滞出现腐烂。④ 延至

---

① 专指引茶中茶商缴纳茶司的那部分茶叶，即官茶茶种。
② 朱批奏折，川陕总督鄂弥达奏，奏陈甘肃茶法事，乾隆五年三月十九日，档号 04-01-35-0543-039。
③ 《清朝文献通考》卷 30《征榷考五·榷茶》，第 2229 页。
④ 那彦成：《那文毅公奏议》卷 24《二任陕甘总督·茶政》，见《续修四库全书》，第 495 册，第 706 页。

咸同时期，不仅茶叶滞销愈来愈严重，也因战乱与社会动荡，茶务废弛。左宗棠改革茶法，实施茶票制度。这在初期缓解了库贮滞销，然就长期而言，官私茶之战愈演愈烈，官引滞销的问题依然存在。步入晚清，清廷加大招商领引力度，针对茶引滞销，积极组织茶商促销，采取加速商茶行销的切实可行的籴私办法，以及开办茶叶公司等手段以调节市场需求与滞销的矛盾，直至清末，未见起色。但是，不论是清廷中央还是地方茶官以及茶商，都将降价处理茶叶视为较好的处理滞销的办法。

## 2. 以引茶充饷与官方营利之法

引茶充饷，亦是清廷解决官茶滞销的较好办法。充饷可以分为两种，一种是将本色茶叶直接运往军营作为俸饷发放，另一种是将茶叶就地折价变卖后以现银补充兵饷。后一种在清初茶马贸易兴盛时期就存在。如顺治十三年（1656），因新茶中马既足，清廷允准茶马司陈茶变价出售后充饷，折价比例以马价为标准，两篦陈茶折一中马。次年，因"七监马匹蕃庶"，改解充饷。将查获私茶、私马变价，以赎罪银的形式用于充饷。康熙三十二年（1693），西宁等五茶马司收贮茶篦，年久浥烂，准予变价，"每篦十斤，变价银六钱"①，以现银充饷。三十六年（1697），甘州司无马可中，将库茶于五镇俸饷之内，以"银七茶三，每银一两，搭放值三钱茶一封"②。次年，谕令依旧在陕甘各镇马干内按"银七茶三"搭给饷银，此后，该折价比例和搭发俸饷办法一直沿用。③

---

① 雍正《大清会典》卷53《户部三十一·课程五·茶课》，见沈云龙主编《近代中国史料丛刊三编》第77辑，第769册，第3178、3180页。
② 乾隆《甘肃通志》卷19《茶马》，见李毓澍主编《中国边疆丛书》第2辑第26号，第1907页；又雍正《大清会典》卷53《户部三十一·课程五·茶课》，第3180页；又朱批奏折，陕甘总督长庚奏，奏报甘省续发第十二案茶票事，宣统三年三月十六日，档号04-01-35-0589-035。
③ 乾隆二十四年十月初八日，甘肃巡抚吴达善回复廷寄上谕时，明确指出若继续沿用康熙年间茶三银七之例搭放俸饷，已非良策。

## 第三章 作为国制的茶法与茶叶贸易

康熙四十四年（1705），西宁等五茶司库茶越积越多，难以销售，有浥烂之虑。为此，巡抚齐世武奏准茶商"停交茶封"①，西宁等处所征茶蓖停止易马，无论新旧茶，一律变价折银充饷，②折价比例仍为"每新茶一蓖，折银四钱，陈茶一蓖，折银六钱"。至六十一年（1722），西北战事再起，清廷增引换马，在界连口外通关大道的西宁等茶马司增引4000道，由陕甘总督办理。为避免增引后的本色茶叶增加过快，又议准各茶马司照原例易换马驼牛羊并粟谷的同时"将旧茶悉出变卖，以作兵饷"③，消减库存。

将备用足够量之外的库茶运往军营冲饷，是一种常用办法。如乾隆十九年（1754）四月，大学士傅恒等奏，甘省每年应交官茶20余万封，旧例由商人按引交纳以"招换番马"。嗣因换马之例久经停止，"此项商办茶斤"除应存备赏蒙古约10万封外，"余俱变价充饷"，并指出将常年库贮，短期又不能变销的110万余封积存茶叶，"量拨运赴北路军营备用"。被乾隆帝采纳，且令甘肃巡抚鄂乐舜详悉查明办理。

还由于"准噶尔最重官茶"，乾隆二十年（1755）四月，傅恒等考虑到平准过程中，投诚甚众以及"功成后奖赏用茶，较银尤便"。又奏请从西宁茶马司库贮拨茶2万封，由草地先运哈密，再商筹自哈密运至军营。为此，乾隆帝朱批：知道了，多多益善耳！同年七月，巡抚陈弘谋指出，甘省各茶马司库贮官茶达100余万封，其中仅西宁茶马司存贮34万余封。建议酌拨茶叶"以充兵饷"④。二十四年（1759），清廷准巡抚吴达善奏，令西宁在内的甘

---

① 朱批奏折，大学士仍管川陕总督查郎阿奏，奏报茶封久积难销酌请减价事，乾隆三年六月十八日，档号04-01-35-0543-029。
② 《清朝续文献通考》卷30《征榷考五·榷茶》，第2216页。
③ 引文均见雍正《大清会典》卷53《户部三十一·课程五·茶课》，沈云龙主编：《近代中国史料丛刊三编》第77辑，第769册，第3182—3183页。
④ 录副奏折，甘肃巡抚陈弘谋奏，奏报甘肃茶政疲敝亟宜调剂事，乾隆二十年七月二十八日，档号03-0629-004。

肃各茶司照康熙三十七年例，将库贮茶封"搭放各营俸饷"①。吴达善经过考察后指出，甘省地方，兵多民少，民间食茶者，十无一二，兵丁食茶者，十居八九。三七搭支俸饷之议，原为给商人便宜，官兵稍沾利益，"课项亦得适时扣收，不致悬宕"。现在官兵食茶尚多，减价招商售变，而官兵仍获食贵，余利悉归于商，莫若酌照旧例，以每封三钱搭支兵饷，俾兵丁每封得沾一二钱之惠，仍听各营按季自行酌定茶数，以一、二、三成搭支，并可不致壅滞难销。②

随之，驻防官兵日常饮茶问题提上日程，同时天山南北成为甘省茶司引地后，茶司官茶输运北疆。乾隆二十九年（1764），陕甘总督杨应琚瞄准商机，指出"现在新疆需茶甚多"，将官茶运往搭支，亦照内地每封扣银三钱，并将脚价摊入茶本，于官兵盐菜银内扣还，"较买自商人，实多减省"③。获清廷允准后，茶司库贮官茶供给北疆遂成定制，每年由陕甘额调存库茶11.15万斤，由新疆各处将军大臣官兵分买。④ 另外，由甘肃茶司库贮内解送北疆的茶叶统一置于官铺后，按照上述办法，由官兵扣饷折价购买，所获利息补贴八旗官兵。⑤ 运疆甘肃引茶因有乾隆帝"多多益善"的朱批，故而贮备量与输送量较大。至乾隆四十年（1775），据陕甘总督勒尔谨估称，仅甘州司库贮茶封足以供给新疆地区数十年之用。⑥ 这也从一个层面揭示了西北茶司库贮茶的使用价值与商机，对于西北

---

① 户科题本，大学士管理户部事务潘世恩，题为遵旨查核陕甘总督奏销甘省道光十五年各属茶马银两管收除在各数事，道光十九年四月十四日，档号02-01-04-20998-021。
② 朱批奏折，管理甘肃巡抚事务吴达善奏，奏为遵旨查明洮河五司积茶前后情形请仍复旧例搭放事，乾隆二十四年十月十七日，档号04-01-01-0233-019。
③ 《清高宗实录》卷705，乾隆二十九年二月己酉，《清实录》第17册，第878页。
④ 松筠：《西陲总统事略》卷5《粮饷茶布》，李毓澍主编：《中国边疆丛书》第1辑第12号，第324页。
⑤ 官铺相关问题详见齐清顺《清代新疆的官铺和对外贸易政策》，《新疆社会科学》1990年第3期。
⑥ 户科题本，大学士管理户部事务潘世恩，题为遵旨查核陕甘总督奏销甘省道光十五年各属茶马银两管收除在各数事，道光十九年四月十四日，档号02-01-04-20998-021。

民生与军事的功用甚大。

当然，茶叶"以济兵食"是大事，是安边固边的大计，官方围绕此的茶叶商贸活动就更有理由和价值。道光初年，地方官为济兵食而借项运茶。八年（1828）八月，因南疆军兴用兵，百物昂贵，西四城的附茶每封市价升至七八两至十余两不等。而附茶自凉州发庄，每封售银一两一二钱，沿途递增运脚，至最远之喀什噶尔，合计成本、运脚、关税，每封不过 3 两。加上商贩权行月利及铺面杂费，不能不售至四五两。这一商机，被清廷派往南疆处理善后事宜的钦差大臣那彦成所洞悉，遂奏准"官为经营"，指出"沿途运脚，均给民价，并照例投税，每封作价三两，散给兵丁，扣饷还款，每封可多余银二两。边远荒苦之地，各兵亦得沾润，必当照办"。遂克服南疆喀城无闲款可动的困难，奏请清廷饬陕甘总督于甘肃藩库借拨经费银 25000 两，用于照市价采买附茶一万封，沿途支发运脚，茶运至喀什噶尔，再报参赞大臣衙门核销。

那彦成亦考虑到带兵各将领及留防兵丁盐茶银两无几，而茶为日用必需，官兵"照市价买食尤形苦累"，且西四城满汉兵丁有 6800 百余名，按每兵一名，准领茶一封半，可以陆续散发。并预咨叶尔羌、英吉沙尔等城办事大臣，在运茶货车经过时，按照兵数饬留扣饷，完成后分别补解所借银两，还清甘肃藩库借款。与此同时，那彦成亦按照已奏章程，先行平抑西四城茶价，即阿克苏茶市每封不得超过 4 两，喀什噶尔、叶尔羌不得超过 5 两，并将该办法通行出示晓谕当地民众，以调节市场和稳定社会，使民"无食贵之虞"[①]。自此而后，官办调控茶叶获利渐成趋势。

### 3. 库贮茶叶滞销与变价折银

康雍时期中马停止过程中，库贮茶叶陈陈相因滞销而浥烂霉变的问题成为茶司日常事务的大事，主要以变价出售为处理办法，用

---

① 那彦成：《那文毅公奏议》卷 77《议立茶税》，《续修四库全书》，第 497 册，第 732 页。

以充实税收财政。变价,指的是对商品做降价销售。该政策始于康熙朝,乾隆朝得以广泛推行。康熙中期,各茶马司的库贮茶大量累积。遂于康熙三十一年(1692)至三十三年(1694)间对五茶马司库贮茶变价处理。变价比例为每篦茶 10 斤,变价银 6 钱,要求每司变价 10 万篦茶,且给所有易马之人多搭一篦茶,① 同时要求茶商缴纳折银,其宗旨就是尽量多地处理库贮茶。

雍正年间,西北战事中的马匹用量时宽时紧,宽松时则减价出售富余库贮茶。雍正三年(1725),覆准西宁、庄浪、洮州、河州四茶马司茶篦自康熙六十一年(1722)为始,五年之内,"总收本色",五年之后,将五年以前之茶发出"变价",依次出陈存新。变价银两按年题报。嗣后,总以五年为率,② 是为定例。至于变价议定与茶商缴纳折价,起初以每封银三钱为依据,八年(1730),经巡抚许容以"西路办理军需,茶价昂贵之时",题准五茶马司各自发卖变价的茶价标准,即西司每封九钱五分,庄司七钱五分,洮司七钱五分,河司九钱四分,甘司七钱二分。要求各司总在标准价格以上发卖,按季具结报部。③ 次年,五茶马司发商变价,其中洮岷司发 9781 篦,共变价银 14675.9 两;庄浪司发 1925 篦,共变价银 2905.3 两;西宁司发 2985 篦,共变价银 5731.3116 两;甘州司发 2439 篦,共变价银 3707.28 两。同年,各茶马司共发商变价康熙六十一年库贮官茶 18295 篦,计银 29230.8 两。④ 十三年(1735),西宁司发商茶 6752.5 篦,计银 12829.75 两。⑤

---

① 光绪《洮州厅志》卷 16《番族·茶马》,光绪刻本,第 916 页。
② 雍正《大清会典》卷 53《户部三十一·课程五·茶课》,见沈云龙主编《近代中国史料丛刊三编》第 77 辑,第 769 册,第 3186 页。
③ 见朱批奏折,管理甘肃巡抚事务吴达善奏,奏为遵旨查明洮河五司积茶前后情形请仍复旧例搭放事,乾隆二十四年十月十七日,档号 04-01-01-0233-019;又朱批奏折,陕甘总督长庚奏,奏报甘省续发第十二案茶票事,宣统三年三月十六日,档号 04-01-35-0589-035
④ 户科题本,大学士管户部尚书事张廷玉,题为遵旨查核甘肃奏销雍正九年份茶马事,乾隆元年三月十四日,档号 02-01-04-12861-005。
⑤ 户科题本,大学士兼管户部尚书事务徐本、协理户部事务讷亲,题为会议奏销雍正十三年年份甘肃茶马钱粮事,乾隆七年七月二十四日,档号 02-01-04-13447-019。

由于战时状态，变价过高，不数年间，五司茶封积至 260 余万封。① 乾隆三年（1738），巡抚元展成查得库贮茶封日加尘积霉烂，题准分新、陈茶，按年递减变价，每封定价银三钱及三钱七分、四钱四五分以至五钱五分不等，库贮方才有所售出。九年（1744），巡抚黄廷桂在题请库贮茶变价时，将茶价稍有提高，即每封减定银四钱七分至六钱不等，然经部议被否，令仍照巡抚许容原奏定例办理，以防变价过高，茶封"壅滞难变"如前。二十年（1755），布政使明德酌请每封减定银六钱，运赴甘肃安西售变，虽经廷议覆准，可是市场并不畅销，三年间，仅变茶一万余封。库贮茶难销与新茶入库再变陈茶的循环窠臼很难打破。

对此，乾隆帝十分疑惑，谕"以茶易银，尚有利益，自当踊跃请领，又何致陈陈相因，卒难销售"。地方官亦意识到"若不大加减价，商人无利可图，势必不肯承领。况商人贤愚不等，贫富不一，或致拖欠，无益国课"。面对现实矛盾，布政使明德回答了乾隆帝关于"商茶既增配如额，而旧课竟得清偿，其库贮官茶又何以难于出变"的疑惑，奏明"初不知商茶短配之时，民间食用奚所取给"，缘官茶向因招商中马，历来交官之茶，俱系黄茶，原本色淡味薄，不如商茶之色黑而味浓，加之库贮年久，变通价格与茶质相较，仍属高价，所以"商茶易销，官茶难售，职此故也"。商人行销茶斤，多系卖给官兵、客民，本地食茶之人甚少，是以短配时，亦足敷用。近年军需，口外一带多行商茶，多配亦易销售。"惟是库贮官茶难于销售，霉浥堪虞"。导致"帑项究属虚悬"。故而奏请"仍复旧例，以每封三钱搭支出售"，庶茶封不致陈腐，而兵民无贵食之虞。对此，朱批：所奏始明悉其故矣！部议时有旨。②

---

① 朱批奏折，管理甘肃巡抚事务吴达善奏，奏为遵旨查明洮河五司积茶前后情形请仍复旧例搭放事，乾隆二十四年十月十七日，档号 04-01-01-0233-019。

② 朱批奏折，管理甘肃巡抚事务吴达善奏，奏为遵旨查明洮河五司积茶前后情形请仍复旧例搭放事，乾隆二十四年十月十七日，档号 04-01-01-0233-019。

当然，清廷在不断处理库存的同时，亦着手减少茶叶征收和入库量，代之以一定比例的折色。雍正朝尝试茶引本、折色交替征收，以减少库贮滞销。至乾隆元年（1736）"时西宁五司陈茶充切"，清廷令甘肃地方拿出解决办法。由是巡抚刘於义题请将新茶仍旧改折，照康熙四十四年（1705）例，每篦增银1钱，共折征银5钱；陈茶每封减价2钱。清廷允"令每封减价二钱，刻期变卖"①，俟将来"价值减落，另议变通"。此也成为学界既有成果中所达成共识的清代茶叶全征折色之说。

然而，此事只能说是茶叶自货物至银两的全征折色节点，真正落实全征折色并非易事。乾隆二年（1737），巡抚德沛又奏，陈茶不减价变卖，"终归壅滞"，允每封减银二钱，上紧变卖。② 结果在自同年正月奉交减价始，至次年春季的大约"五季之内"，茶叶变卖效果不佳。经对变价售出和仍存库茶的统计，得知西司库茶变卖6329封，尚存562024封；庄司变卖45669封，尚存388205封；洮司变卖642封，尚存578953封；河司变卖7766封，尚存768490封；甘司变卖61835封，尚存302503封。以上五司各库共变卖茶123241封，仍存茶2600175封。去库存并不理想，更可悲的是，按照清律，司茶各员要承担茶叶销售不力的责任，面临参处追赔之责，给官员造成"亦觉冤抑"的焦虑，亟须清廷催促地方官吏从实际出发，制定出改变既有旧制的切实办法。

乾隆三年（1738），川陕总督查郎阿通过对各茶司库贮茶与市场的考察后提出了分类处置办法，指出库贮茶壅滞难销，"实缘价值未平之故，弗敢拘于成议不行"，遂奏请"将各司库茶分别年岁远近，酌情递行减价变卖"，以实帑项，并建议将库贮之茶按照出产年份远近分为三类，相应定价出售。具体为：第一类是雍正十一

---

① 雍正《大清会典》卷53《户部三十一·课程五·茶课》，《近代中国史料丛刊三编》第77辑，第769册，第3186页。
② 朱批奏折，甘肃巡抚德沛奏，奏请变通茶法并请敕部查询刘于义加增附茶情由事，乾隆二年七月十七日，档号04-01-35-0543-024。

年至乾隆二年间的库贮及商欠应交茶封。此类茶叶产出年份相应较近，在已减价基础上，稍做减价出售。如西宁、河州二茶司，每封茶再减2钱，定价5.5钱至5.4钱，庄浪、洮州二茶司，每封再减1钱，定价4.5钱，甘州茶司每封茶亦再减1钱，定价4.2钱。第二类是雍正六年至雍正十年，相对年份较远，茶陈、色、味均较次。西宁、河州二司，每封茶定价4.5钱及4.4钱，庄浪、洮州二司，每封茶定价4钱，甘州司每封茶定价3.7钱。第三类是雍正五年以前至康熙六十一年的茶封，历年久远，色变味淡，故均照原定部价每封茶3钱，低价出售。与此同时，要求各茶司存留足够应急与必需之茶，如西宁茶司每岁保障"给赏夷人"之需的库存茶20万封，其余各司经变卖后需保有茶10万封。俟各司销售至库存限额后，"再议征收本色"。乾隆帝朱批：该部议奏。① 旋即准予实施。

乾隆二十四年（1759），巡抚吴达善再次提出变卖需按照存贮茶时间远近程度先后变价卖出。具体做法是将西宁、河州二司茶叶每封再减二钱售卖，庄浪、洮州、甘州三司的茶叶每封再减少一钱售卖。② 清廷令户部具体落实。次年，部议覆奏，拟将洮州司积茶十万多封变价卖出。③ 二十七年（1762），清廷有针对性地将陈积茶封减价招商变卖。陈茶价由每封4钱降至3钱。三十七年（1772），共收十八年至三十六年各州县领变官茶价银4448.5两。④ 可见，乾隆时期，变价销售各茶马司滞销茶已为定制，是解决官茶滞销问题最直接的方式，也是清廷面对官茶滞销的被动举措。只是，清廷考虑到官茶贸易的长期发展以及将官茶变价销

---

① 朱批奏折，大学士仍管川陕总督查郎阿奏，奏报茶封久积难销酌请减价事，乾隆三年六月十八日，档号04-01-35-0543-029。

② 户科题本，大学士管理户部事务潘世恩，题为遵旨查核陕甘总督奏销甘省道光十五年各属茶马银两管收除在各数事，道光十九年四月十四日，档号02-01-04-20998-021。

③ 《清史稿》卷124《食货志五·茶法》，第13册，第3660页。

④ 户科题本，陕甘总督勒尔谨，题为奏销乾隆三十七年份征收甘省茶马钱粮事，乾隆四十年正月二十四日，档号02-01-04-16655-020。

售的措施长久推行下去不利于财政税收，又推行了茶税折银征收的措施。

茶马司或茶司执掌着作为清代国制的西北茶法的实施，而生产商品的区域地理环境与资源环境成为商业贸易形式选择的基础。因而不论是冷兵器时代军事功用的影响，还是农牧经济方式互补的要求，更或者因具有畜牧资源优势的吸引和民众生活习俗需求的关联，茶、马成为这里商贸中的大宗商品。茶马交换停止后，北路杂茶市场流动增加和甘肃领引茶商附茶量调高的两股力量自然而然形成对甘省茶引的冲击，使既有制度难以阻挡，茶叶由蕴含政治管控意味极强的资源走向一般商品之路，是为西北茶马贸易中的划时代变革，茶叶这一农产品资源成为国家所掌控的具有政治与经济双重性的重要商品，且伴随社会发展，经济性更浓厚。而茶叶商品性的释放，一个最明显的变化就在于茶课成为地方商税的重要来源，也是国家拨付本区域军饷的重要补给。只是在该变化初期，清廷盲目于对既往甘省茶引制度的坚持，难以快速对动态市场做出有效调研和及时预估市场需求，以致调控形式单一反复，尤其面对北路杂茶市场流动增加和甘肃领引茶商附茶量调高的两股力量自然而然形成对甘省茶引官茶的冲击时，既有茶法难以阻挡，茶司库贮茶滞销加重，清廷陷入引茶难以认领及行销官茶与北路杂茶两股力量争夺茶叶市场、税收难以定期实现的新困境。

## 第二节　新疆茶叶设局征税

茶叶是西北贸易中最重要的大宗商品之一，是民众日常生活中无异于米盐的必需品。至清中叶时，自唐以来历代中央政权所实行的以"茶马"互市或"茶引"行销等形式控驭西北之制已近尾声，尤其在乾隆元年（1736）至道光二十年（1840）的100多年间，清廷频频改变管理办法，采取了裁汰茶马司、以茶易粮、库贮茶叶变卖折饷、改征折色银两等措施。在此期间，随着新疆统一，人口流动更为便利，输入新疆的茶叶成为清廷处理社会关系的润滑剂。为强化商茶流通秩序，维护新疆地方治理，道光初年起，清廷在既有茶叶行销办法和章程的基础上，着手整顿新疆茶务，因地制宜，创设茶税制度。①

学界已有研究成果多将茶叶与马匹连带讨论，突出商品贸易的重要程度以及对西北社会、民族经济的关联意义，较有成效的如林永匡、王熹、魏明孔、樊如森等的研究。② 与本论题相关的成果有蔡家艺、赖惠敏等对新疆茶务的精到分析，③ 尤其后者的新近研究关注了北路运疆"私茶"问题，但是其讨论仅止于"归化私茶侵犯陕甘官茶引地"层面，未对该现象出现后清廷的应对措施加以探究，也未涉及清廷缘何就北路入疆私茶设局征税、税制形成过程中如何处理茶叶流通的相关问题，这就为本论题的深入展开讨论留下了空间。在此基础上，利用一手档案，进一步考察清廷中央和地方就新疆设局征税问题的长期争论及其原因，包括税制形成与实施过程中谨慎的施策态度，以重塑清廷在统一新疆 60 多年后，于古城等处设立税局、征收茶税，推行全疆并完善税制的实践过程。

### （一）茶课难以落实与立局征税缘由

输入西北之茶，自清初即定例官控，不得私贩。乾隆朝平准后，茶叶入疆仍然以官发"茶引"制运行。④ 为配合该制度实施，

---

① 本节主要内容参见赵珍、王一祎《清中期新疆治理与茶叶设局征税》，《西域研究》2023 年第 3 期。

② 林永匡、王熹：《清代西北民族贸易史》，中央民族学院出版社 1991 年版；魏明孔：《西北民族贸易研究：以茶马互市为中心》，中国藏学出版社 2003 年版；樊如森：《清代民国时期西北区域市场的发育和整合——以茶叶贸易为中心》，《江西社会科学》2016 年第 9 期。

③ 蔡家艺：《清代新疆茶务探微》，《西域研究》2010 年第 4 期；赖惠敏、王士铭：《清代陕甘官茶与归化"私茶"之争议》，《内蒙古师范大学学报》（哲学社会科学版）2022 年第 1 期。

④ 清代茶引分为腹引、边引、土引，按照省区定额发引，西北边引置茶马司（后称茶司）招商领引行销。参见《清史稿》卷 124《食货志五·茶法》，第 13 册，第 3652 页。

嘉庆年间颁"甘肃茶商定籍章程"①，从茶商户籍入手，规范茶引行销地面，不得越境行销。然而，由于茶叶与西北各族日常生活休戚相关，不可或缺，茶商有利可图，私贩盛行，官方难以禁止，课税无望。道光二年（1822），清廷以"开辟新疆六十余年，并未设立茶税"②，商议先于古城立局征税。此议与以下所列新疆茶贸中的五个主要问题有关，这些问题交互缠绕，成为清廷茶课难以落实的羁绊，也是清廷决意在新疆设局课税的主要原因。梳理相关档案与史实，表现大致如下：

其一，北路茶叶大量南贩。所谓北路茶，也称杂茶或商茶，与甘省茶司官发引茶不同。引茶行销由甘省茶司辖属的本地商人承领，划定行销地面，不得逾越。而北路杂茶多由北商，即晋商为主的茶商赴湖北、福建等地采买茶叶后，经山西或河南运抵内蒙古归化城，领理藩院部票后经草地运入北疆乌里雅苏台、科布多，再销往疆内各城。也就是说，杂茶销路更为广阔，不但乌里雅苏台、科布多二城军向来食用北路商茶，其余各城"回夷素食杂茶，相安已久"③。杂茶运往疆内销售，虽然属于符合规定的常态，但是其销路却与清廷一贯实施的引茶行销新疆政策冲突，久之，杂茶与引茶争夺行销市场的矛盾升级。

其二，杂茶与引茶课税悬殊。在新疆行销的甘肃茶司引茶与北路领理藩院部票的杂茶税额相差较大。伊犁将军长龄在筹议古城设局征税时指出，甘肃官茶每100斤纳课银4.4两，北路商茶仅在杀虎口、归化城二处，每100斤共纳税银0.2两，"课税相悬"。④赖

---

① 朱批奏折，陕甘总督倭什布奏，奏报详议甘肃茶商定籍章程事，嘉庆十年闰六月二十五日，档号04-01-35-0551-019。
② 那彦成：《那文毅公奏议》卷77《议立茶税》，《续修四库全书》，第497册，第744页。
③ 朱批奏折，伊犁将军庆祥，奏报遵旨会议新疆运茶请仍循旧章杂茶由北路运售事，道光四年七月十八日，档号04-01-35-0556-008。
④ 朱批奏折，伊犁将军长龄，奏报遵旨会议新疆茶税事，道光六年六月初三日，档号04-01-35-0556-026。

第三章　作为国制的茶法与茶叶贸易

惠敏在其研究中举例阐释该问题道：陕甘商人领茶引运销茶到陕甘及新疆，携带茶叶1.2万斤，需缴茶课660两。从归化到新疆的茶商携1.2万斤，茶课仅24两。① 可见，杂茶纳税远低于甘肃引茶，不仅如此，因杂茶价格低廉，销售更旺盛，以致"惟新疆既为官茶引地，商茶究有碍官引"②，这里的商茶指的就是杂茶。悬殊的税额刺激北商追求利润，增加杂茶运销量，导致引茶销售更加不旺，时常积滞，商不领引，茶叶难销，税课短绌，成为西北官私茶之争的主要症结。

其三，茶商挟带私茶获利。新疆私茶泛滥现象，自乾隆年间就十分突出，官方屡禁不止。③ 延至道光朝，原本每年例应出关20余万封的甘肃官引额销茶，"近来行销竟至四五十万封之多"，陕甘总督那彦成指出此"显系以无引私茶，从中影射"④。这里那彦成所言之"影射"，意即指北商以私茶蒙混假冒官茶，且认为北路杂茶是蒙混假冒私茶的重要组成部分。这些茶叶在疆运销距离越远，价格越高。尤其在张格尔之乱后，茶商每夹带附茶⑤一封，在哈密以西各城"值银一两七八钱"，至最远之喀什噶尔，值银"七八两、十余两不等"⑥。较之内地几乎价增十倍。⑦ 为此，清廷一度考虑停运杂茶，但是因不便民生，只能部分禁止。⑧ 故而，杂茶依

---

①　赖惠敏、王士铭：《清代陕甘官茶与归化"私茶"之争议》，《内蒙古师范大学学报》（哲学社会科学版）2022年第1期，第73页。
②　《清史稿》卷124《食货志五·茶法》，第13册，第3659页。
③　详见张科、赵珍《清代中亚回商贸易与多边关系演变》，《中国经济史研究》2021年第5期。
④　《清宣宗实录》卷141，道光八年八月丁亥，《清实录》第35册，第159页。
⑤　专指官发茶引时按比配给茶商定量的茶叶，作为弥补脚价、损耗等费。乾隆初前，每1000斤准带附茶140斤，以后为每茶50斤带附茶14斤，参见朱批奏折，甘肃巡抚德沛奏，乾隆二年七月十七日，档号04-01-35-0543-024。
⑥　《平定回疆剿擒逆裔方略》卷69，《近代中国史料丛刊》第86辑，文海出版社，1972年，第3941页。
⑦　《平定回疆剿擒逆裔方略》卷70，道光八年四月，《近代中国史料丛刊》第86辑，第3964页。
⑧　《清宣宗实录》卷60，道光三年十月丁巳，《清实录》第33册，第1055页。

旧源源不断运往南疆，形成"北路茶商所贩杂茶，惟南路回夷销售最多"①的局面。

其四，疆内低价粮易茶的驱动。至清中叶，新疆粮食生产自足有余，这一点既往研究未曾重视。古城地通乌里雅苏台诸路、位于乌鲁木齐与巴里坤适中之地，在此建城后，逐渐发展成产粮中心区，其粮食丰盈程度在乾隆后期已初现端倪。乾隆三十九年（1774），陕甘总督勒尔谨等奉命新建古城并移驻满兵1000名时，曾奏报古城向年收成与存粮，每年收粮16870余石，尚有仓储粮18100余石，俟兵士于两年后移驻，"即以此一处之存粮加以每年之收获，已敷二十余年搭放之用"，且古城附近之吉布库、奇台、吉尔玛泰尚有存仓及例应陆续升科之粮，足可源源接济，无虞匮乏。②道光年间南疆军兴，所用军粮均自疆内调拨，时乌鲁木齐都统英惠负责粮食转运，奏报属地存粮可供征兵两年之需，故清廷谕大军所需之粮全部改由乌鲁木齐转运。③古城一带丰盈的粮食与合适的价格，吸引北路茶商以茶易粮，更有乌里雅苏台、科布多二城蒙古民人"所食口粮历来均系商民等驼载茶货，前赴古城兑换来营分买食用"，"古城商民亦常川贩运米面，来营兑换砖茶，运赴西路一带售卖"④。另外，检索道光年间粮价档案及整理数据可知，古城及其周边县厅粮价与归化城相比，较为低廉。以古城一带道光六年（1826）和十三年（1833）两个年份的小麦每石年均银两为例，古城所在奇台县年份的均价为0.83两和0.82两，古城以西的阜康年均0.72两和0.79两，昌吉为0.73两和0.77两，迪化州为

---

① 朱批奏折，乌鲁木齐都统英惠奏，奏报古城地方议设茶税请从现在试收事，道光八年十一月二十四日，档号04-01-35-0556-050。
② 宫中档奏折，陕甘总督勒尔谨、乌鲁木齐都统索诺穆策凌奏，编号：403029261，乾隆三十九年七月九日，台北故宫博物院藏。
③ 朱批奏折，乌鲁木齐都统英惠奏，奏为设局委员等画总理一切军需支发事宜等事，道光七年六月十九日，档号04-01-16-0130-016。
④ 《清宣宗实录》卷60，道光三年十月丁巳，《清实录》第33册，第1055页。

0.73两和0.67两。① 而道光十三年（1833）四月，归化城小麦均价为2.29两。② 近乎60%以上的粮食差价优势成为北商参与长途贩运的吸引力，茶商将杂茶运至古城，换取粮食后再贩归化城出售获利。此外，自甘司领引的茶商也挟带私茶在乌鲁木齐等处换取价格较为便宜的粮食。

其五，清廷对入疆的南路引茶与北路杂茶监管松弛。道光初年，北路杂茶运输较为畅通，加之售价低廉，市场流通量大，即"向来前往蒙古部落贸易商人，由部领给照票，稽核放行，懋迁有无，彼此均为便利"③，甚至归绥商民"时常有未持院票，或一张票用好几年的情形"④。北疆各城或驻军缺茶时，甚至会有官方组织购买的特例，进而形成定例。道光三年（1823）六月，科布多参赞大臣富和以库贮砖茶不敷需用，奏准照例由归化城采买茶8000块，每块重2斤半，约合2万斤，运解备用。为此，山西巡抚饬令永济县采办茶8000块，并"以五斤为一封，每斤价银五分五厘"，照数办解。⑤ 同时由"兰州官商发运凉州，自凉州则任听往来客商随意贩至回疆各城"⑥。故而在天山南北两类茶叶的行销

---

① 以上数据采取与整理缘由在于：道光六年数据，考虑到是年军兴影响粮价，而道光十三年数据是与归化城粮价匹配比对之需，再古城以东和以南各县厅的粮价稍高，如巴里坤年均2.00两和2.23两，吐鲁番年均1.37两和1.47两。参见中国社会科学院经济研究所编《清道光至宣统间粮价表》第9册，广西师范大学出版社2009年版，分别对应第318、321、270、273、243、246、219、222、186、189、345、348页。

② 《归化城副都统衙门档案·各色粟粮时估市价清册》，道光十三年四月，档号80-24-1309，土默特左旗档案馆藏。

③ 《清高宗实录》卷580，乾隆二十四年二月丙辰，《清实录》第16册，第401页。

④ 赖惠敏、王士铭：《清代陕甘官茶与归化"私茶"之争议》，《内蒙古师范大学学报》（哲学社会科学版）2022年第1期，第79页。

⑤ 户科题本，山西巡抚邱树棠题请，题请核销永济县采买科布多需用砖茶用过茶价等银两事，道光三年六月二十二日，档号02-01-04-20099-001。这种现象在嘉庆年间就存在，嘉庆十五年，山西蒲州府永济县就承办过茶5000块，经归化城运往科布多。以2块为一封，合计2500封，每封重5斤，每斤价银5分5厘。参见户科题本，署理山西巡抚衡龄题请，题请核销晋省嘉庆十七年采办科布多应需砖茶用过茶价并木箱工价银两事，嘉庆十七年十一月初九日，档号02-01-04-19292-011。

⑥ 那彦成：《那文毅公奏议》卷73《预筹布置》，《续修四库全书》，第497册，第634—635页。

过程中，清廷地方官很难避免治理中的新旧问题与矛盾，即如杂茶贩运在科布多、乌里雅苏台两处将军都统和理藩院那里会得到扶持与允准，可是在陕甘总督眼里，依旧属于违禁私茶。这种各行其是的状况，久之，暴露清廷监管松弛的同时，引发制度漏洞和执行不力的冲突。

另外，由于新疆特殊的地缘关系，入疆之茶，有很大一部分流入安集延商人之手，① 再由其转贩获利。这有促进新疆茶叶贸易的一面，可是安集延商人亦暗中"重价收贩"② 茶叶，囤积居奇，扰乱茶市价格，不利民生。因此，面对杂茶、引茶、私茶行销的市场秩序混乱以及官引难以发派、甘省茶司税课缺口得不到弥补的困境，③ 清廷与地方官对既有的新疆茶叶贸易政策提出疑问，并将设局征收茶税提上议事日程。

### （二）道光初年古城设税局之争议

道光二年（1822），新疆茶务围绕是否禁绝北商杂茶展开。先是陕甘总督那彦成注意到西北地区官茶滞销现象，仅甘肃茶司滞销茶引就达28900余道，在新疆滞销尤其严重。时迪化州查获的北商贩运无引私茶大案，被那彦成视作杂茶致使官引滞销的铁证，并言"近年以来，北路无引之茶斤，名为运至古城易换粮食，实则四路贩卖，壅滞官茶"，而"本系甘司行茶之处"的新疆各城也是"任其以无引之茶贩往充斥"，遂"议令贷其既往，禁其将来"。不过，那彦成所"禁绝"的杂茶在绥远城历任将军处被视作有照票已纳税的合法合规经营，监管北路领票事宜的绥远将军"俱不知新疆

---

① 参见张科、赵珍《清代中亚回商贸易与多边关系演变》，《中国经济史研究》2021年第5期。
② 《平定回疆剿擒逆裔方略》卷62，道光八年四月，《近代中国史料丛刊》第86辑，第3598页。
③ 《清宣宗实录》卷60，道光三年十月丁巳，《清实录》第33册，第1055页，又朱批奏折，甘肃巡抚德沛奏，奏请变通茶法并请敕部查询刘于义加增附茶情由事，乾隆二年七月十七日，档号04-01-35-0543-024。

一带另有商人请引行茶,是以填给照票","自未便遽照私贩治罪"①。两方官员对杂茶的分歧与态度一时也成为古城税局设置与否的争议焦点。

为了填补引课之缺,道光三年(1823)时,清廷已有禁绝杂茶之意,然而因定边将军果勒丰阿等奏乌里雅苏台、科布多等处需茶粮兑换维持生计,清廷遂予以折中处理,允准"该处蒙古民人口粮请驮载砖茶七千余箱前赴古城兑换米面",令地方妥善管理茶商守法经营,"不准另往他处售卖"②,希冀以此增补甘司茶引缺口。该做法却不被乌鲁木齐都统英惠所接受,英惠提出"仍令北路商民贩卖茶封,于古城设局委员收税抵课"的建议。此举也是地方官在政策执行中从实际出发,对北路茶商继续贩运无引杂茶的妥协,孰知却成为新疆茶法演替的节点,引发了清廷对新疆茶税体制的重大变革,设局争议拉开帷幕。

在英惠看来,那彦成所担心的设税局的种种设想,不切实际且多余,即那彦成认为"毋论派往人员,难保无侵蚀情弊,而茶无官引,凭何稽查,更恐商人串通分肥,转以新疆行销私茶,藉词亏短甘司课项,尤于茶政有碍"③。面对臣僚的意见分歧,道光帝谕各相关部门妥议协商。户部的结论是"未经亲历,难以悬断",转交伊犁将军庆祥决断。庆祥为"安边、便民、裕课、通商"计,上呈了一份较长的奏报,其中直言同意英惠等人的意见,而"与陕甘总督臣那彦成往返札商,意见不合"。庆祥明确表示"甘司积引滞销,原非因北商之故",北路杂茶应"仍循旧章办理","禁绝杂茶,绝难实行",细究其主张大致如下:

一是反对清廷主张的部分禁运杂茶政策。庆祥认为,北路杂茶

---

① 以上均见那彦成《那文毅公奏议》卷59《请禁新疆私茶》,《续修四库全书》,第497册,第177—178、176页。

② 朱批奏折,伊犁将军庆祥奏,奏报遵旨会议新疆运茶请仍循旧章杂茶由北路运售事,道光四年七月十八日,档号04-01-35-0556-008。

③ 那彦成:《那文毅公奏议》卷59《请禁新疆私茶》,《续修四库全书》,第497册,第176页。

向来由归化城、张家口"请领部票，交纳官税，贩运来营。迄今六十余年，均系以货兑货，向不使用银两。一旦全行禁止，该处数万蒙古民人糊口无资，必致失所"。目前虽照例给发印票，允准商民每年驮运定量的茶叶赴古城兑换米面，不准另往他处售卖，然而，经庆祥与英惠等实际考察，再结合定边将军果勒丰阿的意见，现行限制茶量的做法与现实脱节。为此，庆祥分析道：古城仅有满汉官兵2000名，"又无蒙古回子，居民亦复无几，断不能销七千余箱之多"，即便按照以货兑货的交易旧习，定量的砖茶不能全数兑换存粮，也就很难避免"茶不流通，商贩裹足，百货因而滞塞，不独新疆夷民日用艰难，仍于乌里雅苏台蒙古民人口食无济"的局面，不利于社会稳定。此外，甘肃原额茶引27000余道行销新疆各城，始于乾隆二十五年（1760），至五十二年（1787），添引17000道"亦只为搭饷茶封而设"，之后人口增加，茶封却未增。而每年伊犁、塔尔巴哈台等处官兵所需"搭饷官茶"达13万余斤，北路"蒙古回子民人等所需之茶"亦存在缺口，应继续保有北路杂茶贩运。

二是对新疆添设茶引可行性的讨论。庆祥本人也承认茶税存在缺口，认为可将清廷既有的领引行茶制度移植到新疆，即依照甘省茶司官引例"添在新疆地方，令商人承领，照茶输课"，可是每年添引若干，征课若干，"难以悬定"。遂敕交部议，不料上司却给出了"恐沿途影射，令在新疆招商领运"的批复，回避了庆祥所问的添引和征课若干的疑难。不久，庆祥认为在新疆招商领引行销的做法并不现实，按照清例，呈领茶引"自应招土著殷实之户"，可是"查新疆各城，本无土著汉民。既无土著，何有殷实"，而且"向来各铺户均由归化城转售，成本不能充裕"，"若遽令承充官商"，难免误运误课，"与民食殊有关系"。此外，新疆南北两路人口多为官兵，"并回子、伯克等"，即便是乌鲁木齐等已经设立府县管辖的州县，"亦胥役无多，不敷缉捕"。立商之后，行引缉私需人督率稽核，可是人手缺乏，且"官吏不谙民夷病扰"，恐怕会出现"引未行而百弊丛生"之状，故招商发引"亦非所以裨益边陲之道"。

三是对乾隆年间以来的新疆茶务进行评估。庆祥认为新疆隶入版图60余载，"回夷口食攸资，而茶粮最关紧要，如果舆情不协，自当酌量变通。若历久称便，而轻议更张，恐无以资抚驭"。既然"招商领运"在新疆的条件尚不成熟，将甘司茶叶滞销归咎于新疆引地私茶泛滥也不符事实，那么，就必须要有符合现实的可行办法。为此，庆祥强调新疆"行茶章程"的关键在于"国课无亏，边氓乐业"。

鉴于以上三点，庆祥得出：禁运北路杂茶或设立茶引不仅不能满足北疆民众日常食用，也不利于地方官"致治保安"，更不符合新疆地方民意与社会实情。故其赞同英惠所建言的在古城设立税局、以补引课之缺的办法，并奏请清廷"准北路运售杂茶之商民照旧运售"，如挟带私茶，严拿治罪，并请于北路总口古城地方设立税局，由陕甘总督派员照例抽收税课，茶箱到即验明征收，"听往南北各城贩卖"。所收税银，责成镇迪道督率办理，年终解归甘肃兰州茶商汇报，以税抵课。庆祥认为，推行此法，"虽无引张，亦有稽考，仍试行三年，再行定额"，古城税则再提交清廷会议妥商。① 可见，庆祥所言的古城税局由陕甘总督派员管理等建议，是试图解决收税过程中新疆府州县人手不济问题的尝试，而设立税局、按批抽税的方式又与既往的茶引制不同，是新疆茶税脱离领引行销程式的开端，也是与近代税收办法同步的开始。这种以茶税代替茶引之课的主张，最为有效，亦成为新疆茶法定立的关键思路。②

当然，那彦成并不完全赞同庆祥的建议，且针锋相对地指出

---

① 以上均见朱批奏折，伊犁将军庆祥奏，奏报遵旨会议新疆运茶请仍循旧章杂茶由北路运售事，道光四年七月十八日，档号04-01-35-0556-008。
② 朱批奏折，伊犁将军长龄，奏报遵旨会议新疆茶税事，道光六年六月初三日，档号04-01-35-0556-026。

两点意见。一为杂茶要定量定税，新疆各处既无可招之商，应请仍由"甘司商人每年令增新疆杂茶引目三千道，照边引之例配茶纳课"，还应设立乌鲁木齐、古城两处税局，坚决反对杂茶不限量贩售的办法，指出"兹若不论南北、不计茶数，任其贩赴各城销售，是于新疆各路万余里之内，以无引无课之茶纵令无赖之徒肆行牟利，其中流弊何可胜言"。二为陕甘总督派员负责古城税局并不可行。那彦成指出若以无引之茶税，而欲于数千里外专设税局，"由臣派员往就抽收，不特诸多未便，且议近言利，亦觉不成事体"。

面对庆祥与那彦成所奏，道光帝批示，交部核议。结果户部又以"未经亲历，难以悬断，仍请交伊犁将军等妥议具奏"。无奈的道光帝只得采纳庆祥的部分建议，谕杂茶贸易"仍循旧章办理"，过境砖茶"照例给发印票"，只是票中标注信息与茶引类似，包括茶封数目、茶贩姓名、经行程站、人马车驼数目等，作为茶引的替代之策。至于古城是否设税及"纳税若干"，税银由何处抽收等棘手的问题，仍令再议，并交户部核定。①

道光六年（1826），伊犁将军长龄遵户部议，主持设立古城税局，制定税则，结束了四年来悬而未决的茶叶设局征税问题。长龄考虑到若令北路商茶税额照甘肃茶课订立，则卖价必昂，"于各蒙民未便"，若不照甘肃茶课定税，"又恐甘商滞引亏课"，故而采取折中定税办法。同时认为销路昌旺的杂茶并非官茶滞销的原因，茶商"影射夹带附茶"才是私茶泛滥的症结所在。指出"至北路商茶随营贸易，相安已久，向无税额，惟其影射附茶，难于稽考。今既由古城增设茶税，更可补引课之不足，以税抵课，与甘商亦为有益。第须分别茶色，以免混淆"②。需要注意的是，长龄所指的

---

① 以上均见那彦成《那文毅公奏议》卷59《请禁新疆私茶》，《续修四库全书》，第497册，第179—180页。
② 朱批奏折，伊犁将军长龄，奏报遵旨会议新疆茶税事，道光六年六月初三日，档号04-01-35-0556-026。

"分别茶色"，并非杂茶、附茶之别，而是要"分别杂茶之粗细，以定税则之多寡"①。杂茶种类繁多，大致分粗、细两种，粗茶"其资松色黑，亦与附茶迥不相同"②，细茶较为精细昂贵，如"六色细茶"即"白毫、武彝、珠兰、香片、大叶、普洱"③ 等，"质色与附茶迥别，辨认亦最易分明"④。古城税局对杂茶分级抽税，名贵的细茶每百斤纳税银一两，盒茶、小砖茶等粗茶每百斤纳税银六钱，其余大小砖茶质色更粗，每百斤售价不过九两，纳税银三钱。⑤

通过计算不同茶类的销量，长龄预估了古城税局抽税的概数，"统计一岁所征税课约可得银八千两"，并请准试办三年，"如有窒碍之处，不妨再行奏改"⑥。然而，此后直至道光八年（1828），古城税局未曾真正征税。原因在于，起初有张格尔之乱阻断商路，"其并无新到茶叶，无从试收税课"，继之的善后措施中，惩治安集延等商人走私茶叶，"即有杂茶运到，亦当禁其转贩，收税一

---

① 朱批奏折，陕甘总督瑚松额奏，奏报酌议分别新疆运贩杂茶名色事，道光十五年闰六月十四日，档号04-01-35-0558-002。
② 朱批奏折，伊犁将军特依顺保奏，奏报新疆北商行销杂茶无影射官引请照旧办理事，道光十六年四月二十一日，档号04-01-35-0558-011。
③ 细茶中，武夷茶得名于产地福建武夷山，俗称"乌龙茶"，又以外形色泽乌褐，称"青茶"；珠兰是花茶，产自安徽歙县、福建漳州等地，因其入茶之花得名；大叶为炒青绿茶，摘大片茶叶炒制而成；香片也是花茶，入茶之花除珠兰外，还有茉莉、米兰、桂花、玫瑰等种；普洱即今称普洱茶，产于云南普洱得名。粗茶包括千两、百两、帽盒、筒子、大、小砖茶等，千两、百两为安化名茶，得名于其重量和老秤的关系，一卷（支）茶合老秤62.5斤，恰为1000两或100两，因由黑毛茶放入花格篾篓捆箍捶制筒形而成，故又名"花卷茶""木墩茶"或"花砖茶"；帽盒亦为捶制而成，外形酷似圆柱，故名；砖茶是大类杂茶的一种，分大小块运输，即所谓大、小茶斤茶。参见蔡家艺《清代新疆茶务探微》，《西域研究》2010年第4期，第91—93页。
④ 朱批奏折，陕甘总督瑚松额，奏报酌议分别新疆运贩杂茶名色事，道光十五年闰六月十四日，档号04-01-35-0558-002。
⑤ 朱批奏折，伊犁将军长龄，奏报遵旨会议新疆茶税事，道光六年六月初三日，档号04-01-35-0556-026。
⑥ 《清宣宗实录》卷100，道光六年七月壬午，《清实录》第34册，第627—628页。

节，更应暂止"①。如此，古城税局茶税征收虽未实施，但是围绕古城设税局的争议及清廷对地方商业经济发展所存弊端的主动调适，成为新疆茶务治理的先例，为此后新疆茶税制度的制定与全面推行积累了经验。

### （三）新疆茶税设局征收与实施办法

清廷君臣围绕古城设立税局的争论以及达成的共识，在南疆张格尔之乱的善后事宜中逐步得到落实。道光七年（1827），那彦成作为钦差大臣主理善后事宜，指出"回疆出产足以自给，所需者惟茶为最"②。故将控制茶叶及销售作为治理社会和改善民生的首选，同时吸取道光初年讨论形成的以税代引、开设税局等办法，对乾隆中期以来近60年几近空白的南疆茶务着意创新，在全疆推行税局之制。③ 另外，那彦成最终认同了长龄等提出的"影射附茶"是侵吞引茶销路首恶的见解，强调禁绝私茶才是保障商茶流通和税收顺利进行的必要前提，其具体施策如下：

首先，杜绝新疆茶叶向中亚走私。那彦成认为，新疆私茶大部分转售给了安集延商人，为"断其利薮"，清廷于道光七年（1827）七月颁布茶叶贸易禁令，④ 禁止私售茶叶给安集延商人，并驱逐不法滞留者，查没其囤积之茶。据不完全统计，截至次年十一月，驱逐居于南疆八城安集延商人289户，查封茶叶68960斤，仅阿克苏一地就达60930斤。⑤

---

① 朱批奏折，乌鲁木齐都统英惠奏，奏报古城地方议设茶税请从现在试收事，道光八年十一月二十四日，档号04-01-35-0556-050。
② 那彦成：《那文毅公奏议》卷77《议立茶税》，《续修四库全书》，第497册，第732页。
③ 参见《平定回疆剿擒逆裔方略》卷68，道光八年八月，第3943页。
④ 同时亦禁查大黄，见《平定回疆剿擒逆裔方略》卷43，道光七年七月，第2904—2905页；卷68，道光八年七月，第3885—3886页。
⑤ 《平定回疆剿擒逆裔方略》卷69，道光八年八月，《近代中国史料丛刊》第86辑，第3950—3954页；又那彦成《那文毅公奏议》卷80《驱逐偷住卡内安集延》，《续修四库全书》，第497册，第845—847页。

其次，那彦成指出，将商品与商人严禁于卡伦，不过绝其流，唯有"查察于各城，方能清其源"①。鉴于新疆没有实施领引行销的条件，可参考古城设税先例，于南疆设阿克苏、喀什噶尔、叶尔羌三处税局，北疆立伊犁、乌鲁木齐税局。② 并在嘉峪关仿北路榷关设税。③ 如此多地设局，连点成线，全面把控，有助于统计入疆茶叶总量与销售情况。

最后，为了统计南疆各城销售茶斤，监控商队去向，引入北疆杂茶贸易中的印票制，与图记配合运用于稽查。印票统计商队信息，图记用于防伪，设税各城均有特定印戳，过局纳税后，于每封或篓茶货上戳印图记，方准放行。印票、图记缺一，视为走私，不许出关。如附茶由凉州起运，茶商需赴甘凉道衙门请发印票，加盖图记。持票贩运至嘉峪关后，由安肃道衙门照票抽税，缴销甘凉道印票，更换安肃道印票、再加盖图记。若运赴哈密、吐鲁番、喀喇沙尔、库车等城，需在票内注明何城销售字样。同理，杂茶贩出古城，运赴南路者，应赴乌鲁木齐镇迪道衙门请票戳印。汇集阿克苏的附茶、杂茶由税局查验，附茶验明安肃道印票、杂茶验明镇迪道印票，然后抽税。若由此再贩往西四城，则更换阿克苏大臣印票后戳印发运。④

可见，把控好嘉峪关与古城两大茶运关口，便可知入疆茶叶的大体数量。附茶进入新疆前于嘉峪关盘点、杂茶经古城登记，过一税局即更换一次印票，查验印票即可获得商队信息和经行路线，各税局再每月按收缴印票咨报各主事大臣核对，就能得到每批茶叶入疆后完整的销售路线与在各城销售数额。再由税局将所征税银上报

---

① 那彦成：《那文毅公奏议》卷73《预筹布置》，《续修四库全书》，第497册，第624页。
② 那彦成：《那文毅公奏议》卷77《议立茶税》，《续修四库全书》，第497册，第733、737页。
③ 参见《平定回疆剿擒逆裔方略》卷68，道光八年八月，《近代中国史料丛刊》第86辑，第3943页。
④ 那彦成：《那文毅公奏议》卷77《议立茶税》，《续修四库全书》，第497册，第742—743页。

陕甘总督衙门汇总后报理藩院查核，便形成了新疆茶税征收与行销管控完整的网络链，不仅各城消费茶叶数量纳入国家掌控之中，而且解决了长期以来地方大员所顾虑的"茶无官引，凭何稽查"的难题。

设局后，应征税则因南北疆所经销茶类有别而有所不同。具体而言，古城税局过关以杂茶为主，数量较大、常散装运输，故以100斤为计税单位，税收价格据茶叶品质逐级降低，抽税一两到三钱不等。南疆各地附茶按封包装，一封5斤，统计较为容易，直接按封抽税，每封在嘉峪关抽税三钱，至阿克苏抽税三钱，到喀什噶尔、叶尔羌各抽落地税二钱。路经南疆的杂茶，每五斤照附茶一封计数抽收。以经嘉峪关、阿克苏、喀什噶尔或叶尔羌的附茶为例，应征税数按例抽税，每封计税银八钱，以最少约计20万封茶，即应收税银十余万两。① 可是实收茶税银数，各局情形不一。查喀什噶尔、叶尔羌茶税账目，自八年（1828）十二月初九至九年（1829）二月底，喀什噶尔税局共收茶税银5022两；而八年十二月十二日至九年正月底，叶尔羌税局收税10539两，② 在不到两月间获利达到喀城的一倍。

南疆各税局联动稽查，"既得以诘奸制夷，亦藉以裨益经费"，为避免"若奸商避就，改由北路贩运，仍不免有越卡偷漏之弊"③，故北疆将整顿杂茶与抽税同时展开。前文已述，杂茶种类较多，概行禁绝不利民生。因此，北疆税局遵循"应禁之茶与准贩之茶不可不指定名色，以便商民遵贩"的原则，制定相应办法。据伊犁将军德英阿调查，北疆杂茶除了供应疆内所需，主要转售安集延，

---

① 那彦成：《那文毅公奏议》卷77《议立茶税》，《续修四库全书》，第497册，第738页。

② 朱批奏折，喀什噶尔参赞大臣武隆阿奏，奏报抽收茶税并官铺收获利息交代清楚事，道光九年三月初十日，档号04-01-35-0556-057。

③ 朱批奏折，乌鲁木齐都统英惠奏，奏报酌议乌鲁木齐抽收茶税缘由事，道光九年三月十八日，档号04-01-35-0556-059。

第三章 作为国制的茶法与茶叶贸易　　207

且各有专茶偏好。所以，德英阿建议析出安集延所需茶种，另行定税，这就从根本上解决了出口与内销茶在价格和抽税等方面的分异。据德英阿分析，安集延常贩茶中，或"半如大叶、武彝、香片、白毫、珠兰等项，名为细茶，味最馨而价最贵，每斤价值银八九钱，以其性寒，伊犁、塔尔巴哈台兵民、蒙古、回子向不买食"。或如"名为杂茶"的光盒、千两、百两等，价与附茶相等，而贵于大茶、斤茶，因其捆缚成束，不肯零星拆卖，是以"兵民、蒙古、回子亦不买食"①，而是多食用甘肃搭饷官茶②、附茶和按斤零售的斤茶，因散碎发售，价格适中，人们乐意买食。③

　　在明晰不同人群对茶叶的偏好后，清廷针对性地采取措施，严行禁止安集延乐贩的"杂、细数种茶叶"，"不准贩入伊犁及塔尔巴哈台两处境内"，而由官方鼓励"源源兴贩"兵民称便的茶种。如此"则细茶、杂茶诸名目概行禁止，而商民仍有大茶、斤茶可贩，约计每年不下七八十万余斤，货殖通流与兵民之食用、商贾之贸易亦觉两不相妨"。同时，若有茶商多带禁运的杂、细茶，从严处理。官兵若有勒索、贿赂、纵容及隐匿偷漏私茶，一并严惩。该谕令颁布后，"各商闻风，皆以杂茶、细茶无利可图，半年以来竟无贩运杂茶、细茶入境"④。厘清杂茶分类，禁绝走私，明确实施办法，并尽量减少对民众的扰累，是北疆在限制私茶方面作出的创新，也是茶税政策取得成效的关键。

　　北疆茶叶行销市场广阔，为避免古城一处难以完成抽税事宜，又增设伊犁、乌鲁木齐两处茶税局。"伊犁本城照喀什噶尔、叶尔

---

① 朱批奏折，伊犁将军德英阿奏，奏为筹酌稽查北路茶叶大黄章程事，道光八年七月初二日，档号 04-01-01-0699-003。
② 多指茶司库贮陈茶，每年由甘司额送 11500 斤，分散八旗四部落各兵扣饷抵价，参见道光《新疆识略》卷 8《库储》，道光刻本，第 969—970 页。
③ 以上引文见朱批奏折，伊犁将军德英阿奏，奏为筹酌稽查北路茶叶大黄章程事，道光八年七月初二日，档号 04-01-01-0699-003。
④ 朱批奏折，伊犁将军德英阿奏，奏报伊犁本城酌收落地茶税事，道光九年二月初五日，档号 04-01-35-0556-056。

羌二城抽税，乌鲁木齐照阿克苏税则抽收，两路稽查。"① 乌鲁木齐之所以照依阿克苏抽收，是因地理位置重要。该处不仅有运往伊犁、塔尔巴哈台二城之茶，即北商细、杂等茶"自古城纳税后贩往回疆，亦必由乌鲁木齐经过"。而伊犁地通藩部，为避免"有交接外夷之弊"，故而设局征管。② 当然，由于经运南北疆各税局的茶叶种类迥异，北疆税局也相应地调整了杂茶税类。综其定税原则，附茶需配合引课，税较重；"六色杂茶"等细茶非民众日常所需，抽税也较重；仅大、小斤茶为民众必需，抽税较轻。如伊犁税局奏准照古城现行税额，于落地税酌减一成，即每小斤茶百斤，抽落地税银四钱，每大斤茶百斤，抽落地税二钱。③ 附茶则直接照叶尔羌、喀什噶尔税局的办法征收，每五斤一包，抽税二钱。至于乌鲁木齐税局，则大、小斤茶亦采用古城现行税则，小斤茶每百斤抽收税银六钱，大斤茶每百斤抽收税银三钱。细、杂、附各茶，则照阿克苏定额，每五斤纳税银三钱。④

就实施结果而言，北疆杂茶税收十分可观，仅古城一处，自道光八年（1828）十月到十一年（1831）九月间，新征税银22023两，年均低于原估的8000两。十一年年底恢复与浩罕通商后，该年十月初一起至十四年（1834）九月底止，统计每年抽获税银10100—15000余两不等，⑤ 高出原估8000两的抽税标准，取得较好收益，详见下表。

---

① 那彦成：《那文毅公奏议》卷77《议立茶税》，《续修四库全书》，第497册，第737页。
② 朱批奏折，乌鲁木齐都统英惠，奏报酌议乌鲁木齐抽收茶税缘由事，道光九年三月十八日，档号04-01-35-0556-059。
③ 朱批奏折，伊犁将军德英阿，奏报伊犁本城酌收落地茶税事，道光九年二月初五日，档号04-01-35-0556-056。
④ 朱批奏折，乌鲁木齐都统英惠，奏报酌议乌鲁木齐抽收茶税缘由事，道光九年三月十八日，档号04-01-35-0556-059。
⑤ 朱批奏折，乌鲁木齐都统长清，奏报新疆试收茶税展限期满请尽收尽解事，道光十五年正月初十日，档号04-01-35-0557-057。

第三章 作为国制的茶法与茶叶贸易

表 3-1　　　　古城税局道光八年至十一年征收茶税数额

| 时间 | 收税金额（两） | 每月平均收税 |
| --- | --- | --- |
| 道光八年（1828）十月—道光九年（1829）九月 | 7653① | 637.7 |
| 道光九年（1829）十月—道光十年（1830）九月 | 7693 | 641.1 |
| 道光十年（1830）十月—道光十一年（1831）九月 | 6677 | 556.4 |
| 总计 | 22023 | 718.8 |

数据来源：朱批奏折，乌鲁木齐都统成格，奏报应征茶税仍请展限试收三年再为定额事，道光十三年正月二十四日，档号 04-01-35-0557-038。

禁运私茶改变了北疆茶贸市场结构，使附茶销量开始下降。如伊犁私茶查禁前，夹带附茶年销达七八十万斤，查禁后实销附茶不及 2 万斤，实销大、小斤茶共 20 余万斤。② 缴税后就能领票贩茶的抽税方式，在一定程度上促进了新疆茶叶市场贸易的发展，增加了贸易量。至道光十四年（1834），有人估算古城税局征收数额，计自道光九年（1829）至十四年，征收税银 66000 余两，可抵甘司滞引 17400 余引。③ 古城年均收税银 1 万两以上，超出了最初估算的 8000 余两，亦超出了设局之初实收的六七千两，达到了裕课利民的效应。

至清中叶，清廷大一统治理体制在新疆推行已达半个多世纪，然而，各项制度的实际效果和推进程度参差不齐，亟待修正与改革。如传统的领引行销茶叶之政，弊端丛生，与新疆的实际脱节，且无推行条件，显出往昔功能的衰败。面对交通大开，商路通畅的

---

① 该数据为实际收茶税银 11507 两，"内除补收前项封贮茶税银三千八百五十四两零"，继之的两年基本在六七千两。
② 朱批奏折，伊犁将军德英阿，奏报伊犁本城酌收落地茶税事，道光九年二月初五日，档号 04-01-35-0556-056。
③ 朱批奏折，伊犁将军特依顺保，奏报新疆北商行销杂茶无影射官引请照旧办理事，道光十六年四月二十一日，档号 04-01-35-0558-011。

形势，作为大宗商品的茶叶行销受市场调节的比重加大，清廷在充分听取地方大员的考察和实际执行的讨论意见，历经多年辨析取舍，精准把控善后事宜的关键节点，因地制宜，适时推行了立局征税这一新模式，实现了新疆商税与全国税制的接轨，加快了新疆商业近代化的进程。同时，茶叶贸易凸显了新疆在中亚地缘格局中重要的商贸地位，使相关各方在"税收"这一普遍认同的方式下进行茶叶贸易，一定程度上杜绝了茶叶走私，稳定了新疆茶叶市场秩序，有效维护了茶商的经济利益，有益于民众日常生活运转。这些均是清廷在新疆地方治理方面的重大进步。

另外，新疆茶叶立局征税后的税银，大多用于新疆军需养兵。时新疆驻防兵员达一万余名，所费不赀，不得不常年"筹及天下兵额内百分裁二粮饷，移以济用"，立局征茶税裕课，基本实现了将"回疆之利作回疆之用"的目的。[①] 直到咸丰年间，新疆制"咸丰通宝"钱时，所征茶税银仍在兑换后补充军饷。咸丰八年（1858）十一月起至九年十月底，乌里雅苏台统计商民贩来各种杂茶769181斤，应征税银7691.81两，遵照"以制钱二半抵银一两"的议定章程，共新收制钱15383.620串。管税局事务章京请将此茶税钱文移交粮厅收库，"以备抵充兵饷之需"[②]。所以，征收茶税更广泛的意义还在于减轻了清廷的军费负担，弥补新疆财政缺额，实现了立局之初伊犁将军庆祥所言的课税"四本"之首意，即"安边、便民、裕课、通商"[③]的"安边"之所在，对稳定新疆社会起到了重要影响。

---

① 那彦成：《那文毅公奏议》卷77《议立茶税》，《续修四库全书》，第497册，第733页。

② 录副奏片，乌里雅苏台将军明谊，奏报咸丰八年十一月至九年十月底抽收茶税银两折收制钱等情形事，咸丰十年正月初一日，档号03-4399-001。

③ 朱批奏折，伊犁将军庆祥，奏报遵旨会议新疆运茶请仍循旧章杂茶由北路运售事，道光四年七月十八日，档号04-01-35-0556-008。

## 第三节 以利为先的茶司行销引地限定与争夺

甘肃茶法中各茶司茶引管理有明确的地域范围,按例限定有地界,称为"行销地面",各自遵守,不得逾越。然而,由于茶叶贸易有利可图,时常会发生茶商越界行销茶叶的弊端,一些茶商越界行销、无引私贩与偷运屡禁不止,成了官方稽查的主要对象。领引茶商,简称引商,与其组织者总商,对私贩茶叶之无引商扰乱市场秩序的行为心有不服,也从自身利益出发,揭发控告官私舞弊者的情形屡见不鲜。尤其是甘肃茶务总商,肩负着甘肃三司茶引的领引行销与完课纳税责任,不能坐视茶市无引商人肆行私贩湖茶、官引积滞的局面,遂向清廷呈报弊端,建议清廷决策调控。与此同时,以新疆建省为节点,官民行茶争利亦升级,甘肃茶务亟须制定新的举措。

### (一) 茶商定籍章程及其演变

给甘肃领引茶商定籍,是清廷面对领引商人无秩序行销而实行的约束之策。情由在于回民茶商马起凤将原限定在西宁、河州的行销引茶擅自扩展到阿拉善而引发。按例"商人承领引张,本应由地方官出结",至迟在嘉庆九年(1804)之前,这一措施尚在执行中,且"累经前任各督饬取本籍印结",然而执行久之,则弊端百出,"嗣因公私不便,遂行中止"。而所谓"公私不便"的理由"盖因承充之人,先由州县查明出结,再由各衙门核转详报,层层纷扰,守候需时。报名者奔驰原籍,不暇办茶,未报者观望惮烦,不敢承领,必致有停引误课之弊"。如此可见,由地方官"出具干结"的程序被淘汰,似乎在客观上有益于茶商买卖,符合经商的动态特征。

回商马起凤,祖籍河州,寄籍西宁,其父马君选给阿拉善王办理盐务，马起凤则承买三司茶引共247道，以西宁、河州为出售茶叶范围。嘉庆九年（1804），马起凤被控"捏报籍贯，顶买私售"①，为此，清廷令甘肃藩司、兰州道详议茶商定籍之法并奏报，以防奸商勾连串通，偷税漏税。对领引行销的茶商籍贯加以规定，于次年议定"甘肃茶商定籍章程"，"均著申明定籍，严禁胥吏勾串"。对茶商进行有效管理。

至于马起凤事件，清廷认为"本应照例究治"，但是有以下五点免予追究的理由：一是马起凤在"充商时，止经报明原籍，未经声明寄籍，实系一时疏漏，并非假冒河州籍贯"。二是马起凤所领茶引行销的西宁、河州二处，"均系该商行茶地面，原无须假冒籍贯充商"。三是其父马君选为阿拉善王办理盐务，"该商行茶地面层层盘查，不能越境偷运至阿拉善售卖"，况阿拉善食用茶叶，经宁夏道查明，向由归化城、察汉库列、包头、定边等处购买砖茶、篓茶，驼回食用，甚属便捷，更"无须远买三司引茶"。四是马起凤家道饶裕，亦无须借领阿拉善资本，均属可信。五是嗣后马起凤定籍西宁，"惟嗣后顶补茶商，自应申明定籍"。鉴于以上五点，清廷给出对该事件的处理意见："无捏报籍贯顶买私售情弊，应无庸议"。至于其余各商茶如有"似此迁移跨籍者"，均令一体改正，遵照现定章程办理，以备稽查报认茶商。

与此同时，陕甘总督倭什布指出，近年茶课征收既无贻误，自应仍照旧章办理。并以此围绕"招商承引，总以营销办课为重"，对总商与地方官的各自责权关系加以区分。建议在引课征收过程中，总商负责征税，"亦无所借口"，仍按旧章。倘若"结报虽由总商，而行查原籍，仍由该地方官查覆"，总商亦当按"该司道等所议"执行。如此两方相互牵制，"总商亦无从蒙混"。由是，清廷谕令地方官，嗣后按照旧章，责成总商，处理好与众商关系，即

---

① 录副奏片，署陕甘总督方维甸，奏为马君选与子马起凤被控捏报籍贯顶买私售私茶一案另行奏闻事，嘉庆九年五月初五日，档号03-2143-013。

"伊等日亲众商，稽查较易，有无顶冒，令其造具的实籍贯、引数清册，取具亲供甘结，由兰州道行文，该原籍地方官查明详复、移知布政司衙门存案"①。

定籍章程的制定与实施，一定程度上保障了茶引市场的有序运转。然而，同治年间，伴随茶叶产地湖南遭受太平军起事重创，商路受阻，且西北战乱频仍，甘肃茶引"行引地面多遭蹂躏，茶资并失"，茶引难以销售，严重阻滞茶税征收。清廷允准左宗棠提议，废除茶引制，实行茶票制，自此，取消总商与领引商人茶籍，商人行茶，先纳课再领票，"不分何省商贩，均准领票运销"②，换言之，伴随茶票制的实施，茶商定籍章程也遭废除。

### （二）茶务总商之诉

无引茶叶被私贩甘肃，对这里领引茶商的冲击极大，尤其私贩横行，直接损害领引茶商群体的经济利益，也影响到茶税征收。甘肃茶务总商针对无引茶扰乱引商行茶的各种弊端，出面维护众引商利益，其上诉内容的核心点便是以私贩对茶税征收冲击而展开，表明呈控旨在呼吁众商积极申领茶引，以完成茶课征收。

道光十二年（1832）三月，作为甘肃茶务总商的毕新兴就茶引受到私茶冲击而滞销，以及商民难以纳税等情，上奏进京控告有私贩采买湖茶者，含糊纳税，暗中运入陕、甘、新售卖，从中牟利。即"惟近年来各处无引，私贩横行遍处，甚于官引数倍"。又由于清廷严禁在青海西部蒙藏地界畅卖茶封，接济"野番"，以致引滞课绌，百姓无茶食用。③尽管陕甘督办颁布"行文严禁，而私

---

① 以上引文均见朱批奏折，陕甘总督倭什布，奏报详议甘肃茶商定籍章程事，嘉庆十年闰六月二十五日，档号04-01-35-0551-019。
② 录副奏折，陕甘总督左宗棠，奏为查明甘肃茶商历年积欠无力交纳请准豁免并拟变通试办章程事，同治十一年十月十五日，档号03-4891-106。
③ 录副奏折，陕甘总督杨遇春奏，为遵旨审拟茶商毕新兴呈控私贩采买湖茶含糊纳税由别途运入售卖等情一案事，道光十二年八月二十日，档号03-4047-011。

贩视为具文，毫无畏惧，以致官引滞销，帑项短绌"，遂请愿"惟望私贩净绝，官茶畅销，则官、商办课银不致坎坷"①。

总商毕新兴，又名毕延清，时年三十六岁，为陕西泾阳回民、报捐监生，早先充任甘肃省茶务散商，承引销茶，后被点充甘省茶务总商。② 其所呈控的茶叶私贩横行、官引滞销、帑项短绌、商困已极的问题，从另一个视角反映了甘肃茶贸中的官民争利，引商与无引商之间在茶利上的博弈。毕新兴从领引茶商的角度，提出西北茶叶市场无序要害在于以下四点，大致而言：

其一，建议清廷严禁无引商私贩湖茶入甘，商州纳税后的陕境行销茶不得入甘，保护引商利益。引商与无引商的采茶路径相同，均赴湖南采茶，经由湖北襄阳樊城径运陕境商州属龙驹寨税关，纳税过载，因税关只顾收税，核查无力，以致无引商"明目张胆，横行无惧"，"每年所采无引私茶百万斤之多，改装式样运入甘境"，对引商行销构成危害。

其二，毕总商建议清廷严饬陕省产茶改装式样入甘。陕西无引商不仅"私贩赴湖，采贩湖茶，横行陕西，格碍官引"，还将陕境没有市场的名为紫阳茶的茶叶，在汉中府地改装式样，假名杂货，由甘肃略阳小路运往甘境的洮岷、河州等处，俾紫阳茶遍布甘肃茶引行销之地，争夺甘肃引地，致使"引课积滞"。

其三，建议清廷裁革新疆私茶之税，与商等量增引，行茶纳课，接济民食。西北入疆之茶，除了甘肃引茶外，还有自草路进入古城的北商所行杂茶，这些茶叶经古城抽分后，运至迪化城起票，再分运新疆南北各城售卖，"每年行茶一百数十万斤，甚至二百万斤之多"，关键是这部分茶叶纳税很少，"只纳税银七八千两"，而

---

① 录副奏折，甘肃茶务总商毕新兴，呈为茶叶私贩横行官引滞销帑项短绌商困已极请确查调济事，道光十二年三月十八日，档号03-3765-014。

② 录副呈状，甘肃省茶务总商毕新兴，呈为茶叶私贩横行官引滞销帑项短绌商困已极请确查调济事，道光十二年三月十八日，档号03-3765-014。

甘肃引商自甘司运疆之茶，每年70余万斤，"纳课银四万四千有奇"，"其私茶较之引茶多行数倍税额，课数少纳数万两"。这种同为茶商，却由引商面对"茶多税少"的不公，直接伤害了引商利益。

其四，总商建议清廷严禁蒙古地方卡外不得越定章程外，西宁府所属各内地并西海蒙古地方，准其畅卖茶引。甘肃西司茶引九千数百道，由引商承行，一直以来，"销茶完课，惟赖西海蒙古地方"，从无积滞。自道光四年（1824）实行善后立定章程后，其西宁府所属丹噶尔、贵德、大通等处及蒙古各处地方，茶叶弛禁，"各商民视茶为禁物，不敢畅卖"，致"西司引滞"。以便实现"外无偷漏，内无缺乏食茶"，则西司引课实有大益的新局面。①

毕氏呈告，引起清廷的高度重视。清廷指示：此事若属实，则必须严行缉禁，以增引裕课。遂于三月十八日，谕陕甘总督杨遇春"确切查明，认真办理"，给出明确答复。次日，杨遇春即督率藩司方载豫、署臬司图明额、署兰州道张应铨共同审询毕新兴，并于八月二十日奏"遵旨查明新疆等处商贩茶斤以及青海蒙番易茶各旧章与官引均无窒碍缘由"折，② 其中说毕新兴之所以控告陕甘新三地存在贩卖茶斤等事，与陕西与甘肃百姓选择性食用茶叶有关，也与茶商在行销中对市场份额的占有相关，既分析了缘由，也从实际出发予以处理。③ 事后，杨遇春对新疆等处贩茶易茶旧章与官引等项，又逐一检查。④ 并于道光十二年（1832）九月中旬专门就新疆等处贩茶易茶旧章与官引均无窒碍问题专折分析，对新疆旧有各

---

① 参见录副奏单，甘肃省茶务总商毕新兴，呈湖茶私贩肆行官引积滞缘由清单，道光十二年三月十八日，档号03-3765-013。
② 以下均见朱批奏折，奏复新疆商贩茶斤及青海蒙番易茶旧章与官引无碍事，道光十二年八月二十日，档号04-01-35-0557-031。
③ 相关内容参见赵珍《绥边福将杨遇春研究》，中国社会科学出版社2020年版，第313—318页。
④ 以上均见朱批奏折，奏复新疆商贩茶斤及青海蒙番易茶旧章与官引无碍事，道光十二年八月二十日，档号04-01-35-0557-031。

章程的可行性予以了充分肯定。然而，道光十六年（1836），因各茶马司库贮茶叶艰于销售，商人往往难以按期缴纳课税。① 此外，甘州司库贮茶还因贮藏时间较久，大量腐烂，② 茶司库贮茶叶滞销依然难以解决。充分暴露清廷在调控西北茶务问题上的漏洞，显示甘肃茶引与北商杂茶在制度机制上的张力以及官私争利上的不可调和，以致甘肃茶引与北疆杂茶的实施机制在近代社会茶市交锋与转型中双双终结。

### （三）伊犁官办晋茶

伊犁官办晋茶，是伊犁将军马亮所采取的"便民裕课、以开利源而济饷需"③ 为宗旨的举措，实质是清末西北茶务变革中，尤其新疆建省的影响下，以伊犁将军为主的新疆地方借边疆社会形势发展，将原本由陕甘总督经理的西北茶务加以分割，而完全归于将军衙署经理的事例，以致清廷确定新疆茶务由伊犁将军经理。所以，近代茶引改茶票的实施以及边疆危机与西北社会演进过程中，茶课税收更成为地方财政重要来源之一，而此时作为甘肃重要引地的新疆茶叶市场发生较大变化，集中表现在：一是新疆地方官办晋茶及设立官茶局成为西北茶务变革的必然趋势。二是首任巡抚刘锦棠实施了"开源节流"的二十四条，其中尤对茶课征收加以规范，规定晋商所行杂茶与甘肃茶务的税收标准一致。这就彻底终结了自道光初年以来在新疆茶市围绕私茶而展开的甘肃茶引与北商杂茶的交锋对垒。

新疆茶市，自乾隆中叶以来，即作为甘肃茶引的行销之地，也

---

① 朱批奏折，特依顺保，奏报新疆北商行销杂茶无影射官引请照旧办理事，道光十六年四月二十一日，档号04-01-35-0558-011。这里北商指新疆地区进行茶叶贸易的以山西商人为主的私贩。

② 题本，潘世恩、奕纪，题为遵旨查核陕甘总督奏销甘省道光十五年各属茶马银两管收除在各数事，道光十九年四月十四日，档号02-01-04-20998-021。

③ 录副奏片，伊犁将军马亮，奏为甘肃茶商到伊犁及伊犁茶局筹停办暨收获余利银两提充公甲事，光绪三十一年五月初二日，档号03-6515-046。

是北商行茶重要市场。自南、北两路运进新疆茶市的茶叶，是当地兵民日常生活必需品。然而，因受清廷茶务制度规定的限制，两路茶商所经营的茶叶种类各有差异，缴纳的税课标准也高低不一，这不仅影响茶叶的入市成本与售卖价格，也与当地兵民的喜食与否相关，以致清廷中央与地方不断调整茶政，可是，官方与两路茶商在茶市角逐争利的矛盾困境，并没有多大改观。

即如前文所言，至道光初年，新疆茶市上甘肃茶引成本和价格过高、北商行销茶叶税课和成本过低的问题，一直是陕甘总督、绥远将军和伊犁将军以及定边将军等地方大员不断争议的问题，经过几番周折，清廷采纳伊犁将军和陕甘总督的意见，在新疆位置适中的古城设局征税，暂时平息了茶利之争。同治年间，引改票后，甘肃茶引在新疆茶市行销的主要茶商东、西柜更换为湖南籍为主的南商，亦称南柜，其行茶也从湖南采购，即"甘肃行销口外之茶，以湖南所产为大宗"①，又称湖茶。可是，这种茶因不为新疆当地兵民喜食，市场销售不畅。南柜茶商行销无利，甘肃茶课征收无着。相反，北路茶商，此时多称为晋商，所行之茶，被称为晋茶，销售畅旺，加之价格低廉，市场认可度高。两路茶商在茶市行销的不同结果，直接影响到甘肃茶课难以征收，引起陕甘总督的极大不满，清廷不得不出面处置。

光绪十一年（1885），新疆首任巡抚刘锦堂，对新疆茶市两路茶的税课加以整顿，规定由归绥道衙门呈请部票贩茶的晋商，贩运"千两、百两等茶在北路销售者"，每引照甘肃完纳课厘银4.44两，仍加抽落地税银2两，由古城税局征收，仍不准其侵占南路引地。并强调若晋商情愿办茶，均往甘请票采办，以符定章。甘肃茶务税收，由哈密设立税局，代收肃州出口茶厘，除每引完课厘银

---

① 左宗棠：《变通茶务章程八条》，见光绪《甘肃新通志》卷22《建置志·茶法七》，宣统元年刻本，第2500页。

4.44两外，每百斤征银2两。① 这就从根本上改变了自乾隆中叶以来晋茶拿票经营茶叶缴纳轻廉茶税的优势，改而与甘肃茶务改引行票后的税收标准一致，尤其是经古城而未按照统一标准纳税的晋茶，一律视为私茶而充公。如此，北商所行晋茶在新疆茶市亦受重创。这也从法令层面否定了之前北商贩运入疆之茶、税少价低的现实，晋茶在疆的合法性受到质疑。

故而，伊犁将军马亮向清廷奏准设立惠远官茶局，实施"抑制私茶、兴办官茶"之举。这里所抑制的"私茶"，就是针对北商行运至古城而未按统一标准纳税的晋茶。然而，不可回避的实际问题在于：晋茶在新疆茶市行销经年，除了价格便宜外，还有一个很重要的原因，在于晋茶茶种深受新疆食茶兵民喜好，已经形成了北路茶叶种类与食茶兵民喜食偏好格局。而晋茶行销受挫，直接影响兵民食茶，私贩乘机补缺，官方难抑私茶，税课又无从征收，饷银难凑。一时间"晋茶"又成为新疆茶市的痼疾，而伊犁将军马亮也面对与此关联的两个"实在情形"。

其"实在情形"之一，在于北商所行晋茶，符合新疆食茶民众需求，仍有销路。输入新疆茶叶的路径与喜食人群格局的形成，与这里的气候背景有关，也与茶叶种类与北商谙熟茶道供销关联。此时输入新疆的茶叶，经两条路径于古城集聚。即一经甘肃嘉峪关，一由山西归化城取道蒙古草地，皆至新疆古城后，转行运销南、北两路，是以清廷于嘉道年间在古城设局征税，载入户部则例的缘故。也由于两路茶商所贩运的茶叶种类与所供应对象的喜食偏好均有别，即如光绪年间伊犁将军长庚所言：南北两路气候迥异，各处人群喜食茶叶的偏好不同，"惟南路天暖，喜食细茶，北路地寒，喜食粗茶"，"粗茶性暖，煎乳相宜，细茶性寒，饮之辄患腹

---

① 录副单，甘肃新疆巡抚刘锦棠，呈部议筹办开源节流二十四条就新疆情形逐条议复清单，光绪十一年十二月十九日，档号03-6614-016。

痛"。故而，自张家口外以至伊犁，凡属蒙古境内，皆食砖茶，而哈萨克兼食红梅、米星等茶。"盖蒙、哈以乳茶养命，不啻资谷食以为生，实为日不可少之需"，这就形成"此蒙古地方所以久行晋商粗茶之实在情形"[1]。

至于申领甘肃茶票属于南柜的湖南商人所行湖茶，尽管依然以新疆为茶叶引地，但是湖商自知所行湖茶不被当地民众看好，尤其是作为食茶主力的驻防官兵"因其色味不合，遂多买食私茶，以至官商折本，撤号去伊"。所以，伊犁地面"甘商早经撤号，近年亦无一叶湖茶来伊"[2]。或有一些南商于甘肃茶务额票以外，又另请市场销路较好的晋票，改而办运晋茶。可是"时逾二年，运到寥寥，不敷民用。茶价则一加再加，始尚禀请核定，继且任意增添。茶缺价昂，私销益甚"[3]。鉴于晋茶在新疆茶市仍有销路，伊犁将军马亮亦言"甘商如愿来伊，仍准其照旧营销湖茶"[4]。并认为"官办晋茶"是解决新疆地面私茶横行与补充民食不足的最佳途径，亦不侵占甘引销路。

其"实在情形"之二，在于晋茶受挫后，私贩难抑。自咸同军兴后，两湖地方茶源受阻，甘肃三司引地被四川私茶乘隙侵占。左宗棠规复茶政，"置湖商行新疆甘司引地，以资补苴"。然而，湖商亦仅行销新疆南路，"北路蒙、哈仍食晋商所贩粗茶"。迨建省后，伊犁地方则将运至古城官茶号未按统一标准纳税的晋茶"指以为私，查拿充公"。在政策对湖茶的保护下，晋茶再次被视作私茶，以致"真正晋商，始不敢贩茶"，而"乘时射利者""遂

---

[1] 朱批奏折，伊犁将军长庚，奏报筹议伊塔两城试办茶务公司另立票额完纳课厘事，光绪三十三年十二月十八日，档号04-01-35-0585-061。

[2] 伊犁将军马亮，试办官茶以济民食而顾国课折，光绪二十九年五月十一日，参见杜宏春校笺《伊犁将军马、广奏稿校笺》，第82—84页。

[3] 朱批奏折，伊犁将军长庚，奏报筹议伊塔两城试办茶务公司另立票额完纳课厘事，光绪三十三年十二月十八日，档号04-01-35-0585-061。

[4] 伊犁将军马亮，试办官茶以济民食而顾国课折，光绪二十九年五月十一日，参见杜宏春校笺《伊犁将军马、广奏稿校笺》，第82—84页。

纷然以起，潜销默运，规避多方，包运绕越，无所不至。究之民食既惯，晋茶价值又廉，扼禁虽严，而食晋茶者如故，贩晋茶者亦如故"①。伊犁地方出于维护甘肃官茶利益，遂抵制晋茶销售。

可是，问题的根本在于，晋茶并非未纳税的私茶，而是领有理藩院、绥远将军所颁发票照的合法之茶，只是相对于甘肃茶引而言，为无引之茶，至道光初年，严重影响甘肃引茶在新疆茶市销售，在陕甘总督眼中被视为私茶。故而清廷的一些官员有这样的说法，即"查私商历年运到之茶，虽无甘省官票，均在古城完过税银，既未便遽行充公，亦难任私销不禁"②。那么，至光绪年间，对于新疆建省之后，北商缴税与甘引同等的要求被提上日程，也成为视晋茶为私茶的根本。

伊犁将军马亮对以上两种"实在情形"加以总括道："伊犁各城从前本非湖茶引地，所食均悉内地商民贩买各色茶斤运伊营销。定例官为设局，抽茶作税，由伊犁将军督察稽查，即以晋茶为大宗。迨收还伊犁后，始行改章，由甘肃招商给票，采运湖茶来伊发卖。虽经严禁晋茶不准入境，无如汉、蒙、缠、哈均不惯食，且因湖茶价昂，不如晋茶价贱，以致私茶不能禁止，湖茶不能畅行。"③

无论如何，面对以上两个"实在情形"，以及新疆建省后对入疆晋茶与湖茶实行相同税收标准等举措的实施，对新疆茶务影响深远。然而，"伊、塔商业，而以茶务为大宗"④，且"伊犁茶务自甘商复引，晋私既禁，湖茶不来，民食甚缺，茶价较前加增一倍，尚复无茶可买，若不设法改良，匪惟利权外溢，蒙、哈乏食，实难谋

---

① 以上引文均见朱批奏折，伊犁将军长庚，奏报筹议伊塔两城试办茶务公司另立票额完纳课厘事，光绪三十三年十二月十八日，档号04-01-35-0585-061。
② 伊犁将军马亮，奏报伊犁茶局现筹停办缘由片，光绪三十一年三月十五日，见杜宏春校笺《伊犁将军马、广奏稿校笺》，第140页。
③ 伊犁将军马亮，请派员探运晋茶行销伊犁各城折，光绪二十八年十一月十六日，见杜宏春校笺《伊犁将军马、广奏稿校笺》，第18—19页。
④ 台北故宫档，军机处朱批奏折，伊犁将军广福奏为伊塔茶务有限公司请改专归商办由，宣统二年三月十九日，文献编号：186800。

生"。多种情形相互交织，新疆茶市出现了所谓"无如官茶久已停运，私茶各处畅行，念国课之攸关，则私茶不能不立时严禁，计民食所需用，则官茶不能不亟于举行"的局面，① 且直接与伊犁将军筹措饷银来源挂钩，经伊犁将军马亮奏请，试办晋茶官运，希冀将晋商所行茶砖，化私为官。该举是伊犁将军加入分割既有甘肃茶课这块大蛋糕的开始，自此西北地方陕甘总督、伊犁将军以及绥远将军之间为茶务而展开逐利之争，所引发和造成的各种分歧，成为该时期茶政制度建设的主要问题，主管税课的户部及其已经改为度支部后的中央机构，作为调节多方争利的润滑剂也大费周章。然而，甘新茶务分制是近代西北茶务演进的必然趋势，无可替代。

光绪二十八年（1902），伊犁将军马亮"念国课之攸关，则私茶不能不立时严禁，计民食所需用，则官茶不能不亟于举行。若再待往返会商定议始行试办，诚恐迂缓稽延，于国计民生均无裨益"，遂奏报清廷，建议"试办官茶"以利民，"便民裕课，以开利源而济饷需"。遂"一面先行派员设局试办官茶，一面咨商会奏"②。十一月十六日，拟定章程八条，③ 奏请准予派员采运晋茶，营销伊犁各城。朱批：该部议奏，单并发。户部议覆认为，此与西北茶务大局攸关，但是，实际存在的一些问题，尚需西北各级官员联系商讨。于是，饬伊犁将军会同陕甘总督、新疆巡抚、驻塔尔巴哈台伊犁副都统，体察情形，"公同商酌，一俟议定，即行奏明，请拨饷项试办"④。梳理户部所提问题与马亮回应的内容，大致包

---

① 伊犁将军马亮，试办官茶以济民食而顾国课折，光绪二十九年五月十一日，参见杜宏春校笺《伊犁将军马、广奏稿校笺》，第82—84页。
② 伊犁将军马亮，奏报伊犁茶局现筹停办缘由片，光绪三十一年三月十五日，参见杜宏春校笺《伊犁将军马、广奏稿校笺》，第140页。
③ 伊犁将军马亮奏，饷源支绌拟请派员采办晋茶行销伊犁各城便民裕课谨拟章程八条。参见《伊犁将军马亮广福奏稿》，全国图书馆文献缩微复制中心2005年版，第64—81页。
④ 伊犁将军马亮，试办官茶以济民食而顾国课折，光绪二十九年五月十一日，参见杜宏春校笺《伊犁将军马、广奏稿校笺》，第82—84页。

括以下六点：

（1）设立茶务公司的成本来源。户部指出，按例封储银两，不准挪移。马亮认为，茶为民食所必需，现在湖茶不来，私茶宜禁，即无实在把握。可是"茶为民食所关，亦不能畏葸不办"。并言自己"迭经访查伊犁茶价"，除去采运成本及沿途运价、应缴课厘、开支局费，尚有盈余。明确表示官办晋茶"并非毫无把握也"。马亮表明可就地筹借商款5万两，以资采运，俟茶到营销后，归还原款。并表示拟定五月内派员起程，赴张家口采茶，转运伊犁接济。马亮还进一步将自己的设想告知户部，说：如获有余利，仍行报明充公。如成本有亏，即由个人赔偿。俟办有成效，另行拨款。

（2）俸饷搭放茶斤，兵民有无不妥。户部指出，旧例俸饷搭放茶斤，然而久未执行，若分成搭放，"群情是否允洽"。马亮回复，已经咨询各营关于设立茶务公司，承办官茶一事，各营皆称：采办晋茶，搭放俸饷，分定成数，官兵均便。且表明各营对改行湖茶后的茶种并不满意，茶市出现"兵民多不愿食"的困境。故而搭放晋茶，尚无不允洽之处。

（3）官办晋茶对甘引有无影响。户部指出，以票代引，历有年所，改行晋茶，归官试办，"甘商少此销路，课厘亦恐减收"，该当如何应对。马亮回称，伊犁地面，"甘商早经撤号，近年亦无一叶湖茶来伊"。此次官办晋茶，并不侵占甘商销路，也不能任听甘商求减课厘。马亮进一步解释：对此问题，自己在前奏中也有声明，即"甘商如愿来伊"，仍准其照旧营销湖茶。如是，亦"无虑甘商借口请减课厘"。

（4）甘票章程的每票征课厘222两，如何确定。户部指出，出口之茶，另于边境设局，加完厘一次，原单未将加厘一项并计在内，原因何在？对此，马亮回应，按照甘票章程，商运湖茶，系在湖南采办，由内地行走，沿途经过局卡甚多，概不完纳厘税，仅由甘肃总收，是以每票定课厘银 222 两。① 茶出口后，经过哈密，始有加厘。落地行销，概无厘税。此次设立公司，试办晋茶，拟在张家口采办，由口外草地行走，沿途本无经过局卡应完税厘，且原单议请起运时，仍在张家口照各处行商完纳出口课厘。到地营销时，仍在各处行销地面完纳落地厘税。由户部部臣统收并计。如此办理，较甘票出口所收课厘数目，已属有增而变出盈余。故而，仍拟提充正饷，应请不再加厘，以昭公允。

（5）如何禁止私贩。户部指出，新疆北路辽阔，若伊票晋茶与甘票湖茶一路营销，则头绪繁多，私贩侵越，尤多不免，应如何查禁。马亮回应，新疆北路昌吉、绥来、库尔喀喇乌苏、精河、塔尔巴哈台一带，"久为私茶占销"，伊犁运茶又须由昌吉一带行走，若能一律改行晋茶，仍在各该处完纳厘课，各地方官稽查私贩必能认真。是于不分畛域之中，仍寓互相查察之意，并非与甘票湖茶一路营销，争此微利。马亮还专门回应说："今部议，既虑官办反不免有私贩侵越"，那就采取径直将伊票晋茶运输伊犁、绥定、宁远、惠远各城营销的办法，沿途经过局卡，验票放行，概不完纳厘税。行销地面，派员认真缉私。至于省城以北、精河以南、并塔尔巴哈台等处，即由新疆抚臣及塔城、伊犁副都统转饬甘商，运茶接济，严禁私贩，不得入境。如有私贩，故违不遵，或伊犁官茶有沿途洒卖者，无论何处查出，即将私茶充公，并治以应得之罪。为此，马亮还说道，如部臣及抚臣等仍准伊票晋茶通行新疆北路一带，俟会商定议，再行奏明办理。

（6）对用人问题的异议。针对户部议复中的用人问题，马亮

---

① 甘茶现章每票收课银 150 两，税厘银 72 两，又加收 21.6 两，新疆原收税银 80 两，又加收银 20 两，总共甘新课税并收银 343.6 两，以每票四千斤计算，每百斤实收银 8.59 两。今晋茶行伊，原奏每票仅征课厘银 222 两，经过地方验票放行免重征税，较之晋茶每票少纳银 121.6 两。参见新疆官茶局呈报议办伊犁茶务章程，光绪二十九年九月十二日，见中国边疆史地研究中心、新疆维吾尔自治区档案局合编《清代新疆档案选辑》，第 88 册，第 70—72 页。另外，这里的"出口"，专指自甘肃嘉峪关输入新疆之茶。

回答，伊票晋茶系由本人创议试办，委派经理之人，更属责无旁贷，自当谨遵部议，慎选老成谙练之员办理，以免中饱亏挪。

马亮还进一步表示，以上系伊犁现在情形，经本人熟思详度，深虑甘肃督臣、新疆抚臣，既不知本人是否确有把握，又难定群情是否尽能允洽，若反复咨商，"徒延时日"。何况满蒙各营，部落人众，日食所需，难于久待，是以详细陈请。

马亮还据理力争，说道：除茶务大局，有无窒碍，仍俟咨商妥确、另案会奏，请旨拨款外，现在官办晋茶，既不挪移封储公款，又未侵占甘肃销路。并再三奏请清廷"圣明独断"，念边地筹饷维艰，需茶孔急，准由本人自行筹款，派员前赴张家口，先行试办，免致坐失机宜，庶裕课便民，得以稍补时艰于万一。并表示对户部的"所有遵旨议覆"，仍会继续咨商会奏。① 值得一提的是，在清廷尚未给予准确指令的同年腊月初二，马亮在伊犁成立惠远官茶局。②

当然，西北各级官员依旧在按照清廷的要求，即由马亮与陕甘总督崧蕃、新疆巡抚潘效苏等，反复讨论"清廷旨意与户部议复"。往返商议，并不顺利，总督崧蕃始终认为晋茶官营会影响湖茶收入，并要求伊、塔代为销售滞销甘票。指出"甘肃茶票，尚悬九十余张，拟将甘肃应销伊、塔茶票若干张，分拨官运，代为融销，照完课税，以杜南商之口"。对此，马亮委曲求全，同意由"伊犁一处代为融销四十票茶斤，照章认缴课厘，以复引额"③。

然而，当陕甘总督得知伊塔茶票贩售获利后，旋即表示"甘商自愿改办晋茶三十票，运赴伊、塔两处复引"，并称在甘商所运晋茶未到之前，可任由伊犁官运晋茶行销。实际上，甘商所领晋茶

---

① 伊犁将军马亮，试办官茶以济民食而顾国课折，光绪二十九年五月十一日，参见杜宏春校笺《伊犁将军马、广奏稿校笺》，第82—84页。
② 《马亮（明山）致复各处函稿》，光绪二十八年，北京大学图书馆藏。
③ 录副奏片，伊犁将军马亮，奏为甘肃茶商到伊犁及伊犁茶局筹停办暨收获余利银两提充公甲事，光绪三十一年五月初二日，档号03-6515-046。

票数相对于北疆茶贸市场所需，只是杯水车薪，"茶商认票既不如伊犁官运之多，销路又复占伊、塔两处之广"。但甘商毕竟是新疆引地合法行销的官商，马亮只得"复电商督臣"，由其饬谕甘商，将所办30票引茶，专销塔城一路，而"存此伊犁一隅之地，归官试办"。孰料，被崧蕃拒绝。无奈之下，马亮一面"派员设局，筹借成本，按照该商等贩运成本，发价收私，以免私商赔累"，一面派员去张家口采购晋茶，以济伊犁市场之需。同时再度催促户部，"与其拘守成法，坐用堪虞，何如量为变通，俾得稍开利源，藉纾饷力"。且发出了"仰恳敕下户部、商部，将伊犁茶务能否改章开办，妥议具奏，以便切实举行"的请求。①

不得不说，在西北茶政变革举步维艰的情形下，马亮自行设立伊犁茶局、行销晋茶的成效颇为显著，仅光绪三十年（1904）二月到十二月间，盈利12000余两，收到了"私茶业已收尽，官茶业已畅行"的良好效果，先前被排挤出伊犁市场的甘商也重在伊犁开设分号。如兰州道荣霈称，南商因全案成本过重，课厘关系巨款，伊、塔引地一失，新疆引地，亦将渐归乌有。无论如何，不甘抛弃引地。故而，由兰州道核明后，又详请发给甘肃茶票150张，每票抵引50道，每引照例配茶100斤，附茶14斤。所应缴课厘银51540两，照章完纳，推其暂行试办。并照湖茶成案，以三年为期，如果销路畅旺，每年实能销茶若干，届期再行酌定票额。于是，将此办法与伊犁将军马亮、新疆巡抚潘效苏往返电商，意见达成一致后，奏明办理。②

然而，此种由甘肃出面以给湖商维护新疆引地的举措，并不能解决北疆茶市兵民食茶需求，"茶色若不齐备，私贩必将复来"③。

---

① 伊犁将军马亮，奏报伊犁茶局现筹停办缘由片，光绪三十一年三月十五日，参见杜宏春校笺《伊犁将军马、广奏稿校笺》，第200—201页。
② 录副奏折，陕甘总督崧蕃，奏为试办湖北羊楼岗茶砖运至伊犁各处行销请发茶票事，光绪三十一年四月三十日，档号03-0515-044。
③ 伊犁将军马亮，奏报伊犁茶局现筹停办缘由片，光绪三十一年三月十五日，参见杜宏春校笺《伊犁将军马、广奏稿校笺》，第200—201页。

马亮遂派员前往张家口购买茶叶,并"咨明督臣、抚臣,请其饬令甘商措缴成本,将局存茶斤领去销售,一俟本缴茶完,茶局即行停撤"。且强调若甘商不愿承领,即须将"存茶销竣,再行报明撤局"。据后期估算,茶局所得银两万金左右,用于新政实施过程中开办皮毛公司的股本。

终了,马亮为改变新疆茶市"尚复无茶可买","利权外溢"的窘境而采取的伊塔茶票未能成功发行,可是官办晋茶措施,有效遏制了北商输茶入疆,加之甘商申办晋茶积极性较高,北疆茶市出现了短暂繁荣,使新疆茶务有了自行运作的可能,为新疆地方解决军饷开辟了新路,是近代新疆建省后对茶叶利源重视的具体表现,也是甘新茶务分制的初期实践。

## 第四节 以票带引与西北茶市的近代转型

咸同时期,因全国形势及西北时局变化,茶商采运不便,无商承引,即所谓"山陕旧商,无可招致,回商存者,更属寥寥"①。由是茶引停滞,茶课悬损,清廷在西北实行的独特茶法处于不得不变的关头,结果就是以茶票制替代旧有茶引制的实施。茶票制,以"案"为周期,首发为第一案,延至清亡,计发12案。步入民国,财政部令甘肃茶务仍照清代旧章办理,责成甘肃省转财政厅筹饷局专管茶票颁发,计发出10案。直至1940年,茶票制停止,前后共发22案。②最终伴随西北茶叶贸易由官办、官商合办,乃至被官控的中国茶叶公司所属西北分公司取代。

### (一) 茶票制缘起与实施

自19世纪中叶起,清廷面对东南茶叶产地湖南、湖北一带太

---

① 左宗棠:《变通茶务章程八条》,参见《甘肃新通志》卷22《建置志·茶法》,宣统元年刻本,第2498页。

② 据同治以后历届陕甘总督所奏相关茶案课银疏及民国人整理的茶案资料整理,可参见本章表3-2和表3-3。

平军战事与茶销市场西北回民起事的纷扰时局，茶叶商路制作砖茶的泾阳以及行引地面甘肃、新疆等处，"商力疲乏"，"引茶被焚，道梗商逃"。旧商和新商"茶资并失"，"畏累裹足"，课税无着。截至咸丰二年（1852），西北各茶司引商所缴上年应交茶课等银120293两，除完交银66000两外，尚有54200未缴纳。① 兰州道璋武禀报称"旧商无力领引，新商无人承充"，勉强招致商人，最终也只能承引数"百道至两千道"，达不到原来茶引的十分之一。② 为此，有官员建议将甘省茶税按照以往旧案，分作五年，"统随正课，均按银、票各半，带征完纳"。可是"茶斤为民间日需之物，应断不致全无销售，且官引果停，私贩必至乘间夺利，尤与茶政有所关碍"③。至同治四年（1865），西北茶引"引滞课悬，已历五年"，欠课表明似自咸丰八年（1858）起，实则咸丰三年（1853）以后，陕甘总督衙门就没再收到茶课。领引商人"积课过多"，"咸畏代偿前之额引，故皆裹足不前"，茶引行销中断。

为解决"商乏引滞、完课维艰"的困境，甘肃地方展开一系列整顿西北茶务的措施。先是护理陕甘总督恩麟奏准缓征咸丰八年（1858）引商"未交"茶课，同时抓紧销售是年之后三年内的茶商已领茶引，迟发同治元年（1862）新引，④ 兼将库储备拨新疆之茶，售卖折饷。次年，后任总督杨岳斌又转奏兼管西宁道茶务华祝三的西北茶务规划，其中"以票代引、减免厘税各项"最引争议。同时建议清廷增设官茶总、分店，分销甘引，弥补税

---

① 左宗棠：《奏免茶商积欠课银招商试办疏》（节录），光绪《甘肃新通志》卷22《建置志·茶法》，宣统元年刻本，第2494页。
② 左宗棠：《变通办理甘肃茶务疏》（节录），光绪《甘肃新通志》卷22《建置志·茶法》，宣统元年刻本，第2496页。
③ 题本，贾桢、文庆，题为遵察甘肃省奏销咸丰元年带征茶马银两各数事，咸丰五年九月初三日，档号02-01-04-21565-020。
④ 录副奏折，暂护陕甘总督恩麟，奏为商道梗阻甘省茶商税课力难依限完课请量予展缓事，同治四年五月二十二日，档号03-4889-090。

课，归并古城茶税及实行免厘税、缉私贩的办法。① 而上述社会时局变革以及地方大员所采取的实践与规划，成为清廷准予左宗棠承办"引改票"制的主要背景，亦是左宗棠茶务改革内容的基本依据，均为茶票制的实施奠定了基础。

同治十二年（1873），陕甘总督左宗棠针对西北茶政不畅，提出"今拟仿淮盐之例，以票代引"，并认为国家按引收课，东南惟盐，西北惟茶。茶之引课全在有无官、私之别，若西北茶务能够按照道光年间两江盐务之变革办法而改行票制，则十分有益，并提出实行茶票制的具体办法，主要体现在以下五个方面：②

其一，晓谕众茶商知晓茶政变化。经详查，领引商人"积课过多"以及"咸畏代偿前之额引，故皆裹足不前"，积欠茶课银不下40余万两。如此，茶票"试办之初，断难照数完纳"。而户部亦表明，税课不能豁免，即"以旧引责之原领商人，新引责新商承领，杂课暂虽展缓，未准遽停"。可是，据相关数据，自同治十一年（1872）二月至十二年年底，"旧商无力领引，新商无人承充，勉强招致，仅只陆续承引二千数百道，按之原额不过十分之一，茶务难望转机"③。然而，左宗棠坚持"试办"观念，且一再坚持推行票制，清廷不得已准予"豁免积欠课银，停止应征杂课"。由是，宣喻茶商知晓。

其二，取消茶籍限制，先纳课再领票。规定"以督印官茶票代引，不分何省商贩，均准领票运销，不复责成总商"。以此强化市场买卖因素的同时，约束总商的权力。同时规定，凡商贩领票，

---

① 光绪《甘肃新通志》卷22《建置志·茶法》，宣统元年刻本，第2504页；录副奏折，陕甘总督左宗棠，奏为查明甘肃茶商历年积欠无力交纳请准豁免并拟变通试办章程事，同治十一年十月十五日，档号03-4891-106。

② 录副奏折，陕甘总督左宗棠，奏为查明甘肃茶商历年积欠无力交纳请准豁免并拟变通试办章程事，同治十一年十月十五日，档号03-4891-106。

③ 《甘肃茶务久废请变通办理折》，同治十三年二月十六日，左宗棠：《左宗棠全集》第6册，刘泱泱等校点，岳麓书社2014年版，第7页。

均令先纳正课,至于一时不能筹措缴齐课税者,允许寻觅保户,或本地殷商取具保结。强调"惟保户著赔",可以避免引商"届期欠课不缴"的弊端。

其三,制定税率并按行茶区征收。按例商人行茶,"正税照定例征收,杂课归厘税完缴"。为保障税课征收,采取了区分领票商人行销区域而决定纳税税率的办法。即茶商完纳厘税的境内行销之茶,每引收银一两数钱,至多不过二两。出口之茶,由边境地方局卡加完厘一次。"以示区别而昭平允",以期"简明核实,课额自可不致虚悬"。

其四,行茶需经官方核定。商人据所持资本多寡,承领茶票,一票计50引,计茶800封。商人领票后,赴湖南等产茶地方采办,再贩运到陕西泾阳,就地压砖成封。对无票私茶,即行截留,令其补领官票,赴行销地方纳课,经厘局验票完厘。有票官茶过卡,卡员验明茶票、斤重相符,即予放行。[①] 为了鼓励甘肃茶商积极领票行茶,左宗棠还与湖南方面协商,凡领甘肃茶票的商贩,过境湖南,只征厘金二成,其余八成由甘肃补赔,资金自湖南应解甘肃协饷内划抵。

其五,改革甘肃茶商组织格局,专组湖商,添设南柜。甘肃茶务引改票及茶商组织机构调整之时,正是湘军西行平定甘肃回民起事之际。甘肃茶商组织,"旧设东、西两柜,东柜之商,均籍山、陕。西柜则回民充商,而陕籍尤重。乱作回商多被迫胁,死亡相继,存者寥寥,山、陕各商,逃散避匿,焚掠之后,资本荡然"。于是随军西进而来的湖南商人及湘军子弟,借家乡产茶与人地两熟的便利,加入西北茶贸行列。由是甘肃茶商组织格局中出现了由湖南商人为主体的"南柜",以"补东、西柜力量所不逮"。自此,

---

① 以上参见左宗棠《附变通茶务章程八条》,见《甘肃新通志》卷22《建置志·茶法》,宣统元年刻本,第2498—2500页。

新商与旧商，各自领票，不相牵涉。① 对此，学界有一种说法，即在 19 世纪 70 年代，"中国当局对西部边区的茶叶贸易实行了专卖垄断，只允许湖南商人经营茶叶"②。

上述办法，自同年招商试办，为第一案，共印发茶票 835 张，发出茶引 41916 道。每票准茶商贩茶 10 包，每包净重正茶 100 斤、附茶 15 斤。③ 因茶在泾阳还要再加工，又规定每茶票计 800 封，每封 5 斤，计重 4000 斤。以票代引后，规定每票征课银 150 两，每引课银 3 两，厘银 72 两。又于茶厘议增案内，将各司每票加增银 21.6 两。如此，每票征税银及完厘，共计 258 两。初领时先收 100 两，由陕西泾阳运茶至兰州入库时，再交 158 两。统于三年领票之期，先缴课银，俟茶运到甘盘验时，厘金全数缴清，再放行，经茶商销售各地。④ 合规茶商行销不再受地籍限制，或许是引改票后最重要的一点，即如档案记载，光绪二年（1876）六月，河州商人将黄茶驮运到西宁城区当街发卖。⑤

至光绪八年（1882），西北茶票制实施已历 10 年，陕甘总督谭钟麟查得之前的首发茶票中，除了已经陆续运到甘肃销售的外，领票未办的尚有 5310 引，且"迄今未见运来甘肃，不知是否有意取巧"，或甘肃茶商赔累惨重而弃引。几经考察后，谭钟麟得出了甘肃"每年三司地面，亦仅销五千引之谱，若商人急欲图利多领，必致壅滞"的结论，并认为茶票制"行销十年，未能尽售，茶商

---

① 左宗棠：《变通办理甘肃茶务疏》（节录），见《甘肃新通志》卷 22《建置志·茶法》；宣统元年刻本，第 2497 页。
② [俄] 尼·维·鲍戈亚夫连斯基：《长城外的中国西部地区》，新疆大学外语系俄语教研室译，商务印书馆 1980 年版，第 170 页。
③ 此处将相对于正茶的附加茶，也即附茶写成"福茶"，这是清末民国之际茶叶细分中的一种写法，也有的写成茯茶，其原因众说纷纭，莫衷一是。本书除去引文不变外，均使用附茶。
④ 录副奏折，陕甘总督谭钟麟，奏为甘省续办第三次茶票课银业已缴清请饬部立案事，光绪十二年十月二十八日，档号 03-6496-074。
⑤ 谕，循化厅为前发副茶售价定限及黄茶民间自愿售卖事饬马营集集约陈万玉，光绪二年七月十四日，无档号。

第三章 作为国制的茶法与茶叶贸易

坐耗成本,苦累不堪",建议"甘票宜酌定数目",减发茶票。清廷准予试办三年,再行定案。是年,共发茶票402张,为第二案,每岁约销100余票。

谭钟麟奏准减发茶票的同时,定议三项具体办法:一是由商领票,不得过五成,"设档轮销,签掣次第,不准搀越",以消除苦采不均。二是茶价以兰州的市价确定。茶商运往新疆北路伊犁、塔尔巴哈台等城及南路喀什噶尔、和阗销售的茶,按"道里远近"增加脚价,于茶价内各有定数,出示晓谕,不得私加。茶销后,按原议的新疆每票抽收厘茶80两完厘,兰州道每票缴72两,以恤商艰。三是扩展区域,稍增茶票。因茶商从领票、赴产地采买、运回甘肃的整个过程,费时大约两年。即"本年商人领票,俟明春入山采茶,运到泾阳成封,已在秋间",再运赴兰州,已是"隔年后的春夏时节"。为此,俟光绪十二年(1886)颁发第三次茶票时,在旧章402张基础上,增加宁夏2票,陕西5票,共发茶票409张,收课银61350两,由兰州道解藩库照存。此次增发是甘肃自引改票以来,第一次于陕西、宁夏增发茶票,使乾隆末年以来西北茶引分布格局发生改变,同时显示自谭钟麟颁发第二案茶票后,票额发放相对减少,基本保持在400票上下。茶票额量与第一案相较,减少一半。①

光绪十六年(1890),陕甘总督杨昌浚续发新茶票,共423张票,为第四案。自左宗棠首发茶票至本期,陕甘总督均以"试办三年"奏报,分年核计。如此,至光绪十九年(1893),第五案时,清廷饬令茶商承领新票,只准较第四案加多,不得借词减少,"任意延玩"。然而,办理过程中,兰州道黄云详称:据东、西、南三柜各商,请领第五案新票,仍照第四案所发,甘、陕、宁同前加票,共计423张,先缴到课银42240两,由道批解藩库

---

① 以上均见录副奏折,陕甘总督谭钟麟,奏为甘省续办第三次茶票课银业已缴清请饬部立案事,光绪十二年十月二十八日,档号03-6496-074。

收存。至每票欠缴茶课银 50 两，随厘并缴。咨陕西、新疆各抚臣暨通饬各局，一体严禁私茶，以畅官引，并咨部查照。① 显见，实际发放并不如意，清廷对甘肃茶叶经营不能恢复如前，也是无可奈何。

　　光绪二十二年（1896），陕甘总督陶模奏发第六案茶票 427 张，较上次多增 4 票，计引 21320 道②，预缴课银 42640 两。然而，由于战乱频仍，道路梗塞，各商拨汇维艰，资本悬搁，受累殊甚，领票数月，"茶无销售，账不能收"。各商"恳请"将每票预缴课银 100 两，"限于今岁分作四季呈缴"，其余欠缴课银 50 两，仍随厘并缴。③ 二十四年（1898），总督陶模奏发第七案茶票共 549 张，较上期增加 92 张，计引 27420 道，预缴二分课银 54840 两，限令分作四季呈缴，由道解存藩库。其余欠缴一分茶课银 50 两，随厘并缴。④

　　自此，试办茶票略有起色。光绪二十六年（1900），陕甘总督魏光焘奏发第八案茶票，共 628 张，计引 33370 道，较上案加领新票 79 张，先缴二分课银 62740 两。二十八年（1902），总督崧蕃奏发第九案茶票，共 768 张，计引 38370 道，较前案加领新票 140 张。先缴二分课银 76740 两。由道收齐，解存藩库。其余欠缴一分茶课银 50 两，随厘并缴。

　　时至清末，西北社会风云变幻，兵燹后销茶较少，甘肃茶务几近废弛，加之新疆茶市晋商私贩偷漏、俄私倒灌侵销，"官茶未能

---

① 朱批奏折，陕甘总督杨昌浚，奏报陕甘续办第五案茶票情形事，光绪十八年十二月二十一日，档号 04-01-035-000569-0056-0000。

② 同时期吐鲁番厅档案记载为 21120 道，茶票张数同。镇迪道就查报境内销茶及出入境茶斤数目事札吐鲁番厅文，光绪十七年十二月，参见中国边疆史地研究中心、新疆维吾尔自治区档案局合编《清代新疆档案选辑》第 81 册，第 407 页。

③ 录副奏折，署理陕甘总督陶模，奏报陕甘续发第六案茶票情形事，光绪二十二年三月二十七日，档号 03-6507-027。

④ 录副奏折，陕甘总督陶模，奏报陕甘续发第七案茶票情形事，光绪二十四年三月二十三日，档号 03-7130-060。

畅旺，茶务仍难复额"①。总管茶务的陕甘总督不得不出面咨陕西、新疆各抚臣，并会同饬属，严禁私茶，以畅官引而裕课厘，并咨部查照。② 显见，甘肃茶司的业务在新疆完全受挫，茶商引领毫无积极性可言，税课难以落实。光绪二十九年（1903）四月二十七日，甘肃茶商会经兰州道向陕甘总督奏报茶销困窘，其中有"晋枭藐法，擅用川块及各种私茶出口，侵占引地，不独南北两路，络绎不绝，即省会之地，亦摆设门市，彰明出售。又有取巧之赔，作药材报税，到处皆然"。这里的"侵占引地"也表明尽管清廷将茶引制改为茶票制，但是，对茶叶行销市场的控制理念一直没有改变，茶叶市场划分依旧，清廷经领票茶商经营茶叶、征收茶税的模式依旧，只是入市茶叶管控中的官、私茶博弈在茶商身份及所在区域的分布格局发生变化后，显得更加复杂而已。即如陕甘总督言：经查"近来私茶充斥，官茶滞销，课项竭蹶，何以文武员弁及各厘局卡从未报获一起，显系漫不经心，任听巡丁等受贿纵放，病商累课，莫此为甚"。故而，只能采取通过严饬所属各厅州县会差丁役，"在于私茶出设险要隘路径窝囤处所，一体严密查拿究办，切切实行"③。

光绪三十一年（1905），总督崧蕃奏发甘肃茶票第十案，复额835张，④ 并照上届成案，先缴二分课银83500两，其余每票欠缴一分课银50两，茶运到甘，随厘并缴，由兰州道叶霔将茶票转发各商承领，赴湖南采茶运销。⑤ 此次发行后，崧蕃又据甘肃布政使

---

① 录副奏折，署理陕甘总督魏光焘，奏报陕甘续发第八案茶票情形事，光绪二十六年三月十五日，档号03-6512-024。
② 录副奏折，陕甘总督崧蕃，奏报陕甘续发第九案茶票情形事，光绪二十八年三月十二日，档号03-6513-080。
③ 青海档，西宁府张□□，为文武各官各局卡查拿私茶贩运出口事致循化厅，光绪二十九年五月二十四日，无档号。
④ 录副奏折，陕甘总督崧蕃，奏报甘肃省续发第十案茶票复额情形事，光绪三十一年四月初四日，档号03-6515-042。
⑤ 青海档，西宁府庆□□，为续发第十案茶票复额情形严辑私茶事致循化厅，光绪三十一年六月十八日，无档号。

何福堃、按茶使黄云、兰州道荣霈会详,得知各茶商呈称,情愿于旧额茶票835张之外,请加发茶票试办,以裕课厘。时清廷囿于财政支绌困境,重视甘肃茶税征收,且屡准部咨"以后承领新票,只准加多,不准减少",由是,崧蕃同意茶商之请,核准增加甘票150张,宁票2张,计引7600道,并饬照章预缴二分课银15200两,取票存案,届期由道收齐,解存藩库。其余欠缴一分茶课,随厘并缴,仍请附入第十案官茶轮销,俾归划一。① 此后,第十案又续发两次。

光绪三十二年(1906),茶票第十案续发,源于东、南柜各茶商的申请。据兰州道王树枬详称,茶商"情愿于旧票外,请加发茶票试办,以裕课厘"。总督升允鉴于屡准部咨,甘肃茶务"以后承领新票,只准加多,不准减少"而核准,酌加南商晋票330张、东商天泰甘票30张,共计360张,附入第十案官茶轮销,俾归划一。并照章预缴2分课银36000两,取票存案,届期由道收齐,解存藩库。其余欠缴1分茶课,随厘并缴。容俟试办三年,察看销路是否畅旺,或加或减,再行酌核办理。②

值得一提的是,在爬梳档案过程中发现,每次颁发茶票后,在历届陕甘总督的奏报中,总会有一句这样的说辞,即由陕甘总督"咨商陕西、新疆各抚臣,饬属严禁私茶,以畅官引,而裕课厘,并咨部查照"。从此表明,处理官私茶之争,保障完成茶课征收,已成为陕甘总督出面协调地方之间利益与秩序的重要职责。光绪三十三年(1907),升允奏发第十一案茶票后,兰州道彭英甲奏报了茶票发行与实际脱节的问题,称:"近来严禁私枭,保护官引,以故较前渐有起色。各茶商情愿于旧额外,请加新票试办,以裕课厘。"经升允核准,酌加茶票360张,附入第十一案官茶轮销。按

---

① 录副奏片,陕甘总督崧蕃,奏为甘肃省加发茶票事,光绪三十一年四月三十日,档号03-6515-043。
② 录副奏片,陕甘总督升允,奏为甘肃茶商请加发茶票事,光绪三十二年六月十八日,档号03-6516-074。

章缴税。① 与此同时，彭英甲还对阿拉善王所报的"蒙人喜食川字黄、黑晋茶，不食湖茶"，"咨商改办"的情形进行分析，指出蒙古地区，向为甘司引地，现在蒙古人既不愿食湖茶，亦当援照南商运销伊、塔晋茶章程，责成宁商改办川字黄、黑二茶，"俾顺蒙情而保引额"。升允当即核准，增加宁商新票3张、晋票5张，专销蒙地。② 所以，第十一案，发放茶票较多，合之旧额新加，共票1855张，计引92750道。按照成案，相继缴税，先缴2分课银185500两，其余每票所欠课银50两，俟茶运到甘，随厘并缴，并将茶票转发各商，领赴湖南、湖北采运。③

孰料，至宣统二年（1910），宁夏茶商吴天福等、并蒙茶商永盛合，对改办茶种有所不服，暗中拒绝往兰州省城领换十二案新票。延迟三月二十日，驻省各茶商所领之票早就"领齐未变"，唯独宁属三四小商"停抗不理"，使得课项征收延迟。为了"以重茶务，而符定章"④，经兰州道查，蒙茶商永盛合原本请领晋块茶票5张，该蒙商应允遵办。然而，迄今年余之久，该蒙商并未到府补其年貌、铺商甘结等信息，"亦不将采办之茶来府核清盘验"，所短交的1分课厘，均未呈交。"甚属顽延"。兰州道令延期一个月，速将采办之茶，送府盘验，并将未完1分课厘银，照数呈缴。如再延迟不遵，将撤换该商，另招新商。⑤ 可见，茶种是否适应市场需求，与茶商领票与行销引地息息相关，有违市场需求的茶种，很难

---

① 奏折附片，陕甘总督升允，奏报甘肃试办续加茶票等情形事，光绪三十四年四月二十八日，档号04-01-35-0586-010。
② 朱批奏折，陕甘总督升允，奏报甘省续发第十一案茶票情形事，光绪三十三年十一月二十日，档号04-01-35-0585-056。
③ 朱批奏折，陕甘总督升允，奏报甘省续发第十一案茶票情形事，光绪三十三年十一月二十日，档号04-01-35-0585-056。
④ 阿拉善档，宁夏府正堂赵□□，为讯传宁夏茶商吴天福等并蒙茶商永盛合去兰州省领换十二案新票事致蒙茶商永盛合谕，宣统二年三月二十日，档号101-09-0090-002。
⑤ 阿拉善档，夏府正堂赵□□，为催蒙茶商来府呈缴未完课厘银两事致蒙茶商永盛合之谕，宣统二年二月十一日，档号101-09-0088-001。

售出赚利。

另外，至清末时，新疆社会形势发生很大改变，新疆地方自办茶务公司，抽税筹饷，一时间为伊犁将军任内急务。尤其长庚在任内时，积极筹办伊塔茶务公司，使原本弊端丛生的西北茶政大受冲击，直接的表现就是：其一，不利于领甘引茶商在新疆行销，给领甘引的宁商改运晋茶造成不便。正如阿拉善王所言，改办晋茶运销后因"宁商不洽蒙情"。宣统二年（1910），新届换票之期，原额在甘领引的晋票5张，无人照领。阿拉善亲王奏请由该旗自行招商承办。其二，南商当于上届承领伊、塔晋票480张，尚未发出。经查"该商情愿由伊请领茶票，既不能在甘再领"。如此，晋票无从销售，甘肃亦不能遵照部咨加请新票，徒滋积滞。

次年，发放新票时，东、西、南三商，共领新票1805张，计引80250道。按照向来章程，先缴2分课银180500两，其余每票欠缴1分课银50两，应俟运茶到甘随厘并缴，以符成案。此次茶商所领之票，总数上似乎较上届短少415张，然币除去原领伊、塔晋票480张，暨阿拉善旗未领晋票5张外，[1] 实较上届多领甘票66张，与部咨承领茶票"只准加多，不准减少"的原则，尚属相符。[2] 直至清亡，甘肃颁发茶票共计十二案（详见表3-2《清代陕甘茶票及税银数额简表》）。

步入民国，西北茶务行销，仍沿用茶票制，由甘肃省财政厅主管。规定茶商每三年领票一次，共计茶票1320张，每张纳税40元。[3] 与清末稍有不同的是，初期，茶税征收和计量单位有所改变。1912年，所颁发茶票，加厘征银，收厘二成、税银14.4两。

---

[1] 阿拉善档，阿拉善亲王塔旺布里甲拉，为请停茶票并循旧规事致陕甘总督长庚咨文，宣统三年三月初一日，档号101-09-0032-017。

[2] 朱批奏折，陕甘总督长庚，奏报甘省续发第十二案茶票事，宣统三年三月十六日，档号04-01-35-0589-035。

[3] 参见魏丽英《明清时期西北城市的"商帮"》，《兰州学刊》1987年第2期，第16页。

表 3-2　　　　　　　　清代陕甘茶票及税银数额简表

| 时间 | 茶票案数 | 票额（张） | 引额（道） | 二分税银（两） |
|---|---|---|---|---|
| 同治十二年（1873） | 第一案 | 835 | 41916 | \ |
| 光绪八年（1882） | 第二案 | 402 | 21000 | \ |
| 光绪十二年（1886） | 第三案 | 409 | 20450 | 61350 |
| 光绪十六年（1890） | 第四案 | 423 | 21120 | 42240 |
| 光绪十九年（1893） | 第五案 | 423 | 21120 | 42240 |
| 光绪二十二年（1896） | 第六案<br>第六案续发① | 427<br>30 | 21320<br>1500 | 42640<br>3000 |
| 光绪二十四年（1898） | 第七案 | 549 | 27420 | 54840 |
| 光绪二十六年（1900） | 第八案② | 628 | 33370 | 62740 |
| 光绪二十八年（1902） | 第九案 | 768 | 38370 | 76740 |
| 光绪三十年（1904） | 第十案③ | 835 | 41750 | 83500 |
|  | 第十案续发 | 152 | 7600 | 15200 |
|  | 第十案续发 | 150 | 7500 | 15000 |
| 光绪三十二年（1906） | 第十案续发 | 360 | 18000 | 36000 |
| 光绪三十三年（1907） | 第十一案 | 1855 | 92750 | 185500 |
| 光绪三十四年（1908） | 第十一案续发 | 360 | 18000 | 36000 |
| 宣统三年（1911） | 第十二案④ | 1805 | 80250 | 180500 |

① 青海档，西宁府张，为移知甘省酌加柜商茶票事，光绪二十二年八月十一日。
② 青海档，西宁府张□□，为移知陕甘续发茶票严缉私茶事致循化厅，光绪二十六年四月二十六日。
③ 光绪三十年年底至三十二年，第十案首发及续发茶票共计1497张，计引74850道。
④ 朱批奏折，陕甘总督长庚，奏报甘省续发第十二案茶票事，宣统三年三月十六日，档号04-01-35-0589-035。

续表

| 时间 | 茶票案数 | 票额（张） | 引额（道） | 二分税银（两） |
| --- | --- | --- | --- | --- |
| 总计 |  | 10399 | 521936 | 753990 |

数据来源：中国第一历史档案馆藏朱批奏折、录副奏折。

具体参见：录副奏折，陕甘总督谭钟麟，奏为甘省续办第三次茶票因业已缴清请饬部立案事，光绪十二年十月二十八日，档号03-6496-074；朱批奏折，陕甘总督杨昌濬，奏报甘省续办第四案茶票情形事，光绪十七年正月二十八日，档号04-01-35-0568-017；朱批奏折，陕甘总督杨昌濬，奏报陕甘续办第五案茶票情形事，光绪十八年十二月二十一日，档号04-01-035-000569-0056-0000；录副奏折，署理陕甘总督陶模，奏报陕甘续发第六案茶票情形事，光绪二十二年三月二十七日，档号03-6507-027；录副奏折，陕甘总督陶模，奏报陕甘续发第七案茶票情形事，光绪二十四年三月二十三日，档号03-7130-060；录副奏折，署理陕甘总督魏光焘，奏报陕甘续发第八案茶票情形事，光绪二十六年三月十五日，档号03-6512-024；录副奏折，陕甘总督崧蕃，奏报陕甘续发第九案茶票情形事，光绪二十八年三月十二日，档号03-6513-080；录副奏折，陕甘总督崧蕃，奏报甘肃省续发第十案茶票复额情形事，光绪三十一年四月初四日，档号03-6515-042；录副奏片，陕甘总督崧蕃奏为甘肃省加发茶票事，光绪三十一年四月三十日，档号03-6515-043；录副奏折，陕甘总督崧蕃奏为试办湖北羊楼岗茶砖运至伊犁各处行销请发茶票事，光绪三十一年四月三十日，档号03-0515-044；朱批奏折，陕甘总督升允，奏报甘省续发第十一案茶票情形事，光绪三十三年十一月二十日，档号04-01-35-0585-056；朱批奏折，陕甘总督长庚，奏报甘省续发第十二案茶票事，宣统三年三月十六日，档号04-01-35-0589-035。

次年，撤销南柜，设立新柜，接续清末茶票"案"制而发第十三案茶票。1926年，茶票征收废"两"改"元"，开始了茶税征收新计量单位，规定换算标准为：每银1两折合1.4元，每票纳税210元。茶商领票时，预先缴税140元，待茶运到，再缴剩余70元。至于厘金项，被免除后则改为正税，以每票72两和1.4元为标准折合，应纳正项茶课100.8元。这种状态一直延续至1940年抗战全面爆发，甘肃省财政厅规定，每票附加抗战捐50.4元，分别由东、西、新柜总商收集后转交财政厅。统计民国时期茶票颁发，共计10案。详见表3-3《民国西北边销茶引票数额（1913—1940）》。

表 3-3　　　　民国西北边销茶引票数额（1913—1940）

| 时间 | 茶票案数 | 票额（张） |
| --- | --- | --- |
| 民国二年（1913） | 第十三案 | 506 |
| 民国五年（1916） | 第十四案 | 1400 |
| 民国八年（1919） | 第十五案 | 1564 |
| 民国十二年（1923） | 第十六案 | 1285 |
| 民国十四年（1925） | 第十七案 | 1787 |
| 民国二十年（1931） | 第十八案 | 1790 |
| 民国二十三年（1934） | 第十九案 | 1790 |
| 民国二十六年（1937） | 第二十案 | 1533 |
| 民国二十八年（1939） | 第二十一案 | 2300 |
| 民国二十九年（1940） | 第二十二案 | 1165 |
| 总计 | | 15120 |

数据来源：徐方幹：《历代茶叶边易史略》，《边政公论》第 3 卷第 11 期，1944 年 11 月，第 31 页。

1941 年 4 月，面对战时局面下的西北茶荒，甘肃省财政厅颁布官茶运销及补税办法。6 月，财政厅又报省府准发"官茶统销办法"，共计 10 条。其中明确提出国内、外不同产地茶类于西北行销，均按本办法执行。经财政部核定，征收统税之茶类，包括红茶、绿茶、砖茶、毛茶、花茶、茶梗、茶末及其他类。特别规定了征税办法，即以茶叶的容器与包装为单位，"照产地附近市场，每六个月之平均批发价格核定完税价格"，征收 15%。而完税价格，由税务署、货物平价委员会评定。茶类完纳统税后，由经征机关，填发完税照，并在包装上发贴印照，方准销售。至于商人在国内设置制造及存储茶类之厂栈，即在产区设庄收茶之行号商贩，概应报请该管税务机关，核明转呈税务署登记。① 如此，便用条例形式规范了西北茶市中甘肃茶务行销办法，具有近代意义。

## （二）清末民国茶荒与官商各自应对

清代以来的西北茶叶市场，因社会动荡而引起的商品来源受阻造成的茶荒，主要有两个时期，一是咸同年间，发生在西北地区的战乱，规模大、持续时间久，破坏性大，加之战事发生夹杂着或多或少的宗教与民族隔阂等棘手问题，以至于作为官茶贸易和市场主体的茶商亦难逃厄运，经营茶叶的西柜回商在战乱中遇害较多。② 而善于经营茶叶的晋商为避战乱，四处逃散，手中所握的经商资本，或损失惨重，或荡然无存。这一局面，对西北茶务的影响深远。另一是抗战时期物资短缺趋势下的茶叶紧俏。其原因均在于茶叶非西北自产，需要长途贩运，因战事而造成的社会动荡，运输道路"处处梗阻"，③ 茶贸停滞，市场网络中断，茶务几被摧毁。战乱也使社会经济凋敝，人口锐减，消费无从谈起。加之战事期间，物价飞涨，茶叶走私不断挤兑和冲击官茶市场，引茶贸易面临崩溃的边缘。所以，历朝中央在不同时期面对各种复杂困境时，均采取了相应措施，进行了相应改革，以期延续茶叶市场的存在，保障财政税收的落实。

再说同治年间的左宗棠改革茶务，西北茶叶来源基本限定在湖南安化、益阳，步入民国，这一局面基本保持未变，湖南"湘茶"仍然是西北销售的大宗。④ 然而，由于官僚体制及贩运茶商在行政隶属与行茶商帮对西北民食嗜好的了解对接有隙，加之边疆危机形

---

① 以上见徐方幹《历代茶叶边易史略》，《边政公论》1944年第3卷第11期，第31页。
② 东柜的茶商以山陕籍为主，西柜茶商以陕西回民为主，参加《左文襄公奏稿》卷45，左宗棠：《左宗棠全集》，第1778页。
③ 《左文襄公奏稿》卷31，见左宗棠《左宗棠全集》，第1778、1224页。
④ 花润泽、马忠康、李绍鲁：《副茶》，《甘肃民国日报》1940年3月27日，第4版。

## 第三章 作为国制的茶法与茶叶贸易

势下,新疆茶市出现了"民间缺茶,俄私倒灌"的现象。① 据时人估计,俄商倒灌华茶仅塔城一处,每年销售价值白银二三十万两。② 对此,伊犁将军长庚、广福相继主持兴办伊塔茶务公司,以应对"俄茶倒灌",几经周折,公司形式由最初的官商合办改为完全的商办,依旧实行茶票制。另外,1929年下半年,甘肃省一分为三,即甘、青、宁三省分置,甘肃省以便利交通商路调控西北茶务。截至1930年代,西北茶票发行总量呈上涨趋势。1934年,第十九案茶票为1534票,1937年第二十案茶票则为2300票。③ 抗战期间,各项物资紧缺,日常所需的茶叶供应也不例外,为此,甘肃地方、国民政府以及国营、民营公司先后采取相应措施以调试应对茶叶短缺状况,终从国家层面成立了茶叶公司,对西北茶叶贸易的发展产生了深远影响。

学界既有西北茶荒论述散见于战时茶叶统制、砖茶产制等相关研究,茶荒多作为背景、原因或现象被提及。④ 也有叙述新疆茶贸时论及假茶现象,认为茶荒是茶源减少所致。⑤ 显见并没有对西北茶荒做全面梳理与考察,尤其是抗战时期西北因茶叶供不应求所导致的茶荒以及各级政府、各类公司之应对及其效果,有进一步探讨的必要。

---

① 又台北故宫档,军机处档折件,广福奏为伊塔茶务有限公司请改专归商办由(附清单一件),宣统二年三月十九日,文献编号:186800;又朱批奏折,署理伊犁将军广福,奏为伊塔茶务有限公司拟改为专归商办事,宣统元年十二月二十二日,档号04-01-01-1100-038。

② 《塔尔巴哈台调查录》,《西北杂志》1913年第3期。

③ 徐方幹:《边政公论》第3卷第11期,1944年11月,第31页。

④ 主要有余志君《抗战时期统制经济政策与茶业的发展——以湖南安化为例》,《湖南师范大学社会科学学报》2011年第2期;刘晓航:《抗战时期国内砖茶的生产与外销》,《农业考古》2015年第5期;马俊恩:《抗战时期安化黑茶的产制与运销》,《农业考古》2016年第5期;新近的论文有本书前期项目团队马明臣的《全面抗战时期西北茶荒及困境与张力》,《青海民族研究》2023年第2期。本节相关内容亦参见该文。

⑤ 陶德臣:《民国时期新疆茶叶贸易中的茶类状况》,《茶业通报》2016年第3期,第143—144页。

战时统制与西北茶叶短缺相关联。全面抗战爆发之初，西北茶市依然活跃，畅旺的茶叶及其当地大宗的皮毛资源贸易还能补贴省税不足。① 然而，随着 1938 年 10 月，长江流域的茶叶集散中心汉口失守，茶叶生产与运输困难，西北地区出现茶荒并开始蔓延。次年元月，甘肃出现"本省官茶，现在来源缺乏，不敷销售，民食发生问题"②，连带茶价飞涨，茶市秩序混乱。1940 年年初，每块砖茶售价 12.5 元，至 10 月每块涨至 44 元。③ 无茶可饮的青海食茶蒙藏民众，将小麦炒焦，或炒熟的红棘、牛羊油替代茶叶。④ 新疆则每人限购新茶一两，⑤ 市场用树枝冒充茶叶。兰州作为西北茶叶的集散中心，销售秩序混乱，兵民抢购，大打出手。⑥

战时茶荒加剧的重要原因，与以下两方面相关：一方面是与西北与甘省各机关单位采购大量茶叶相关。从 1942 年的几份售茶清单可知，第八战区长官部、祁连山林警总队、骑兵第五师、建国制革厂等，均大量采购茶叶。⑦ 又如同年，甘肃省平衡物价委员会向茶商收购茶叶 64859 封，西北防疫处亦向甘肃省平衡物价委员会购买砖茶 250 封。⑧ 另一方面是西北国际运输线上的集中输出。即在中国与苏联的国际运输线上，对中国茶叶的需求不降反增，1938—1939 年间，两国先后签订 3 个易货贷款协定，苏联以价格低廉的

---

① 《羊毛砖茶畅销》，《甘肃民国日报》1938 年 6 月 8 日，第 3 版。
② 《昨省政府会议通过疏销官茶办法以调剂市面》，《甘肃民国日报》1939 年 2 月 1 日，第 3 版。
③ 花润泽、马忠康、李绍鲁：《副茶》，《甘肃民国日报》1940 年 3 月 27 日，第 3 版；叶知水：《经济资料：青海茶市》，《经济汇报》1944 年第 9 卷第 5 期，第 96 页。
④ 倪良钧：《青海茶叶市场之研究》，《经济汇报》1943 年第 8 卷第 12 期，第 57 页。
⑤ 《工商联合会零售茯茶》，《新疆日报》1939 年 10 月 4 日，第 3 版。
⑥ 甘肃省物价管制委员会档案，就纠察队报告临邛茶厂销售情形由，1942 年 10 月 2 日，甘肃省档案馆藏，档号 018-002-0181-0024。
⑦ 甘肃省物价管制委员会档案，为官茶推销随时呈请核准发售一案给省政府呈，1942 年 12 月 31 日，甘肃省档案馆藏，档号 018-003-0253-0009。
⑧ 甘肃省物价管制委员会档案，为请发运茶通行证给平委会的函，1942 年 8 月 17 日，甘肃省档案馆藏，档号 018-002-0271-0014。

战略物资换取中国矿产资源和农产品，包括茶叶，且将陆路易换地点选在新甘交界的星星峡。苏联占股的新苏贸易公司在甘肃大量购买砖茶，并呈现持续增长的趋势。据茶商称，1937年，共输俄茶100票，1938年输出500票，1939年增至900票。1940年，预估8000到8500票，①呈百倍增长。截至1940年7月，负责对苏易货的富华贸易公司"先后已运出3372箱，计80928块"②。造成甘肃集散的库贮茶减少，甘省财政厅称，"自武汉宜沙相继沦陷以后，运兰路线断绝，目前官茶之供应，仅赖泾阳、兰州两地，存额共约两百八十余票，暂维现状"③。茶叶大量输出，也加重了西北茶荒蔓延。

为此，甘肃官商组织机构积极采取应对办法，以摆脱困境。1939年年初，甘肃地方以兰州市商会的名义召集东、新、西柜总商及各散商会议，并敲定茶叶疏销办法，共有三项。一是在湖南安化、益阳等地采购未起运茶，3日内，各茶商将数量报送甘省财政厅，代为运输；二是已从陕西泾阳起运或未运入甘的茶叶，3日内，各茶商分别报送其地点与数量，由财政厅与西北公路局出面保障运路畅通；三是对泾阳所存无票之茶，甘省特别发"特"字茶票于散商，协助运往兰州。此次填发"特"字茶票1165张。④ 西北茶商亦大量采购茶叶，申领茶票1600余张。⑤ 与此同时，加大统制力度。1941年6月，甘省召开省政府委员会第861次会议，

---

① 简文：《华茶销苏再跃进中》，《甘肃民国日报》1940年8月16日，第3版。
② 《同前关于复设洗毛场及交俄方毛皮茶等情形至富华贸易公司的呈》（1940年7月11日），甘肃省档案馆藏，财政部贸易委员会西北运输处、富华贸易公司西北分公司档案，档号M048-001-0010-0019。
③ 《为奉财政部电关于官茶经销办法与定通案抵触情形给主席谷的签呈》（1942年5月11日），甘肃省档案馆藏，甘肃省物价管制委员会档案，档号018-003-0252-0007。
④ 《甘肃省政府委员会关于讨论本省官茶疏销办法的会议议案》（1939年2月），甘肃省档案馆藏，甘肃省财政厅档案，档号M016-009-0425-0005。
⑤ 彭先泽：《安化黑茶》，湖南修业高级农业职业学校，1940年，第29页。

提出《甘肃省政府官茶统销办法》①，指出甘肃"本省与青新宁等省易货，向以茶砖为主"②，甘省作为集散地，当丛茶之利。如西北其余省份需茶，须通过以货物换取甘省茶叶。据统计，截至1942年12月，青海从甘肃换购茶叶计约15000封。③

整顿行茶商号存茶，以维护市场稳定，也是甘省解决茶荒的办法之一。甘肃政府对战时入甘实物茶的管控力度十分严厉，宁错勿漏。如1941年9月，对新柜、东柜茶务总商管辖的合盛引茶号隐瞒官茶情形加以整顿，后经省府介入调查，可知甘肃省保安司令部临时平价法庭传讯商号，认为合盛引商号前后未申请登记之茶共计4457封，已违平价法规，应予没收的判断有误，该商号并无隐瞒史实，且完课补税，毫无遗漏。④ 无独有偶，1943年2月，财政部甘肃缉私处，对孔家崖第十一保所辖境的柴姓家中进行缉查。此次查获了三个商号库茶，各商号分别是东关的益生源、福禄街的合顺成以及德发涌，初次查出前两商号有万顺、天泰牌的砖茶2110封，后又查出商人张喜来存储砖茶2471封。再经详细核查，发现尽管"惟查益生源号经营茶业，不设铺面，并无账簿可查，不无偷漏直接税之嫌"，只能认可以上三个商号存茶均经商会登记，"未漏纳统税，且系静态，亦无私运出境情事，依法应饬其具报领回"⑤。

国民政府、国营中国茶叶公司以及其他民营公司也采取了一系列应对茶荒的举措，尤其是减少茶税征收，简化贩运手续。其时，

---

① 《甘肃省政府官茶统销办法》（1941年6月10日），甘肃省档案馆藏，甘肃省建设厅档案，M027-002-0619-0004。
② 《请商财政部准将中茶公司内销茶砖悉拨售本府易货电》（1943年5月14日），甘肃省档案馆藏，甘肃省物价管制委员会档案，档号018-002-0082-0020。
③ 《报青海省政府在兰订购大量砖茶情形是否予以限制报告》（1942年12月23日），甘肃省档案馆藏，甘肃省物价管制委员会档案，档号018-003-0217-0021。
④ 新东柜茶务总商，为据情转呈合盛引无隐瞒官茶情事，请函知平价委员会从宽免议一案，给财政厅函，甘肃省档案馆藏，档号018-003-0092-0007，1941年9月9日。
⑤ 财政部甘肃缉私处为报处理调查室查获益生源等私货案经过情形事致财政部缉私署呈，四川省档案馆藏，1943年4月9日，档号M004-001-001403-0001。

因茶荒已经造成税收大于茶票元额，如据兰州市茶业同业公会统计，茶叶出山价每票 1440 元，但是，经从安化运至兰州，一路所缴厘税、海关税、宁羌税、泾阳税、正税、营业税六种，合计每票达 1716.8 元，超过了茶价本身。① 为此，1941 年 11 月，国民政府财政部公布《全国内销茶叶管理办法》②，规定茶商登记、扦样、鉴定等手续从简，茶叶免证自由中转。次年 4 月，财政部又颁行《茶类统税征收暂行章程》，规定所有茶叶在缴纳完运销途中第一道关卡的统税后始可运销，且途中不再重征，各省原对茶类所征税一律废止。③

在国民政府放松内销和降低税费的驱策下，国营、民营茶叶公司输茶入市。1942 年 3 月，国民政府财政部贸易委员会下属的国营中茶公司以"救济西北各省茶荒"的名义，派遣专员刘英到甘肃、青海、宁夏等省调查茶销情况，该公司派遣工作人员抵达兰州开展筹备工作。④ 同年 7 月，中茶公司西北分公司在兰州正式成立，并中茶公司与湖南省政府茶叶管理处合作成立的安化砖茶厂，向兰州输送了大量茶叶，据经济纠察队报告，1942 年 7—12 月的短短五个月间，该公司输兰砖茶数量便达 66185 片。⑤ 另外，四川商人胡子昂、张继和创立民营四川健诚公司临邛砖茶厂，在兰州设立门市部，⑥ 向兰州输送了大量茶叶。只是，由于战时国际线的需

---

① 《计开采办甘茶由湘至兰本缴花单》（1941 年），甘肃省档案馆藏，甘肃省物价管制委员会档案，档号 018-003-0307-0013。
② 《复国内销茶叶管理办法一案给甘肃省政府代电》（1942 年 1 月 29 日），甘肃省档案馆藏，甘肃省物价管制委员会档案，档号 018-003-0252-0008。
③ 《财政部开办茶类统税甘青宁区税务局已奉电开征》，《甘肃民国日报》1942 年 4 月 20 日，第 3 版。
④ 《中国茶叶公司派刘英抵兰调查西北茶叶状况》，《甘肃民国日报》1942 年 3 月 17 日，第 3 版。
⑤ 《为报查中茶公司营业近况给代秘书长报告》（1942 年 12 月 23 日），甘肃省档案馆藏，甘肃省物价管制委员会档案，档号 018-003-0253-0001。
⑥ 《就临邛茶厂报请创设门市部准予一案核示遵由》（1942 年 9 月 1 日），甘肃省档案馆藏，甘肃省物价管制委员会档案，档号 018-002-0181-0013。

要,"中茶公司运到之茶均悉数外运,行销本省者无数无几"①。

由是,民营茶厂如以临邛砖茶厂为主的一些民营茶厂,起到了拓展茶源的作用,据临邛砖茶厂记载,该厂年产为500—600担,以1担为100斤计,合折茶叶5—6万斤,该厂砖茶每封(块)为5.5斤,故砖茶年产应在1万封(块)左右,可是,由于此时西北需茶量极大,难以填补甘省所需的130万块缺口。②

为此,国民政府通过斡旋交涉、出台相关办法,希冀推进运销西北茶叶的生产与运输。1942年11月25日,财政部致电甘省,为其统属的中茶公司打开在甘省的业务,要求甘省饬令平委会取消对中茶公司统制措施,③ 没有达到预期效果。12月,行政院出台了《砖茶运销西北纲要》④,方对运销西北茶叶的生产和运输起到推进作用,中茶公司湖南砖茶厂产量大增。

梳理西北民众食用与消耗茶叶的数据,可以看出在中央与地方各级的不断调适下,茶荒得以控制。据1943年7月的《国民政府年鉴》统计,青海、新疆、宁夏每年人均茶叶消费量分别为2.24市担、1.5市担、0.79市担,而对应的总消费量,青海为33887.24市担,新疆为65400.30市担,宁夏为5812.53市担。⑤ 如果以此数值导出食茶人数,相对应青海约为15128人,新疆约为43600人,宁夏约为7357人。显然,食茶人数较弱,疑与人均消费量不符。

---

① 《复砖茶管制情形请查照的代电》(1943年7月9日),甘肃省档案馆藏,甘肃省物价管制委员会档案,档号018-002-0082-0027。

② 周丕荦:《漫话邛茶》,邛崃县政协文史资料研究委员会:《邛崃文史资料》(第1辑),四川省邛崃县印刷厂,1987年,第128页。

③ 《请饬平价会对于中国茶叶公司西北分公司运销茶叶免除领取运销证之规定以利运销》(1942年11月25日),甘肃省档案馆藏,甘肃省物价管制委员会档案,档号018-003-0253-0005。

④ 《行政院关于发砖茶运销西北办法纲要给甘肃省政府的训令》(1942年12月9日),甘肃省档案馆藏,甘肃省财政厅档案,档号M016-001-0214-0021。

⑤ 《边茶与边政》,《边政公论》第3卷第11期,1943年11月,第3页。

针对西北茶荒，国民政府与甘肃为主的各省地方分别出台相关政策，国营、民营公司亦筹谋产运举措以积极响应，但是，由于国民政府在决策过程中对甘肃为茶叶主要集散中心的特殊性考量不足，央、地双方协调不够，总控与分属及逐利矛盾不可调和，掌控茶叶生产的中茶公司与甘肃地方对茶叶投放市场与战时统制策略关系始终有隙，一定程度上削弱了官方整体全面的调适力度。

# 第四章 以绸缎与马匹等为媒介的西北商贸

"绢马贸易"是自汉唐以来出现于中国北方农牧交错带的一种商业交易方式,是游牧与农耕不同经济方式得以互补的贸易形式。这里的绢是指以不同质地的丝织为主的制品,汉代主要是绢马交易,唐宋时期以缣马为主,清代则多以绸缎易马。所以,因以绢、缣、绸缎等丝织品易换马匹的贸易作为丝绸之路上的主要大宗商品,且在长时段里作为不同游牧族群的交易对象,因而成就了"丝绸之路"这一名词,并著称于世。

清初,因统一西北战事中马匹需求量大增,清廷除了通过大宗商品茶叶互市而换取必需的马匹外,还用江南生产的绸缎和新疆本地的棉布与哈萨克等族群交换马匹,以补充亟须的战马。在康雍乾统一西北的战事中,清廷向新疆供应大批绸缎,并自本地调拨棉布,展开与哈萨克的贸易。其中每年从内地运往新疆的各色绸缎中,除江南地区和山东织造的绸缎、茧绸,陕西的秦纱外,还有山西泽州府出的泽绸和潞安府出的潞缎。这些绸缎以它的色泽光鲜艳丽,品种花色案多,织造工艺精细等特点博得了中亚及新疆近边各族群的青睐。尤其是乾隆中期以来,清廷最高层对绸缎贸易格外重视,时常过问指导,调动全国各方有效资源,建立了一套较为严密的管理系统和贸易运输系统,成就了西北市场绸缎易马的繁荣。

当然,清代以来西北围绕绸布易马而展开的商业贸易,在不同时期里，易换方式和所利用资源稍有不同。清廷统一西北之前，近边商贸主要是指以准噶尔为主，并包括哈萨克、叶尔羌、安集延、浩罕、巴达克山、布哈拉、布鲁特等族群之间的贸易，这种双边贸易，体现出以朝贡与商贸相结合的特征。如以准噶尔为主的新疆以及近边和中亚各部大宗商品多为畜牧产品，以交换由内地运输至新疆的茶叶、大黄、绸缎等大宗商品，故而清廷赏赐给近边使节的礼品，亦是"袍锻（缎）银布有差"①。充分体现藩属体制特点。对于贸易，清廷不仅规定具体的地点与时间，而且也限定了商队人数，不得超越限制，尤其与准噶尔部的贸易如此展开。西北统一后，限制贸易策略依然沿用，如与哈萨克的贸易，严格限制交易地点，与俄罗斯间的贸易，亦规定参与贸易人数。各项规定，因有国家利益的博弈，故使完全靠远距离驮载的贩运贸易受限较大。

清廷在近边贸易中，以人数因素为主的较多限制，因贸易关系对象的不同而有别。大部分的时候，清廷依各外藩族群的地理分布以及清廷的边疆稳定和双边政治因素考量较多，亦注重贸易政策与策略的适时调整，逐步使市场化的贸易作为商业交换的主体形式，促进了西北商业贸易的繁荣。

## 第一节　清前期西北近边的朝贡与商贸

西北近边贸易，主要是指清代甘肃、新疆为主的中外贸易。17世纪末以来，伴随中央与地方关系的演变，近边的概念也相应变化，商路畅通与阻隔，也在王权势力的消长中得以变化，尤其随着清廷在西北统一事业的不断巩固，采取了一系列维护商路畅通和直接主持参与商贸的活动，有效促进了这里商贸的发展。如清廷将在新疆近边各族群与中亚各部之间贸易商人进行了"各分处所"的

---

① 《清高宗实录》卷11，乾隆元年正月壬子，《清实录》第9册，第354页。

管控，即规定南疆"回众"，与布鲁特、安集延、浩罕等部贸易。北疆的伊犁以及时境属中国新疆塔尔巴哈台地区的雅尔①以及乌里雅苏台等处商人，则"与哈萨克贸易，两得其便"。并先行晓谕布鲁特、安集延，"于贸易时，酌派头目约束，勿令滋事。回民前往，给与执照。若不往原定处所，辄敢越境谋利者，将牲畜一半入官示罚"②。

### （一）对准噶尔贸易的政策与措施

清初以来，清廷对位于西北的准噶尔蒙古实行"不激不随"③政策，双方贸易活动主要通过三种形式进行，即贡赐、定期互市与进藏熬茶。其中贡赐是双方无战事时的一般经常活动，而定期互市和进藏熬茶，是清廷出面主持的特殊历史条件下产生和发展起来的独特贸易形式。由于准噶尔与清廷之间依双方实力角力，在对峙过程中时和时战，故而，朝贡使团与商队合二为一的贸易形式则贯穿于清廷统一新疆前的近百年中。

#### 1. 清廷与准噶尔双方的贸易商路

清廷中央与准噶尔部之间的贸易往来商路，与前文所述的茶叶之路相同，双方相向而行，互通有无。由于大部分的时间内，双方商贸规定了交易地点和时间，双方交界处的贸易往来也有固定的行走商路。就准噶尔部进贡和贸易路线而言，一般分为南、北两路。

北路，也称为草原之路，指经张家口、归化城，再经喀尔喀至巴里坤。途经草原，也要经过乌里雅苏台、科布多两处。噶尔丹时期，贸易往来以北路为主，后因与喀尔喀之间战事的关系，北路行

---

① 乾隆二十八年（1763），清廷于此驻兵屯垦，继筑城，置雅尔参赞大臣管辖。
② 《清高宗实录》卷787，乾隆三十二年六月甲寅，《清实录》第18册，第684页。
③ 谷包主编：《西北通史》卷4，兰州大学出版社2005年版，第12页。

走一度沉寂。新疆统一后,这一路的商贸十分繁盛。乾隆二年(1737)十二月初五,侍卫阿里衮等4人随护,从乌里雅苏台出发往京城,所携货物,交付口北道员,雇车运至张家口。次年正月初十,一行至张家口,更换马匹车辆,休息二三日,约于二十一日至京。① 计算时日,约为两个半月余。

南路,在清廷主导下,一直较为兴盛。准噶尔自巴图尔珲台吉后,主要由南路进京,从事贡赐贸易。至策妄阿拉布坦时,与清廷的商贸多经巴里坤、哈密至嘉峪关行走。乾隆以来,为避免不法商人混迹商贸队伍中打探军事信息,清廷规定贸易商队以及贡使往返必须走南路②。故而,该商路在很长时期里成为关内、外贸易的主要通道。准噶尔商人自哈密往嘉峪关,再沿河西走廊的肃州至宁夏,经山西大同往清河抵达京城,③ 如此一个单程,需时大约两个多月。如果是从准部处至界边,路程需时仅为月余。康熙六十一年(1722)十月二十四日,策妄阿喇布坦的使者根敦对平逆将军延信说,从准部出发至巴里坤,路途需时一个多月。④

然而,由于西北近边的商队运输以畜牧牲畜为主,故而双方贸易的商路,取决于对资源环境的选择以及政治与军事等因素的考量

---

① 定边左副将军策凌,奏报喀尔喀副台吉厄墨根到准噶尔地方情形折,乾隆二年十一月十七日;又暂护定边左副将军印务参赞大臣海兰,奏报准噶尔使者达什等由北路军营起程赴京觐见折,乾隆二年十二月初七日,参见《清代新疆满文档案汇编》第4册,广西师范大学出版社2012年版。

② 赵令志:《乾隆初年清朝接待准噶尔使者之礼仪初探》,《中国边疆民族研究》第8辑,中央民族大学出版社2015年版,第22—66页。

③ 分别见乾隆十一年的相关档,即正月初八日,军机大臣讷亲等奏请晓谕使臣哈柳行片;正月初八日,伴送准噶尔使者郎中伯达色等为哈柳谢赏乘较事呈军机大臣等文;二月二十日,伴送准噶尔使臣等之郎中伯达色等为行抵宁夏事呈军机大臣等文;三月初四日,伴送准噶尔使臣等之章京伯达色等为报抵京日期事呈军机大臣等文;四月二十四日,侍读学士伯达色等为哈柳已抵肃州事呈军机大臣等文;四月二十六日,侍读学士伯达色等为哈柳已抵哈密事呈军机大臣等文。参见中国第一历史档案馆、中国边疆民族地区历史与地理研究中心合编《军机处满文准噶尔使者档译编》(中),中央民族大学出版社2009年版。

④ 《雍正朝满文朱批奏折全译》(上册),黄山书社1998年版,第454页。

与调控，贸易商路的确定，可能并不是商业效益最大化的上乘之选。准噶尔入关贸易的商队置办的货物运输主要依赖牲畜，北路水草丰美，便于商队牲畜行走，南路水草稀少，"道远费多"，不利于商队行进，经常出现"携物不敷所用"的局面。鉴于清廷调控蒙古各部的政策与态度，乾隆七年（1742），准噶尔宰桑吹纳木克等奉表入贡时，请求"由归化路"行走，遭到清廷拒绝。原因在于，四年（1739）十二月，大学士鄂尔泰建议，准噶尔在归化城互市，则经喀尔喀游牧，于事无益，故除京师、肃州等处市易之外，西宁、归化城等处，禁其市易。可见，清廷是从北疆社会安定出发考量准噶尔入关贸易所行走的商路。

清前期在新疆境内的商路交通，还可以从理藩院派往准噶尔部官员的行走路线略知梗概。康熙二十年（1681），理藩院内大臣齐他特一行往准部，费时约 27 天。于十一月二十八日，至萨尔巴尔图，十二月初十，至茅西口，二十四日，至齐齐哈住宿，次日，既近噶尔丹所居。[①] 此处萨尔巴尔图，位于"塔尔巴哈台山脉，自阿拉套山脉，跨图界走东折，入内地为萨尔巴尔图山"[②]，而茅西口、齐齐哈则基本位于今阿尔泰地区。

雍正二年（1724），内阁学士众佛保前往准部返京，一行在新疆境内的行径，便是准部使臣的路线，也为商道。六月初二，众佛保等自吐鲁番启程，次日抵伊拉里克。六月十六日，经厄鲁哈雅。二十五日，住宿崆吉斯河与昌玛河交汇处。七月十六日，抵哈拉呼集尔。十一月初九，"自吹、哈拉巴勒图二河汇合处启程回来"[③]。此行中的吐鲁番、伊拉里克等几处，位在天山南路。[④] 崆吉斯，即

---

① 《亲征平定朔漠方略》卷 2，康熙二十二年七月戊戌，第 248 页。
② 白月恒：《最新民国志总谕》第二章《地文地理上》，共和印刷局 1921 年版，第 908 页。
③ 内阁学士众佛保，奏报与策妄阿喇布坦议界事折，雍正三年正月初二日，见《雍正朝满文朱批奏折全译》（上册）。
④ 《西域图志》卷 14《疆域七》，乾隆刻本，第 1183、1191 页。

空格斯，位于天山北路。伊拉里克位于乌鲁木齐至吉木萨之间，而哈喇巴勒图，在吹郭勒南岸。吹河，即今吉尔吉斯斯坦和哈萨克斯坦境内的楚河，而从图斯库勒西北 200 里的萨勒奇图，又西北行 500 余里，又统曰吹。①

雍正三年（1725），众佛保再赴准部，入疆的大致路径：七月初五，自巴里坤起行，沿额楞哈必尔罕路而行。十五日，至吉木色地方博罗呼尔。三十日抵达托里。八月初九，至塔尔奇巴汉口之日吹那木卡。十三日渡伊犁河。二十四日抵达策妄阿喇布坦所驻之吹、察罕乌苏二河汇流处。十二月二十三日，自策妄阿喇布坦过冬之霍尔果图地方起行返京。② 其间，巴里坤，是西出哈密后的第一站，额楞哈必尔罕，即额林哈毕尔噶山，位于古尔班多博克山西北，该山北麓有和尔郭斯、安济哈雅两河发源，而巴伦哈布齐垓河出其南山。吉木色，即吉木萨，位于新疆东路。若由乌鲁木齐至吉木萨，沿途行经乌尔图布拉克、赛音塔拉、纳哩特各卡伦。自巴里坤出发，沿途经过额林哈毕尔噶鄂拉、阿克塔斯、吉木萨、托里，渡伊犁河北行，至察罕乌苏等处。③

至乾隆初期，清廷与准噶尔部之间的商贸往来相对频繁，除了官方使臣往来相随的贸易商队外，民人往来行走也相对频繁，尤其是准噶尔部属大量逃人往行内地，对商路开通、保持和双方信息交流十分有益。当然，还由于清廷统一西北军事行动所带动的驿站、卡伦的不断增设，军营行止所经，交通大开，促进商路畅通。

2. 合二为一的准噶尔朝贡使团与商队

清准贸易时期，大致分为三种形式，即贡市、定点定期互市及

---

① 图斯库勒即特穆尔图淖尔，今吉尔吉斯斯坦的伊塞克湖，参见乌云毕力格《17世纪卫拉特各部游牧地研究》，《西域研究》2010 年第 1 期，第 41 页。
② 内阁学士众佛保等，奏报策妄阿喇布坦情形折，雍正四年二月二十二日，《雍正朝满文朱批奏折全译》（上册），黄山书社 1998 年版。
③ 鄂拉，意即"山"之意。又参见侍郎傅鼐等，奏报由噶尔丹策零处返回情形折，《军机处满文准噶尔使者档译编》（上），雍正十三年二月，中央民族大学出版社 2012 年版。

进藏熬茶。以朝贡与赏赐为主的贡市，除了前往北京进贡外，每次由使臣率商队前来时还携贡方物。由于后者的互市在形式上更接近于定点定期及进藏熬茶过程中伴随的商贸互市，故而，可以说准噶尔部进入内地时，不仅使团与商队合二为一，对清廷的朝贡与商贸亦合二为一。朝贡使团暨贸易商队常常携带除了马匹及牛、羊、驼等牲畜以外的大量毛皮，如大狐皮、黄狐皮、羊羔皮等动物皮毛到界边的肃州、宁夏、兰州、西宁等地交换茶叶、布匹、绸缎、粮食等商品。① 每年春、秋二季，即正月至三月或八月至十月的两个时段，清廷允准准噶尔部派使臣与商队前往指定地点参与贸易。

康熙十一年（1672），准噶尔汗噶尔丹首次派使团前往内地互市，自此直至康熙二十七年（1688）噶尔丹进占喀尔喀，清廷停止与其贸易，前后约26年间，② 准噶尔使团暨商队每年一至两次赴京朝贡与贸易，人数"常至数百人"，多时"或千余人，或数千人"③，连绵不绝，其中亦有很多商人来自天山南路。至三十四年（1695），康熙帝亲征噶尔丹，贸易完全停止。此后，至雍正初年，每年往肃州贸易的准部商队规模逐年增加。④

雍正十二年（1734），清廷调整与准部的贸易政策，经过双方历时数载多次遣使商议，达成协议，准噶尔和喀尔喀蒙古以阿勒泰山为界，清军撤西师，留戍卒屯田防备，同时双方开始通市，准噶尔"进藏熬茶"，沿途开展肃州、青海一线的贸易。清廷对准噶尔在青海的贸易有严格规定，"朝贡互市，宜各有期"。每年定于二、八月，令青海蒙古以那拉萨拉为交易地点。后经议定，改令四季交易。至于亲王察罕丹津、公拉察卜等诸台吉部落，因居黄河之东，

---

① 参见蔡家艺《清朝前期准噶尔与内地的贸易关系》，《中亚学刊》第一辑，中华书局1983年版。
② 据康熙十二年至二十七年（缺十四年）《清内阁蒙古堂档》各全宗及《清圣祖实录》相关内容统计，见黑龙《噶尔丹统治时期准噶尔与清朝的贸易往来》，《卫拉特研究》2006年第2期。
③ 《清圣祖实录》卷112，康熙二十二年九月癸未，《清实录》第5册，第158页。
④ 谷包主编：《西北通史》卷4，兰州大学出版社2005年版，第12页。

迫近河州，去松潘不远，令其仍在河州、松潘二处贸易。河州定于土门关附近双城堡，松潘定于黄胜关之西河口，二地并有城堡房屋，地形宽阔，水草丰好，可为永远互市之所。又郡王额尔德尼克托克托鼐、郡王塞卜腾扎尔等诸台吉部落，驻牧在黄河西，近西宁，请移其贸易地于西宁外的丹噶尔寺。①

继之，清准双方关系进一步推进。乾隆元年（1736）正月，准噶尔噶尔丹策零遣使吹纳木喀、额塞奉表贡方物至京，②商议定界，并"希图通市之利"。乾隆帝特许来使留住数日，"将携带货物贸易事毕"，赏赐"袍锻（缎）银布有差"③。此后，准部又几次遣使朝贡与贸易，但是"事总无成，徒劳跋涉"④。乾隆四年（1739）十二月，噶尔丹策零又遣使哈柳等至京进表并"贡貂皮" 31 张。⑤ 经双方"定议贸易事宜"，于次年正月确定了贸易地点与办法，即双方在肃州和北京两地进行贸易，来京者，道出肃州经西安一路，"四年贸易一次，人数不得过二百"。至肃州者，亦为 4 年，人数毋过百。均限 80 日返还。至贸易之年，使者"先期以起程之日，与何日可入境，报知驻边大臣，转达部院，奏拨章京、笔贴式等，照看料理"⑥。"除禁物外，买卖各从其便。"清廷还规定，准噶尔使者抵达时，清廷酌拨官兵护送至肃州，而理藩院预派贤能章京、笔帖式驰驿前往肃州等候，俟使者抵达，遵例照看，由肃州、西安之路行至京城贸易。若使者雇觅车辆、更换马畜，则由地方官、部章京照看伊等雇车、更换等事。贸易完后返回时，派出章京、笔帖式亦照看，仍由原路返回，送至卡伦。⑦ 准噶尔进藏熬

---

① 季永海等点校：《年羹尧满汉奏折译编》，第 155 页。
② 《清高宗实录》卷 10，乾隆元年正月丙午，《清实录》第 9 册，第 348 页。
③ 《清高宗实录》卷 11，乾隆元年正月壬子，《清实录》第 9 册，第 354 页。
④ 《清高宗实录》卷 110，乾隆五年二月己卯，《清实录》第 10 册，第 642 页。
⑤ 《清高宗实录》卷 106，乾隆四年十二月壬午，《清实录》第 10 册，第 593 页。
⑥ 《清高宗实录》卷 109，乾隆五年正月甲子，《清实录》第 10 册，第 621 页。
⑦ 《清高宗实录》卷 110，乾隆五年二月己卯，《清实录》第 10 册，第 641 页；又军机大臣鄂尔泰议定，噶尔丹策零遣使贸易事宜折，乾隆四年十二月十七日，《清代新疆满文档案汇编》第 5 册，第 210、70 页。

茶，清廷亦派兵护送，经祁连山扁都口入藏，沿途依旧提供牲畜更换与补给等服务。清廷提供贸易场地和马匹，以济运输和中转补给，彰显了官办与调控商贸的主旨。如乾隆六年（1741），准部商队抵达东科尔后，地方官员"当即赏给彼等牛六十头、羊六百只、面、茶叶等物"①。

乾隆七年（1742）六月，理藩院员外郎查仕驻扎哈密，专门管理贸易及护送准噶尔使臣吹纳木喀。此次使臣吹纳木喀与商队前来时，自有驼500余只，除了驮运未出手的葡萄、硇砂、羚羊角等物外，还采买了一些货物。其中自带葡萄50000余斤，硇砂22000余斤，羚羊角20000余根，所有货物"须得七百余驼"方能负载。查仕预计使臣吹纳木喀将于六月初从肃州出口，可是，吹纳木喀与商队因缺驼"不能起身"。为此，查仕同肃州镇、道商议，将吹纳木喀所携葡萄、硇砂、羚羊角等货物设法招商出售，因市场价格相对廉价，肃州商人争先收买，5日内交易完毕，吹纳木喀等"方得起身"。另外，吹纳木喀等更换了原本所带马、驼内羸弱差劲牲只，又将多余不愿带回的90峰驼"频频叫卖"，无奈的清廷地方官员只得"俱买下"，买银照数俱交给使臣吹纳木喀。②

准噶尔进藏熬茶，商队携往内地的牲畜中，以羊只为大宗，其次才是马匹，再次为牛与骆驼，至乾隆初年时，交易额相对较大。据统计，在雍正十三年（1735）至乾隆四年（1739）的五次定期互市和进藏熬茶贸易中，准噶尔商队共携羊372820只，马6327匹，牛6704头，驼3644峰。③除牲畜外，每次还携带数万张至几十万张动物毛皮，毛皮中以大狐皮、沙狐皮、黄狐皮、羊羔皮等为

---

① 熬茶档，军机大臣鄂尔泰奏闻问询郎中阿喇布坦办理准噶尔人等熬茶事宜情形片，乾隆六年十一月二十七日，档号03-1741-1-30。
② 理藩院员外郎查仕为准噶尔使臣驼只少货物多俟换卖葡萄后方能离肃州返回事禀文，乾隆七年六月十三日，见《清代新疆满文档案汇编》第6册，6-46-13；又理藩院员外郎查仕为准噶尔使臣吹纳木喀等售完葡萄等物自州启程返回事呈文，乾隆七年六月十七日，《清代新疆满文档案汇编》第6册，6-47-14。
③ 参见蔡家艺《清朝前期准噶尔与内地的贸易关系》，载《中亚学刊》第一辑，中华书局1983年版。

大宗。如乾隆八年（1743），吹纳木克商队，前往青海东科尔互市贸易，携带毛皮20余万张，其中沙狐皮、黄狐皮、羊羔皮等则达13余万张之多，① 贸易总额约为10余万两，仅毛皮交易额达78000余两，占贸易总额70%以上。乾隆十一年（1746），赉木湖里等率商队在肃州互市，双方贸易总额为95920余两，毛皮贸易额6万余两。② 十二年（1747），巴雅斯瑚郎商队在得卜特尔的交易，双方成交总额为164350两，仅毛皮一项为143774两。总计准噶尔贸易商队此次共携黄狐皮、沙狐皮、羊羔皮等毛皮30余万张，其中羊羔皮达279795张。③ 此外，还有银鼠皮、灰鼠皮、貂皮、猞猁皮、狼皮、虎皮、豹皮等。交易中，除牲畜与毛皮外，还有葡萄、羚羊角等物。齐默特等到东科尔贸易时，一次所带绿葡萄4800斤，羚羊角82700余根。还有各种革制品，如红狐皮、窝刀皮袄、老毛皮等。乾隆十三年（1748），额连胡里等率贸易商队，在肃州进行贸易，用牛、羊、马、驼、毛皮等物，先后易银74560余两，换取内地各种绸缎、布匹、茶封、针线以及其他日用品。④ 又如乾隆十五年（1750），诺落素伯等在肃州与内地商人贸易，将所携货物易银186000余两，又购买急需各种日用消费品，花去银167830余两。⑤

准部商队与内地商人在贸易时的定价，也不是很容易达成，双方需要先给自己的货物议定价格，再进行交易。因此，"议定价钱"就成了完成交易的第一必要。乾隆八年（1743）七月初五，噶尔丹策零亲信多尔济、伯尔博等按照清廷安排，往青海日月山的

---

① 录副奏折，凉州将军乌赫图，奏准噶尔使臣到东科尔贸易折，乾隆八年七月二十九日，档号03-0173-1244-019。
② 满文邸抄，驻哈密办理回子事务主事尚图，为呈报准噶尔商队来哈密愿在哈密肃州贸易及人员货物数目事呈文，乾隆十一年四月初一日，档号03-0173-1262-003.1。
③ 录副奏折，理藩院左侍郎玉保，奏准噶尔熬茶使商队抵哈济尔并赴得卜特尔贸易俟事毕赴藏折，乾隆十二年九月十九日，档号03-0173-1269-001。
④ 录副奏折，驻哈密办理回子事务员外郎甘布，为呈报准噶尔使臣在肃州贸易情形事呈文，乾隆十三年九月十一日，档号03-0174-1276-009。
⑤ 录副奏折，看护准噶尔商人员外郎甘布，为呈报准噶尔人等在肃州贸易情形事呈文，乾隆十五年十月二十日，档号03-0174-1287-006。

东科尔贸易。亲信手下默克济、阿喇布扎等对凉州将军乌赫图称："我等携来货物十种，其中九种价钱已定，惟狐狸皮价钱虽不高于前年携来狐狸皮价钱，亦应不低于该价为好。倘若过低，我等返回后，有何颜面见我等之人众。请大臣代为我等转达。"乌赫图对答："我等内地交易，循行时价，尔等此次携来狐狸皮，较前年携来狐狸皮优劣之处，本大臣不得而知，既然尔等屡屡恳求，本大臣不妨转告办理贸易事务官员一试。"七月十五日，甘肃巡抚黄廷桂抵达东科尔。二十日，多尔济等又为其贸易定价之事讨要好处。已经与黄廷桂商议后的将军乌赫图告知多尔济等："尔等携来狐狸皮，理应按时价收购，惟念此次尔等赴藏熬茶心诚，蒙我大皇帝施恩，相应将尔等狐狸皮按前年给价，嗣后遇有贸易之年，不得以此为例，仍按时价贸易。而后将彼等携来狐狸皮按前年价钱收购。"随之，乌赫图派人对此处商队带来的"皮张数目、整理驮包"进行清点。① 显见，商品市场交换价格的议定，官方的参与度很高，一定程度上反映了贸易展开的政治、经济双重性。准部商队头目也十分清楚这一点，交易前的价格议定时，多数会向主管贸易的清廷官员求情，以期待得到更有利的价格。

乾隆十二年（1747）十月初三，准部商队头目玛木特、喇嘛绥绷等人将在议定价值后不能交易之事，给清廷的接待官员抱怨，并求得帮助。喇嘛绥绷向侍郎玉保告称："我等之商贾与此地商贾议价近半月，仅议定沙狐、貂皮、狼皮、水獭等六、七项皮张之等级，其价钱至今尚未议定，而狐狸皮之等级至今迟迟不定。倘若大臣据理裁定，我等之商贾及本地商贾无不心服。请大臣准将我等之价钱仍照先前东科尔贸易之例办理。"玉保回应说："据我商贾告称，前次在东科尔收取尔等携至狐狸皮时，分为三个等级交易"，"皮张亦有优劣，兹尔等意欲获取高价，若言仅分两个等级，实无

---

① 熬茶档，凉州将军乌赫图奏报准噶尔人等前赴东科尔贸易完竣折，乾隆八年八月十二日，档号03-1742-1-16。

完结之日"。经玉保了解，准部带来之货，大部已议定价格，"惟有狐狸皮、俄罗斯毡子、骆驼之价钱尚未议定"，并要求"相应准以十日为限，十日内务必议定"。经过反复协议，于十月十二日，双方议定价钱，共挑选灰鼠皮16840张、狼皮5696张、羊羔皮89352张。约于当月二十日后贸易事竣。①

清准双方贸易过程中，清廷对贸易额并不十分关心，相反，因基于政治、军事等因素的考量，准噶尔使臣和商队在与清廷贸易过程中，对准噶尔的一些请求，清廷在酌情考虑的同时也不违背既有原则，亦时常拒绝。乾隆十三年（1748），准噶尔使臣乘前来贸易之际，表示"我等之地方遥远，来非易事"，"来京交易甚属不便"，请求"均皆归入肃州"，隔一年，前来交易一次。对此，清廷以"此皆已定之事，不可复议"而否决，并谕准噶尔不得更改既有贸易条例，且表明"肃州系属我等边界地方，极为狭小，为尔等知之者也。若逢尔等交易之年，由各地遣往商贾，俟与尔等交易完毕，各回原籍，再复备办货物。商民不可强求，企求利裨尔等，而劳累彼等，又有何人前来与尔等贸易耶"②。故而，双方仍按既有规定展开贸易。

在定点的朝贡与商队贸易过程中，前来贸易的准部商队存在着携带私货及违例贸易之事，后者尤重。乾隆十五年（1750）六月，准噶尔诺洛素伯等到肃州贸易，所带牲畜16万，人数300余名。③此虽有违限例，清廷亦"姑准从宽交易，以示格外体恤"④。次年正月，陕甘总督尹继善总结此次贸易时，建议"嗣后羊只、皮张不得过三万，马、牛共不得过一千"，并指出双方交易时"向来彼此俱虚抬价值"。此次交易"虽名为十八万余两，按实价并现银共

---

① 熬茶档，侍郎玉保，奏报准噶尔人等贸易事宜即将告竣折，乾隆十二年十月二十七日，档号03-1742-2-43。
② 熬茶档，内大臣海望等奏报告知准噶尔使臣不得更改贸易条例等情片，乾隆十三年四月十一日，档号03-1742-2-77。
③《清高宗实录》卷367，乾隆十五年六月，《清实录》第13册，第1100页。
④《清高宗实录》卷373，乾隆十五年九月，《清实录》第13册，第1231页。

止十二万八千余两","虚数七八万两之间"。对此,乾隆帝谕,"准噶尔夷人交易一事,每岁加增,固属无厌,而为数太少,亦属难行"。并指出尹继善所定交易之数,"较之上次,未及其半"。"伊等历年已加增至数倍,何能强之骤减?"遂谕令转告准噶尔,肃州交易"以十三年来数为准","总在不离大数,货物内此多彼少,许其折算相当"①。

在非规定贸易之年,清廷也不准许贸易。乾隆八年(1743)闰四月,噶尔丹策零派遣巴布等携带马、羊,要求入关贸易,请求"将疲乏不能驱回者变卖"。驻防哈密提督永常不能决策,遂奏报"马匹虽有疲乏,尚可行走,羊则瘵掌乏弱者甚多。查其言辞恳切,而羊只实难以驱回。令马匹仍留卡伦外,止(只)将羊只二千余与兵民交易"。清廷仍谕,嗣后非贸易之年,"羊亦不许携带"②。

清廷官方在组织维持贸易进行过程中,所付出的人力物力财力的代价亦相对较高。清廷为了组织与准噶尔使臣与商队之间的贸易,尤其是以准部进藏熬茶名义在东科尔、肃州一线的贸易开销数目可观。据清廷统计,乾隆七年(1742),户部拨付甘肃巡抚黄廷桂支付用于准噶尔使臣与商队进藏熬茶"沿途预备接济"银两有3万两之多。③

仅就乾隆十二年(1747),清廷在计算派遣官兵等候与护送准部使臣与商队前来的开销报单中可知,所需牲畜与银两均以千计。即本年四月初十,侍郎玉保自京城起程,五月初九抵达兰州,会甘肃巡抚黄廷桂。玉宝此行就是为了在约定的哈济尔卡伦迎接准部使臣进藏熬茶。此次清廷派往支应准部进藏使臣与商队的官兵为450

---

① 《清高宗实录》卷383,乾隆十六年二月丁酉,《清实录》第14册,第48页。
② 《平定准噶尔方略·前编》卷47,乾隆十六年正月,乾隆刻本,第2960页。
③ 户科题本,户部尚书海望、阿尔赛,题为核议甘肃奏销准噶尔噶尔丹策凌夷使进藏熬茶沿途接济动用银两数目事,乾隆九年六月二十二日,档号02-01-04-13744-008。

名，除钦差大臣、侍卫、官员外，所预备了调换伴送官兵骑驮及运粮兵丁所骑之马 1873 匹，驮运口米、茶叶、银两等项驼 573 峰，预计这些牲畜每月应给草料折价银 3962 两。所派官兵出界后，每月应给口米、盐菜银 970 余两。玉宝出发前，清廷令其动态计算日期，要求倘若有消息报准部使臣等于八月抵达卡伦，则计算来期，于六月内派兵启程，前往卡伦等候，若准噶尔到达日期仍为原计划的九月抵达，则命官兵于七月起程。又哈济尔卡伦距西宁约 3000 里，若省畜力缓行，需行 40 余日。① 如此，所需费用也相应增加。所以，某种程度上可以说，清廷在维持双方交往与贸易过程中，经济并非官方首要且必须考量的要素。兹将乾隆初期参与近边贸易的准噶尔商队梗概列表如下。

表 4-1　　乾隆初期近边贸易的准噶尔商队梗概表②

| 时间 | 贸易地点 | 商队名称 | 商队人数（人） | 交易额（两） |
| --- | --- | --- | --- | --- |
| 乾隆七年 | 肃州、哈密 | 吹纳木克 | 42 | |
| 乾隆八年 | 东科尔 | 吹纳木克 | | 100000 余 |
| 乾隆九年 | 肃州 | 额连胡里 | 122 | |
| 乾隆九至十年 | 肃州 | 图尔都 | 14 | |
| 乾隆九至十年 | 哈密、肃州 | 哈柳 | 38 | |
| 乾隆十至十一年 | 哈密、肃州 | 哈柳 | 28 | |
| 乾隆十一年 | 肃州 | 贲木湖里 | | 95920 余 |
| 乾隆十一年 | 哈密、肃州 | 额连胡里 | 214 | |
| 乾隆十二年 | 得卜特尔 | 巴雅斯瑚郎 | | 164350 |
| 乾隆十三年 | 哈密、肃州 | 额连胡里 | 136 | 74560 余 |

---

① 熬茶档，侍郎玉保等奏报先行遣派官兵前往哈济尔卡伦等候准噶尔人等折，乾隆十二年五月二十一日，档号 03-1742-2-12。

② 据林永匡、王熹《清代西北民族贸易史》书中的相关记载整理，第 99—110 页。

续表

| 时间 | 贸易地点 | 商队名称 | 商队人数（人） | 交易额（两） |
| --- | --- | --- | --- | --- |
| 乾隆十四至十五年 | 哈密、肃州 | 额尔背 | 52 | |
| 乾隆十五年 | 肃州 | 诺落素伯 | | 186000 |
| 乾隆十六年 | 肃州 | 呢玛 | 52 | |

从上表可以看出，乾隆七年（1742）至十六年（1751），每年往肃州贸易的准噶尔商队人数和哈密贸易商队人数总和在几十至百人左右，只有乾隆十一年（1746）超过200人，此与康熙十八年（1679）准噶尔派往肃州的贸易商队人数"千余人或数千人"的规模相比，明显减少，但是，贸易额则相应增加。

乾隆初期，清廷与准噶尔间的贸易，因准部进藏熬茶的缘故，也时常安排在青海湟源东科尔一带。乾隆八年（1743）六月，理藩院左侍郎保玉在青海西部噶斯所属的噶顺地方会见准噶尔使臣吹纳木喀。双方会晤中，保玉会见准噶尔使臣喇嘛商卓特巴，得知此次商队有303人，喇嘛商卓特巴称"此次我等并未携带浮冒货物，我等在藏念经熬茶所用供奉金佛等物，现皆携至，但缺银两、哈达、绸缎、茶叶，请准将一百余人遣往东科尔，带往皮张等物，一个月内交易完毕，采买银两、绸缎、哈达、茶叶毕来此，我等在此等候，俟其抵达，即将贸易回众遣返游牧，然后赴藏。倘若一齐前往东科尔贸易，再由彼处赴藏，则我等之人畜过于劳累"。并提出在东科尔贸易后再赴藏的要求。喇嘛商卓特巴、吹纳木喀还主动将遣往东科尔的商人、货物、马驼数目，及应购绸缎、哈达、茶叶、银两数目清单交给保玉过目，要求贸易期间，派二三十人进藏熬茶。

清廷准予全员赴藏，若"路途倘若马驼疲乏，口粮短缺，著准赏补"。而准噶尔使臣则争取先在东科尔贸易后再赴藏，并称往东科尔贸易者175人，驼驮货物600余件，亦开列了贸易时的采买清单，即采买绸缎 2000 匹，买哈达银 3000 两，买茶叶银近 3000 两，现银近 8000 两，把碗近百只。清廷派绿营兵 100 名前往照料，并依照军机处奏准之例，将牛 60 头，羊 600 只，米、炒面等些许，作为"皇帝隆恩"颁赏给使臣，又准备了护送使臣等兵丁所骑马畜，由 300 兵丁名下，挑出马 200 匹骑往。陕甘总督马尔泰、甘肃巡抚黄廷桂恐怕所挑马匹沿途疲乏，又令就近由东科尔绿营官兵内遣派兵丁四五十名，迎接准噶尔使臣。① 足见双方贸易中，清廷给予使臣足够的赏赐与优待以及提供便利。

同年七月，准部派多尔济、颇尔泼等向驻守肃州的凉州将军乌赫图等告称，"我等喇嘛宰桑差遣我等告知大臣，恳请一半人此处做贸易，一半人遣往西宁做贸易"。对此，乌赫图回称，此事"我大皇帝施恩尔等，著照所请施行"，只是"尔等将一半人遣往西宁贸易，无商人尔等与何人交易，去亦落空"，倒不如"将照看贸易官员和商人俱抵东科尔"，"据今东科尔商人之多，尔等在东科尔贸易，才符合尔等所请"。为此，甘肃巡抚黄廷桂于七月十五日抵达东科尔主持贸易事宜，交易周期一个月，商品有准噶尔携带而来的狐皮等。②

此次商队中还带有新疆当地的"回人"，因商队在贸易后进藏熬茶，故而，将随商队而来的贸易"回子"遣回新疆。即如档案所载"我等为贸易，曾带来二十名回子，回子是异教，据不需带到藏，将二十名回子遣回游牧地"③。又据《俄罗斯与亚细亚草原》载，康熙十六年（1677），准噶尔贡使与清廷在边境的贸易相对频繁，商队"其中好多是回子。所谓回子就是指布哈拉人，特别是指东土耳其斯坦的商人"。俄罗斯人伊兹勃兰特伊台斯说："托木

---

① 以上均见军机处满文熬茶档，理藩院左侍郎玉保奏报安排准噶尔人等赴东科尔贸易事宜折，乾隆八年六月初七日，档号 03-1742-1-07。
② 议复档，又凉州将军乌赫图奏报准噶尔使臣到东科尔贸易折，乾隆八年七月二十九日，《清代新疆满文档案汇编》第 6 册，6-309-98。
③ 凉州将军乌赫图等奏报带领准噶尔熬茶使臣由哈单和硕启程赴藏折，乾隆八年九月初八日，《清代新疆满文档案汇编》第 6 册，6-322-103。

斯克城通过博硕克图汗的臣民和布哈拉人与中国进行大宗的贸易，许多俄国商人也混在他们中间。"① 可见，自清初至乾隆初期，清廷与准噶尔的贸易中，除了准部人外，还有其他商人参与其中，包括中亚周边族群。

3. 乾隆初期与准噶尔在界边的贸易案例

清初以前，肃州、嘉峪关一带是西北近边贸易的咽喉要道，"肃州城为西方商贾荟萃之地"，尤"回众日多"。西方人的游记中载，肃州城分为两部分，一部分是当地居民，另一部分为回部商人居住，"其人皆来自西域喀什噶尔等国，专为经商，多有在此娶妻生子者，家室缠绵，因留于此，不复西返，遂藉入土人之列"，接受当地官府的管理。至于前来朝贡者"所贡之物为玉石、小金刚石、绀青及其他各种物品。此类使节，多商人冒充，往北京及归回之费用，皆由公家支出"。贡献不过虚名，礼赐隆厚重价，以致"人皆争欲为使。以重价自商队购之也。必要之时，此等商人冒充国王代表，伪造国书，献媚皇帝"②。所以，顺治十三年（1656），川陕总督金砺奏："前明羁縻外藩多陋习，吐鲁番贪无厌，入贡辄携四五百人，诡称质孥，不以归。牟利内地，潜通哈密。以故甘肃五郡，回众日多，致滋前变。"③ 至17世纪中叶，肃州"专为经商"前来内地留居的"回众"渐聚，尤其在新疆统一之前，肃州是清准双方朝贡贸易的重要商业府城，与此紧邻的哈密，以及准噶尔进藏熬茶必经的青海西部的东科尔，也是乾隆初期重要贸易城镇。所以，哈密——肃州——东科尔一线是乾隆初期清准双方贸易的重镇。

由于上述一线界边与位置的重要，尤其以肃州为重要关口，清

---

① 参见［荷］伊兹勃兰特·伊台斯、［德］亚当·勃兰德《俄国使团使华笔记》，北京师范学院俄语翻译组译，商务印书馆1980年版，第265页。
② 以上引文均见《鄂本笃访契丹记》，张星烺编注，朱杰勤校订：《中西交通史料汇编》第2册，中华书局1977年版。
③ 即指顺治五年的丁国栋、米剌印回民起事。见祁韵士《外藩蒙古回部王公表传》卷110《传第九十四·吐鲁番回部总传》，乾隆刻本，第2785页。

廷对一般商民的贸易管控亦较严厉。乾隆初年时,肃州所属之金塔寺地方,一度禁止兵民参与贸易。为此,地方官上奏,请准于"金塔寺口外宜仍准兵民前往采买马匹、贸易货物,以裨营马,以利边民",并强调理由二:其一,金塔寺北通喀尔喀蒙古等处,故而兵民所需马匹俱从该处采买,"往返为日无多",况且沿途水草丰茂,采买之马匹,回营之后"即堪适用"。与此同时,也有"彼处蒙古夷商持票由此口来肃交易"。其二,肃州等处"多产大黄",未禁出口之前,"商民每持此前往换易马匹皮张,凡本处数金之大黄,即可换彼地数十斤之货物"。可是自禁止以来,"夷商进口恃少居奇,每据两地之财",而肃州商民限于法令,反失十倍之利,以致对营伍和边民均有不利。故而,地方官奏请"严其人数,限以程期",仍准肃州等处兵民,领照票路引,"每岁出口一次,采买马匹,贸易货物"。对此,朱批:军机大臣等奏议。[①]

正是由于以肃州为主,以及哈密、东科尔一线,在清准双方对峙中地理位置极其重要,才有了清廷禁止金塔寺一带官民往北的贸易,也使这一线成为双方不断磨合商议中选定的重要贸易端口,成为双方依河西走廊重要地理位置出发的客观选择。乾隆初年,双方在这一线展开的有记录的贸易较多,此中很重要的一个原因,还在于准噶尔进藏熬茶,兼及商队贸易,人数和货物数量较大,主要在交通商道的青海日月山的东科尔寺一带进行。兹举乾隆八、九、十二、十三年间的五例贸易清单,以展示其交易货物的实像。

贸易清单罗列一。乾隆八年(1743)六月至九月,准噶尔部进藏熬茶期间,清廷组织各路商人集合货物,在青海日月山东科尔寺一带做好准备,与前来的准噶尔商队进行贸易。率领贸易商队的准部使臣为吹纳木喀、巴雅斯瑚朗等人,于六月初三抵达哈济尔,

---

① 朱批奏折,甘肃提督永常,奏为肃州所属金塔寺口外宜仍准兵民前往采买马驼贸易货物以裨营马以利边民事,乾隆十年十月二十六日,档号04-01-01-0121-003;又录副奏折,甘肃提督永常,奏为请准肃州等处兵民前往金塔寺口外采买马匹贸易货物事,乾隆十年十月,档号03-0477-023。

次日，噶尔丹策零近侍多尔济等向已等候在青海噶斯所属噶顺地方的理藩院侍郎保玉禀明来意。此次商队共有303人，其中约有175人参与了往东科尔的贸易。① 准部商队所携带的货物中，以牲畜皮张为主，其中沙狐皮、黄狐皮、银鼠皮、羊羔皮等，均在几万张以上，是所能看到的清单中少有的大量，总贸易额达78233.41两。② 详见表4-2。

表4-2　　　　乾隆八年六月至九月准噶尔贸易清单

| 分类 | 皮毛（类） | 单价 | 数量（张） | 总价（两） |
| --- | --- | --- | --- | --- |
| 沙狐皮 |  | 4钱 | 28293 | 11317.2 |
| 银鼠皮 |  | 1.2钱 | 60643 | 7255.56 |
| 狼皮 | 上首狼皮 | 5钱 | 807 | 392.3 |
| | 下首狼皮 | 2.2钱 | | |
| 豹皮 | 头首豹皮 | 1.5两 | 299 | 438.5 |
| | 下首豹皮 | 5钱 | | |
| 猞猁狲皮 | 头首 | 3两 | 679 | 1651.9 |
| | 二首 | 2.5两 | | |
| | 三首 | 1.8两 | | |
| 扫雪皮 |  | 2.3钱 | 2603 | 598.69 |
| 羊羔皮 | 上首 | 0.9钱 | 45271 | 3955.58 |
| | 下首 | 0.4钱 | | |
| 貂皮 | 上首 | 1.2两 | 892 | 900 |
| | 下首 | 9钱 | | |

---

① 熬茶档，理藩院左侍郎玉保奏报安排准噶尔人等赴东科尔贸易事宜折，乾隆八年六月初七日，档号03-1742-1-07。
② 录副奏折，川陕总督庆复，准噶尔货物皮张数目清单，乾隆八年八月二十二日，详见王熹、林永匡《清代西北民族贸易史》，第99—100页。

续表

| 分类 | 皮毛（类） | 单价 | 数量（张） | 总价（两） |
|---|---|---|---|---|
| 黄狐皮 | 头首 | 9钱 | 62490 | 51639.1 |
|  | 二首 | 7钱 |  |  |
|  | 下首 | 2钱 |  |  |
| 灰鼠皮 | 白灰鼠皮 | 7分 | 1624 | 84.58 |
|  | 黑灰鼠皮 | 4钱 |  |  |
| 交易额 |  |  |  | 78233.41 |

贸易清单罗列二。乾隆八年（1743），据安西提臣永常咨称：副将瑚宝禀开，十一月初八，"夷人宰桑等三名到松树塘"，说是要往肃州去贸易的。抵肃州的准噶尔贸易商队，人数共122人，骆驼700多只，内有驮子400多个，马500多匹、牛200多只、羊23000多只。① 至次年春，又有一批货物交易。在具体贸易中，则按"此次照依内地时价酌销"的原则，进行商品交换。准部贸易商队此次交易的牲畜、皮张以及葡萄等特产的具体价银和零星易换物品，制表4-3②。

表4-3　乾隆八年十一月至九年春季准噶尔贸易商队商品清单

| 分类 | 皮毛（类） | 数量 | 单价 | 总价（两） |
|---|---|---|---|---|
| 羊 | 绵山羊 | 20553只 | 1.1两 | 22608.3 |
|  | 大山羊 | 1290只 | 8钱 | 1032 |
| 貂皮 | 头等貂皮 | 20张 | 4.5两 | 90 |
|  | 二等貂皮 | 98张 | 3.7两 | 362.6 |
|  | 三等貂皮 | 380张 | 2.4两 | 912 |

---

① 庆复奏，为续报噶尔丹贸易夷人到境情形恭请圣鉴事，乾隆八年十二月十三日。

② 详见王熹、林永匡《清代西北民族贸易史》，第101—102页。

续表

| 分类 | 皮毛（类） | 数量 | 单价 | 总价（两） |
|---|---|---|---|---|
| 貂皮 | 四等貂皮 | 473 张 | 1.6 两 | 756.8 |
| | 五等貂皮 | 124 张 | 1.2 两 | 148.8 |
| 豹皮 | 豹皮 | 21 张 | 1.9 两 | 39.9 |
| | 豹皮 | 10 张 | 1.3 两 | 13 |
| 狐皮 | 沙狐皮 | 3466 张 | 4.5 钱 | 1559.7 |
| | 缅泥狐皮、红狐皮 | 412 张 | 0.877 钱 | 361.3 |
| 猞猁皮 | 头等猞猁皮 | 10 张 | 3 两 | 30 |
| | 二等猞猁皮 | 33 张 | 2.5 两 | 82.5 |
| | 三等猞猁皮 | 70 张 | 2 两 | 140 |
| | 四等猞猁皮 | 23 张 | 1.2 两 | 27.6 |
| | 五等猞猁皮 | 19 张 | 9 钱 | 17.7 |
| | 猞猁皮 | 19 张 | 35.4 两 | 35.4 |
| 貂皮 | 貂皮 | 10 张 | 4 两 | 40 |
| | 貂皮 | 6 张 | 2.45 两 | 14.7 |
| 其他 | 狼皮 | 513 张 | 6 钱 | 370.8 |
| | 扫雪皮 | 67 张 | 20.1 两 | 20.1 |
| | 猞猁皮爪 | 246 个 | 41 两 | 41 |
| | 马 | 65 匹 | 6.5 两 | 422.5 |
| | 葡萄 | 29260 斤 | 换大黄 29260 斤 | 换大黄 29260 斤 |
| | 羚羊角 | 4388 支 | 换大黄 878 斤 | 换大黄 878 斤 |
| | 大狐皮 | 13716 张 | 8 钱 | 10972.8 |
| | 狐脊子皮 | 467 张 | 3.5 钱 | 163.45 |
| | 羔子皮 | 10832 张 | 7.5 分 | 812.4 |
| 交易额 | | | | 41311.5 |

以上贸易总额为：银 41311.5 两，换得大黄 38292 斤。后又增加大黄 1318 斤，准部商队实得大黄 39610 斤。其中动物皮张的质量优劣，按照价值划分，如貂皮一项，先是按不同价值划分为五

等。继之罗列的貂皮，虽没明确标明所划分等级，但是从价格差异可以看出，等级有别，分别居于两个等级之间。此次贸易，最高等级的貂皮价值4.5两，最低1.2两。另外，从葡萄、大黄的"斤"数等值可知两种商品的价格相等，故两种商品按斤等价交换，一斤葡萄易换一斤大黄。

贸易清单罗列三。乾隆九年（1744）十二月至乾隆十年（1745）四月，准噶尔使臣哈柳率领的商队，在肃州进行互市贸易。此次商队有32人，随带马449匹、驮驼94只、空驼75只。① 此外，还携有大量皮张和牲畜。商队首先将疲瘦牲只变卖，其中包括马牛羊驼等，具体而言：乏马67匹，每匹变银6两；疲瘦马8匹，每匹变银3两；掌乏牛170只，每只变银4两；疲瘦牛4只，每只变银1两；掌乏羊3456只，每只变银1两；疲瘦不堪羊90只，每只变银1钱。除此外，商队仍留有骑乘的马、驼19只，内驮驼13只，另有牛200只、羊4000只。此次该商队携带大量皮张，详细记录在乾隆十年（1745）正月安西提督永常呈报的肃州贸易事务"准使货物数目清单"中，计有各种皮张和葡萄等特产，货物"值银二万七八千两"。详见表4-4。②

乾隆十一年（1746），准噶尔使臣与商队有214人前来肃州一线，携带货物有各种皮张，以及葡萄、羚羊角等，皮张数量甚巨，有狐皮56000余张，羊羔皮20000张，其余为貂、狼、豹、兔、银鼠、灰鼠等皮，"多者千余张，少则数百张及数十张，约共值银六万余两"。还有牛马羊驼等牲畜，其中马1200多匹，驼900多只，牛2100多只，羊三万五六千只。据黄廷桂奏报的统计数，此次贸易额为95920余两。③

---

① 庆复、黄廷桂奏，为遵旨委员办理夷使贸易事，乾隆十年一月初四日。
② 永常奏，为报肃州贸易事奏片，乾隆十年一月初四日。详见王熹、林永匡《清代西北民族贸易史》，第103—104页。
③ 黄廷桂奏，为奏闻事，乾隆十一年四月二十日；乾隆十一年八月二十日。详见王熹、林永匡《清代西北民族贸易史》，第105—106页。

表 4-4　　乾隆九年十二月至十年四月准部贸易商品清单

| 分类 | 种类 | 数量 |
| --- | --- | --- |
| 狐皮 | 大狐皮 | 18174 张 |
|  | 沙狐皮 | 1289 张 |
| 其他 | 猞猁皮 | 73 张 |
|  | 豹皮 | 13 张 |
|  | 狼皮 | 251 张 |
|  | 野狸皮 | 60 张 |
|  | 羊皮 | 2522 张 |
|  | 白兔皮 | 80 张 |
|  | 葡萄 | 8 包 |
|  | 冷羊角 | 500 支 |
|  | 貂皮 | 3700 张 |

贸易清单罗列四。清准双方贡使往来与商队贸易所限定的准噶尔商队人数的上限为 300 人，大部分的时候，准部以这个限额为标准。如乾隆十二年（1747）九、十月，由巴雅斯瑚朗率领的商队，共 300 人。该商队经青海柴达木，至格尔木西北的得卜特尔，在此与先期抵达的清廷官员会面，并与清廷组织的内地商人进行贸易。这次双方交易的货物、单价及总价银，详见表 4-5。[①]

表 4-5　　乾隆十二年准部贸易商品清单

| 分类 | 皮毛（类） | 数量 | 单价 | 总价（两） |
| --- | --- | --- | --- | --- |
| 貂皮 | 三首貂皮 | 397 张 | 2.1 两 | 833.7 |

---

[①] 录副奏折，理藩院左侍郎玉保，奏准噶尔熬茶使商队抵哈济尔并赴得卜特尔贸易俟事毕赴藏折，乾隆十二年九月十九日，档号 03-0173-1269-001；又熬茶档，侍郎玉保奏报准噶尔使臣等抵达哈济尔卡伦商议贸易事宜折，乾隆十二年十月初四日，档号 03-1742-2-3。详见王熹、林永匡《清代西北民族贸易史》，第 107—108 页。

续表

| 分类 | 皮毛（类） | 数量 | 单价 | 总价（两） |
|---|---|---|---|---|
| 貂皮 | 四首貂皮 | 132 张 | 1.5 两 | 198 |
| | 五首貂皮 | 215 张 | 1.15 两 | 198 |
| 鼠皮 | 银鼠皮 | 350 张 | 1.2 钱 | 42 |
| | 灰鼠皮 | 18818 张 | 4 分 | 750.72 |
| 狐皮 | 黄狐皮 | 132522 张 | 8 钱 | 16017.6 |
| | 下首黄狐皮 | 139 张 | 2 钱 | 27.8 |
| | 沙狐皮 | 21297 张 | 4 钱 | 8518.8 |
| | 下首沙狐皮 | 128 张 | 1 钱 | 12.8 |
| 猞猁皮 | 头首猞猁皮 | 1408 张 | 3 两 | 4424 |
| | 二首猞皮 | 1047 张 | 2.4 两 | 2512.8 |
| | 三首猞猁皮 | 326 张 | 1.4 两 | 456.4 |
| | 四首猞猁皮 | 171 张 | 9 钱 | 153.9 |
| 豹皮 | 豹皮 | 297 张 | 1.5 两 | 445.5 |
| | 下首豹皮 | 29 张 | 5 钱 | 14.5 |
| 狼 | 狼皮 | 6318 张 | 5 钱 | 315.9 |
| | 下首狼皮 | 573 张 | 2.2 钱 | 126.06 |
| 羊皮 | 羊羔皮 | 117982 张 | 9 分 | 10618.38 |
| | 下首羊羔皮 | 7727 张 | 4 分 | 309.08 |
| 马 | 骟马 | 1968 匹 | 6 两 | 11808 |
| | 骒马 | 80 匹 | 4.5 两 | 350 |
| 其他 | 骆驼 | 593 只 | 15 两 | 8895 |
| | 羊 | 2490 只 | 9 钱 | 2241 |
| | 扫雪皮 | 1719 张 | 2.3 钱 | 395.37 |
| 交易额 | | | | 162369.66 |

　　此次互市贸易，是乾隆初期与准噶尔部贸易中规模最大的一次，货物的品类多，数量大，贸易额亦高。当然，随着清廷平准战

事的结束，与准噶尔部的这种特殊贸易遂成为历史记忆。

贸易清单罗列五。乾隆十三年（1748）四至七月，准噶尔商队136人，在使臣额连胡里的率领下抵达肃州。商队"内缠头头目三人、伊等头目三人，骑、赶马一千三百余匹、驼六百多只、牛九百多只、羊五万余只，驼子货物有三百多驮子"，总计商队所带马、驼、牛、羊，计约53000匹只，"较上届牲畜之数几至两倍"。商队于六月二十六日自哈密起程至肃州。

甘肃巡抚黄廷桂令副将马得胜、知州程远带领参与肃州贸易的商贩先至赤金，等候准部商队。"后该夷目等于七月十八、九两日俱至赤金，将其赶来之羊，每只讲定价银一两一钱，牛每头讲定价银三两三钱三分，仍照上届交易，均以货物作价。"清廷官、商，共收买羊57630只，牛42头，俱经减价分发各商贩领变讫。至于挑拣剩余的"碎小羊"1735只以及马467匹，于闰七月初五、六两日，由使臣额连胡里等先后驱赶至肃州，"讲价出售"。① 此次贸易中，准噶尔商队所易货物品类及单价银、合计银详见表4-6。②

表4-6　　　　　　　乾隆十三年准部贸易商品清单

| 分类 | 皮毛（类） | 数量 | 单价 | 总价（两） |
| --- | --- | --- | --- | --- |
| 羊 | 绵山羊 | 57757只 | 1.1两 | 63529.7 |
|  | 小山羊 | 252只 | 5钱 | 126 |
| 貂皮 | 三等貂皮 | 4张 | 2.4两 | 9.6 |
|  | 四等貂皮 | 37张 | 1.6两 | 59.2 |
|  | 五等貂皮 | 67张 | 1.2两 | 80.4 |

---

① 以上引文见录副奏折，甘肃巡抚黄廷桂，奏明准夷贸易情形事，乾隆十三年四月二十四日，档号03-1101-033。

② 满文录副奏折，驻哈密办理回子事务员外郎甘布，为呈报噶尔使臣在肃州贸易情形事呈文，乾隆十三年九月十一日，档号：03-0174-1276-009。详见王熹、林永匡《清代西北民族贸易史》，第109—110页。

续表

| 分类 | 皮毛（类） | 数量 | 单价 | 总价（两） |
|---|---|---|---|---|
| 豹皮 | 头等豹皮 | 11 张 | 1.9 两 | 20.9 |
|  | 二等豹皮 | 15 张 | 1.3 两 | 19.5 |
| 猞猁皮 | 头等猞猁皮 | 17 张 | 3 两 | 51 |
|  | 二等猞猁皮 | 27 张 | 2.5 两 | 67.5 |
|  | 三等猞猁皮 | 53 张 | 2 两 | 106 |
|  | 四等猞皮 | 17 张 | 1.2 两 | 20.4 |
|  | 五等猞猁皮 | 23 张 | 9 钱 | 20.7 |
| 狐皮 | 沙狐皮 | 1084 张 | 4.5 钱 | 487.8 |
|  | 大狐皮 | 8719 张 | 8 钱 | 7031.2 |
|  | 大狐皮 | 64 张 | 8 钱 | 51.2 |
|  | 碎小青狐皮 | 860 张 | 258 两 |  |
| 其他 | 香牛皮 | 60 张 | 15 两 |  |
|  | 羊羔皮 | 518 张 | 7.5 分 | 431.85 |
|  | 扫雪皮 | 103 张 | 3 钱 | 30.9 |
|  | 旧老羊皮袄 | 208 件 | 3.75 两 | 780 |
|  | 猞猁爪 | 464 个 | 77.3 两 |  |
|  | 狼皮 | 241 张 | 6 钱 | 144.6 |
|  | 马 | 140 匹 | 6.5 两 | 910 |
|  | 牛 | 42 头 | 3.335 两 | 140 |
| 交易额 |  |  |  | 74560.17 |

此后，直至乾隆十五年（1750），准噶尔贸易商队还分别在肃州与哈密有两次较大规模贸易。其间，准部因进藏熬茶的缘故，亦常在东科尔寺进行贸易。[①] 兹据上述内容及出处，将乾隆初期准噶

---

① 熬茶档，理藩院左侍郎玉保奏报安排准噶尔人等赴东科尔贸易事宜折，乾隆八年六月初七日，档号 03-1742-1-07。

尔部在近边哈密、肃州、东科尔等处的较大规模贸易与成交额等信息列表 4-7 于下：

表 4-7　　乾隆朝初期与准噶尔贸易信息概表

| 时间 | 地点 | 商队头领及人数 | 成交额（两） |
| --- | --- | --- | --- |
| 乾隆五年 | 肃州 |  | 22300 |
| 乾隆六年 | 东科尔 | 齐默特（300 人） | 105400 |
| 乾隆七年 | 肃州、哈密 | 吹纳木喀（42 人） | 88800 |
| 乾隆八年 | 哈密 | 巴卜（12 人） | 2600 |
| 乾隆八年 | 东科尔 | 吹纳木喀（175 人）① | 78233.41 |
| 乾隆八年 | 哈密 | 额尔古济（13 人） | 8305 |
| 乾隆九年 | 肃州 | 额连胡里（122 人） | 41311.85 |
| 乾隆九至十年 | 肃州 | 图尔都（14 人） | 1664 |
| 乾隆九至十年 | 哈密、肃州 | 哈柳（38 人） | 41200 |
| 乾隆十至十一年 | 哈密、肃州 | 哈柳（28 人） | 28900 |
| 乾隆十一年 | 哈密、肃州 | 额连胡里（214 人） | 103130 |
| 乾隆十二年 | 得卜特尔 | 巴雅斯瑚朗（300 人） | 162369.66 |
| 乾隆十三年 | 哈密、肃州 | 额连胡里（136 人） | 87260.175 |
| 乾隆十四至十五年 | 哈密、肃州 | 额尔背（52 人） | 18345.00 |
|  |  | 呢玛（47 人） |  |
| 乾隆十六年 | 肃州 | 呢玛（52 人） | 10000.00 |
| 合计 |  |  | 799819.095 |

## （二）毗邻中亚的贸易

中国和中亚之间各主要族群存在长期的贸易关系，而西北以新

---

① 另说为 312 人，此实际为整个使团人数，其中留在东科尔贸易者为 175 人，包括喇嘛和宰桑。

第四章　以绸缎与马匹等为媒介的西北商贸

疆为主近边的一些重要城市在东西方贸易关系中具有举足轻重的地位，"丝绸之路"正是这种贸易关系以重要城市为节点而连续扩散的集中体现。现今通常意义上的中亚，包括哈萨克斯坦、乌兹别克斯坦、塔吉克斯坦、吉尔吉斯斯坦、土库曼斯坦、阿富汗及克什米尔地区在内的一个相互密切联系的地理单元。本书所言中亚，泛及新疆近边相联系的地区。至清初，在丝绸之路已趋于衰落的情形下，中亚贸易和更遥远的欧洲联系在一起，成为维系中国与欧洲、西亚之间经济往来的踏板。

作为区域间贸易关系的延伸，清以前，内地的绸缎、茶叶等大宗商品，经中亚商人和近边不同族群商队行销于中亚各处，故而，中亚绿洲的一些重要市镇都在这一居间贸易中占有重要地位。清廷统一西北之初，对于新疆近边与安集延、浩罕、布哈拉、玛尔噶朗、布鲁特、哈萨克、巴达克山、博罗尔、俄国等的贸易，采取了鼓励和支持的态度，伴随西北统一，清廷与中亚贸易的频率加大，且实施以官方为主导和组织的贸易形式，保障了这里商贸的顺利进行。

西北统一后，清朝先后与中亚各族群及其创建的诸汗国建立贸易联系，[①] 只是这种联系因空间距离和相互间信息交换的熟悉程度而有所差异。除哈萨克、布鲁特之外，因清廷与安集延、浩罕、巴达克山、博罗尔等部因空间距离相对较近，双方接触较为便捷，之间的交往亦多，联系更密切一些。而布哈拉、阿富汗、俄罗斯等与

---

[①] 学界自宗藩关系入手的研究成果较多，包括潘志平《中亚浩罕国与清代新疆》，中国社会科学出版社 1991 年版；厉声《哈萨克斯坦及其与中国新疆的关系》，黑龙江教育出版社 2004 年版；齐清顺《新疆多民族分布格局的形成》，新疆人民出版社 2010 年版；潘向明《清代新疆和卓叛乱研究》，中国人民大学出版社 2011 年版；[美] 米华健《嘉峪关外：1759—1864 年新疆的经济、民族和清帝国》，贾建飞译，国家清史编纂委员会编译组，2006 年刊印，内部参考；贾建飞《清朝对中亚诸部的政策探析——1759—1864 年为中心》，《社会科学辑刊》2007 年第 1 期；洪涛《评乾隆帝的哈萨克政策》，《西域研究》2000 年第 3 期；耿琦《再论清朝对中亚宗藩体制的维系与巩固——以乾隆帝与外藩领主的私人关系为中心》，《新疆大学学报》（哲学社会科学版）2016 年第 2 期。

清朝的关系则因空间距离相对较远而疏远，只是其中与俄罗斯之间关系的演变，由俄罗斯在中亚领土扩张而引起。又基于中亚贸易本身具有的不同族群生计方式亟须互补，以及这里以绿洲与草原为主的地理环境资源限制的双重乃至多重因素的影响，有的族群以贸易为社会经济的主体，更多的贸易和贸易关系的建立，是通过往返于新疆与中亚之间的不同族群的商队完成。这些内容，若从研究的角度出发，在官方典籍里很难找到直接的、系统性的双方贸易数量记载，然而，因这些贸易商队秉持独特经商传统，与被清廷称为回部的南疆地区空间上连续，地缘关系近，更在于部分族群在宗教信仰上一致的缘故。比如安集延、浩罕等中亚绿洲区的商人到新疆南部进行贸易，新疆南部的喀什噶尔、叶尔羌、莎车、阿图什等地商人则携带由内地商人运输而来的大宗商品到中亚经营，且人数众多。这些不同商队的远距离接力贸易，在起到赞助官方贡使关系与贸易顺利进行和交易的同时，也便利了民间贸易的展开。

### 1. 清廷与中亚各部的贡使往来与贸易

在清前期的中亚贸易中，如前文所述，毗邻新疆近边的周边各部的朝贡与商队常常合而为一，清廷自国家层面组织双边及多边商队参与贸易的同时，亦派出兵力维护市场顺利展开，并给予前来参与贸易的使臣与商队足够的关照。如西北统一后，对较有地位的哈萨克使臣与商队，从其自约定地点进入新疆，再到贸易结束出关的整个过程，派官兵护送，负责住宿，筹备牲畜易换疲乏羸弱，即使臣与商队的沿途行走、住宿，俱委文武大员督率各该地方官，"一体妥协照料"，以示"天朝威仪"。[①]

来自中亚的朝觐使节若遇到皇帝巡行，亦会奉诏往行在觐见。乾隆二十七年（1762）正月初，哈萨克阿布勒玛木比特、阿布勒比斯、沙呢雅斯苏尔统、罕和卓、博罗特苏尔统等头目，遣使策伯

---

① 《清高宗实录》卷922，乾隆三十七年十二月壬申，《清实录》第20册，第384页。

克等入觐,抵达军营。乾隆帝谕"乾清门侍卫等驰驿前往,遇见使人时,即带赴南巡行在,仍先期奏闻"。二月,该使臣等抵达,"召见于扬州行在",赐"阿布勒玛木比特等缎匹绸绫器什及使人冠服器什银两各有差"[①]。八月,哈萨克阿布赉使者等抵达,清廷令"随驾木兰观围,加恩宴赉。赐尔阿布赉蟒锦及各色缎匹、绸绫、器什、芽茶。使人归日,尔其祗(只)受。又赐尔使人品级顶戴、孔雀翎、衣物、器什、银两各有差"。乾隆二十八年(1763),清人眼中位居"巴达克山更西"的爱乌罕,即阿富汗王爱哈默特沙尔遣和卓密尔哈等赴清廷,乾隆帝特派侍卫迎护使节密尔哈等,并"叠沛恩施,屡申宴赉,赐尔蟒锦、缎匹、䌷绫、器什"。密尔哈等使节返回之日,又"赐尔使及随从员役缎匹、皮张、器什、银两各有差"[②]。

　　清廷对与哈萨克、布鲁特二部的贸易尤为重视,此二部被时人看成是在新疆常设卡伦线内外毗邻的"为我屏藩者"[③]。18世纪中叶时,哈萨克分为三部,即大、中、小"玉兹"。乾隆二十二年(1757),清军平阿睦尔撒纳乱时入中玉兹,首领阿布赉上表称臣,同年秋,大玉兹亦遣使入贡。乾隆二十三年(1758)十月,伴随清廷自国家层面组织的与哈萨克在乌鲁木齐的第一次贸易成功举办后,双方的贸易往来十分频繁,乾隆帝指派专人负责贸易事务。二十五年(1760)正月,哈萨克汗阿布赉属人至乌鲁木齐贸易并献马。在乌鲁木齐进行贸易的哈萨克人"于去冬今春往来不绝"[④]。可见,哈萨克觐见使臣与贸易商队也合二为一。还如乾隆二十七年(1762)闰五月,哈萨克阿布赉使臣塔玛、头等台吉导拉特和勒等23人、跟役7人,带阿布费所贡马9匹、所带马400匹,抵达乌

---

① 《平定准噶尔方略·续编》卷15,第10673页。
② 以上均见《平定准噶尔方略·续编》卷18,第10810页。
③ 道光《新疆识略》卷12《外裔》,第1110页。
④ 《清高宗实录》卷605,乾隆二十五年正月乙亥,《清实录》第16册,第802页。

陇古（ulunggui）地方，科布多副都统扎拉丰阿已派台吉米吉特等，护送入觐。清廷谕令，除哈萨克来使，著派出为首者数人，前往热河待见，随带马匹定点交易。①

随着清廷统一事业的完成及北疆治理秩序的稳定，清廷意识到哈萨克的主要游牧地位居伊犁、塔尔巴哈台西面极远处，商队至乌鲁木齐贸易道路较远，为方便双方贸易，缩短来自哈萨克草原商队的贸易路程和往返周期，增加双方所能进行的贸易次数，于乾隆三十年（1765），谕令停止与哈萨克在乌鲁木齐的贸易，转而加强在伊犁、塔尔巴哈台以及乌里雅苏台的贸易，这对扩大双方贸易规模亦十分有益。

清廷与哈萨克在伊犁的贸易，始于乾隆二十五年（1760）。是年，伊犁市场上"哈萨克等到现在赶来马匹甚多"②。至十一月，使者阿里带领一支80余人的哈萨克商队，驱赶马500多匹，通过洪郭尔卡伦至伊犁贸易。③ 乾隆二十八年（1763），清廷开始筹划在塔尔巴哈台建城驻兵，并认为"雅尔筑城以后，哈萨克商人必就近贸易"④。最迟至乾隆三十年（1765）时，雅尔已经驻扎官兵，成为清廷与哈萨克贸易的经常地。⑤ 清廷顾虑到"雅尔地方，距哈萨克甚近，伊等若就近在雅尔贸易，伊犁贸易则减少"，又有所限制，谕令嗣后哈萨克等有小商贩前来雅尔，准其贸易，"至大商，

---

① 寄信档，寄谕成衮扎布等著于乌里雅苏台地方与哈萨克贸易，乾隆二十七年闰五月初九日，档号03-129-4-013。

② 朱批奏折，陕甘总督杨应琚，奏为分项陈奏承办军需马匹一折措辞失当蒙恩训示如梦方觉事，乾隆二十五年十二月二十八日，档号04-01-01-0241-040。

③ 《清高宗实录》卷628，乾隆二十六年正月戊申，《清实录》第17册，第12页。

④ 《清高宗实录》卷711，乾隆二十九年五月甲戌，《清实录》第17册，第945页。

⑤ "今我于伊犁、乌鲁木齐俱与哈萨克贸易马匹，于雅尔地方现亦与之贸易"，参见寄信档，寄谕雅尔办事内大臣阿桂等著严禁官兵等私与哈萨克贸易，乾隆三十年十二月二十五，档号03-131-3-060。

则令赴伊犁"①。

　　哈萨克借马畜贸易之便，亦会携带俄罗斯商品进入新疆近边贸易，清廷予以规范，禁止贸易。乾隆三十二年（1767），哈萨克阿布赉之弟索勒通、巴木毕特之子伊莽等前来贸易，带有亢狐皮、花脸狐皮、水獭皮等。次年七月，又有托泰、塔什罕回子拜巴巴等携带粗多罗呢24块，薰牛皮94张，前来贸易。两次货物均被当地官兵购买。信息传到清廷，乾隆帝即降旨，表明两层意思：一是"此等物件，皆俄罗斯所产，哈萨克等或由俄罗斯贸易贩来者。今我恰克图地方与俄罗斯已停止贸易，若系哈萨克等自俄罗斯贸易贩来之物，我方购买，尚属可也，若系俄罗斯携物前来贸易，则概行禁止。嗣后哈萨克等由俄罗斯贩物前来贸易，仍准购买。现定之价足矣，不可再加价"。另一是哈萨克与俄罗斯贸易，"我等不便阻止，但我方既与俄罗斯停止贸易，若任凭哈萨克携俄罗斯之物前来贸易，哈萨克等为图利，多得俄罗斯之物，必会多带马匹与俄罗斯贸易，反将与我贸易之马匹给与俄罗斯，双方均无裨益"。鉴于从此两方面的考虑，乾隆帝进一步指出，此次已允准出售，但是必须晓谕哈萨克，接此谕之后再不准贩卖，若"尔等仍携带俄罗斯之物前来，我等则断不准贸易，必令带回"，并严禁官兵私行贸易，一旦查获，即从重治罪。②

　　由于清廷十分重视与哈萨克之间的绸缎与马匹等大宗物资的贸易，加之从国家层面出手进行组织和调控，伊犁市场成为新疆近边与其他部族贸易中地位最高、贸易额最大的市场。据统计，经嘉道至咸丰年间，伊犁地区从内地调取的用于贸易、赏赉的绸缎，每年都在近千匹至万余匹左右，其中乾隆四十二年（1777）调拨量为

---

　　① 寄信档，寄谕伊犁将军明瑞等将雅尔驻军后与哈萨克贸易之事议定具奏，乾隆三十年三月二十五日，档号03-131-1-078。
　　② 寄信档，寄谕参赞大臣巴尔品等着嗣后哈萨克携俄之物前来贸易概令带回，乾隆三十三年七月初四日，档号03-132-4-033。

11200匹，① 与此前各年相比，属于调拨量最大的年份。

清时被称为"布鲁特"的柯尔克孜部落，主要游牧于西天山主峰附近的高原山地，以帕米尔高原为界，称为东、西布鲁特。东布鲁特由五部组成，西布鲁特由十二部组成。西北统一时，东、西布鲁特先后成为清廷藩属，清廷给予布鲁特比、阿哈拉克齐大小头目翎顶二品至七品有差。布鲁特岁遣人贡马，清廷酌赉绸缎等物。布鲁特人以牲畜、皮张贸易者，税减内地商民三分之一。② 清廷平准之初，为方便与布鲁特的贸易，在进入南疆东西城的门户——阿克苏组织贸易市场，同来的还有浩罕、安集延的商队。乾隆二十七年（1762）闰五月，布鲁特在齐里克齐（车里克齐）游牧的色氏呼里等16人，携带马26匹、牛10只、羊130只前来贸易。③ 贸易规模较大时，清廷征调的绸缎、布匹达到年量2000匹。设置伊犁、塔尔巴哈台市场后，阿克苏不再组织大规模贸易，布鲁特贸易路线改为自巴达克山至南疆英吉沙尔。④

与南疆喀什噶尔等近边相连的位居中亚费尔干纳一线，由东向西南依次有安集延、浩罕、布噶尔等族群。布噶尔即为布哈拉，地处中亚两河腹地。这些族群均以经商作为本国的经济支柱。如布哈拉是16世纪下半叶中亚的经济、文化中心，每年秋季都有伊朗、印度、中国和俄国的商队来到这里进行交易，中国绸缎、大黄、珍珠等大宗商品由这里散销到中亚各处及俄罗斯。布哈拉人、托博尔斯克人经常取道撒马尔罕、吐鲁番、哈密，往肃州收购大黄等大宗商品。

浩罕是以今中亚费尔干纳浩罕城为中心的乌孜别克汗国，地处交通要道，为中亚商人前往中国新疆贸易的必经之地。浩罕利用地

---

① 据《户部红本·工业类》等档案资料统计，中国第一历史档案馆藏。
② 《清史稿》卷529《属国传四·布鲁特》第48册，第14718页。
③ 寄信档，寄谕乌什办事副都统永庆等着将布鲁特等可否交易军械一事查复具奏，乾隆二十七年闰五月十八日，档号03-129-4-018。
④ 那彦成：《那彦文毅公奏议》卷77《议定外夷贸易规条》，《续修四库全书》，第497册，第718页。

处商道要地的优势，向过往商人征收过境货税，是其国家财政收入的重要来源之一。浩罕商人不仅包揽国内牲畜、皮张等产品的经销，还从新疆运输茶叶、大黄、绸缎、布匹等物。由于浩罕汗本人也参与商业贸易，前往新疆的浩罕商队，每次都以浩罕汗的名义，向清朝要求免税的优待。据统计，自乾隆二十四年（1759）至嘉庆十四年（1809），浩罕遣使进京入觐，共有 23 次。① 其中乾隆年间有 8 次。② 浩罕商人贩运中亚的马、羊、牛、皮毛等商品至中国南疆的喀什噶尔、叶尔羌、和阗、乌什、阿克苏等商贸重镇，以换取茶叶、大黄、丝织品、瓷器等商品，并获得清廷免税和低税的优待。

  对于浩罕的善于经商特点，道光时人几达成共识。南疆喀什噶尔参赞大臣武隆阿这样描述："知该部落在布鲁特境外，距喀什噶尔十余台站，方圆仅数百里。该伯克所居之地，并无城郭，止（只）有房屋墙垣，所辖各爱曼，也均散处涣居。而该伯克贪婪苛虐，赋重差繁，该处不堪其扰。"武隆阿说，浩罕的邻国布哈尔面积比浩罕大，浩罕伯克"慑乎大国，故亟亟以得通天朝为护符，是该伯克所赖于天朝者甚重，且贪厚赏，自不敢不效恭顺"。武隆阿还说，其在召见浩罕使臣时，"察其词色，甚为小心恭顺"③。道光帝亦说："霍（浩）罕在乾隆年间，曾经八次遣使入觐，非未通中国者可比。此时因朕登极（基）初元，恳请朝觐，则允其前来，于事理俱顺。"④ 后因浩罕参与张格尔叛乱，危及南疆社会秩序，清廷平乱的善后中，一度禁止浩罕商人居住南疆，且长期严禁浩罕商人到库车以东的喀喇沙尔、吐鲁番、哈密等地贸易。⑤

---

  ① 《那彦成奏议》卷 19《控驭外夷》，嘉庆十四年八月一日，《续修四库全书》，第 495 册，第 579 页。
  ② 《清宣宗实录》卷 15，道光元年三月己巳，《清实录》第 33 册，第 284 页。
  ③ 以上引文均见《钦定平定回疆剿擒逆裔方略》卷 4，《清代方略全书》第 96 册，第 419—421 页。
  ④ 《清宣宗实录》卷 15，道光元年三月己巳，《清实录》第 33 册，第 284 页。
  ⑤ ［美］费正清、刘广京编：《剑桥中国晚清史》上卷，中国社会科学出版社 1993 年版，第 91 页。

位于南疆西南部的安集延，亦十分擅长营商，且以南疆西四城为其经营贸易的重要居处。时人如此记载安集延人及其商业活动：安集延、克什米尔，皆为西域"商贾之乡，俭啬褊急，习染成性，寄迹回疆，土人皆恐其去。去则其地之货财不能流通，而回人大有不便矣！""行贾冒雪霜，犯危险，经年累岁，不获利不归。"①

乾隆二十五年（1760），安集延伯克托克托玛哈墨第等往清廷朝贡，清廷"赐宴赏赉如例"②。至于安集延商队贸易牲畜数量，可以从伊犁将军阿桂、乌什参赞大臣绰克托奏报的不同数量中窥见。乾隆三十二年（1767）三月十九日，清廷的谕令中有：阿桂折内称，回子等驱近三万马匹、牛、羊，赴喀什噶尔，而绰克托折内称，安集延贸易之回子携来马81匹、牛125头、羊3500余只。两人所奏报牲只数目，相差甚多。对此，乾隆帝认为，"即回子等驱赶牲只，由伊犁来喀什噶尔途中，陆续与布鲁特交易，亦断难卖十分之九。据此看得，不是阿桂所称牲只数目过多，即绰克托所称过少"③。此则上谕反映出安集延商人的贸易量较为可观。

道光初年，因南疆社会动荡，清廷亦限制安集延人入疆贸易。在钦差大臣那彦成制定的善后事宜中，亦一度驱逐安集延人迁出久居的南疆各城。道光八年（1828）十二月二十八日，那彦成指出，"查回疆从前诸事废弛，各卡伦任意出入，以致安集延盘踞阿克苏以西各城，有数千余户，漫无觉察，日积月增，殊有关系"。人数既多，"因潜与张逆、浩罕等串通，而白帽回子来往勾结，以至酿成大事"。而且"外夷入卡贸易，漫无觉察，以致养奸成患"。为此，采取严禁卡伦、驱逐各城居住十年以内之安集延等措施，地方甫就肃清。

---

① 安集延，内地皆呼之为"安集延回子"，"亦称各城回子"。至外国总呼之为"喀什噶尔回子也"。以上见椿园《西域闻见录》卷上3《外藩列传上》，第87页。
② 《清史稿》卷529《属国传四·安集延》，第48册，第14720页。
③ 寄信档，寄谕伊犁将军阿桂等著复查回子驱来喀什噶尔贸易牲只实数具奏，乾隆三十二年三月二十日，档号03-132-1-032。

那彦成还专门就安集延等商人在南疆近边贸易制定了相应的管理办法。如"遇有外夷贩货到卡",先由守卡官弁禀报、本城大臣派员验明人马驼包数目,"押赴夷馆安置,传示内地商人及买卖回子",派员监令议价,"不准该外夷与商民回子私相授受、交头接耳"。间有恳请,"在回城巴扎尔买卖零星物件之人,亦禀明派官及伯克监押,不准与商民回子私相交涉"。交易事毕,仍点明人马驼包数目,不准私自增减,差前落后,令原带弹压之人押带出卡。①

清廷允准地方采取如上举措,一方面在于顾虑商队中隐匿的不法之徒与当地叛逆者煽动勾结,不利于社会稳定,另一方面从当地民生经济稳定出发,需要畅通各路贸易往来。为此,要求对前来贸易的商队区别对待。对于未参与南疆张格尔叛乱的布噶尔使臣与商队入觐,则查明确实后予以相对友善的接待。需要说明的是,此举与西北统一初期乾隆帝对布噶尔的态度截然有别。乾隆二十九年(1764),当巴达克山伯克代表布噶尔等部的首领向清廷表达愿为外藩的意愿时,即"布哈尔之诺罗斯伯克、达雅尔伯克二人,至巴达克山,闻我等归附后身受重恩,其汗阿布勒噶子等情愿率属归附",并未被清廷所接受。② 至道光初年,由于张格尔乱的缘故,清廷对南疆近边的中亚关系更为重视,在态度上便有所改变。

布噶尔位于浩罕西南,该处十七回城人民极富,向来需用中国茶叶、大黄、绸缎、布匹及零星衣饰等货物,故而经常取道撒马尔罕、吐鲁番、哈密,往肃州"收购大黄等中国商品",再将这些商品沿原路贩回。乾隆中叶以前,布噶尔与中国贸易,因经由浩罕,被浩罕来往抽税,实被苦累。浩罕渔利坐收各部落货税历年已久,各部族又均以贸易为生,不得已在浩罕上税。而布噶尔地方殷富亦

---

① 以上引文见那彦成《那文毅公奏议》卷77《议定外夷贸易规条》,《续修四库全书》,第497册,第718页。
② 《清高宗实录》卷713,乾隆二十九年,《清实录》第17册,第956页。

稍强，向来为浩罕所畏。日本学者左口透的研究显示，布噶尔人至南疆的贸易有两条商路可行，一条是经过浩罕的路线，一条是经过巴达克山的路线。商队走浩罕路通常要45天，而巴达克山路更为迂回曲折，要走65天。① 道光初年，布噶尔人商路的选择，除了因浩罕刁难而不情愿缴纳借道的商税外，还在于平定张格尔乱后清廷制定善后事宜，以限制浩罕贸易，使布噶尔的商路由此而发生改变。

道光八年（1828）十月十五日，据率领布噶尔商队前来的首领言，此行改选了商路，由达尔瓦斯喀拉提锦一带进入新疆贸易。商队首领提到：布噶尔以贸易为生，"久沐大皇帝的恩德"，"我们布噶尔从前曾经进贡，求由巴达克山一路直赴叶尔羌。从前大人们不知如何办理，我们向来贸易总是走浩罕，来时浩罕抽税，回去时浩罕又抽税，实在是被其所苦"。"如今浩罕帮了张格尔获罪，不准通商，我们的买卖人都在他那里住着，货物都搁下了。我们系从本处绕道，从达尔瓦斯喀拉提锦来的。我们后头还有百十多人，因不得准信，不敢前来。我们贸易完了，赶紧回去，叫他们都来。总求恩典，准我们仍照从前往来贸易"，"我们仍求由巴达克山一路入卡来回，可免浩罕扰累"②。

所以，道光年间，清廷对浩罕与布噶尔关系的态度与处理方式稍有区别，对布噶尔的入觐及贸易活动相对重视，并经地方大员考察奏准，谕令嗣后布噶尔如仍由喀拉提锦一路前来喀什噶尔贸易，则在南疆"托胡萨克回庄修建夷馆，以资安顿"，前往叶尔羌贸易，则在该处80里的亮噶尔，业已奏设兵堡、建有贸易亭，足供栖止。③

---

① 参见佐口透《十八至十九世纪新疆社会史研究》，章莹译，新疆人民出版社1993年版，第467页。
② 那彦成：《那文毅公奏议》卷77《议定外夷贸易规条》，《续修四库全书》，第497册，第715页。
③ 那彦成：《那文毅公奏议》卷77《议定外夷贸易规条》，《续修四库全书》，第497册，第715—716页。

## 第四章 以绸缎与马匹等为媒介的西北商贸

清廷与俄罗斯之间的贸易往来，早期主要在北部边疆。雍正年间，清廷与俄罗斯"以友好之礼"，共同商定十一条，其中在两国边界地方经商，"于塞楞格之恰克图、尼布楚地方，分别选择吉地建造住房，使自愿前往贸易者，允准贸易，并均由指定公路行走，若有绕道或前往他处贸易者，其货物充公"①。

清廷与俄之间的使节往来中，双方亦互换礼物，清廷给俄使节回赐的物品也有定例。嘉庆九年（1804），在筹备次年将要来访的俄国使臣礼物中，主要有茶叶、绫罗、锦缎，随从赐茶叶。② 同年底，理藩院致枢密院的文书中谈及次年俄方使臣觐见时所筹备的礼物清单，主要有玻璃器皿、毛皮、天鹅绒及俄银质纪念章、数学工具等，其中玻璃器皿类计有：镜子、桌子、花瓶、灯、长颈玻璃瓶、盘子、酒杯、水杯等，价值 50000 卢布；毛皮类有貂皮、狐皮、白鼬皮、海狸皮、北极狐皮。宫内厅估价为 52612 卢布，市场价 85475 卢比；调拨各种锦缎、丝绸和天鹅绒 795 俄尺，价值 7833 卢布；俄罗斯银质纪念章一套，价值 3000 卢布，镶嵌青铜的红木纪念章盒一只，价值 3000 卢布；另外，还有若干数学用具，价值 4940 卢布。以上总计 152248 卢布。③

从嘉庆九年（1804）年底清廷对俄使前来觐见时间被推迟一年的讨论中可知，俄将原入觐时间改在次年的原因，即如俄使所言："我国君指示我等即刻着手筹备使臣出发事宜，以大力推进两国和平谐睦。只是由于距离遥远"，"我们不得不推迟到来年"。亦由于距离遥远的缘故，俄每次派出使节与商队的人数规模往往超越双方商议的规定限额，故而，双方也会因使团与商队人数限定而引

---

① 军机处满文议复档，大学士鄂尔泰等议奏渣克丹请将俄罗斯越界贸易者送交该国首领事折，雍正十一年十二月十二日，档号 783-0002。
② ［俄］B. C. 米亚斯尼科夫主编，徐昌瀚等译：《19 世纪俄中关系：资料与文献 第 1 卷 1803—1807》（中），广东人民出版社 2012 年版，第 100 页。
③ ［俄］B. C. 米亚斯尼科夫主编，徐昌瀚等译：《19 世纪俄中关系：资料与文献 第 1 卷 1803—1807》（中），第 103—104、167 页。

发争议。嘉庆十年（1805）五月，俄使计划觐京，报给清廷库伦办事大臣①蕴端多尔济的使团人数是242人，被蕴端多尔济拒绝，并指出当按照雍正五年（1727）时的定例，随员人数极众，"但均于边境大为缩减"，留于本国境内。②

回溯雍正年间的中俄商贸关系，俄罗斯商人潜行至中国西北近边卡伦时，所携带的商品数量与品种相对较少。雍正十一年（1733）七月初八、十月十八日，喀尔喀兵丁会哨时，前后俘获自卡伦潜入的3名俄商人，其所带货物及必需品为：前2名商人有砖茶8块、小篓茶14、小包黄茶485、缎1匹、毛青布68匹、白布15匹、烟25包、熏牛皮半张、驼2只、马2匹、锅1口、水桶1个、铁勺1只。后一名商人有熏牛皮3张、撒袋2、鹿革1、水獭2、镜子7、白粗毡2、马2匹、锅1、木勺1。③

总之，自清初以来，中俄在北部包括西北近边的上述使臣与商队的贸易关系，随着沙俄在中亚的领土侵略与扩张，中国近代遭受鸦片战争以及一系列不平等条约的签订而发生改变。

另外，阿富汗、英属印度前往中国西北边疆经营贸易的商队，所选择的贸易区域在地理单元上为南疆喀什噶尔、莎车、和阗等地，其输入的商品较俄商要少。以印度而言，自印度输入的主要有欧洲棉布、颜料、天鹅绒、兽皮、印度丝织品、皮革制品、印度珍珠、香料、锡兰红茶以及欧洲毛织品等。自南疆输往印度的商品主要有黄铜、铜制品、毛毡、地毯、羊毛、皮革、马匹、硬玉以及俄国的金银货币。阿富汗商人输入新疆的主要商品有鸦片、马皮、狐皮、山猫皮、巴达杏仁。自南疆输往阿富汗的商品主要有棉布、羊

---

① 乾隆二十六年置库伦办事大臣，其辖属在早期与乌里雅苏台将军（前身为定边左副将军）关联，与后者统辖区域上有联系。
② ［俄］B. C. 米亚斯尼科夫主编，徐昌瀚等译：《19世纪俄中关系：资料与文献第1卷1803—1807》（中），第298—299页。
③ 军机处满文议复档，大学士鄂尔泰等议奏渣克丹请将俄罗斯越界贸易者送交该国首领事折，雍正十一年十二月十二日，档号783-0002。

毛、毡、马、磁器、绒毡、和阗绢丝等。① 乾隆二十四年（1759），巴达克山首领素勒坦沙携带大、小和卓首级送京时，阿富汗就遣使密尔汉，随同巴达克山使节赴北京朝觐。二十七年（1762），阿富汗使者入贡良马4匹，马高7尺，长8尺。阿富汗成为位于清廷疆域西北方向上的"最西之属国"②。

而位于今阿富汗东北部和塔吉克斯坦东部的巴达克山，在乾隆年间统一西北的过程中，与清廷建立关系。乾隆二十四年（1759），巴达克山首领素尔坦沙将大小和卓木波罗尼都、霍集占兄弟囚于密室，"以二百人围而杀之，刃其馘以献，并率其部落十万户及邻部博罗尔三万户以降"。次年，该部首领遣额穆尔伯克入觐京师，"贡刀斧及八骏马"。至二十七年（1762），又连续两年遣使入觐，并"贡马、犬、鸟枪、腰刀"③。

与巴达克山同时内附的还有位居其东部的、在今巴基斯坦吉尔吉特一带的博罗尔。乾隆二十七年（1762）十一月，博罗尔使者伯克沙呼沙默特贡剑、斧、匕首诸物。是时，博罗尔与巴达克山"屡构衅"，沙呼沙默特"乞援于叶尔羌，都统新柱遣谕巴达克山遵约束，还俘罢兵"。沙呼沙默特"以所宝匕首，进贡谢恩"。乾隆三十四年（1769），博罗尔"又进玉把双匕首"④。

而位于巴达克山南的拉达克，于乾隆二十九年（1764）派遣使者扎西嘉措往南疆，与清廷官员会晤，"请求保持两地的贸易如以往一样畅通无阻"⑤。所以，清廷以统一西北为契机，加强了与中亚各部的政治联系与商业贸易往来。

---

① 潘祖焕：《新疆解放前商业概况》，《新疆文史资料选辑》第一辑，新疆人民出版社1979年版，第151页。
② 《清史稿》卷529《属国传四·阿富汗》，第48册，第14724页。
③ 《清史稿》卷529《属国传四·巴达克山》，第48册，第14722页。
④ 《清史稿》卷529《属国传四·博罗尔》，第48册，第14722页。
⑤ [意] L·伯戴克：《拉达克王国：公元950—1842年（七）——拉达克力量的衰退》，扎洛译，见《西藏民族学院学报》（哲学社会科学版）2010年第4期。

## 2. 基于利润的新疆贸易枢纽与价格优势

这里以新疆为贸易枢纽，指的是内地与新疆，新疆与中亚链条的贸易，新疆成为连接内地与中亚的贸易枢纽，内地与中亚的贸易循环是围绕新疆地域范围而展开的。清初，内地与中亚的贸易主要是与控制新疆的准噶尔部之间进行，在一段时期内，南疆与中亚贸易亦是经由准噶尔部保持贸易关系。

作为南疆重镇的喀什噶尔、叶尔羌处于与中亚贸易的交通要道，自顺治年间与清廷建立联系。顺治三年（1646）至次年，时为叶尔羌汗国所属的吐鲁番与哈密，向清廷进贡。① 十二年（1655），叶尔羌汗阿布都拉哈首次派使臣进京，顺治帝赏赐缎358匹，绢723匹，定例五年进贡一次。② 康熙十七年（1678）后，叶尔羌汗国势衰，但是，仍与清廷有多次贡赐关系。十二年（1673）三月，旧属吐鲁番的苏勒坦汗派遣使者兀鲁和祭入觐，向康熙帝敬献方物。二十五年（1686）九月，叶尔羌阿布都汗遣使朝贡。三十五年（1696），被准噶尔扣押为人质的叶尔羌首领阿不都里实特"乘间率其子额尔可苏尔唐脱身来降。上赐银币，遣官送至哈密，仍归叶尔羌"③。随着准噶尔部势力严控吐鲁番及天山南路后，叶尔羌与清廷的朝贡贸易中断，直至平定南疆，西北统一，归于清廷管辖。

准噶尔部控制的南疆与中亚贸易，一直进行。乾隆十六年（1751）二月，据拉达克汗告："准噶尔人从叶尔羌城至伊处贸易"，"准噶尔人常差人赴拉达克贸易"，"每年贸易人赴拉达克"④。只因中亚"相去辽远，向为准噶尔、回部所隔，未能通使

---

① 和宁：《回疆通志》卷3《吐鲁番回部总传》，第60—61页。
② 《清世祖实录》卷103，顺治十三年九月丁未，《清实录》第3册，第812页。
③ 王之春：《清朝柔远记》卷3，康熙三十一年至雍正五年，中华书局1989年版，第46页。
④ 《清高宗实录》卷382，乾隆十六年二月乙亥，《清实录》第14册，第33页。

中国"①。新疆统一后，清廷对往新疆贸易的内地商人以及中亚前来新疆贸易的各部，都做出相关规定。乾隆二十四年（1759），大军凯旋，清廷谕，兹"将军、大臣等自军营凯旋，并有拨（巴）达克山、安集延等回部陪臣入觐，经过台站，凡一切支应，正当加意料理，不得以军务成功稍有懈弛。至各部回目来京，伊等系投诚新附之人，应示以天朝体制"。乾隆帝还在谕令中嘱咐道："伊等到时，酌照向例款待外，应传令优赏酒饭或陈技演剧，以昭我国家民物殷阜。"② 二十五年（1760），又谕，"回疆平定，各部回人"前来叶尔羌贸易者必多，可按照奏定的"巴勒提部人遣人求通贸易之例"，准其通商。所有哈萨克、布鲁特、巴达克山等部人，"如欲遣头目入觐，以展归化之诚，必代奏闻"③。故此，在喀什噶尔参赞大臣舒赫德的奏报中就有："现在回部安静，其布鲁特、霍（浩）罕、安集延、玛尔噶朗等贸易之人，络绎不绝。"④

与此同时，为促进新疆商贸发展，清廷提倡内地商人前往新疆贸易，且提供方便。规定愿往"回部"的内地民人，"办给照票，听其贸易"。"凡内地民人出关，定例赴肃州知州衙门，领取印票，到关查验放行。"商人至新疆南、北各城验收前票，换取各大臣印票。印票书写项目包括商号、商人和伙计名号、携带或贩运货物、前往目的地等信息，由各地台卡验照放行，不得拦阻，并要求持票者，不得藉照滋事。清廷通过政策扶持，以促进内地与新疆以及新疆与中亚的贸易。

在北疆的贸易中，起初，居于北部的喀尔喀蒙古人驱赶牲畜赴巴里坤、哈密、辟展贩卖，均由乌里雅苏台定边左副将军衙门给予执照。内地赴新疆的商民，也必须赴乌里雅苏台领取执照。后因路

---

① 《平定准噶尔方略·续编》卷19，第10948页；又参见曾问吾《中国经营西域史》，商务印书馆1936年版，第257页。
② 以上引文均见朱批奏折，代办陕甘总督吴达善，奏为遵旨从优款侍拔达山安集延等各部回目事，乾隆二十四年十一月二十四日，档号04-01-16-0039-069。
③ 《清高宗实录》卷615，乾隆二十五年六月壬寅，《清实录》第16册，第930页。
④ 《清高宗实录》卷605，乾隆二十五年正月辛未，《清实录》第16册，第800页。

程纡远，难以行走，商贩甚少。乾隆帝谕令改走近路，即"新疆驻兵屯田，商贩流通，所关重要。著传谕直隶、山西督抚及驻军旗民，惠往新疆等处贸易，除在乌里雅苏台行走之人，仍照前办理外，其张家口、归化城等处，由鄂尔多斯、阿拉善出口，或由推河、阿济行走，着各该地方官及札萨克等，按其道里，给予印照，较之转向乌里雅苏台领照，程站可省四十余日，商贾自必云集，更于新疆有益"。"该部即遵谕行。"乾隆二十七年（1762），陕甘总督杨应琚遵旨，鼓励商民前往新疆贸易，指出"若有愿往者，即办给印照，听其贸易"①。与此同时，鼓励商人置办产业，进行商屯。至乾隆二十八年（1763），巴里坤商民开垦荒地112.4顷。为了保证商路畅通与坦途，清廷还大力肃清商旅沿途盗贼，军营往来人等及运米商人，亦给票通行。②

在南疆的贸易中，清廷除给赴南疆西四城之一的阿克苏贸易商人办理印照方面给予方便外，还减轻税收，给予优待。如原本当地商人缴税高于中亚外来商人。向民贩卖牲畜，所征之税为其贸易额的1/20，而中亚外来商人则为1/30。清廷统一新疆前夕，南疆牲畜价格昂贵，叶尔羌、喀什噶尔的一只羊，售白银十余两，一匹马，售价五六十两。可是，自内地输往南疆的牲畜价值则相对较低。如乾隆二十六年（1761），自宁夏赶至南疆的羊，一只价值4两。若由安西以东之桥湾取道北路草地行走，再至南疆，一只羊的价值也是4两。而来自中亚的牲畜价格比内地更低，如自布鲁特一只肥大的羊，贩至南疆乌什，仅值2.5两。③ 显见，来自布鲁特的牲畜价格，不仅比内地便宜，而且路程也较新疆近边的中亚各部要近。这就大大吸引了清廷关注与中亚的贸易，鼓励内地包括商人在

---

① 以上两段引文均见《清高宗实录》卷656，乾隆二十七年三月甲午，《清实录》第17册，第344页。

② 大本议覆档军务，领侍卫内大臣丰盛额等遵旨议奏，缉拿军营脱逃兵丁跟役等折，雍正十一年四月初四日，档号782-0002，分件号0003。

③ 《清高宗实录》卷633，乾隆二十六年五月戊午，《清实录》第17册，第121页。

内的民人往新疆从事贸易。

　　清廷与哈萨克之间的马匹与绸缎贸易,的确解决了清廷缺马的困境,也节约了财政开支。乾隆以来,对马匹需求量的增加,导致地方购买马匹的资金不足,出现借垫公款以购马匹的现象。乾隆二十二年(1757),陕甘两省借垫银359300两,以购置马匹运往军营。① 为此,清廷大力发展与哈萨克的贸易。

　　伴随新疆统一和清廷在乌鲁木齐、伊犁等处与哈萨克马匹贸易的展开,逐渐获得大批良马,可是,仍不能满足整个新疆需求,一些地方马匹市价居高不下。乾隆二十六年(1761)正月,阿克苏急需马匹,遂于牧放处解送2000匹。为填补巴里坤牧场缺额,需从地方商人及蒙古部落等乘骑内酌量采买,然而"至买补此项空额时,彼处马价甚昂,十五两左右仅能购得一匹瘦马"。对此,乾隆帝谕"现伊犁、乌鲁木齐等处易得哈萨克马匹甚多,巴里坤如需马匹,尚可解来备用",令巴里坤停止"买补马匹"②。

　　乾隆二十八年(1763)时,北疆伊犁、乌鲁木齐易换哈萨克的马价比值相对低廉,以清廷调拨而来的缎布物品折银交易。清廷规定,若俄罗斯人在乌里雅苏台贸易,马匹价格不能高于伊犁、乌鲁木齐地方价银,且均以官为交易,不准商人加价私市,禁止官员私购。③ 正是由于价格优势的缘故,当哈萨克商人驱赶马匹前往南疆的喀什噶尔等处贸易时,乾隆帝初期还有恻隐之心,照顾南疆新归初期的社会形势,后改变态度,坚决不允许哈萨克驱赶马匹往南疆交易,并指出哈萨克等在伊犁、乌鲁木齐贸易时,"马价极贱,今若令在回地贸易",很难避免图利的商人不哄抬马价,以致哈萨

---

① 《清高宗实录》卷551,乾隆二十二年十一月下,《清实录》第15册,第1074页。

② 寄信档,寄谕参赞大臣阿桂等咨文安泰等送补巴里坤马匹空额事,乾隆二十六年正月十九日,档号03-129-1-012。

③ 寄信档,寄谕成衮扎布等着将入觐之俄罗斯等赏银遣回,乾隆二十八年九月初九日,档号03-130-2-100;又哈萨克贸易马匹,价银仅二三两,见寄信档,寄谕乌鲁木齐办事大臣伍弥泰等彼处屯田所缺马匹停止采买,乾隆三十年二月二十二日,档号03-131-1-009。

克"不时前来"喀什噶尔，则"我伊犁、乌鲁木齐贸易必将受阻"。故而，特别强调，"于回地与伊等贸易，尤为不可"①。

那么，南疆民众需用马匹如何办理？经查核档案，从阿桂任伊犁将军时的奏折中可知，起初阿桂"念回众归诚，生计不无拮据"，因准其与哈萨克"一律贸易"，被清廷驳回后，阿桂对不允许哈萨克与南疆贸易的原因又进行考察，得知准噶尔控制南疆时，回部"本不与哈萨克交通贸易，惟与布鲁特、安集延互易马畜"，因相离太远，马匹解往需时。"今询之，伊等即不与哈萨克通商，惟向布鲁特、安集延贸易，马匹亦不致缺短，于生计亦无妨碍。"②如此，阿桂令停止哈萨克马匹牲畜输往南疆，做到地方与中央在政策执行上的一致性。

不久后，乾隆帝也意识到完全禁止南疆回部与哈萨克之间的贸易，"于伊等生计无益"，若取消禁令，又必然会影响到伊犁贸易，"且喀什噶尔等处地方，不时来伊犁索取马匹，经贸易获取马匹后，亦可省伊犁解送之劳，故而权变措置。然伊等因有此旨，准回子、哈萨克贸易恢复如旧，以致有碍伊犁、雅尔贸易，亦断然不可"。显见乾隆帝的意图是"于回子等不可太过严禁，亦不可有碍伊犁贸易"。最终，将处理问题的焦点还是聚于马匹价格上，遂谕令乌什参赞大臣绰克托等"熟知伊犁、雅尔交易牲只之价，伊处若控制交易之价不高于伊犁、雅尔之价，则伊犁、雅尔贸易自无妨碍，回子等生计亦可无忧"。嗣后"回子等与哈萨克贸易，毋庸禁止，惟以伊犁、雅尔市价为准办理，切（且）不可高于伊犁、雅尔之价贸易"③。言即同意南疆回部与哈萨克等的交通贸易，"毋庸

---

① 寄信档，寄谕伊犁将军明瑞等着嗣后禁止哈萨克前往回地贸易，乾隆三十年十一月初二日，档日，档号03-131-3-060。
② 《清高宗实录》卷787，乾隆三十二年六月甲寅，《清实录》第18册，第684页。
③ 寄信档，寄谕参赞大臣绰克托等着回子与哈萨克贸易之价不可高于伊犁，乾隆三十二年四月初六日，档号03-132-1-038。

禁止"①，只是在马匹价格上，不能高于伊犁和雅尔等处的交易价格。

就在清廷允准南疆地方与哈萨克间的贸易之时，乌什参赞大臣绰克托等办事不力。当其接"毋庸禁止"的谕旨后，即传唤南疆地方伯克噶岱默特等商定贸易事宜，熟料噶岱默特等声称："若准回子等前去哈萨克地方贸易，将越过远处布鲁特诸部，回解贸易所得牲畜不无损失，而回民愚昧图利，肆意抬价，难以及时管理，请照旧禁止贸易。复传众伯克头目等聚商，均同噶岱默特所请。"见此所奏称后，乾隆帝大怒，斥"绰克托等如此办理，甚是不通事理"，并分析道，前因阿桂扣留往哈萨克贸易"回子人与货，特属过分"，遂降旨申饬。绰克托等又奏"回子等得闻朕旨，甚是欣喜"。乾隆帝认为，此为"特念回子等归诚，为裨益其生计而特施之恩，并非强迫伊等而行"。显见，乾隆帝对绰克托处理南疆地方与哈萨克贸易关系的方式极不满意。乾隆帝进一步言："今我伊犁、雅尔所需马匹，均有赖于与哈萨克之贸易，回子等若不情愿，自是好事，岂有强迫之理？绰克托等交付噶岱默特等办理，伊等不情愿则已，又何以不信，必复召集众伯克、头目等商办？好似朕降旨强迫回子等与哈萨克贸易，此乃伊等肆行强迫回子耳？朕旨内有必令回子与哈萨克贸易之言乎？凡事当求其利，伊等如此办理，若言有裨回子，回子并不情愿，若言有裨伊犁、雅尔之贸易，又甚是影响伊犁、雅尔之贸易，有何益处？""朕已交军机大臣等议定，嗣后回子等仍令照旧与布鲁特、安集延等处贸易，严禁与哈萨克贸易。"② 经过一番周折后，又重申旧规，南疆回商不得与哈萨克贸易。

当然，在新疆近边乃至中亚的整个贸易过程中，资本逐利特质

---

① 寄信档，寄谕参赞大臣绰克托等着严禁回子与哈萨克贸易，乾隆三十二年六月二十七日，档号 03-132-1-069。
② 寄信档，寄谕参赞大臣绰克托等着严禁回子与哈萨克贸易，乾隆三十二年六月二十七日，档号 03-132-1-069。

决定了贸易市场处于动态变化之中，商贸秩序也相应变化。就在清廷采取优抚政策以倡导内地商人往新疆参与贸易，以及天山南北贸易渐渐兴起之时，南疆银钱价格被商人操纵。乾隆三十一年（1766）三月十六日，叶尔羌参赞大臣额尔景额等奏，叶尔羌每银1两换普尔钱100文。自去岁秋，喀什噶尔、阿克苏、和阗等处商人携带货物赴叶尔羌贸易，可是，这些商人并不购买别物，而是"携带普尔钱返回者甚多"。故自冬季起，南疆出现了"钱价渐昂，每两仅换普尔钱七十六、七文不等"的现象，商人亦乘机囤积普尔钱，且肆意抬高钱价。经叶尔羌地方严行查办，方将银钱比价控制在80普尔，并动用养库所存钱文，以每两银合普尔钱90文，"换给官兵、回子等"，不准"奸商"窃换1两，以平市价。

对此，乾隆帝谕："此等恶习，俱系内地奸商所为，回地何时有此等恶习？谅此俱系内地奸商肆意图利所为，情属可恶。倘若不加严禁，如此下去，回子必染此恶习。况且，伊犁等处、回子各城，均准伊等经商，乃为便于我官兵、回子、厄鲁特等互通有无，否则，尚可不准伊等经商。今既准伊等经商，伊等肆意牟利，致回子、厄鲁特等具染恶习，则断然不可。"故而，寄谕额尔景额，嗣后"如有似此故昂钱价牟利匪徒，必须严密查拿，从重治罪。其货物查明入官，以示惩儆。如此惩办后，伊等必知畏惧，不敢妄为"。并令将此通行传谕伊犁、各回城将军、大巨等，一体遵行，毋得姑息。①

另外，起初清廷亦对内地商人参与的同南疆回商与中亚等不同身份商人之间的贸易规定了贸易价格的议定差异，如南疆回商与中亚各地商人，买取绸缎绫绢、瓷器等，除本钱、运费及杂费银两外，应酌增价"卖给"。而大臣、官兵等"买取"自用者，则酌减"卖给"。对于前来入觐的布鲁特商队，则核计原成本、运费与杂

---

① 寄信档，寄谕叶尔羌参赞大臣额尔景额等着将肆抬钱价奸商严查重惩，乾隆三十一年三月十六日，档号03-131-4-017。

费银两"卖给"。此举将贸易中的利润有意倾给南疆回商与中亚商人，调控内地商人让利。至乾隆三十四年（1769），伴随清廷在新疆治理程度增强，以及清廷在中亚贸易中与各部交换中的了解程度加深，清廷允许驻防官兵、回商和中亚商人，均可以同等价格买取绸缎、瓷器等商品，改变了因购买者身份不同而有销售价格差异和清廷从中调控利润倾斜的做法，提升了内地商人出关贸易的积极性，有力地推进了清廷在南疆官办贸易的发展。

在与安集延的贸易中，一些商品的定价，清廷有自己的态度，以防过量增价。乾隆二十七年（1762）八月，先是驻哈密办事道员淑宝等奏，安集延"回子"等前来贸易，与其交易之缎匹，每匹除原价及运费，加银二三钱不等。对此清廷予以驳斥，指出"前来贸易之回子等，何以得知此等缎匹原价及运费，而给加价，每匹岂有加银数钱之理？"此项缎匹，俱由内地远行运送，自应准照原价及运费，酌量增加。"与回子等贸易，伊等如若采买，即照我所定价位出售，若称昂贵不肯采买，亦可视其情愿交易与否，再为通融减售。每匹除原价及运费外，岂有加银数钱之理？此恐或经手之员，售多报少；或以低价购置，开入官项，冀获羡余。诚然，行之日久，则与回子等贸易一事，又为贪吏侥幸之端，不可不防其渐。"①

与上述调控商贸利润相似的管理贸易办法，还如西北近边卡伦内、外请票制度及减税的实施。清廷向来准予南疆各城商民参与近边贸易，且以相关卡伦为界限。规定进卡贸易者，给予商税优惠及免税的待遇。出卡贸易者，则有严格的请票制度，采取某些不同的控制措施。如进卡的布鲁特使臣前来贡马和商队从事贸易，不仅由接待的地方官员回赠使者绸缎、羊只和茶叶等，其商队从事的牲畜、皮张等商货的贸易，亦给予优惠待遇，即如商队在喀什噶尔等

---

① 寄信档，寄谕驻哈密办事道员淑宝著将与回子贸易缎匹售价查明具奏，乾隆二十七年八月二十四日，档号03-129-4-049。

地贸易，税减内地商民三分之一。① 这种税费优惠政策一直延续。只是其中有个短暂的小节点，就是乾隆末年，清廷停止与俄罗斯贸易时，因安集延等从中获利破坏清廷政策，引起乾隆帝不满，对安集延等的贸易实施了一些限制措施，包括限制行走商道、禁贩货物、惩治走私行径。

西北的畜产品贸易不仅影响中亚的商贸，对国际贸易的影响也不容小觑。乾隆五十年（1785），清廷关闭与俄的恰克图贸易，在国际市场上具有竞争优势的俄罗斯皮货不能输入中国，皮货生意不旺，被位居东南沿海贸易中心的广州市场取而代之，且自此后，国际市场的毛皮交易价格逐渐攀升，至乾隆五十六年（1791），相较五年前的皮毛市场价格攀升了20%。②

嘉道以后，清廷在中亚贸易中的策略又有所改变。道光十二年（1832）谕，叶尔羌、喀什噶尔卡外"各部落暨布鲁特等进卡贸易者，均准一体免税，以广仁施而示体恤"③。《回疆则例》也有"回疆藩夷进卡贸易，一体免税"的记载。至于出卡的回商人等，清廷规定，"回子赴外藩贸易，勒限给票"，"嗣后如有前往外藩贸易者，视其路途远近，勒限给票。如有逾限者，即行治罪。如无票私往者，着定以加倍之罪"④。

随着南疆与中亚地区贸易的发展，喀什噶尔、叶尔羌、乌什等地商人与中亚各地的经济往来日益密切，每年有大批南疆商人携带当地和内地的大宗商品贩运出卡至中亚腹地参与贸易。到南疆经商的中亚商人从出卡商人手中买得来自内地的茶叶、丝织品、陶器、大黄等大宗商品，包括直接参与清廷自国家层面组织的丝绸和茶叶等大宗商品的贸易，大黄与茶叶一样，成为中亚贸易中重要的大宗

---

① 《清史稿》卷529《属国传四·布鲁特》，第48册，第14718页。
② ［美］赖德烈：《早期中美关系史（1784—1844）》，陈郁译，商务印书馆1963年版，第26页。
③ 《清宣宗实录》卷209，道光十二年四月丁丑，《清实录》第36册，第83页。
④ 乾隆五十九年谕，见《回疆则例》卷6《回子赴外藩贸易勒限给票》。

商品。

　　大黄，"味甘寒。一名黄良，出山丹，有锦纹者最佳。回夷极切日用，若无人畜受暑热之灾"①。据此可知，甘州山丹出产的锦纹大黄，在中亚贸易中很有市场，作为一般药品，能"治淤血积聚实结、热水肿"②。自清初至民国初年，陕西泾阳一直是甘肃产大黄的集散地。③ 乾隆五十四年（1789）六月六，陕西巡抚巴延三奏，陕西泾阳县药行为甘省大黄汇集之所，各省客商多由该处贩运。"随调各行账簿，逐加查核"，每年运赴直隶等省及本省行销大黄，自三四十万斤至六七十万斤不等。而河南一省，每年行销十四五万至二十六七万斤不等，为数较多。④

　　因大黄为"回夷极切日用"，故而在中亚贸易中占有一席之地，与茶叶一起连称为"茶黄贸易"，参与者众，有内地回商，也有中亚回商。乾隆五十四年（1789）四月二十九日，陕甘总督勒保奏，西宁县的回民李生贵，以前是贩卖杂货的。乾隆五十二年（1787）十二月，李生贵和同伴回民马有德一起赴乌鲁木齐贩卖杂货，住宿在商人袁法宗的店里。次年六月，李生贵等卖完杂货，并没获利。时听说茶叶、木碗、大黄等往西部南路地区贩卖可获利，遂在袁法宗介绍下，以每斤银六分的价格，从住宿在张舒纶店里的客民宋世杰那里购买大黄 1375 斤。李生贵等带着这些大黄及茶叶等往阿克苏销售。没有卖完的大黄，又雇用哈万金等人的骆驼，运到喀什噶尔，⑤ 继续出售获利。赛里木的回民迈玛第敏，也贩卖大黄。从相关档案记载可知，大黄被贩往西北近边，要经过乌鲁木齐——库车——阿克苏——喀什噶尔，该区间单趟约 1600 里，西

---

① 乾隆《甘州府志》卷 6《食货·物产·药》，乾隆四十四年刊本，第 570 页；又道光《山丹县志》卷 9《食货·物产·药》，道光钞本，第 269—370 页。
② 民国《漳县志》卷 4《田赋志·物产附药类》，1934 年铅印本，第 96 页。
③ 《支那省别全志》卷 7《陕西省》，东亚同文会 1918 年版，第 52 页。
④ 《宫中档案乾隆朝奏折》第 72 辑，台北故宫博物院 1988 年版，第 438 页。
⑤ 《宫中档案乾隆朝奏折》第 71 辑，第 778—780 页；又张莉辑编《乾隆五十四年中俄贸易史料选译》，《历史档案》1987 年第 3 期。

宁商人李生贵往返贩运一次的路程，近 4000 里。甘肃产的大黄贩卖中亚，乌鲁木齐是一个重要的集聚点。

安集延回商玉素普，常住库车，往乌鲁木齐等地贩卖杂货。乾隆五十三年（1788）三月，与托胡达一起，把在库车购买的皮毛运送到乌鲁木齐义盛魁商号出售，又以每斤 4.54 两的价格，换得大黄 2160 斤，贩运到阿克苏后，又以每斤普儿钱 10 文的价格，卖给安集延回民帕尔提木拉特。

这些贩卖大黄的人，都有秘密贩卖、转卖给俄罗斯的嫌疑。乾嘉之际，禁止与俄罗斯贸易后，不排除中亚商人在俄国与中国新疆之间从事暗中违例的直接贸易。从 19 世纪 20 年代中期开始，俄国货物就通过回商，甚至装扮为回商的俄国商人，运到伊犁、塔尔巴哈台一带，与此同时，俄国商人还从哈萨克手中换取牲畜等，再往新疆近边进行交易，从中获利。

### 3. 清廷在中亚贸易中的角色

在中亚贸易中，清廷除了自政治层面必须面对多边关系及其演变外，商贸关系中也十分重视应有的地位，多以官营贸易为主，且从国家层面出发，对相关商贸在商品价格、市场、地点等层面予以组织和调控。由伊犁将军统管新疆近边地方各项措施的具体实施，采取境内管控、设卡稽查等措施，以及设置相应管理机构，置接待商队的夷馆、贸易亭等处所，安置中亚商队，并出兵维护，建构备办交换货物体系。由陕甘总督居间协调，且给予中亚商人较为优惠的税收，同时清廷还出面调解中亚各族群的关系，以保障市场和良好的营商环境，使得贸易得以顺利展开，更在于维护边疆稳定。

清廷规定双边贸易各定处所，由伊犁将军统管，同时各地具体分工。就北疆贸易而言，伊犁将军主要负责伊犁地区与哈萨克、布鲁特贸易事宜。塔尔巴哈台等处的贸易，则由各该处大臣管辖，仍统于伊犁将军。天山南路则主要从事与布鲁特、安集延、浩罕等部参与贸易，亦由各该处大臣管控，由清廷酌派头目约束，无令滋事。"回民前往，给予执照。"参与近边贸易的中亚相关各部，"若不往原定处所，辄敢越境谋利者，将牲畜一半入官示罚"①。乾隆三十二年（1767），浩罕、安集延以及喀什噶尔等处的商队在乌什进行贸易时，有哈萨克商队参与其中，因有违规定，乌什地方官将哈萨克所带牲畜贱价收买。与此同时，还有哈萨克在内的百余人组成的商队到喀什噶尔进行了交易，②清廷顾虑各部因频繁贸易而致接触紧密，谕令严禁违界跨区贸易。

为在中亚贸易中维持新疆近边贸易秩序与交易顺利进行，清廷专设相关机构、建筑馆驿加以管控，一些机构还赋予专门职责，兼办相关事务。如驼马处，辖设于伊犁将军府属，负责管理官牧厂和哈萨克贸易事务，"贩卖牲畜哈萨克，来至伊犁所属边界卡伦，报到之日，呈明将军、参赞大人，批交驼马处查办"③。因每年与哈萨克易换牲畜所用过的绸缎布匹，则由将军府属粮饷处负责造册，每年十月，咨报军机处、户部查核汇奏。④又因每年贩卖哈萨克牲畜，有三四次不等，故而规定"毋庸陆续具奏"，也是每年十月间，由驼马处将与哈萨克交易的牲畜总数缮折，咨报军机处各该部查核，年底汇奏。⑤

与哈萨克交易所需绸缎布匹，须由内地调拨，所需绸缎的整个预算要提前筹办。故而，每年由陕甘总督分咨伊犁将军及新疆各处驻扎大臣，饬查各处第三年贸易所需备用绸缎数目，伊犁将军及近边各处大臣将所需绸缎等的数目、色样、丈尺等项开列清单，报甘

---

① 那彦成：《阿文成公年谱》卷3，沈云龙主编：《近代中国史料丛刊》第70辑，文海出版社1973年版，第298页。
② 《清高宗实录》卷637，乾隆二十六年五月己未，《清实录》第17册，第121页。
③ 乾隆《总统伊犁事宜》，《营务处应办事宜》，见中国社会科学院边疆史地研究中心《清代新疆稀见史料汇辑》，全国图书馆文献缩微复制中心1990年版，第234页。
④ 乾隆《总统伊犁事宜》，《粮饷处应办事宜》，见中国社会科学院边疆史地研究中心编《清代新疆稀见史料汇辑》，第258页。
⑤ 乾隆《总统伊犁事宜》，《驼马处应办事宜》，见中国社会科学院边疆史地研究中心编《清代新疆稀见史料汇辑》，第264页。

肃布政使，再由陕甘总督专折具奏，请清廷敕江浙各织造及有关各省织办。与此同时，经军机处与户部查核，由户部知照各织造制备所需绸缎，为西北近边的中亚绸缎与马匹交易做好准备。①

贸易亭，是清廷为维护新疆近边与中亚各部贸易顺利进行而设置的极具特色的具有馆驿功能的院落建筑，商队住宿及各类牲畜聚于院落内。在前文的茶叶贸易部分已经有所叙述。至于北疆塔尔巴哈台、伊犁地区贸易亭的建筑与功用，俄国人有记载，即所有的商人到达塔城后，"被安置到一座不大的院子里，院子四周用黏土砌成的墙围着，完全是露天的，院落被称为库尔干"。"晚上所有的人都被赶进这所院落，除了人还有骆驼、马、羊等牲畜。"② 清人的记载中说，北疆的塔尔巴哈台的贸易亭建在东门外，贸易亭旁，"设立土堡一处，哈萨克来，均在堡内自搭毡房居住。官兵等在堡门内堆房稽查出入，其与商民交易，仍在贸易亭"③。伊犁亦建有贸易亭，派官经理，只准来卡交易，以防止商人往各城安家置产。④ 如哈萨克商队自"抵境之时，由卡伦侍卫查其人众、牲畜之数，先行具报，沿卡送至伊犁，满营派官兵接至芦草沟，带至西门外之贸易亭"⑤。

南疆近边贸易中，于"托胡萨克回庄修建夷馆，以资安顿"前来贸易的商队。道光八年（1828）十月，布噶尔商队避开浩罕而径由巴达克山赴叶尔羌贸易，即被安置在叶尔羌城 80 里外的

---

① 具体程序及其变化系散见于中国第一历史档案馆藏《宫中朱批奏折·民族类》《军机录副奏折·民族类》《户部户科红本·工业类》等，详见王建民《清代哈萨克东方贸易关系——对清代哈萨克族与中原、蒙古地区及新疆其他民族间贸易联系的探讨》，硕士学位论文，中央民族学院，1985 年。

② 道光二十五年（1845），俄罗斯人尼·柳比莫夫以布道团监督的身份进入塔城后，对所目睹贸易亭的描述，《柳比莫夫对塔城和伊宁考察的报告》，1846 年 2 月 11 日，参见米镇波《清代西北边境地区中俄贸易——从道光朝到宣统朝》，第 41 页。

③ 《筹办夷务始末》（咸丰朝）卷 1，中华书局 1979 年版，第 5 页。

④ 《那文毅公奏议》卷 74，《续修四库全书》，第 497 册，第 636 页。

⑤ 格琫额纂：《伊江汇览》，吴丰培整理，见中国社会科学院边疆史地研究中心编《清代新疆稀见史料汇辑》，全国图书馆文献缩微复制中心 1990 年版，第 76 页。

亮噶尔栖止。① 同年十二月，处理张格尔乱善后事宜的钦差大臣那彦成重审南疆重要城市置贸易亭之事，奏准仿照北路与哈萨克贸易之例，详定贸易章程，行知各城遵办。随之，在喀什噶尔城外的明约洛土堡内建贸易亭，于叶尔羌"设立贸易亭官铺，照喀什噶尔办理"②。叶尔羌的贸易亭建在城外，其他各城也相继建筑了贸易亭。

至于贸易亭与土堡建筑或为邻里，或在堡中的关系，很明显是清廷将商业贸易与军事管控联系在一起的独特做法。从俄国人记载中可知，往北疆塔城贸易的中亚商人受清廷的组织与管理。商人"所带来的商品都被存入中国海关所备有的特殊仓库里。白天商人们享有一些自由，可以走到广阔的草原里去，并且和来到那里的中国商人们接触，从他们那儿买一些小物件。但进了塔城内直接面对中国商人和他们进行易货贸易时，则必须得到中国海关官员的同意，在他们的监督下进行"③。

另外，在南疆中亚商人往来较多的乌什，则专门设置"回夷处"，由印房章京总管该处事务，尤其对卡伦内布鲁特、安集延等"诸外夷"的"出境、入山、探亲、贸易等事"，由阿奇木呈报，发给路照。"山外回夷入城贸易等事，盘查放入"。④ 可见，为了控制新疆近边的内外贸易，围绕贸易亭的交易，清廷亦从资金来源、货物买卖到经营管理、利润分配等全过程中，自国家层面掌控。

与此同时，管理贸易税收及制定税收标准，是清廷在新疆近边与中亚贸易中实施管控的重要举措。针对南疆近边的叶尔羌、喀什

---

① 亮噶尔，维吾尔语音译，意"腰站"，指设于驿路两大站之间的小站，以供过往商民饮水与休息之用。
② 《那文毅公奏议》卷77《议定外夷贸易规条》，《续修四库全书》，第497册，第712页。
③ 《柳比莫夫对塔城和伊宁考察的报告》，1846年2月11日，参见米镇波《清代西北边境地区中俄贸易——从道光朝到宣统朝》，第41页。
④ 保达汇编：《新疆孚化志略》之《印房衙门所管·回夷处》，咸丰七年钞本，第25页。

噶尔等贸易抽税例，清廷规定"回部商税旧制，凡本地回众，往外贸易带回物件者，抽税十分之一，外处回众贩来物件，抽税二十分之一"。乾隆二十四年（1759），经定边将军兆惠奏准，仍照旧例办理。是年，又据参赞大臣舒赫德奏："叶尔羌、喀什噶尔二处牲畜价贵，请减收商税分数。"清廷准奏，规定嗣后本地贸易者出卡带回之牲畜，改为抽税二十分之一，其缎、布、皮张则十分抽一。外番商人贩来的牲畜，改为抽税三十分之一，其缎、布、皮张则二十分抽一。若牲畜货物不及抽分之数，则马1匹，抽1腾格；大牛1头，抽25普儿；①"小牛一头半之，大羊一牵税十二普儿，小羊一牵亦半之"，杂项物件视其值之贵贱折收。②

至乾隆二十八年（1763），喀什噶尔大臣永贵奏准："布鲁特回众到乌什贸易物件，请照喀什噶尔之例收税。"至于安集延人前来贸易，用于交易除商品原价及运费，"每匹增加银二、三钱"③。乾隆帝"准照原价及运费酌量增加，视其情愿交易与否，再为通融减售乃止"，并要求"留心稽查，据实陈奏"④。可见，以卡伦为界，自其内外不同贸易商队而制定税收标准，且卡外进入商品货物税收较轻，这就有利于吸引中亚各部入新疆近边从事贸易的积极性，有利于中亚贸易的展开。

道光年间，因南疆社会动荡不定，清廷处理善后的同时，重申中亚贸易税收办法。钦差大臣那彦成奏，"回疆自开辟以来"，奏定章程，"外夷货物入卡贸易，每三十分抽税一分，原非重科。其要总在稽查出入而慎边防，并使各外夷遵天朝法度，不能任意出入"。此处那彦成所谓抽税1/30，是指乾隆二十四年（1759）制定

---

① 此处腾格，是清代南疆沿用的货币计量单位，1腾格约合银1两；普尔（又称普儿），回地钱名，曰普儿，以铜为之，五十之数为一腾格。为乾隆年间始铸的圆形方孔钱，1钱为50文。参见《清朝文献通考》卷27《征榷考二·征商·关市》。
② 《西域图志》卷34《贡赋》，第2463页。
③ 《平定准噶尔方略·续编》卷18，第10818页。
④ 寄信档，寄谕礼部尚书永贵等著严禁哈萨克前往回地交易马匹，乾隆二十八年八月初九日，档号03-130-2-083。

的税法，并认为立法本为尽善，嗣因安集延等"盘踞各城，内外勾串，其始不过贿嘱阿奇木代为恳求，以该头人货物酌量减免税课"。而经营南疆的历任大臣，不知大体，"转以免税为羁縻外夷之计，日久相沿，遂至各外夷贩卖入卡贸易者，无不恳求免税"。历任大臣酌免情形，虽"多寡不一，而陋习相仍，视为常事。甚而从前浩罕货物进卡，竟不知大体之人苟求无事，畏葸迁就，全行免税"。更有甚者"该夷因而夜郎自大，出卡后不言恳求优免，转称喀什噶尔不敢抽收伊部落税课，而且包揽别部落货物，一律请免税，从中渔利侵肥，介以夸耀别部，其情尤为可恶"①。

那彦成还进一步分析，安集延、浩罕恳求免税，在税课无多，原可不计，"第使外夷罔知天朝法度，于大体殊有关系"。当兹立法伊始之时，若不重申定制严立章程，"则外夷陋习相沿，又复希冀免税。各大臣中倘有不知大体之人，仍蹈前辙，日久亦起外夷轻视之心"。遂建议清廷谕令喀什噶尔、叶尔羌、乌什各城大臣，"嗣后外夷贩货到卡，均遵照旧制，每三十分抽税一分，无论何处部落，概不准丝毫减免，作为定例"。倘若各城大臣"有沽名市惠、畏缩滥免之事，参赞大臣查出，据实参奏"。参赞大臣如有减免外夷税课情事，准伊犁将军及各城大臣据实参奏，均照违旨例，请旨交部，严加议处。②

与此同时，清廷又重新规定贸易办法，并做出严格限制。如对布噶尔的限制表现在："至该夷等索易货物，照奏定章程，只准以货易货，概不准以元宝交易。"并准那彦成与武隆阿共同建议，酌定官铺所存茶叶、布匹等物，易货四分，其余六分，"准商民易三分，回子易三分"。其"商民、回子"交易之时，俱派员弁及晓事伯克，查明何人所易何货，分晰开单具禀。一切价值"听商、回

--------

① 以上引文均见《那文毅公奏议》卷77《议定外夷贸易规条》，《续修四库全书》，第497册，第717页。
② 《那文毅公奏议》卷77《议定外夷贸易规条》，《续修四库全书》，第497册，第714—715页。

自行议定，官为稽查弹压，不准该夷逗留，亦不准商、回混迹"。至于贸易则"听其公平交易，官亦不为之经理。事毕派伊萨克等将商回点名带回，仍派金和等将'该夷人货物'清点明晰，押送出卡"①。

南疆西四城的各卡伦巡察制度相对完善。道光年间，加派兵员，要求千、把总与绿营兵"专司稽查出入、探信瞭望及押送来往夷人"②，以及负责接送外来商队、稽查来往货物。满营骁骑校和营兵则"专司查对开齐信牌，逐日踏看有无偷越踪迹"③，负责查验凭证、缉拿走私。至于例行巡查防区，则由土堡驻兵负责完成。驻土堡的守备或千、把总，每日派兵巡查卡伦与小卡开齐路径，每隔一日，亲自带兵巡查会哨。叶尔羌和英吉沙尔土堡与周边卡伦巡查开齐办法一如喀什噶尔之例。驻卡官兵一旦私放茶、黄出卡，或勒索外商，延保不实，辄按军法处置。惩处极重。如此卡堡坚守巡查，相互策应，一旦有事，驻卡官兵即赴土堡报告，再派兵上报大城，前往支援，形成了一套严密的稽查商货体系。清廷加强巡防后，偷漏明显减少。道光九年（1829）十月，署理叶尔羌大臣璧昌所奏中就言，叶尔羌沿边各卡伦"迄今数月，委无外夷潜入，亦无偷漏茶叶、大黄出卡情事"④。可见，清廷加强巡查力度，对中亚商贸环境和商业社会趋向稳定，大有裨益。

清廷也常常出面调解中亚各部之间的关系。如哈萨克与布鲁特彼此抢掠，是皆常事。乾隆三十八年（1773），哈萨克使臣卓勒齐进京，言布鲁特抢掠哈萨克等部，且在卓勒齐进京前，其父告知其进京后，向和硕额驸福隆安转告该事，请清廷出面"施恩代伊办理"。于是伊犁将军舒赫德手下委员联系哈萨克阿布勒比斯之属下

---

① 以上均见《那文毅公奏议》卷77《议定外夷贸易规条》，《续修四库全书》，第497册，第714页。
② 《那文毅公奏议》卷74《整饬卡伦》，《续修四库全书》，第497册，第658页。
③ 《清宣宗实录》卷146，道光八年十一月癸卯，《清实录》第35册，第235页。
④ 朱批奏折，署理叶尔羌办事大臣璧昌，奏为具陈训练官兵技艺查禁大黄茶叶出卡勘明秋成丰稔各情形事，道光九年十月初九日，档号04-01-20-0012-015。

人、布鲁特明希拉哈等之属下人,使其彼此议和,停止抢掠,往赎所掠人物,并称"嗣后彼此和好,停止抢掠,其彼此所掠之人物,付价返还"①。

清廷十分警惕哈萨克与南疆回部及安集延、浩罕之间的贸易与交往,严禁哈萨克往南疆贸易马匹等牲畜,尤其是乾隆二十八年(1763)八月,哈萨克阿布赉遣派拜和托、哈兹伯克前来献马,准其将自带交易之马 92 匹进行贸易。清廷得知此事后,谕令,此次交易已然,嗣后"严禁哈萨克前往回地交易马匹"。不准的原因大概有三点:其一,截至乾隆二十八年(1763),自哈萨克入卡贸易,仅在乌鲁木齐、伊犁两处,并未允许行往南疆,且哈萨克等前往喀什噶尔等地,"必由回子、布鲁特等部落经过,沿途不免有贼盗"。其二,哈萨克在伊犁、乌鲁木齐贸易马匹的价格较低,上等马匹,仅估价银三、四两;次等者,仅估价银二、三两。"今若令其至回地贸易,回子、哈萨克等,皆系贪利小人,回子等购买哈萨克马匹时,必高于伊犁、乌鲁木齐之价银,以图重利;而哈萨克等为多贪价银,不时前来贸易,必致伊犁、乌鲁木齐等处贸易大减"。其三,若哈萨克"在回子地方往来日久,亦恐滋生事端"。

乾隆帝还特别强调传谕永贵等新疆地方大员,嗣后哈萨克等复带马匹"前来回地贸易,务必严禁回子私市"。因其所有带来马匹,俱由官买,价值较之伊犁、乌鲁木齐等处,价银更减,不可稍令获利。哈萨克商队若欲带回,亦听其便。但是,仍要晓谕前来之哈萨克等,"尔等向来皆往伊犁、乌鲁木齐贸易,不来回地,况此处亦无须多购马匹,其各项牲只,自有巴达克山、安集延、布鲁特等,俱不时带马前来贸易,尚不需要尔等马匹。嗣后,尔等仍可到伊犁、乌鲁木齐等处贸易,此处于尔无利焉"。且指出,哈萨克等若知无利可图,自然不再前往。着俱传谕伊犁、乌鲁木齐及各回城

---

① 寄信档,寄谕伊犁将军舒赫德等着转谕哈萨克布鲁特彼此言归和好,乾隆三十八年正月二十一日,档号 03-134-1-006。

驻扎大臣等知之。①

上述禁令约束了哈萨克，但是，并没有禁止其他族群商队与哈萨克的贸易。乾隆三十二年（1767）二月，南疆卡外的浩罕、安集延、塔什干、纳木干商人并喀什噶尔"回子"、哈萨克等，"混合驱赶数千马匹、牛、羊，来乌什地方贸易"。经南疆地方官查明，"其有诓诱勾通情弊"。由于清廷强调"若回子等伙同哈萨克等贸易，于伊犁市易有碍"，遂由官兵、阿奇木伯克等，将牲只贱价售卖，"其喀什噶尔回子、布鲁特等分别遣回原城，将哈萨克等遣送伊犁，乘便送回"。后经清廷进一步核查，"赴喀什噶尔商人与哈萨克并无诓诱勾通之情"，然而，理当查办，并将嗣后不准回众去哈萨克边界、哈萨克不准来回地交易之处，仍行知喀什噶尔大臣等。此事后，清廷再次强调，"伊犁驻防大军一切需用牲只，全赖哈萨克贸易，回子等串通哈萨克、布鲁特等谋利，将别部落牲只贩至回城交易，必于伊犁市易有碍无益，自应饬禁"。嗣后如有此等事件，伊等至何城贸易，即当亲往查办，断不可任听奸回与哈萨克、布鲁特等合伙牟利，以致有碍伊犁、雅尔市易。②

乾隆末年，当哈萨克违背清朝贸易限令时，清廷也予以制裁。乾隆五十三年（1788）十二月，哈萨克台吉托克托库楚克乘贡马之便，带来些许多罗呢、熏牛皮，依其所请，伊犁将军保宁同意与官方交换，令官兵购买。熟料保宁等地方官被哈萨克等商人所骗，"此等多罗呢、熏牛皮等物，并非产自哈萨克地方，皆产自俄罗斯地方"。因此时清廷已停止中俄在恰克图贸易，哈萨克商人等唯图厚利，"显系由俄罗斯交易带至我伊犁等地出售"。清廷官员理应禁止购买哈萨克人等所带俄罗斯出产之物，此事引起乾隆帝的警觉，谕令：考虑到"我伊犁等各处所需马牲，历年均依赖哈萨

---

① 以上引文均见寄信档，寄谕礼部尚书永贵等着严禁哈萨克前往回地交易马匹，隆二十八年八月初九日，档号03-130-2-083。
② 寄信档，寄谕乌什参赞大臣永贵等回子伙同哈萨克等贩货贸易自应饬禁，乾隆三十二年二月二十九日，档号03-132-1-023。

带来交易，倘伊等所带多罗呢、熏牛皮等物，均照所请购买留下，（久而久之）哈萨克人等为图厚利，仅带多罗呢等物，而不带马牲，则关系甚为重要"。若伊犁等处仍准购买俄罗斯物品，则与恰克图不停商何异？于是，清廷寄信保宁等，嗣后，若哈萨克等携带少许多罗呢、熏牛皮，则仍准贸易；倘带许多，如同贩卖。同时，谕令伊犁将军保宁等明白晓谕哈萨克等："此等物品，我处并无用处，令尔等带回。嗣后不得再带此等物品，即便带来，我等亦不准购买。"乾隆帝认为，如此坚决驳回，则哈萨克人等无处出售，便自然停止。并令保宁等务必留意，强加禁办。"断不可再被人蒙骗。"亦寄信喀什噶尔、塔尔巴哈台参赞大臣一体遵办。①

在新疆近边与中亚贸易中，中亚各部商队在贸易中长途跋涉，途中难免遇到风险。清廷制定有相关措施，保护商路安全与畅通。乾隆二十五年（1760），哈萨克商队两次遭遇抢劫，清廷谕军机大臣等"随遇即行剿捕，若擒获时，即解送驻大臣处质审"②。为严格近边贸易中双方辖属的责任，清廷还与俄罗斯商议，明确俄商在中国伊犁、塔尔巴哈台卡伦之外遇到抢夺，"中国概不经管，自入卡伦及在贸易亭居住，所有带来货物系在该商人房内收存，各自小心经管，其驼马牲畜在滩牧放，留心看守。倘有丢失，立即报知中国官员，两边官员公（共）同查看来去踪迹。如在中国所属民人庄园，或将行窃之人立即拿获，尽数搜出实在原窃赃物给还外，还将行窃之人严行惩办"③。

随着清廷统一西北后进一步治理与社会稳定，在处理中亚近边藩属关系上，态度也有不同。如当新疆近边地方官得知哈萨克汗阿布赉病故的消息后，派人设法打探确认消息的真实性，并报伊犁将

---

① 寄信档，寄谕伊犁将军保宁等着严禁哈萨克带来多罗呢等物出售，乾隆五十三年十二月二十八日，档号03-139-4-066。
② 《清高宗实录》卷637，乾隆二十六年五月己未，《清实录》第17册，第121页。
③ 《筹办夷务始末》（咸丰朝）卷5，第166页。

军伊勒图请示清廷,对此,乾隆帝谕"不必派人打探",并认为"哈萨克不比我内札萨克","我等前往打探消息,似同此间我有觊觎其土之意,反引起伊等疑惧","凡哈萨克内此等之事,无须打探核实,即使闻知其情,亦不必干预"。并言另行降旨,酌情恩准阿布赉之子袭封汗号。① 由此可见,清廷在与哈萨克关系的处理上,以十分清醒的政治外交为导向,且在此前提下处理商贸事务。

## 第二节 新疆近边马匹与绸缎贸易

清代西北近边与中亚的商业贸易中,马匹贸易以官营为主,与毗邻新疆北部哈萨克之间的贸易比重较大,即"新疆所需牲畜,俱依赖哈萨克携来之牲畜"②,且以江南大宗商品的绸缎换取哈萨克马匹等牲畜为贸易的主体,尤以乾隆朝最为明显。

乾隆帝非常重视与中亚的贸易,在统一西北前夜,即从国家层面入手,建立了与中亚哈萨克之间的马匹和绸缎贸易,以银为折价标准,换取以马匹为主的大量牲畜,为统一后的新疆社会经济发展积蓄必备的物质资料。清廷采取了首开乌鲁木齐市场,以置军府和驻兵为前提,固定伊犁、塔尔巴哈台、乌里雅苏台几处贸易市场,控制马价等办法,使得固定市场和控制马价在乾隆朝的中亚哈萨克贸易中成为至关重要的策略,且利用大一统治下便利的行政手段,不惜调动国家之利与国家之力,构建起一套严密的调拨江南绸缎布匹为主的管运系统,组织和维护了与哈萨克贸易顺利进行。学界对该问题早有关注,已有学者多方利用相关档

---

① 寄信档,寄谕伊犁将军伊勒图等着不必派人打探阿布赉病故,乾隆四十六年闰五月初十日,档号03-136-1-045。
② 寄信档,寄谕伊犁将军保宁等着哈萨克改赴塔尔巴哈台售马务须酌情办理,乾隆五十四年七月十七日,档号03-140-2-013;寄信档,寄谕伊犁将军保宁将哈萨克今来伊犁贸易者是否增多之情查明奏闻,乾隆五十四年八月二十一日,档号03-140-2-019。

案，集结出丰富的科研成果，① 中国第一历史档案馆藏有丝绸、马匹、棉布等贸易的相对集中的满汉文资料数据，② 近些年来，亦不断有相关新疆满文及满文汉译档案整理问世。③ 是为本问题得以展开的资料与学理基础。

在丰富的科研成果中，价格层面已有学者给予关注，即如王熹指出，清廷与哈萨克间的缎绢绸绫等商品贸易中，其价格的制定是遵循"纺织品的价格＝成本价格＋运脚＋各项杂费银两"的基本公式，是对当时贸易价格的一般状态的归纳。笔者经核查相关档案，得知清廷负责贸易的当事人在具体操作中的记录也是如此。只是，王熹认为这个价格标准，从表面上看似乎合乎情理，但是，实际上清廷"早已利用哈萨克贸易者不尽知道缎绢绸绫价值的便利条件，将其附加的'加增银'项目，统统并入运脚与杂费银两中去了"。尤其在乌鲁木齐与哈萨克贸易时，采取这种交易标准。并认为清廷在起初还有"加增银"一说，后来干脆"以极为隐蔽而巧妙的手法，归入成本价格与运脚中了"。王熹还认为，清廷的做法"提高了缎绢绸绫等交易物的价格，而无形中压低了马、牛、羊的价格，利用这一高一低的差价来赚取利润"，只是这种加价并非随心所

---

① 主要有林永匡、王熹《清代西北民族贸易史》，中央民族学院出版社 1991 年版，以及二人完成的相关论文，如王熹、林永匡《乾嘉时期内地与新疆的丝绸贸易》，《新疆大学学报》（哲学社会科学版）1985 年第 4 期；林永匡、王熹《杭州织造与清代新疆的丝绸贸易》，《杭州大学学报》1986 年第 2 期；王熹、林永匡《清乾隆年间新疆的"回布"贸易问题》，《新疆社会科学》1987 年第 5 期；又王熹《论乾隆时期伊犁哈萨克贸易的几个问题》，《新疆大学学报》（哲学社会科学版）1992 年第 1 期；王熹《论乾隆时期伊犁哈萨克贸易的马价、丝绸价与贸易比值问题》，《民族研究》1992 年第 4 期。此外，有潘志平《乾嘉年间新疆的商业贸易研究》，《西北民族研究》1996 年第 2 期；［日］佐口透《十八至十九世纪新疆社会史研究》，凌颂纯译，新疆人民出版社 1984 年版。

② 一档馆存档中，一次性编刊的乾隆二十四年以后至六十年间有关绸缎、布匹等贸易的朱批、录副、咨文等档案就有 123 件，参见中国第一历史档案馆编《清代档案史料丛编》第 12 辑，中华书局 1987 年版，第 44 页。

③ 如中国边疆史地研究中心、中国第一历史档案馆合编《清代新疆满文档案汇编》，广西师范大学出版社 2012 年版；以及吴元丰、厉声主编《清代新疆满文档案汉译汇编》，广西师范大学出版社 2020 年版。

欲，要受到许多条件的限制。① 这些都为更进一步深入讨论留有余地。

　　本书关注清廷与哈萨克的绸缎贸易价格、交换商品数量等内容，再结合王熹的研究成果，辅之以相关档案资料，通过对乾隆朝西北近边与哈萨克的马匹、绸缎贸易的价格和交换数量等的整理，② 对清廷从国家层面入手组织与维护贸易的意图，以及为了达到与中亚哈萨克贸易的可持续与相对公平所采取的一系列措施加以考察。从中可知，清廷为了达到贸易的相对公平，专门对哈萨克输入的马、牛、羊、驼等大宗畜品，按照不同种类、品质进行划分，价格也相应不一而足，且确立以"银"为交换标准，将各自的商品折算成银两，进行等价的物物交易，是为近代货币形式在边疆地区商品贸易中的体现。同时，清廷在市场交易中采取的利润获得方式是以控制马价以及对缎布调拨与质量把控等为前提，并组织商队与货源，派军队维护贸易，将首开乌鲁木齐市场、固定伊犁、塔尔巴哈台、乌里雅苏台几处贸易交易场所的选定与置军府和驻兵等相结合，并以后者为前提，使得所采取的固定市场和控制马价等举措，成为清廷与中亚哈萨克贸易中至关重要的策略，显示清廷在统一新疆后，为换取中亚哈萨克马匹所采取的诸项策略，在关照商贸繁盛与否的同时，也与戍边固边和社会民生相关联，且利用大一统治下便利的行政手段，构建起一套严密的调拨江南绸缎布匹为主的管运系统，组织和维护了与哈萨克贸易顺利进行，架构起西北近边与中亚商道并维护其繁荣，使该商道成为丝绸之路的重要组成部分而载入史册。

---

　　① 王熹：《论乾隆时期伊犁哈萨克贸易的马价、丝绸价与贸易比值问题》，《民族研究》1992年第4期，第49页。
　　② 主要数据采自满汉文录副奏折，详见林永匡、王熹《清代西北民族贸易史》，中央民族学院出版社1991年版，第200—277页，以及本书所引相关档案，如录副奏折，江宁织造基厚、苏州织造舒文、杭州织造福海，奏呈置办己亥年新疆贸易绸缎银数文册，乾隆四十二年十一月十七日，档号03-1076-033.1；又录副奏折，陕甘总督勒尔谨，奏呈拟办乾隆戊戌年新疆贸易绸缎数目清单，乾隆四十三年，档号03-1076-036。

## （一）首开与哈萨克贸易的市场选定及用人策略

马匹是清廷统一西北过程中的重要军需物资，清准对峙时期，马匹成为清廷通过多种方式采备的对象，对马匹的需求因战事的变化而增多或减少，故而，除了用大宗商品茶叶换取外，亦通过大量购买的手段获得马匹，尤其向北边蒙古部落购买是常规现象。为此，清廷制定了由军营与商民自购马匹的详细规章制度。[①] 如军需营马，允准向库伦、恰克图采买。所有事宜仿照归化城之例，包括马匹交易的时间、地点，以票据作为交易凭证，由总督统管，以便达到"不致滋扰之处"的治理效果[②]，且从立法层面规定马匹交易的透明度和标准化。而与哈萨克之间的贸易以换取马匹为主要对象，是在平准后期确立的。即如乾隆帝所言："今办理回部，业将竣事，无须多办马匹。伊等即逾期未到，不妨将货物存贮。俟其来时，再行交易。亦不可加之催督，于驾驭外藩之道，方为允协。"[③] 又因采办马匹是清初以来西北军事事宜中最为重要的事项，牵扯到清廷财政拨款，故而，与中亚的哈萨克建立贸易关系，能极大缓解清廷在军需马匹层面的财政支出，亦有利于西北地区马匹贸易的规范化。

清廷十分重视与天山北路西邻的哈萨克建立联系，将首开贸易地点选择在乌鲁木齐。乾隆二十年（1755），清廷接定边将军兆惠等奏，乌鲁木齐地方宜耕种，又近吐鲁番，"若哈萨克往来交易，亦属甚便"。清廷准于翌年哈萨克马匹到日，前往交易。[④] 这是清廷在平准过程中从军事、经济两面考虑后，决意自哈萨克换取马匹，可是，贸易地点定在哪儿更方便双方商队，又利于对伊犁地区

---

[①]《清高宗实录》卷280，乾隆十一年十二月上，《清实录》第12册，第661页。
[②]《清高宗实录》卷252，乾隆三年四月上，《清实录》第12册，第268页。
[③]《清高宗实录》卷571，乾隆二十三年九月下，《清实录》第16册，第256页。
[④] 寄信档，寄谕陕甘总督杨应琚等将伊犁屯田牲畜就近采买事，乾隆二十六年三月二十七日，档号03-129-1-053。

的控制，则引起清廷的高度重视。先是有将贸易地点定在吐鲁番的动议，后考虑到吐鲁番地近边陲，建有城堡、屯田，亦顾虑哈萨克商队深入疆内后，与当地军民私相交易，不利于管控而罢。相对于吐鲁番而言，乌鲁木齐则地方空阔，可随处开列市集，与哈萨克路途较近，故倾向选择乌鲁木齐作为固定贸易地点。乾隆二十二年（1757），清廷上下几经商讨，议定与哈萨克交易事例，将贸易地点限定在乌鲁木齐、额林哈毕尔嘎两处，哈萨克中玉兹王阿布赉同意赴乌鲁木齐贸易。

双方将贸易地点确定于乌鲁木齐后，清廷又考虑自哈萨克草原至乌鲁木齐路程遥远，商贩稀少，难以聚集，故而从国家层面入手，组织贸易商人，调控缎、绢、布匹等为主要资源的所需货物。如规定所需贸易缎匹由内务府拨解，并于陕甘采买各色缎匹，同时调取哈密封存茶、巴里坤原贮及自内地办解各色缎、杂色梭布、京庄布、片金闪缎、妆花暨各色蟒缎、绢、花红、木红线，还有元金钱以及贼、褐、毡、毯、印花布、白布、对针、琉璃钮子等。① 各色货物齐集乌鲁木齐，清廷做足了与哈萨克首开贸易的货物准备工作。

为了首开贸易顺利展开，乾隆帝亲自对负责贸易的管理者进行挑选任命。先是传谕在新疆军营的护军统领努三进京，面授机宜，令其返乌鲁木齐承办哈萨克贸易事务，后又增补护军统领永德加强贸易调控力量，并令二人"多购马匹，以给军用"②，且规定哈萨克带来马匹，官定价值，不许私相贸易。乾隆二十三年（1758）四月二十七日，努三自阿克苏军营启程至乌鲁木齐，于九十月间主持组织和维护了与哈萨克在乌鲁木齐的首次商贸交易。③ 此次，清

---

① 录副奏折，陕甘总督杨应琚，奏明续办哈萨克交易事，乾隆二十四年六月初五日，档号03-1073-015。
② 《清高宗实录》卷583，乾隆二十四年三月戊申，《清实录》第16册，第468页。
③ 录副奏折，陕甘总督杨应琚，奏报筹办乌鲁木齐贸易事，乾隆二十四年五月二十八日，档号03-1073-014。

第四章　以绸缎与马匹等为媒介的西北商贸　　313

廷得马 219 匹，其中骟马 166 匹，儿、骒马 53 匹。马匹体大膘肥，被投放使用。① 此外，还易得牛、驼、羊及大量动物皮毛等。次年八月二十四日，清廷派人赶着自哈萨克商队换得的这些马匹，从昂吉尔图诺尔出发，经伊拉里克，送至库车，原计划自库车转送至驻扎巴达克山交界处的富德军营，因乾隆帝考虑"若径行解送，未能妥协"②，故又从库车送往叶尔羌备用。

　　首开乌鲁木齐贸易效果不佳，清廷作为组织者，处于被动等待状况，所得哈萨克马匹较少。而哈萨克王也抱怨参与商队迟到和商队前来的少，其有自身的难处，意即部落散布于草原各处，凡有调遣会合之事，俱各随所愿，加之贸易定例并未完全形成，各部不能派定贸易人数，或多或寡，难以预定，无法约定具体贸易时间。正是由于双方贸易各项事宜尚属草创，在首开贸易的七月份，出现了两队哈萨克商队共 70 余人，在沿途台站附近交易后返回的现象。而首次贸易后，又因时届季秋，再未见哈萨克商队往乌鲁木齐贸易。乾隆帝谕令只留少数官员驻扎乌鲁木齐，其他官兵及预备贸易商人各回原处。可见，首开乌鲁木齐贸易，虽然双方因信息不对等而影响了贸易规模，然而，毕竟是清廷与中亚哈萨克商人进行定点贸易的开端，其在中亚贸易中的地位与意义不可小觑。

　　首开乌鲁木齐贸易后，清廷对于该市场的地位更加重视，指出这里地处南北疆孔道，哈萨克人易于到达，自内地经由入疆的东大门巴里坤转运物资也便利。所以，从乌鲁木齐首次交易至乾隆三十年（1765）停止该处贸易并转至伊犁及新增塔尔巴哈台等处③的五六年里，乌鲁木齐一直是哈萨克与清廷官方及内地商人进行交换的主要固定市场。乾隆二十四年（1759）十一月，乾隆帝念及乌鲁木齐等处多年增兵屯田，又有哈萨克贸易，恐永德、永瑞二人办事

---

① 满文录副，护军统领努三、永德，奏报与哈萨克哈巴木贸易马匹并赏赐折，乾隆二十三年九月初八日，档号 03-0177-1715-037。
② 《清高宗实录》卷 597，乾隆二十四年十月上，《清实录》第 16 册，第 662 页。
③ 《平定准噶尔方略・续编》卷 29，乾隆三十年三月戊戌，第 11543 页。

不周，特派内廷亲信安泰前往乌鲁木齐，总理屯田、贸易事务。①随后，又调副都统定长自辟展至乌鲁木齐，同安泰一起承办贸易屯牧等事宜。②

不得不说，清廷于新疆北部近边与哈萨克建立通商贸易关系，与北疆大规模的屯田密切关联。农牧经济的展开，带动了这里牲畜需求量的攀升。仅乾隆二十四年（1759）里，双方的贸易量就初见成效。先是清廷将哈密存库缎 2500 匹、辟展存各色梭布 2000 对，运往乌鲁木齐，以资贸易。其中在陆续进行的两次贸易中，清廷方面共用缎 292 匹、绢 54 匹以及金钱等物若干，哈萨克商人与内地商民及台站附近的兵民进行贸易。③ 至是年七月，哈萨克哈斯伯克等四个商队先后到达乌鲁木齐，在十四日至二十日的七天里，陆续易换马 1150 匹，其中大骟马 1000 余匹，碎小骟马、儿、骒马 150 匹。④ 哈萨克易换各色缎 900 余匹、绢 400 余匹及其他货物。⑤ 又在十一月二十四日起至十二月初三的交易中，清廷共易马 1068 匹，其中头等骟马 200 匹，二等骟马 300 匹，三等骟马 454 匹，骒马 26 匹，儿马 88 匹。⑥

---

① 录副奏折，陕西巡抚钟音，奏明拣员派往乌鲁木齐办理屯田及哈萨克贸易事，乾隆二十五年二月二十八日，档号 03-0101-041。
② 《清高宗实录》卷 614，乾隆二十五年六月庚辰，《清实录》第 16 册，第 913 页。
③ 录副奏折，陕甘总督杨应琚，奏报筹办乌鲁木齐贸易事，乾隆二十四年五月二十八日，档号 03-1073-014；又录副奏折，奏呈乌鲁木齐永德调取缎匹绸绢清单，乾隆二十四年，档号 03-1073-016.2；录副奏折，奏呈乌鲁木齐贸易物品清单，乾隆二十四年，档号 03-1073-016.1。
④ 满文录副，副都统满泰，奏闻与哈萨克交换马匹所用缎匹等物数目折，乾隆二十四年七月二十三日，档号 03-0178-1780-028.1。
⑤ 《清高宗实录》卷 594，乾隆二十四年八月辛巳，《清实录》第 16 册，第 622 页；朱批奏折，副都统范时绶，奏为到哈密支领屯田驼马口粮等项并起身前赴皮革日期事，乾隆二十四年，档号 04-01-01-0234-001；录副奏折，陕甘总督杨应琚，奏呈送与哈萨克贸易缎匹样品事，乾隆二十四年八月二十日，档号 03-0994-090。
⑥ 满文录副，乌鲁木齐办事大臣安泰等奏遵旨办理乌鲁木齐屯田及哈萨克贸易事宜折，乾隆二十五年三月十一日，中国边疆史地研究中心、中国第一历史档案馆合编《清代新疆满文档案汇编》第 44 册，第 384 页。

## 第四章 以绸缎与马匹等为媒介的西北商贸

在与哈萨克的马匹贸易中，清廷规定每年的易换"马数不过三千余匹"。如乾隆二十七年（1762）十月，换得哈萨克带来贸易之马 1300 余匹，① 仍在乌鲁木齐城外交易。至次年年底时，前后得马 4200 余匹。② 对于陆续增多之马匹，除了拨补新疆额缺及肃州等处标营倒毙马外，准乌鲁木齐副都统旌额理分流，即乌鲁木齐留马 1000 匹应差，700 匹备调阿克苏，其余则于巴里坤牧放。并明令嗣后马匹渐多，宜当解往巴里坤备用，如若有余，将骟马解送口内，以充军营台站所用。③ 故而，自首开贸易后的三四年里，与哈萨克在乌鲁木齐的贸易已经进入繁盛阶段，商队来人比以往次数甚多，人数甚众，成交额和易换马匹数亦十分可观，双方均有利可图。

乾隆二十七年（1762）年底，清廷准副都统旌额理奏，将双方马匹交易移往城外罗克伦河岸一带水草丰美之地。原因有三：一是参与贸易人数增多，即有哈萨克商队不时赶马前来贸易，乌鲁木齐"携眷屯田之人及前来贸易之人，较之以往甚为增多"。二是"不肖之徒，深知哈萨克马匹价廉，有利可图"，便私下交易，在所难免。故先行筹划，尚属重要。三是乌鲁木齐适逢旱灾，水草欠佳。"若商民等再向彼处前往，则将交易之地，可再行外移"。④ 上述折射出于乌鲁木齐交易马匹的适宜性正在消失中。乾隆三十年（1765），清廷停止了乌鲁木齐地方与哈萨克之间的贸易。如自乾隆二十三年首开贸易算起，历时 8 年。其间，清廷在乌鲁木齐主持的与哈萨克之间的绸缎、马匹交易中，哈萨克商队往来人数、商队数量、交易天数以及清廷换取马匹的数量变化详见图 4-1。

---

① 寄信档，寄谕副都统旌额理将哈萨克马匹交易之所移往罗克伦河地方甚属妥协，乾隆二十七年十月十三日，档号 03-129-5-008。
② 《清高宗实录》卷 679，乾隆二十八年正月下，《清实录》第 17 册，第 600 页。
③ 寄信档，寄谕副都统旌额理等着妥协办理与哈萨克贸易事务，乾隆二十六年十一月十九日，档号 03-129-2-058。
④ 寄信档，寄谕副都统旌额理将哈萨克马匹交易之所移往罗克伦河地方甚属妥协，乾隆二十七年十月十三日，档号 03-129-5-008。

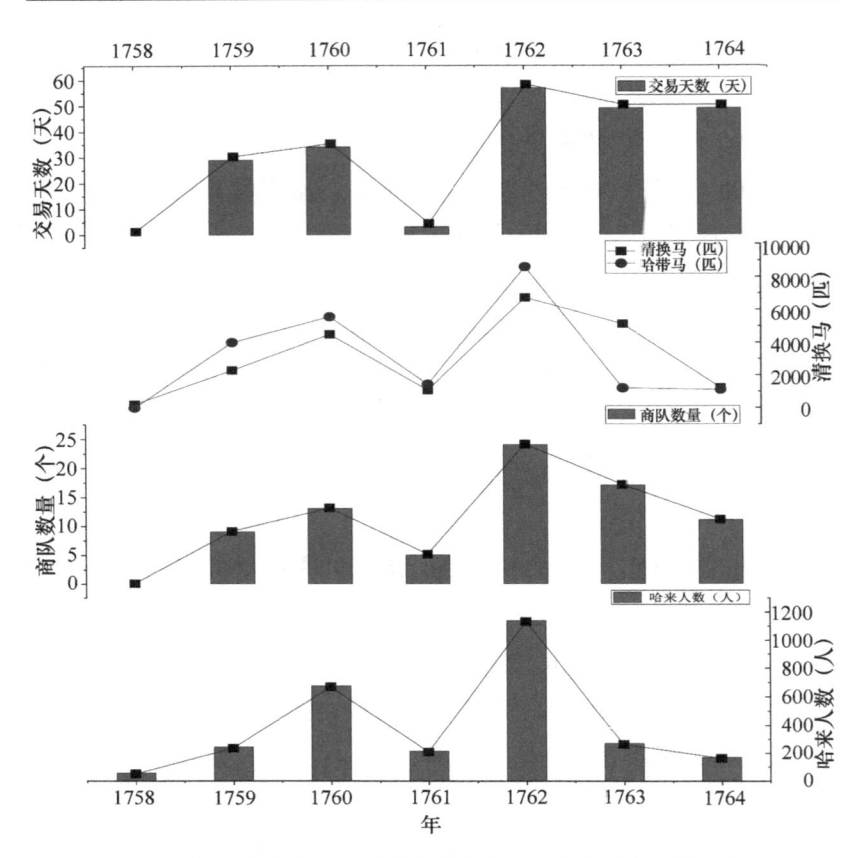

图 4-1　乾隆年间清廷与哈萨克的乌鲁木齐贸易商队规模示意图

## (二) 置军府和驻兵为前提的商贸市场变动与对策

清廷以组织者身份,在乌鲁木齐与哈萨克展开马匹易换的同时,加强了北疆地区治理与防务,以置伊犁将军和驻兵为前提,将与哈萨克之间的贸易加以扩展,确立了伊犁、塔尔巴哈台、乌里雅苏台等固定贸易地点,并采取相应策略,以调控哈萨克商队行径。乾隆二十五年(1760)十月,与哈萨克开展了在伊犁的第一次贸易。[①] 清

---

① 早期的研究成果显示首次交易时间是乾隆二十五年十月底至十一月初,见林永匡、王熹《清代西北民族贸易史》,第207页,该研究出处据满文录副,具折时间为本年十一月初二日。再查满文档案,有是年十月二十五日贸易用过布匹及换获哈萨克马匹数目单,参见《清代新疆满文档案汇编》第49册,第435页。

廷以彭闪缎4匹、彭缎21匹,换取骟马29匹。① 自此至道光末年,伊犁地区成为清廷与哈萨克贸易的重要地点。

乌鲁木齐、伊犁地点选定后,清廷考虑到伊犁驻军、屯田所需马匹,皆赖与哈萨克换取,为方便与哈萨克的联系与交易,又不失边界安全,在西北近边增设卡伦的同时,扩展了商贸市场。乾隆二十六年(1761)七月二十四日,经参赞大臣阿桂奏请,清廷准许在塔尔巴哈台与哈萨克接合部增设卡伦,使"东面哈萨克由塔尔巴哈台至新设卡伦等地,其路径直"。与此同时,清廷为使喀尔喀、乌梁海等越过阿尔泰游牧,也于阿尔泰拓展卡伦,连接了自乌拉克沁伯勒齐尔至乌鲁木齐的通道,是为北路。为避免哈萨克等"若由北路贸易,商贩众多,倘任其贸易,则伊犁、乌鲁木齐两地难于得马",预先转谕哈萨克等,禁止走北路贸易。

如此策略的确定,还在于乾隆帝的两个考虑:一方面指出"若不加禁约哈萨克由北路贸易,伊等势必图近,由北路贸易,伊犁、乌鲁木齐两地定难得马。而日久负债争斗之衅,皆从此起"。遂传谕定边左副将军成衮扎布等,令各驻防大臣、札萨克、卡伦侍卫、台吉等,严禁"私向哈萨克贸易",不时巡查,倘有不肖之徒私行贸易者,一经查出,即从重治罪,并将卡伦侍卫、台吉等一并参奏治罪。另一方面强调哈萨克等如若赶马前来交易,近边卡伦官兵"告以本处游牧颇饶,不必贸易,遣令转回"②。因为在乾隆帝看来,一旦任哈萨克沿路私行贸易,"伊等性善图利,必将马匹俱在北路贸易,而不肯远去伊犁"③。故而,将在伊犁采取的增加缎匹之价、削减马价的措施运用于北路,使得北路私行贸易较之伊犁定点贸易无利可图。通过这种价格控制,使哈萨克商队自觉前往伊

---

① 满文录副,参赞大臣阿桂、伊柱等奏与哈萨克贸易用过缎布换获马匹羊只数目折,乾隆二十五年十一月十三日,档号03-0178-1855-014。
② 寄信档,寄谕成衮扎布等晓谕驻防大臣札萨克等严禁与哈萨克私行贸易,乾隆二十六年七月二十四日,档号03-129-2-014。
③ 寄信档,寄谕成衮扎布等着于乌里雅苏台地方与哈萨克贸易,乾隆二十七年闰五月初九日,档号03-129-4-013。

犁市场进行马匹贸易。

乾隆二十七年（1762），清廷置伊犁将军统管天山南北，巩固的军事戍守与防务体制，愈加有益于北疆地区与哈萨克之间的贸易，然而，依旧限制哈萨克在乌鲁木齐、伊犁之外的地方交易，并严令"沿途卡伦驿站人等，断不可与哈萨克等私行交易"①。只是，有时候清廷也会因事态变化与复杂程度而采取通融办法，网开一面，孰料这却促成了乌里雅苏台作为新增贸易点，其契机源于科布多副都统的一份调研奏报，此奏报使清廷贸易策略有所变通并进而发生改变。

闰五月初九，科布多副都统扎拉丰阿的报告，被定边将军成衮扎布转呈清廷，内称：哈萨克阿布赉使臣塔玛、头等台吉导拉特和勒等前来觐见时，随行商队携马400余匹，当抵达科布多的乌陇古地方展开贸易时，遭到地方官的限制，且委派台吉米吉特等告知哈萨克商队，禁止沿途贸易。乾隆帝接此信息后指出，哈萨克所带马400余匹，若是"自备骑用，何须如许，想必乘便贸易"。进而分析道，现"如若禁止到乌里雅苏台地方贸易，则成衮扎布、阿桂，皆为朕之奴仆，而伊犁、乌里雅苏台，皆为朕之属域，若只准伊犁贸易，不准乌里雅苏台贸易，哈萨克转觉小气。无非稍增我缎匹之价，减其马价，使其在北路贸易较之伊犁无利可图，则伊等自必转向伊犁。即便伊等仍贪近便，情愿减价前来乌里雅苏台贸易，则购其马匹，或在喀尔喀地方使用，或送京城，或由彼解送伊犁等地均可。况且，乌里雅苏台库存缎匹甚，尚有雍正年间收贮者，与其徒为朽腐，不如以此易马为宜，亦无不可"。由是谕令"将伊犁、乌鲁木齐两地哈萨克马价，抄寄成衮扎布等，不必禁止该处贸易，以增乌里雅苏台地方缎价，减其马价办理"，并再三叮嘱成衮扎布等人，"若将禁止贸易之事

---

① 寄信档，寄谕成衮扎布等着于乌里雅苏台地方与哈萨克贸易，乾隆二十七年闰五月初九日，档号03-129-4-013。

## 第四章 以绸缎与马匹等为媒介的西北商贸

尚未晓谕哈萨克人等,甚善,即遵旨奉行。若业经禁止贸易,则晓谕伊等云,我等前曾具奏,不准尔等在此贸易。奉大皇帝谕旨,尔等既已将马匹牲只带至乌里雅苏台,伊犁、乌里雅苏台皆为朕之属域,哈萨克人愿在何处贸易,听其自便。哈萨克人如谓我,乌里雅苏台缎匹价值较伊犁有加,亦谕以我域内各处有异,因而商人货价不一。伊犁之缎匹系由内地解往,而我喀尔喀之缎匹,皆经蒙古地方解运,物价皆较伊犁有加"。

乾隆帝不仅如上述般指示成衮扎布等给予哈萨克使臣与商队的答复,而且还再三强调晓谕哈萨克,除了伊犁、乌鲁木齐而外,不得贸易,更不得私下贸易。为此,乾隆帝还指出,乌里雅苏台地方贸易,亦系官办,沿途卡伦驿站人等,断不可与哈萨克等私行交易。并要求成衮扎布等严行传谕各处卡伦驿站,嗣后凡有与哈萨克私行交易者,严加参处,决不姑贷。并令将此亦传谕阿桂知之。[①]可见,此时的清廷不提倡哈萨克商队将马匹赶往乌里雅苏台贸易,但是,已经抵达的商队,也允许其贸易。随着时间推移与哈萨克商队到来的次数增多,乌里雅苏台便成为固定市场。

所以,乾隆二十七年(1762)是乌鲁木齐与伊犁地区马匹市场变动的重要节点。也正是由于是年伊犁将军的设置,伊犁地区行政地位提高,两年后,伊犁的换马数量(图4-2B)以及自内地调拨绸缎量(图4-2A)均呈现上升趋势,而乌鲁木齐的马匹数量(4-2B)及对应的缎匹数(图4-2A)呈断崖式下跌,两年后,清廷停止于此贸易。反之,二十七年(1762)后,因哈萨克就近在伊犁等处近距离交换,图4-2A红线显示的换马对应的所需缎匹量增加,图4-2B中对应年份的换马数量也呈增长趋势,完全替代了乌鲁木齐。可见,同一时间轴相应的两地自内地调拨绸缎的数量与交换马匹呈正相关,这种情形至乾隆末年方有所改变。

---

[①] 以上引文均见寄信档,寄谕成衮扎布等着于乌里雅苏台地方与哈萨克贸易,乾隆二十七年闰五月初九日,档号03-129-4-013。

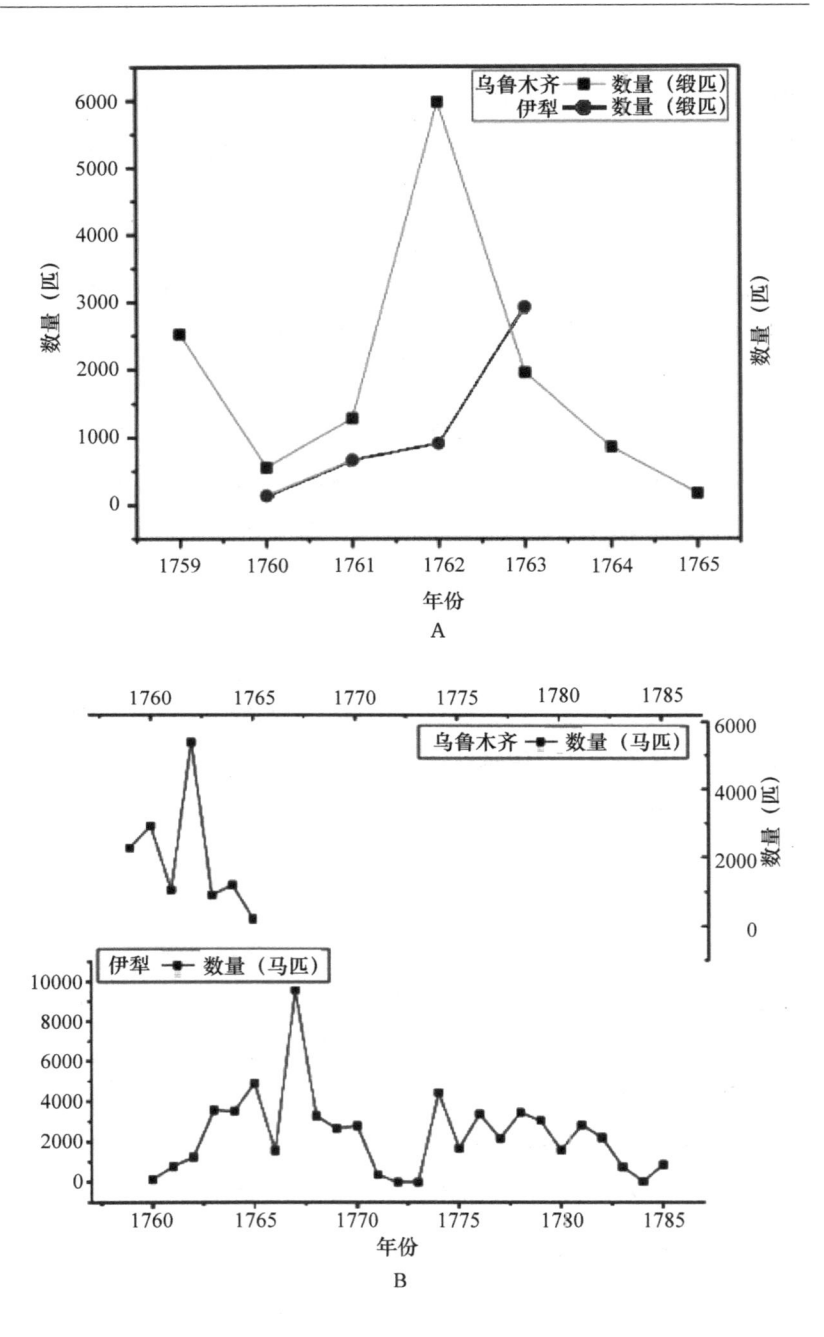

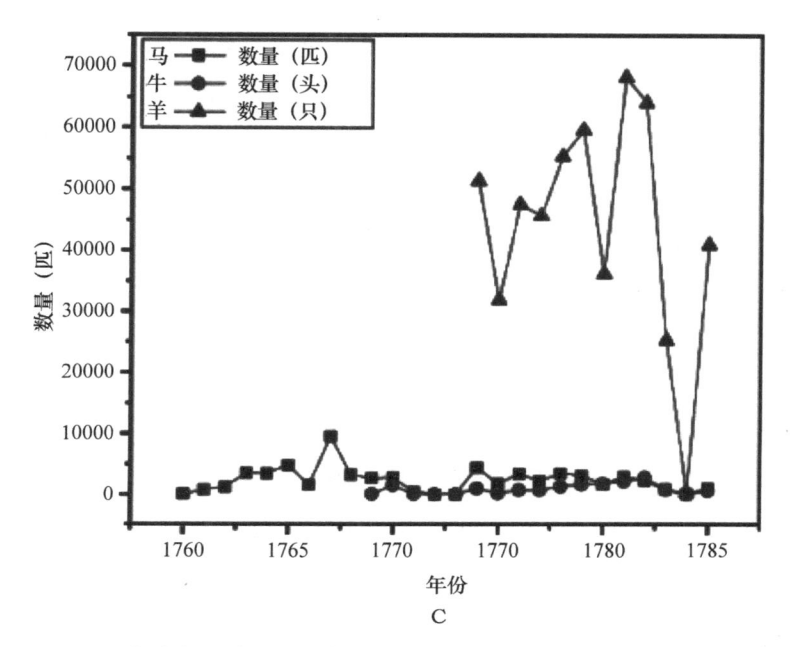

第四章 以绸缎与马匹等为媒介的西北商贸

图 4-2　乾隆年间清廷与哈萨克在乌鲁木齐和伊犁缎马等贸易示意图

清廷明令在塔尔巴哈台属境，即时称为雅尔的地方展开与哈萨克的正式贸易，始自乾隆三十年（1765）于此驻兵后，且依据前来贸易的哈萨克等处商人规模而确定市场地点，以调适对策。是年三月二十五日谕，"在雅尔，哈萨克等有小商贩前来，准其贸易，至大商，则令赴伊犁"。此规定之前，清廷也有两个顾虑。一是考虑雅尔距离哈萨克甚近，"伊等若就近在雅尔贸易，伊犁贸易则减少"。二是亦难预料哈萨克会反问，"一处准其贸易，一处又不准贸易"，给人造成一种"如同禁止伊等贸易"的猜测，以致不来参与贸易，于事无甚裨益。所以，乾隆帝专门就如何答复与保证哈萨克既自愿在雅尔贸易，又愿往伊犁贸易而给出指示，言："今雅尔既然派驻官兵，则马匹牲只，在所必需。今惟增我物价，减其马匹牲只价值，以雅尔距尔近，距我远，运送多费，故而此处价高为词，听其自愿。伊等若愿以低价于伊犁贸易，则准其赴伊犁；若图近便，愿将其马匹低价卖我，亦可与其贸易。俟马匹多后，解送伊犁亦易。如此，不惟我雅尔官兵，得马便利，伊犁之贸易，亦无妨碍。"之后，乾隆帝又谕令将雅尔与哈萨克贸易如何有益之处，请驻扎雅尔的塔尔巴哈台地方官会同伊犁将军明瑞定议具奏，以完善北疆地区与哈萨克贸易事宜。①

随着所换马匹增多，清廷对哈萨克赶来马匹的处理策略，由原本的仅官方购买改为兵营也可采购。在乾隆三十年（1765）时，清廷还严令官兵属下人等"则断然不可"私自廉价交易马匹。② 倘若有"不顾脸面，有私与哈萨克交易，或潜受哈萨克马匹等弊，亦甚易查出，俟伊等返回后，其带回之物是否为哈萨克之物，即可查明"。"果有此等无耻行径，务必严查，据实参奏，从重治罪，断不可姑息从事。"③ 至三十六年（1771）十月，办法有所改变，将哈萨克赶来马400余匹，易换91匹，其余分给官兵采买。④ 继之，并形成制度。清廷谕令，既然官兵亦需马匹，则由官买六分，兵营官兵买四分；倘官似需此马匹，则由官买八分，兵营买二分。以此为例。⑤

另外，据清廷与哈萨克在乌鲁木齐、伊犁的相关交易数据显示（图4-2B），两市场换取马匹，在同一年份中，伊犁所换取的马匹数量以及交换频次远远高于乌鲁木齐，这也是为什么自乾隆三十年（1765）起停止乌鲁木齐交易，而继续保有伊犁、继而增加塔尔巴哈台、乌里雅苏台等为贸易地点的缘故。同时伊犁市场的马、牛、羊交换量，从既有数据比较伊犁一处换取马、牛、羊的数量显示

---

① 寄信档，寄谕伊犁将军明瑞等将雅尔驻军后与哈萨克贸易之事议定具奏，乾隆三十年三月二十五日，档号03-131-1-078。
② 寄信档，寄谕定边左副将军成衮扎布等着严禁与哈萨克私换马匹，乾隆三十年十二月二十六，档号03-131-3-039。
③ 寄信档，寄谕参赞大臣乌勒登著饬往收哈萨克贡马官兵严禁私行交易等事，乾隆三十二年十一月二十三日，档号03-132-2-063。
④ 寄信档，寄谕伊犁将军舒赫德等将官买哈萨克马匹甚少缘由查明具奏，乾隆三十六年十月二十二日，档号03-133-5-095。
⑤ 寄信档，寄谕伊犁将军伊勒图等着将哈萨克马由官买六分或八分，乾隆三十九年八月二十九日，档号03-134-2-052。

（图4-2C），随着马匹需求量的减弱，牛、羊等的需求量增大，尤其自乾隆四十年（1775）后，牛、羊的需求量超过了马匹，尤其羊只的换取量远在马、牛之上，大约十年后，也就是乾隆四十九年（1784），几乎只有对牛、羊的需求。这也是西北统一后，社会经济发展与民生需求增大成为主趋势的表现。

### （三）调控马价和以银为标准的交易策略

新疆统一后，清廷之所以坚定持续地与哈萨克交易，不仅在于前线将领兆惠所言的地域相连因素，还在于哈萨克马匹价格更为便宜。乾隆二十六年（1761）三月，参赞大臣阿桂奏，伊犁、乌鲁木齐与哈萨克贸易马匹既多，且马价合适，即"较之哈萨克马价，一牛可值马四匹，一驴可值马二匹"[①]。而巴里坤等处马价甚昂，银15两左右仅能购得一匹瘦马。[②] 清廷准许将原本自巴里坤马厂解送阿克苏的马匹，改由伊犁贸易马匹内挑选1000匹送往。同时，谕令自是年起，自内地及哈密、巴里坤等处向伊犁购办牲只，"俱行停止"[③]。可以说，正是伊犁地区与哈萨克贸易的繁荣，乌鲁木齐等处马匹牲只增多，使清廷就地解决了屯垦驻兵等所需马匹牲畜，亦节省了行政民事费用与军事开支。

清廷与哈萨克在固定市场的双方贸易中，如何定价与掌握合适定价，且持续有效地展开贸易，乾隆帝给予特别关照，并多次指示交易中需要注意的方式方法。二十六年（1761）十一月十八日，寄谕地方官："哈萨克人等见小贪利，与其贸易，若过于优惠，虽其解马而来，则难以为继；或过示减省，则伊等疑阻。此全在于大臣等悉心筹酌。"办理过程中"若不体察哈萨克之情"，以致"所

---

[①] 寄信档，寄谕陕甘总督杨应琚等着伊犁屯田牲畜就近采买，乾隆二十六年三月二十七日，03-129-1-053。

[②] 寄信档，寄谕参赞大臣阿桂等咨文安泰等送补巴里坤马匹空额事，乾隆二十六年正月十九日，档号03-129-1-012。

[③] 寄信档，寄谕陕甘总督杨应琚等着伊犁屯田牲畜就近采买，乾隆二十六年三月二十七日，03-129-1-053。

定价位更为减省,使致哈萨克人等无利可求,以阻贸易,反不能以我无用之物换取其有用之马,此断不可也。但亦不可因朕之此旨,不知节制,过于优渥,以致难以为继",故而要求地方贸易主管官"尽心筹酌,妥协办理",比照以往"定价即可"。①

二十八年(1763)时,北疆伊犁、乌鲁木齐易换哈萨克的马价比值,上等马匹价银三、四两,次等者二、三两,寻常马匹,亦在二两上下。"伊犁地方定价为二两三、四分",清廷将调拨而来的缎布物品等折银后进行交易。② 正是如是的马匹价格优势,确定了清廷不允许哈萨克在新疆近边的其他地方展开贸易。当雅尔驻兵后,由于地近哈萨克的缘故,一旦出现哈萨克商人的马匹交易,清廷则出面阻挡,后来尽管允许在此处贸易,但是,从价格上加以调控与抑制马价,迫使哈萨克商人更愿意赶着马匹等牲畜往伊犁和乌鲁木齐两处。当然,随着与哈萨克在乌里雅苏台马匹交易的常态化,以及其地近雅尔的缘故,这里的马匹价格也稍有调整。至乾隆三十四年(1769)七月,马匹"好者银不出四两,中等者二两左右即可易得"。而临近的喀尔喀等处蒙古地方,一匹马值银6两。③ 自哈萨克换取的羊只价格也相对便宜,哈萨克羊经伊犁市场交换的价格,"每只仅需银几钱",而乌鲁木齐等处购买的喀尔喀羊,"每只则需银二两不等"④。这也是为什么清廷不允许喀尔喀等蒙古人在科布多与哈萨克交易马匹等牲畜的缘故,并谕令以乾隆三十年

---

① 寄信档,寄谕参赞大臣阿桂等着留心提防哈萨克人等偷盗马牲,乾隆二十六年十二月十二日,档号03-129-2-065。

② 寄信档,寄谕礼部尚书永贵等着严禁哈萨克前往回地交易马匹,乾隆二十八年八月初九日,档号03-130-2-083;寄信档,寄谕成衮扎布等着将入觐之俄罗斯等赏银遣回,乾隆二十八年九月初九日,档号03-130-2-100;又哈萨克贸易马匹,价银仅二三两,见寄信档,寄谕乌鲁木齐办事大臣伍弥泰等彼处屯田所缺马匹停止采买,乾隆三十年二月二十二日,档号03-131-1-009;寄信档,寄谕伊犁将军保宁等着哈萨克改赴塔尔巴哈台售马务须酌情办理,乾隆五十四年七月十七日,档号03-140-2-013。

③ 寄信档,寄谕定边副将军成衮扎布着乌里雅苏台所缺马匹由雅尔采买,乾隆三十四年七月十七日,档号03-133-2-009。

④ 寄信档,寄谕伊犁将军伊勒图等着奏闻伊犁拟解羊只折价售给兵民情形,乾隆四十七年七月十九日,档号03-136-2-070。

（1765）为界，"已往无庸究办，但嗣后应严行禁止"，"卡座台吉及仆从等与哈萨克等私换马匹"，从重治罪。①

控制定价，实质就是调控作为大宗商品的马匹、缎布的流通区域，此成为清廷控制哈萨克在近边指定地点交易的重要手段。换句话说，清廷只允许哈萨克在乌鲁木齐、伊犁、塔尔巴哈台、乌里雅苏台指定的几处地方贸易，不允许哈萨克商队于通商沿途私行贸易马匹，更不允许往南疆贸易马匹。所以，从便宜马价中获利和掌控马价，便成为清廷限制哈萨克商队于指定地点贸易的一个很重要手段，也是双方贸易得以贯彻执行的关键因素。即如乾隆帝自己所言，"今我于伊犁、乌鲁木齐俱与哈萨克贸易马匹，于雅尔地方现亦与之贸易，再于回地与伊等贸易，尤为不可"，并指出"哈萨克等在伊犁、乌鲁木齐贸易时，马价极贱，今若令在回地贸易，则回子、哈萨克俱系图利小人，回子购买哈萨克马匹，必图侥幸，而哈萨克又图高价，不时前来，我伊犁、乌鲁木齐贸易必将受阻"。故而谕令"嗣后，哈萨克等若带马匹前来贸易，即遵朕前旨办理，断不可令伊等惟图侥幸常来回地，而阻滞我伊犁、乌鲁木齐等处之贸易。再哈萨克等派人禀告请安、进献马匹等事，有伊犁将军，理应遣使去伊犁将军处，不应派人去喀什噶尔等大臣处"②。显见，固定贸易和控制马价在乾隆朝的中亚哈萨克贸易中是至关重要的策略。

南疆的土产棉布，也称为回布，调取回布参与哈萨克的马匹等牲畜贸易，是清廷补足绸缎贸易的重要方面，主要用于伊犁地区。清廷规定在伊犁及塔尔巴哈台与哈萨克贸易的牲畜与回布比值，即"每马十，给回布三十至五十匹；牛十，给回布二十至四十匹；羊百，给回布七十五至八十匹"。如哈萨克愿得绸缎者，"计值给予，

---

① 寄信档，寄谕雅尔办事内大臣阿桂等着严禁官兵等私与哈萨克贸易，乾隆三十年十二月二十五日，档号03-131-3-061。
② 寄信档，寄谕伊犁将军明瑞等着嗣后禁止哈萨克前往回地贸易，乾隆三十年十一月初二日，档号03-131-3-060。

官为经理"①。当然，自哈萨克换取的羊只价格也较便宜，向喀尔喀购买的羊只价格远远高于自伊犁向哈萨克换取的羊价。乾隆后期，伊犁地区马匹及各类牲畜的需求有所降低，四十七年（1782），伊犁将军伊勒图奏报，"近几年自哈萨克陆续购买之羊并无用处"，故而将四五万只羊赶送乌鲁木齐等地，"较原价稍增价值售给兵丁民人"。对此，乾隆帝认为，乌鲁木齐、古城、吐鲁番、巴里坤等地，满洲、绿旗兵丁携眷而居之民甚多，与其高价购买喀尔喀羊只，不如低价购买自伊犁赶往之羊，且进一步指示，"可比伊犁买进羊价多增几钱定价出售，不可骤减至喀尔喀羊价之一半"②。

伴随与哈萨克马匹交易的连年展开，伊犁地区出现哈萨克赶来马匹过多，而官方换取数少的现象。为此，清廷寻找原因，酌立章程。乾隆三十二年（1767），先是阿桂令南疆各城回子严禁往哈萨克地方贸易，违者货物扣留，人则拿送伊犁治罪。乾隆帝认为阿桂"所办过当"，并指出"回子等系朕臣仆，即与内地民人相等，回子等贩运哈萨克马匹，亦于伊等生计有益，凡事因时制宜，不可拘泥成案"，令阿桂等再商议，"以回子在哈萨克贸易，不致滋生事端，于公私两利之处，酌立章程"。经地方各员会商后，奏报三条意见：

一是"喀什噶尔所属各布鲁特比，嗣后毋许容留哈萨克、塔什干人贸易，布鲁特等亦不得闯入哈萨克、塔什干界内"。二是已经违规参与贸易的"哈萨克人货"，则遵谕"马匹货物贱价售卖"，"将我方货物高价售卖，伊等无利可图，来回地贸易者，将自行减少"。三是从"习于商贩，不谙牧养""生计全赖贸易"的南疆喀

---

① 嘉庆《大清会典》卷52《理藩院·典属清吏司》，沈云龙主编：《近代中国史料丛刊三编》第64辑，文海出版社1991年版，影印本，第637册，第25页。
② 寄信档，寄谕伊犁将军伊勒图等着奏闻伊犁拟解羊只折价售给兵民情形，乾隆四十七年七月十九日，档号03-136-2-070。

## 第四章 以绸缎与马匹等为媒介的西北商贸

什噶尔回子等生计着眼,仍照之前规定。最后仍旧决定嗣后禁止回子、布鲁特前往哈萨克贸易,其在安集延等处交易者,以参与各方得利和不许滋事为前提。① 同时清廷也禁止哈萨克携带俄罗斯的货物前来贸易,以表明清廷停止与俄罗斯贸易的态度。② 所以,清廷自国家层面出手,直接调控与哈萨克之间的贸易,在考量政治因素的同时,并没有放弃经济利益,从马匹价格入手控制双方贸易。

清廷以与哈萨克间的交换比价以银为标准,"或多或少"③ 以控制马价,进而固定市场。该马匹价,作为清廷内参价格,仅针对哈萨克所用。在与内藩蒙古的交易中,则采用的是另一套办法。如乾隆四十四年(1779)九月,清廷在乌鲁木齐购买杜尔伯特的马匹时,有两个价格实现其交易,一是明面上规定的市场价格"照哈萨克马匹价值,由一马二两五钱均加一两,购买时定价为三两余,不过四两"。另一是在双方贸易时进行商议的"讨价还价",是遵照乾隆帝指示,"尔等俱属圣主旧民,买尔马时,并未照哈萨克马价每马给银二两五钱,而每马增给一两""语毕买之""杜尔伯特等若图大价,不愿售卖,则不必强行购买,伊等愿带往何处售卖均可"。为此,乾隆帝还特别指示乌鲁木齐都统索诺木策凌,让其告知杜尔伯特人等,这样的办法"作为索诺木策凌办理,而不作为谕旨"④。所以,是年底,当科布多参赞大臣明善遍行晓谕杜尔伯特等"若有将伊等马以三四两左右售卖者,则报来有几何"的办法后,遭到乾隆帝的训斥,并指出,与哈萨克间的马价,不可

---

① 寄信档,寄谕参赞大臣阿桂等着禁止回人等前往哈萨克地方贸易,乾隆三十二年三月初四日,档号 03-132-1-025。
② 寄信档,寄谕参赞大臣巴尔品等着嗣后哈萨克携俄之物前来贸易概令带回,乾隆三十三年七月初四日,档号 03-132-4-033。
③ 相关前期研究成果参见王熹《论乾隆时期伊犁哈萨克贸易的马价、丝绸价与贸易比值问题》,《民族研究》1992 年第 4 期。
④ 寄信档,寄谕乌鲁木齐都统索诺木策凌着不得强行购买杜尔伯特马匹,乾隆四十四年九月十五日,档号 03-135-3-065。

公布于世，"言不仅不能使杜尔伯待等听，且即内札萨克，亦不可使之听。将此事，应密尤密之，岂可又妄传耶"①。可知，清廷控制马价政策的执行，也是顾虑蒙古人参与哈萨克贸易后扰乱官定马价，不利于清廷的中亚近边与哈萨克贸易。

与此同时，清廷调控哈萨克商队定点贸易中的绸缎也是以银为折价标准。乾隆四十五年（1780）三月，乌什参赞大臣申保错把清廷自织造处调往近边的绸缎价格写为"售卖"时，就遭到乾隆帝的训斥，并指出"由内地调来缎绸等物，售价数额、运至此项内地缎绸等物，愿取者交银两取缎绸，并不同于商人卖给他人，为官办折价者"，而申保汇奏时，"直写为售卖，错矣"。且令嗣后"将此项缎绸等物折价具奏时，不可写为售卖，或写为折价，或写为变价均可"。伊犁、塔尔巴哈台以及"回子各城"，"俱有似此折价之事"，"遍行各地，一体遵写"②。

缎匹折价，因缎的类别与质量不同，价值各异。如质优摹本大缎，每匹重四十二三两不等，价银13两，运脚银1.492两。③ 至于绸缎折价银与马匹折价之间的换算，此处再以乾隆二十七年（1762）十二月十二日至十三日双方交易过程中所用绸缎折银与换取马匹折银加以比较，便可一目了然。时换取哈萨克马，共116匹，共计折银470.12两，使用绸缎折银470.24两。详细而言，换取马匹其中头等骟马52匹，每匹折银4.85两，计银252.2两；二等骟马43匹，每匹折银3.72两，计银159.96两；三等马21匹，包括骟马17匹，骒马4匹，每匹折银2.76两，计银57.96两。换马所用绸缎，有调自哈密所运的八庹彭缎24匹、六庹杨缎4匹；

---

① 寄信档，寄谕科布多参赞大臣明善着准杜尔伯特在本地卖马时听其自愿，乾隆四十四年十二月初八日，档号03-135-3-091。
② 寄信档，寄谕乌什参赞大臣申保着将官办折价缎绸不可写为售卖，乾隆四十五年三月二十六日，档号03-135-4-039。
③ 录副奏折，伊犁将军阿桂，奏为核减新疆贸易绸缎价格并请着落承办之员赔补事，乾隆三十二年二月初七日，档号03-1298-013。

肃州运到的六庹杨缎 24 匹、小白䌷 3 匹；叶尔羌运到回布，包括中等绢 15 匹、下等绢 21 匹、红布 35 匹、白布 71 匹；乌里雅苏台运到梭布 54.5 对，合计共用过缎绸绢 87 匹，梭布 54.5 对，回布 106 匹，共折合银 470.24 两。① 显示出以银折合后价格的等值与合理性。

通过对乾隆四十二年（1777）、四十三年（1778），清廷自江南织造等处调往伊犁备用和完成的绸缎所需价银及所用绸缎量的比例等加以整理，可知乾隆四十三年清廷花费在绸缎上的成本，不论是每匹绸缎的单价银与合计银，还是运输费用的单价与合计银，以及清廷为在换取马匹中采取加增银的手法来保障绸缎利润等，都较前一年增加。②

综上可知，清廷在与哈萨克的中亚贸易中，重点关注了大宗商品的成本以及运输费等，忽略了对组织贸易的投入，以及兵丁参与维护等的投入，也就是今天常说的场地费和组织费等成本。假设这些投入可折算为护军统领努三所言的"加增银"，则清廷所制定的"原本并运足"和"加增银"是绸缎的真实成本。③ 当然，不可否认，清廷通过调控马价，限制哈萨克在固定市场的交易，以维护官方投资的稳定性的因素，也有对商品交易成本的考量，而并非如学

---

① 伊犁将军明瑞等，奏报与哈萨克贸易马匹数目折（附清单 1 件），乾隆二十七年十二月二十日，档号 03-129-4-014，需要说明的是该清单的绸缎种类折银细目之和，与共计银两数不符。实际各种类之和为 450.22 两，较总计银两数少约 20 两，疑似初始数据的细目有误。见中国边疆史地研究中心、中国第一历史档案馆合编《清代新疆满文档案汇编》第 60 册，第 86—88 页。

② 录副奏折，江宁织造基厚、苏州织造舒文、杭州织造福海，会呈置办乾隆丁酉新疆贸易绸缎事，乾隆四十年闰十月，档号 03-1076-026；录副奏折，江宁织造基厚、苏州织造舒文、杭州织造福海，奏呈置办己亥年新疆贸易绸缎银数文册，乾隆四十二年十一月十七日，档号 03-1076-033.1；录副奏折，陕甘总督勒尔谨，奏呈拟办乾隆戊戌年新疆贸易绸缎数目清单，乾隆四十三年，档号 03-1076-036。

③ 乾隆二十四年，护军统领努三奏称："去岁哈萨克前来贸易后，即我等解运缎布之原本并运足，俱由内地议定，我等将此作为原本，又加价与哈萨克贸易。"见满文录副，辟展办事大臣定长等，奏闻努三同哈萨克交换马匹所需缎布等物数目折，乾隆二十四年十月九日，档号 03-0178-1789-004。

界既有成果所言的清廷提高绸缎价格，压低马匹价格，利用"一高一低"①的差价赚取利润，相反，清廷采取以银为标准，将各自的大宗商品加以折合，显示出近代商贸的公平合理性，更容易被买卖双方所接受。何况固定市场的设定，又都是在设置军府和驻军以后的行为，显示贸易关系中的戍边安边的政治意义大于经济成分。

  总之，清廷在西北近边与哈萨克的"绢马贸易"中，在乌鲁木齐、伊犁、塔尔巴哈台、乌里雅苏台等处设立市场，充分利用了大一统的行政运转便利，建立了一套较为严密的绸缎布匹贸易管运系统。为达到换取马匹贸易顺畅之目的，在绸缎织造层面，规定了每批绸缎的"颜色、丈尺、数目"清单，亦会直接谕令专办办法，制定定例以及承办章程，违者必究。正是由于清廷从哈萨克商队的市场需求出发，当收到被乾隆帝派去负责乌鲁木齐贸易的侍卫永德所言，哈萨克商队在"贸易之始，虽称多取好缎，而易换之时，又不分缎匹优劣，唯求多得数目"的奏报时，立刻将调拨绸缎加以调整，"将价贱平常缎匹与昂贵好缎搭配交易，则可便于商贸"，以迎合哈萨克对"此项平常缎匹、绢、纺丝等物所需甚多"的要求。②同时清廷把握哈萨克等对绸缎色样的偏好，及时调整织造喜好色样，减少哈萨克"俱不易换"的非青睐之色，如月白、粉红、桃红、水红、黄色、绿色之缎匹，改变起初调用绫绸多是红、绿、蓝、月白、真紫等色的做法，进而强调缎匹则多青、蓝、大红、酱色、古铜、茶色、棕色、驼色、米色、库灰、油绿等色，以适应市场之需。③

---

  ① 王熹：《论乾隆时期伊犁哈萨克贸易的马价、丝绸价与贸易比值问题》，《民族研究》1992年第4期，第49页。
  ② 驻乌鲁木齐办事三等侍卫永德，奏请调拨廉价杂色绸缎以备同哈萨克交换马匹折（附清单1件），乾隆二十四年十一月十一日，见中国边疆史地研究中心、中国第一历史档案馆合编《清代新疆满文档案汇编》第42册，第396—398页。
  ③ 张廷玉、嵇璜等纂：《清朝文献通考》卷32《市籴考二》，光绪刻本，浙江书局，第2525—2526页。

为把好质量关，乾隆帝指示将贸易缎匹各挑一种，送京核验，防止承办员役朘削中饱，贪污工料，使绸缎成色"过于纰薄，致有累远人"①。谕令"每匹尺寸，务须如式宽足，俾制衣材料，不致短少，庶于贸易，更为有益"。强调"内地货物有余，而边境马匹最要，化无用为有用，莫善于此"②。清廷不厌其烦地强调各织造要"慎选物料，加意造办"，要求负责官员做到"严督工人等按照丈尺分两，加意织办，逐细挑选称量。内有斑渍及丈尺分两不符者，遂即驳退补织"③。

据统计，自乾隆朝至咸丰朝，由内地调运绸缎绫纱绢等项丝织物至新疆伊犁、塔尔巴哈台等地的数量变动较大。其中乾隆年间，清廷与哈萨克之间的贸易量最大，由内地调运新疆的绸缎量较多。调往伊犁的绸缎量，在一般年份里，为2000匹至6000匹，特殊年份则增加调运量，动辄逾万。至乾隆后期，随着国际生丝市场价格上涨，绸缎价格固定不调，致绸缎质量下降，"哈萨克赶来牲畜少而价值贵，官换不值"④，哈萨克商人赴伊犁贸易减少。当然，这与"哈萨克、布鲁特相互大肆抢掠，哈萨克等畏惧布鲁特，不敢贸然去伊犁，无奈驱赶牲畜来塔尔巴哈台出售"有关，然而相比伊犁马价，塔尔巴哈台"价又低廉，无利可图"，"伊等不再带牲畜来贸易，而致我方所需马匹断缺，则关系重大"。为此，乾隆帝还过问道：赴塔尔巴哈台者增多，来伊犁者少，"总数是否等同？若嗣后来伊犁者减少，来塔尔巴哈台者亦稀少，新疆等地方所需牲

---

① 《清高宗实录》卷594，乾隆二十四年八月卯辛巳，《清实录》第16册，第619页。
② 《清高宗实录》卷610，乾隆二十五年四月丙子，《清实录》第16册，第858页；《清高宗实录》卷649，乾隆二十六年十一月，《清实录》第17册，第265页。
③ 朱批奏折，杭州织造寅保，奏报办解新疆贸易绸缎起程日期事，乾隆三十七年十二月初六日，档号04-01-01-0311-014。
④ 满文录副，塔尔巴哈台参赞大臣巴哈布等，奏查看塔尔巴哈台以北卡伦折，道光十一年四月十二日，档号03-0202-4102-015。

畜即会减少，关系甚是重要"①。所以，由于马匹来源减少，伊犁、塔尔巴哈台咨调内地绸缎数亦趋于下降。与此同时，回布作为南疆叶尔羌等处的额征资源，受哈萨克等青睐，地方官通过额征余粮折交布、金折布、采买布调运北疆，以弥补绸缎之不足。② 此后，除因战事间断外，基本持续供给。

正是由于清廷从国家层面入手，构建了完善与牢固的绸缎织造和运输链条，各相关部门权责清晰明确，质量效益保证，有效保障了西北近边与哈萨克之间绸缎马匹贸易的顺利进行，为区域经济发展提供了基本条件，架构起西北近边与中亚商道并维护其繁荣，使该商道成为丝绸之路的重要组成部分而载入史册。

## 第三节　清代中亚回商贸易与多边关系演变

中亚回商是以地缘与族群相结合的商人群体的标签，泛指18世纪以来活跃于中亚商路上专门从事大宗商品转运的贸易者。在清中叶以前的中亚商贸经济中，随着清朝宗藩关系为主的地缘双边及商路网络的多边关系走势演变，尤其是与俄罗斯关系的不断变化，清朝从国家利益层面入手，对回商群体所从事的大黄、茶叶等大宗商品贸易采取相应策略，从原本的倡导维护及税收优惠的怀柔为主型转至严禁私贩和对违禁商品的管控与稽查，且将设卡查验的缉私从陆路延伸至海路，一定程度上遏制了私贩违禁势头，亦在客观上维护了中亚商贸经济，保障商路畅通。③

---

① 寄信档，寄谕伊犁将军保宁等着哈萨克改赴塔尔巴哈台售马务须酌情办理，乾隆五十四年七月十七日，档号03-140-2-013；寄信档，寄谕伊犁将军保宁将哈萨克今来伊犁贸易者是否增多之情查明奏闻，乾隆五十四年八月二十一日，档号03-140-2-019。

② 永保、兴肇等纂：《塔尔巴哈台事宜》卷2《库贮仓廪积贮》，见《中国地方志丛书·西部地方》（第15号），成文出版社1969年版，第87—88页。

③ 本节主要内容参见张科、赵珍《清代中亚回商贸易与多边关系演变》，《中国经济史研究》2021年第5期。

## 第四章　以绸缎与马匹等为媒介的西北商贸

18 世纪以来在中亚商贸中有着这样一些以地缘与民族及信仰关联的专门从事大宗商品贩运的商人群体，其组成主要为陕甘及其周边的内地回商，也包括南疆回部维吾尔商人，以及清朝藩属被称为巴达山、安集延、浩罕的商人，或称为安集延商人。本书所讨论的"回商"泛指这些人，其构成中亚贸易商人群体的主力，在中亚商贸中扮演了重要角色，从事和完成着中亚区域商品的接力转运贸易[1]，其中有些合乎双边一方规定，有些不符，且存在着有别于常规贸易的商品走私。这里主要指清廷与所处地缘双边关系发生矛盾时，行商者违反清廷相关规定而夹带偷贩清廷所禁销商品的行为。清朝从维护国家集权与主权的立场出发，对毗邻新疆南北两路的双边回商贸易加以整顿，对回商的态度乃至该群体与内地商民间的行商政策有所改变，且有过多次严控私贩大宗商品的禁令与缉私。

对此，学界较为关注，也由此而展开研究，成果较为显著[2]。其中，侯俊云的研究集中于这一时期双边与多边贸易的海运，仅就清朝禁令实施期间海上贸易及商品进行了讨论，阎东凯则侧重于商路分析。与本书论题相近的是潘志平、李今芸、潘敏德等学者的研究，前者在讨论浩罕与西域政治时涉及茶叶、大黄等大宗商品，提及走私，而李今芸、潘敏德的讨论虽涉及清廷与安集延的关系，却忽视了地缘与从商者的身份问题。在林永匡、王熹的研究成果中也提到"私市"概念。因而，有必要在既有研究基础上，自丝绸之路视域切入，从地缘与族群相结合，对以新疆、甘肃及毗邻的浩罕

---

[1] Yuri Bregel, *An Historical atlas of central Asia*, Leide, Boston: Brill, 2003, pp. 68-69.

[2] 主要有林永匡、王熹《清代西北民族贸易史》，第 82—144、499—505、532—544 页；潘志平《茶黄贸易与中亚交通》，参见氏著《浩罕国与西域政治》，新疆人民出版社 2006 年版，第 215—224 页；阎东凯《近代中俄贸易格局的转变及新疆市场与内地市场的分离》，《陕西师范大学学报》（哲学社会科学版）2000 年第 2 期；侯俊云《试析鸦片战争前清代走私贸易处罚律令》，《广西师范大学学报》（哲学社会科学版）2007 年第 2 期；李今芸、潘敏德《安集延与乾隆经营新疆》，《经济社会史评论》2015 年第 2 期。

等处回商群体在中亚贸易中贩运大黄、茶叶及玉石等主要大宗商品和走私的相关问题加以考察，对清廷从维护中央集权与国家主权的立场出发所实施的管控与对策加以系统梳理，希冀对该问题有一个立体全面的展示。

## （一）平准前后对中亚回商贸易的态度与策略

清初以来，自新疆及其西向中亚的贸易商路延展和商贸政策，随着清廷与准噶尔关系演变及对新疆统一事业的完成而不断变化。起初中亚贸易被准噶尔控制，尽管清廷与新疆及中亚回商间的贸易往来相对频繁，但是限定有时间与地点。一般以河西走廊的肃州为贸易地点，临时确定时间。随着与准噶尔关系演变，清廷允许新疆回商久居肃州经营贸易，尤因哈密邻近肃州，经清廷准予，哈密札萨克额贝杜拉达尔汉白克"将伊哈密人，分一半驻扎肃州，年年朝觐报信"。康熙三十九年（1700）十月，额贝杜拉达尔汉白克称其属下六七十人，往甘州交易"甚属有益"，"乞令我哈密人，往各处交易，勿禁"。康熙帝谕令甘肃巡抚、提镇，"嗣后哈密回子，来甘肃等处交易，须验明印文，令其交易，弗禁"[1]。

至乾隆初年，新疆回商移居陕甘地方行商的现象较为普遍，四年（1739）九月二十九日，甘肃巡抚元展成奏，在西宁、多坝、七石峡等处住居有经商回民苏尔坦、胡里等30人，均是康熙五十四年以前，陆续由伊犁一路来西宁贸易者。因是年起"大兵驻札（扎）口外，难回本处"，经商资本用尽，"竟至有求乞者"。由是，清廷就是否给予这些商民救济而展开讨论。[2] 至乾隆十一年（1746）五月，川陕总督鄂弥达奏与元展成所述相同内容的报告，[3]

---

[1] 以上内容均见《清圣祖实录》卷201，康熙三十九年十月丁亥，《清实录》第6册，第58页。

[2] 《清高宗实录》卷101，乾隆四年九月癸酉，《清实录》第10册，第534页。

[3] 报告称"陕西西宁等处住居之喀什噶尔各处回民"，陆续来西宁贸易，最初约有百十余人。数十年来，除病故并往西藏贸易未回外，现在尚有30人。参见《清高宗实录》卷267，乾隆十一年五月甲子，《清实录》第12册，第470页。

表明救济商民之事仍在继续。

此时，对新疆回商贸易纠纷的处置上，清廷采取较为审慎的态度。乾隆十六年（1751）六月，蒙古盟旗与准噶尔回子之间发生茶叶与牲畜互欠纠纷，先是古和托辉特贝勒青滚杂卜等九旗欠了"准噶尔回子茶叶一万三百余块"，欲"将回众所欠该旗人等牲畜相抵"，然"回子云：并无应抵之例，坚执不允"。当定边左副将军成衮扎布将处理意见呈给清廷后，乾隆帝传谕："我朝人等，与准噶尔回子交易，甚属不妥。"令晓示众札萨克，严行约束属下之人，"凡毗连准噶尔地方人等，不准交易"。"嗣后该处仍有与准噶尔交易者，必从重治罪。其军营将军大臣等，亦必严加处分，断不轻宥。"①

对安集延人的态度则相对宽容。尤其是平准后的乾隆二十四年（1759）十一月，"有拨达山、安集延等回部陪臣入觐"，乾隆帝有一番耐人寻味的言论："至各部回目来京，伊等系投诚新附之人，应示以天朝体制，各督抚等于伊等到时酌照向例款待外，应传令优赏酒饭，或陈技演剧，以昭我国家民物殷阜。"这是要求地方官员对安集延人的招待态度。而对于接待安集延人的地方官员则说："封疆大臣，举动皆知怀柔大体，并非有意过示尊宠。"② 同时，对参与贸易的安集延回商也多行方便，且给予税收等优惠。次年正月，当参赞大臣舒赫德等奏，"现在回部安静，其布噜（鲁）特、霍（浩）罕、安集延、玛尔噶朗等贸易之人，络绎不绝"，只是各城伯克等以"旧例收税稍重"及收税数次而观望不前，市场牲畜物价亦居高不下。为防止商贾"祈暂减收"，③ 清廷准"将回人买来牲只，暂改为二十分取一，外来商人牲只，暂改为三十分取一，

---

① 《清高宗实录》卷392，乾隆十六年六月癸卯，《清实录》第14册，第151—152页。
② 朱批奏折，代办陕甘总督吴达善奏为遵旨从优款待拨达山安集延等各部回目事，乾隆二十四年十一月二十四日，档号04-01-16-0039-069。
③ 叶尔羌、喀什噶尔羊一只，价至十余两。肥马一匹，价至五六十两，参见《清高宗实录》卷605，乾隆二十五年正月辛未，《清实录》第16册，第794页。

其余皮张缎布仍照旧例收纳"①。采取内外有别之策，以怀柔安集延商人。

  清廷实行较为优惠的商税政策，不仅畅通中亚的往来贸易，还吸引和活跃贸易气氛，关键是新疆统一，使清廷对新疆以及中亚回商与藩属的看法发生根本转变。乾隆帝传谕：所有哈萨克、布鲁特、巴达克山等部，"均为大皇帝臣仆，尔部如欲遣头目入觐，以展归化之诚"，必代奏闻。且说道："回疆平定，各部回人，前来叶尔羌贸易者必多"，依照巴勒提部"遣人求通贸易之例"，准其通商。② 由于实施开明的商业政策，至二十九年（1763）时，叶尔羌参赞大臣额尔景额奏称，叶尔羌贸易回人"现在有二百二十人"③。伊什罕伯克古尔班和卓也称，"编查六城贸易回人"，共 85 名。除了上年派往屯田外，其余 56 名也是情愿交腾格尔钱的纳税商人。④ 回商参与中亚贸易势头很盛。

  对位居中亚草原的哈萨克部，清廷则采取与南疆回商不同的态度，将其贸易范围限定于北疆地区。乾隆二十七年（1762），清廷一度允许哈萨克商人赶着马羊，跟随喀什噶尔回商及布鲁特贸易者往喀什噶尔、乌什等处贸易，不过，很快乾隆帝就有警觉，认为哈萨克商人赴南疆，必由布鲁特等部落经过，"苟非贪图重利，焉肯前往"，恐滋生事端，且指出"禁止私市，但从官买"。同时令转告前来贸易的哈萨克商人，"以尔等从前并未来回地贸易，况回地亦无须多购马马（匹）（原文如此）。其各项牲只，自有拨达克山、安集延、布鲁特等处商贩，尔等不必前来"⑤。不仅如此，当哈萨

---

① 《清高宗实录》卷 605，乾隆二十五年正月辛未，《清实录》第 16 册，第 794 页。
② 巴勒提部，清代时位于拉达克西北的一个西藏地方政权；《清高宗实录》卷 615，乾隆二十五年六月壬寅，《清实录》第 16 册，第 924 页。
③ 《清高宗实录》卷 712，乾隆二十九年六月乙酉，《清实录》第 16 册，第 947 页。
④ 《清高宗实录》卷 716，乾隆二十九年八月丙戌，《清实录》第 16 册，第 989 页。
⑤ 《平定准噶尔方略·续编》卷 22，第 11100 页。

克在伊犁的牲畜交易被南疆回商控制时，清廷依然偏护后者。三十二年（1767），阿桂发现哈萨克的牲畜均被"喀什噶尔之回子易去"，遂将相关责任人拿解伊犁治罪。对此，乾隆帝十分不悦，认为阿桂所办过当，指出"回子系朕臣仆，即与内地民人相等"，"回子向哈萨克交易，均属伊等有益之事"。若喀什噶尔等处牲畜足够，可以调剂至伊犁、乌鲁木齐，"岂有因贸易之故，遽将货物扣给哈萨克之理"。且喀什噶尔与哈萨克相离较远，"尚有商贩往来，则伊犁之厄鲁特、伯德尔格回子等，若就近前往交易，亦甚有裨益"。"伊犁回子，俱隶版图，大臣办事，务持大体，不可存畛域之见。"① 还特别强调"喀什噶尔回众，习于商贩，不谙牧养。若将霍（浩）罕、安集延各处牲畜，全行禁止，实于生计有损"②。

所以，此时中亚回商贸易活动，不仅时常受到清廷保护，当地方官对商贸管控有不当之处时，也加以过问和适时调整。如往南疆贸易的安集延回人，在绸缎、布匹上加价较重，即除本钱及运费，每匹增加银二三钱不等。乾隆帝给予体谅的同时也予以指导，说道：贸易"此项缎匹，俱由内地远行运送，自应准照原价及运费，酌量增加"，"视其情愿交易与否，再为通融减售"，可是，若随性加银，不利于贸易长久性。故要求地方留心稽查。③ 当然，在与中亚贸易关系中，清廷也长期实行贸易优惠政策与薄来厚往的朝贡免税，均是对中亚贸易经济发展有益举措。只是，至乾隆末年，对浩罕态度较前有了较大变化，加之与俄关系不睦，相应影响到中亚回商贸易及决策。

---

① 《清高宗实录》卷777，乾隆三十二年正月己丑，《清实录》第18册，第532页。
② 《清高宗实录》卷780，乾隆三十二年三月戊辰，《清实录》第18册，第582页。
③ 《清高宗实录》卷669，乾隆二十七年八月甲寅，《清实录》第16册，第477—478页；寄信档，寄谕驻哈密办事道员淑宝着将与回子贸易缎匹售价查明具奏，乾隆二十七年八月二十四日，档号03-129-4-049。

## (二) 对安集延回商态度的转变与节点

整体而言，浩罕的安集延人是中亚商路上的活跃分子，对于安集延回商往来新疆贸易，清廷基本采取优惠低税政策，也经常持维系相助之态，甚而时常宽宥违禁获重罪者。如安集延回商阿布拉，在叶尔羌私贩玉石而拿获，经审明拟绞，解京监禁。为此，浩罕伯克纳尔巴图借派使者朝觐之机，恳请清廷"赏还"囚犯。乾隆帝以浩罕伯克"感戴朕恩"，遣使远来朝觐，"着加恩将阿布拉宽免"，交浩罕使臣带回。① 浩罕为在新疆贸易中获得好处，每每在其商民发生违禁事件后，通过向清廷"索要"方式达到目的。而哈朗归卡伦事件以及与大小和卓后裔萨木萨克一事②的继续发酵，乃至清廷与俄罗斯关系变化，使得清朝与浩罕之间关系疏远，清朝对安集延回商的态度发生转变，加强对其违禁货物的严控与缉私。

哈朗归卡伦事件是指乾隆五十一年（1786），安集延商人偷越卡伦往喀什噶尔经商贸易，被哈朗归卡伦侍卫捕拿，"私行殴打，勒索布料、马匹，分赃入己，而后放行过卡"。孰料过卡后的安集延商人中有"一人致死"。次年，浩罕伯克纳尔巴图派使臣向清廷告发。为此，乾隆帝令喀什噶尔参赞大臣明亮详究。八月二十一日，明亮奏，已将涉事的卡伦侍卫即行正法。

乾隆帝认为，明亮处理过于简单且"毫无主张"。遂颁详细谕令一份，主要有几层意思：一是针对浩罕伯克纳尔巴图说辞的反驳。指出"我卡伦侍卫向伊等回人索取布料、马匹，纳尔巴图岂不知乎？"一针见血指明安集延在南疆贸易中偷奸取利的虚滑之像。二是令明亮"传安集延贸易头目前来验看"已经处决的涉事卡伦侍卫，包括拟被发往伊犁、枷号的涉事兵士，"亦俱当面重惩杖责，再各发遣枷号"。三是教导明亮复行晓谕纳尔巴图，

---

① 《清高宗实录》卷1172，乾隆四十八年正月丁未，《清实录》第23册，第725页。
② 详见赵珍《绥边福将杨遇春研究》，第111—115页。

"此案我等业已审明上奏大圣主,卡伦侍卫捉拿殴打偷过卡伦回人,自有道理"。况偷越卡伦回商,拒不认罪,"打亦有理耳"。"若谓一人致死,亦系已出卡伦后才死,在尔处染何病而死者,事所皆有,并非殴打立毙。"四是就纳尔巴图在呈文内所询"留下之玉石如何办理"之问,令明亮明确回应,即"私自夹带玉石者,我内地之例,将玉石立即收缴入官,人则免究"。五是令明亮责问纳尔巴图,为何不按之前清廷降旨"特命尔严缉逃人燕起",反而"适才纠合安集延之布鲁特等前来劫掳色勒库尔部比库楚克","今我官兵已将燕起拿获"。乾隆帝告知明亮,目的是让"纳尔巴图知道就好"①。

从中可见,在清朝与安集延间商品贸易问题上,浩罕为获取经济利益,不惜违背既有条规,无视清朝严正申饬安集延回商犯禁行为。对此,乾隆帝指出:"安集延人等,又与哈萨克、布噜(鲁)特不同,常在俄罗斯地方贸易行走。""安集延人等狡诈,恐为俄罗斯所惑,不可不留心查察。"②所以,五十三年(1788)十一月,恰逢清朝关闭与俄罗斯之间贸易时,安集延回商沙哈林达尔等带俄罗斯物品自伊犁至南疆,引乾隆帝降旨训斥,"嗣后,凡安集延、布鲁特、哈萨克等带来俄罗斯货物出售",要"明白晓谕伊等,封锢货物,人、货一并遣回各自部落"。伊犁等处严查大黄,"毋使安集延等贸易回子得获","凡经商回人带来之俄罗斯什物,俱不准购买,并予逐回"。且认为"伊等无利可图,自可停止"③。与此同时,也严令"若有喀什噶尔、阿克苏等腹地回子等,图利私往俄罗斯,换取货物带来,一经查处后,着将货物入官,人押解至京"。不过,乾隆帝也声称,这种严禁暗中与俄罗斯贸易行为,要

---

① 以上均见寄信档,寄谕喀什噶尔参赞大臣明亮着将索取回商货物之卡伦侍卫即行正法,乾隆五十二年八月二十一日,档号03-139-2-016。
② 《清高宗实录》卷1325,乾隆五十四年三月壬午,《清实录》第25册,第943页。
③ 寄信档,寄谕伊犁将军保宁等着禁止安集延等处回子买我大黄与俄贸易,乾隆五十四年正月初九日,档号03-140-1-002。

"先行晓谕回子等","此后倘仍敢违禁而行,即照此办理"①。唯此"安集延回子等带来俄罗斯之物难图侥幸,反亏损本金,便不再私携俄罗斯之物。俄罗斯等因难以得到大黄,甚感窘迫,必定来文恭请"②。

数月后,乾隆帝又寄信各回城大臣等通谕安集延等回商,"嗣后不得惟利是图,违禁行事",尤其对私卖玉石之安集延回子阿拉拜岱、巴达克山回子沙司迪克予以处罚,枷号两月,俟期满杖责四十驱逐。并明白晓谕安集延回商"尔等系外藩之人,又系初犯,是以从轻治罪,仅枷号杖责遣回。尔等嗣后当遵令行事,不可惟利是图,肆意而行。再有违禁之事,断不可如此轻恕,必照内地回子解送甘肃,从重治罪"③。随之,明亮等将初贩大黄之安集延回商施孜库拉等6人,枷号一月,参与其中的喀什噶尔回子博巴克等6人,按清廷例,先送往兰州,再一律押送京城。④

所以,当清朝关闭与俄罗斯贸易后,这些回商依旧暗中携带俄罗斯货物在中亚市场经营,直接有损清朝的国家利益与对俄罗斯的贸易政策,尤其是自五十五年(1790)十月以来,乾隆帝频频谕令新疆地方严禁安集延商人夹带俄罗斯货物自南疆阿克苏等地转行。十月二十八日,谕乌什办事大臣毓奇,令查安集延回子"有无携带已禁之俄罗斯货物之处"⑤。足见清廷对违禁私贩商人惩治的重视程度,将其提升至国家层面加以治理管控。

清廷对安集延回商的态度变化,也波及哈萨克,此情更主要的

---

① 寄信档,寄谕伊犁将军保宁等着严禁安集延商人等带来俄罗斯货物交易,乾隆五十三年十一月十五日,档号03-139-4-045。
② 寄信档,寄谕新疆各处将军大臣等着严查俄罗斯物品毋令流入我境,乾隆五十四年三月二十七日,档号03-140-1-032。
③ 寄信档,寄谕各回城大臣等着通谕安集延等回子嗣后不得惟利是图违禁行事,乾隆五十四年闰五月二十九日档号03-140-1-052。
④ 寄信档,寄谕喀什噶尔参赞大臣明亮等着将初贩大黄之安集延回子枷号遣回,乾隆五十四年闰五月初七日,档号03-140-1-041。
⑤ 寄信档,寄谕乌什办事大臣毓奇着查奏安集延回子有无携带违禁货物事,乾隆五十五年十月二十八日,档号03-140-4-016。

还是与俄罗斯关联。乾隆五十三年（1788）六月，伊犁将军保宁收到哈萨克王杭和卓手下呈递，请求安集延回子墨罗阿拉曼"乘来伊犁经商之便，请自穆素尔岭返回阿克苏"，被保宁"先引例驳回，后又照其所呈请"。对此，乾隆帝认为保宁太过于谨慎，并强调哈萨克王杭和卓恭顺遣派手下来恳请时，保宁就应"酌情照其请准行，又有何不可之处？处理外藩人事宜，理应大方办理，对于此等无关紧要之小事，一味详究，反误大处后，如何能绥服其心"。况且"回子墨罗阿拉曼仅系一内地卑贱商人"①。可是，随着清廷与俄罗斯关系变化，乾隆帝对哈萨克的态度亦发生改变。五十五年（1790）十月时，哈萨克多索里苏勒坦入疆，有几名在哈萨克的安集延商人欲随其行，过阿克苏台站，因夹带违禁商品违背清朝禁令，乾隆帝谕旨，禁止该处商人自内地台站通行，申饬伊犁将军永保，"伊错准随多索里苏勒坦前来之七名安集延回子由阿克苏等内地行走"，"此等人前往哈萨克，必经过布鲁特地方，伊等去时不惧怕布鲁特，折回时反而惧怕乎？因携带俄罗斯货物，欲带往阿克苏出售。否则，伊等未携带货物，不自外走捷径，反绕道翻越穆素尔岭，由哈萨克而行乎？[显系说谎]（原档如此）"，"嗣后，凡遇此等情形，均禁止不准通行，令其出卡，由外而行。再不得照所请准行"②。

故而，清朝与俄罗斯贸易全行关闭后，安集延回商利用地理位置优势，自新疆走私贩运违禁大黄等大宗商品从中牟利的活动依然如故。直到嘉庆年间，尽管清廷一直为获得和卓后裔萨木萨克等的要求被浩罕阳奉阴违地软拒，也十分清楚浩罕以此为挟希冀获得清廷给予免税的优待，可是，为维护各自的利益诉求，清朝对该外藩总是持宽宥态度，并未停顿南疆各城以及伊犁地区与安集延回商间

---

① 寄信档，寄谕伊犁将军保宁等着准安集延回子自穆素尔岭返回阿克苏，乾隆五十三年六月二十一日，档号03-139-3-061。
② 寄信档，寄谕署伊犁将军永保着禁止安集延回子经由阿克苏返回，乾隆五十五年十月二十八日，档号03-140-4-015。

的贸易。嘉庆二十二年（1817），清廷除了对"霍罕伯克爱玛尔，遣使入觐，因所呈奏书，不合体制，向该贡使指明晓谕，驳饬遣回"外，"其安集延回子所带货物，姑准贸易"①。

道光年间，因浩罕为获得商业利益而挟持和卓后裔萨木萨克的后效应显现，伊犁将军采取各项有效措施应对。道光五年（1825）五月，由于张格尔在南疆卡外频繁滋扰，各城中也有响应，庆祥对出卡贸易者严格执行缉私办法，规定"凡请票出卡贸易回子，责令该庄温巴什具保，定限按月呈报。至安集延贸易出入，亦着呼岱达，会同伯克随时严查，毋得日久生懈"②。至九年时，叶尔羌城外防守卡伦自80里处的亮噶尔贸易亭迤南沿途，严防查禁大黄出口。③

严禁安集延自新疆南路贩运大黄、茶叶出卡，不仅仅是平张格尔叛乱后所采取的善后措施，道光八年（1828），在新疆北路的伊犁、塔尔巴哈台等各城，毗连哈萨克、布鲁特诸部，也同样采取相应措施，防范违禁商品尤其是茶叶出卡，以免偷漏。伊犁将军德英阿说道：北路"卡外浩罕的安集延诸回部以食杂茶、细茶，往往私贩出卡"。"缘伊犁有流寓之安集延回子，预用重价购买囤积，每俟哈萨克贸易事竣时，混杂其中，潜行携带"，以致每年茶叶私贩出卡者竟十余万斤及二三十万余斤之多。"例禁未申以前，是以该安集延等胆敢私贩"，还与不肖商民"往来煽惑，暗通声息，或夹带硝磺违禁诸物"。经查得安集延商人积存茶叶38000余斤，大黄4200余斤，德英阿遂将私囤之18人押解出卡，茶叶、大黄封禁入官。并奏请清廷严定章程。

德英阿提出"欲禁安集延交通之弊，必先严禁外夷所用之茶

---

① 《清仁宗实录》卷336，嘉庆二十二年十一月癸卯，《清实录》第32册，第429页。

② 《清宣宗实录》卷82，道光五年五月丁酉，《清实录》第34册，第322—323页。

③ 朱批奏折，署理叶尔羌办事大臣壁昌、常丰奏为具祢训练官兵技艺查禁大黄茶叶出卡勘明秋成丰稔各情形事，道光九年十月初九日，档号04-01-20-0012-015。

叶，而又必筹及内地兵民所食之茶，必使两不相妨"。也就是说，清廷对应禁之茶与准贩之茶"不可不指定名色，以便商民遵贩"。为此，德英阿对伊犁、塔城贸易的茶叶品质、价格以及蒙古、回子各等兵民所食用喜好做了详细说明，指出这里除了"持有官引之外"的贸易茶有两类，一类是"细茶、杂茶"，为卡外浩罕、安集延诸回部食用，"专供安集延私贩出卡之用"。另一类是大茶、茯茶，为"卡内兵民等之所必需"。前者是"并非兰商官引运销"的不零星分拆的大捆，"皆系北商自归化城私贩运至古城，再由古城挽于杂货转运伊犁等处"。后者多是由内地商民参与的买卖。故而，德英阿请求清廷将杂、细等茶，禁止自内地贩运至伊犁、喀城，以绝安集延走私，内地"商贾之贸易"茶，限定数额，每年为七八十万斤。并请准库尔喀喇乌苏领队大臣在所属奎屯地方设卡严密稽查，责成抚民同知设立循环簿，按月稽查。至于"偷买之安集延及私卖铺商，照私通例治罪"。且提出北疆这些定例当与南路善后章程划一，不论官引还是行销之茶，一律以乌鲁木齐都统所发印票为凭。至于在伊犁做生意的安集延回商"一千五百余名口，老弱妇女十之六七"，德英阿等人则请准清廷，规定"其自愿出卡归籍者，给予路票，分起解送出卡。其居住在十年以外者，应令编入伊犁种地回子户籍，一体耕种当差，不准娶妇置产，有过严惩"①。

可见，在清朝与俄罗斯对峙时期，安集延回商私自贩运违禁商品，给清廷与俄罗斯的双边贸易制造了麻烦，而浩罕汗等参与张格尔之乱，更是触及清朝的国家利益，清廷一改前期怀柔之策，予以严惩。

### （三）商贸违禁令的收紧与俄关系走向

通过梳理相关史料可见，回商在中亚贸易中的走私商品主要为

---

① 以上引文均见宫中朱批奏折，伊犁将军德英阿、伊犁参赞大臣容安奏为筹酌稽查北路茶叶大黄章程事，道光八年七月初二日，档号04-01-01-0699-003。

茶叶、大黄和玉石等大宗商品。随着清朝加强对新疆的管理和与中亚国家及藩属间权属关系的变化，则从主观上积极推进中亚地缘双边间的商贸经济发展，允许内地与外藩商人在新疆从事往中亚间的贸易，也营建了相对宽松自由的贸易空间。只是期间，当双边权属在外交方面产生分歧或者出现矛盾时，清朝就会适时地将对方亟需的大黄、茶叶等稀缺商品列为贸易违禁品，采取严厉的缉私与限制手段达到外交目的。

产自甘肃一带的大黄等，乃俄罗斯必用要物。新疆统一后，清朝以与俄罗斯间已有恰克图、额尔古纳河等地及定期进京贸易，不允许在西部再开贸易点。然而，俄罗斯商人唯利驱使，或以哈萨克商人之名义经商，享受免税等诸多特权；或私自潜入伊犁、塔城等地暗中交易。另外，清朝关闭与俄罗斯间的贸易后，甘新回商与安集延商人暗自贩运违禁商品，形成甘肃内地至南疆喀什噶尔，再往中亚，入俄境的往返接力商路。这就极大地损害了清朝的国家利益，不能起到制约俄的作用，使清朝在与俄罗斯谈判中失去优势。故而，乾隆五十年（1785），清朝以"前因俄罗斯，并不遵行两边所定旧例"① 再次关闭恰克图贸易，② 随之，又加强对新疆南路大黄出口的缉私与管制，三令五申，严惩各处回商走私大黄贩卖给俄商，也不允许将俄商品转而国内。

故而，清朝对新疆与内地回商以及安集延回商贸易禁令收紧及态度转变，与俄关系趋于紧张相关联。为使各项缉私政令落到实处，清廷谕令陕甘总督勒保，严查边贸，防止大黄等违禁商品出卡。乾隆五十三年（1788）六月间，明亮在辖区内查出回商尼雅斯和卓、色米斯和卓所私贩的大黄。查获居住库车的安集延回子玉素普，在阿克苏地方将大黄2160斤私卖于安集延回子帕尔提木拉

---

① 《清高宗实录》卷1324，乾隆五十四年三月乙丑，《清实录》第25册，第928页。
② 关闭与俄罗斯的恰克图等处贸易，第一次是在乾隆二十七年至三十三年。此为第二次，即关闭恰克图、库伦边市，长达7年。

特。时赛里木回子迈玛第敏也走私大黄至阿克苏。还查出西宁回商李生贵、马玉（有）（原文如此）德，自义盛魁号商民宋世烈手里买得大黄1375斤，转运至喀什噶尔。① 明亮封存所有大黄，并按定例严惩。② 可是，私贩大黄，屡禁不止。

乾隆五十四年（1789）正月，南疆地方查出阿克苏原存并新到的大黄7080斤，为安集延回子喇哈默特等9人贩卖，另有内地回商马成孝等5人贩卖大黄870余斤。③ 二月二十六日，查得哈密等处商民由肃州私贩大黄赴乌鲁木齐，有5000余斤。禁止贸易商品中大黄数量升级，将乾隆帝震怒，说："看来哈密地方，四五日之间，即有三起商民内，查出大黄五千余斤。明系奸猾商民，希图厚利，运至新疆，由回子布噜特处，转卖与俄罗斯，不可不严行惩儆。"④ 两天后，在叶尔羌布古尔地方，又查获叶尔羌回子瑜都克、苏勒坦默特贩买吐鲁番商民老三的大黄600余斤。对此，乾隆帝斥道："商民惟知谋利，违禁妄行。若不严治其罪，未足示儆。新疆回子等，如遇他事治罪，尚可从轻。若贩卖大黄者，一经拿获，严行治罪"⑤。可见，此时的乾隆帝，尤对新疆回商私贩大黄等禁止出卡商品，愤怒不已。

可是，为禁止大黄等违禁商品输出，清廷又不得不对回商晓之以理，动之以情，遂发了一篇较长通告，云："从前准噶尔侵扰尔等回子，种种虐害，尔等困苦难堪。仰赖皇朝威福，荡平准噶尔，尽革其旧时苛政，轻徭薄赋，令尔等安居乐业，家给人足，迥胜三

---

① 李生贵系西宁县回民，陕甘总督勒保，奏为审明私贩大黄人犯分别定拟折，《宫中档乾隆朝奏折》第71册，台北故宫博物院1982年版，第778—779页。
② 勒保认为玉素普是居住于库车的安集延回子，与库车回子无异，参见陕甘总督勒保，奏为审明私贩大黄人犯分别定拟折，《宫中档乾隆朝奏折》第71册，第779页；又《清高宗实录》卷1329，乾隆五十四年五月丙子，《清实录》第25册，第994页。
③ 《清高宗实录》卷1320，乾隆五十四年正月辛酉，《清实录》第25册，第853页。
④ 《清高宗实录》卷1323，乾隆五十四年二月癸丑，《清实录》第25册，第909—910页。
⑤ 《清高宗实录》卷1322，乾隆五十四年二月乙未，《清实录》第25册，第887页。

十余年前矣！大黄在回疆，无关紧要。惟俄罗斯需用甚殷，缘彼弗遵从前定制，是以停止恰克图通商，饬禁贩卖大黄。今安集延回子等转卖给俄罗斯，即应重治违禁之罪。仍恐尔等尚未通晓例禁，是以不即加重定罪，止将大黄入官，从轻发落。嗣后尔等贩卖内地，别项货物，颇可获利，在所不禁。若私卖大黄，一经拿获，不惟大黄入官，他物一概抄没，人犯拿解内地，加倍从重治罪，断不轻贷。著通行晓谕各回城知之。"①

可见，禁止大黄、茶叶等商品出卡，且严禁夹带私贩，主要根源在于清朝与俄罗斯间的对垒，清廷希冀通过禁止向俄罗斯转输其必需且紧俏商品，尤其是大黄，而达到在对峙中获胜的目的。可是，在商言商，大黄贸易有利可图，商民不惜违禁贩卖，而且走私数量惊人，尤其是安集延回商，其贸易足迹遍及中亚，不仅踏遍新疆南北，北部经蒙古的库伦地方也有涉足。② 以致清廷只得逐步升级严禁程度和管控范围，加大缉私惩治力度。

随后，清廷从各种信息渠道判明俄罗斯"以至萨纳特衙门拖延咨文"的症结正是由于清廷整饬严禁大黄等大宗商品出口的力度见效，如从喀尔喀郡王蕴端多尔济处得知由于"恰克图停止贸易以来，俄罗斯等因不得税银，伊等属下增派差务"③。为此，乾隆帝判定："看此情形，俄罗斯等不但不能得其必需之大黄，且税银少，属下差使增加，于伊等无益。"若俄"情急势迫，不久必来文恭请开市贸易"。如此，更鼓足了其稽查和严禁大黄走私的信心，在谕令中写道："俄罗斯人等已显露为窘困之貌"，倘若"不行严禁密察，俄罗斯等仍得大黄，则与不停贸易何异"。因而谕"新疆地方亦应一体严禁，一经拿获，即予重办"。且明示明亮，

---

① 《清高宗实录》卷1323，乾隆五十四年二月癸丑，《清实录》第25册，第910页。
② 乾隆五十三年三月，查出安集延及新疆回商在库伦集聚大黄达数万斤；参见中国第一历史档案馆编《乾隆朝满文寄信档译编》第21册，岳麓书社2011年版，第491页。
③ 寄信档，寄谕喀尔喀郡王蕴端多尔济等着严禁大黄自库伦边卡流入俄罗斯，乾隆五十四年三月二十一日，档号03-140-1-02。

一定要彻底严查与回商走私有牵连的内地商民，严查大黄运至喀城后"究竟卖给何人？何人买取？如何转运至俄罗斯"等情。同时，要求将自甘肃运往乌鲁木齐所存大黄，一体管控，严禁奸商违禁买卖。特别强调"内地商民往新疆贩运货物，应严禁大黄"，并要求嘉峪关等相关要隘地方各将军大臣拟定章程奏报。①

问题是清朝仅禁止了恰克图一地贸易而已，要做到完全禁止与中亚沿线相连的双边、尤与俄罗斯间的商品进出，困难重重。毕竟在清廷官方看来，"奸商惟图厚利，并不畏惧路途迂曲，贩运大黄，售给安集延等人，转以高价售予俄罗斯。俄罗斯等仍可得到必需之物"②。而且这些商人同时"且将俄罗斯之布勒噶尔哦噔绸等物换来，又卖与伊犁、喀什噶尔等处。所关紧要"。故而将严控范围延展向伊犁西北部一带与俄罗斯等接壤的乌里雅苏台、科布多、库伦地方，传谕伊犁、塔尔巴哈台、喀什噶尔、叶尔羌等处通俄罗斯边界之将军大臣等，"饬各卡座，严行搜查。断不得将大黄透漏与哈萨克、布噜（鲁）特、安集延人等，并不得将俄罗斯所出货物带回"。要求直隶、陕甘总督、山西巡抚，实力严饬张家口等处，一体严查。③ 清廷希冀通过收紧对大黄等商品的外输，在与俄罗斯博弈中占据上风。④

在陆路扩展稽查范围谕令发出两天后，清廷又将管控延伸至海路。乾隆帝说："因思西洋等处，与俄罗斯境壤毗连，常通交易。恐奸商等见新疆业经严禁，难以偷越。又思从广东海道，将大黄私

---

① 以上均见寄信档，寄谕陕甘总督勒保等严查大黄禁止奸商贩给俄罗斯人，乾隆五十三年十二月二十四日，档号03-139-4-065；通谕伊犁将军等著严禁大黄出关贩给安集延等贸易回子转售俄罗斯，乾隆五十四年正月二十二日，档号03-140-1-003。

② 以上均见寄信档，寄谕陕甘总督勒保等严查大黄禁止奸商贩给俄罗斯人，乾隆五十三年十二月二十四日，档号03-139-4-065。

③ 以上均见《清高宗实录》卷1321，乾隆五十四年正月己卯，《清实录》第25册，第866页。

④ 乾隆帝认为，"以现与俄罗斯不通贸易，是以不准大黄出口。俟将来俄罗斯送出贼犯后，仍可开关通市。则大黄一种，原应照常贩运，自无庸给与官票，有累经商"。《清高宗实录》卷1327，乾隆五十四年四月壬子，第971页。

贩出洋。"① 因而谕令沿海各地加强监管，"饬属实力稽查，毋许内地奸商，私将大黄偷卖与番船，夹带出洋"。特别叮嘱广东督抚，"务宜遵照前旨，严行查禁，毋使稍有偷漏"②。以达到"此足令俄罗斯穷蹙"③ 的目的。如此，管控走私大黄等商品自甘新毗邻的中亚陆路转而更广泛的海路，管控对象也由回商扩至从事边贸的商人群体。

值得一提的是，当清廷恢复与俄的恰克图贸易后，既有的禁令又有松弛，谕令将所有刑部监禁私贩大黄案内的死刑犯加恩释放，其中就有"回子迈玛第敏"情愿回新疆本地，清廷准其跟随年班入觐之伯克同往。④乾隆五十九年（1794）年底，喀什噶尔参赞大臣永保奏定回民出卡贸易章程，特别强调喀什噶尔贸易回人出卡贸易，领有执照就确定为合法商人身份，规定受保护的程度等。⑤

只是，至嘉庆年间，清廷与俄罗斯的贸易仍限定于恰克图一处。嘉庆十一年（1806），当俄罗斯的两艘商船驶入广州省属澳门贸易时，引起清廷极大不满，遂致书俄枢密院，指出"贵国贸易仅限于恰克图一处进行，此事已有约定，不得于其他边界地区再行交易"，此二船之行为，"实为对条约极大之破坏"，要求俄在严惩二船商的同时，"严命各地不许任何人擅自来我国境其他地方贸易，倘有人再不遵条约，随意来我边境其他地方贸易，则将视为贵方自愿终止恰克图贸易"。而这一点令俄人十分头疼，其使臣戈洛夫金"就贸易领域的中俄关系发展前景呈亚历山大一世皇帝的报

---

① 《清高宗实录》卷1321，乾隆五十四年正月辛巳，《清实录》第25册，第867页。
② 《清高宗实录》卷1323，乾隆五十四年二月癸丑，《清实录》第25册，第910页。
③ 《清高宗实录》卷1325，乾隆五十四年三月壬午，《清实录》第25册，第943页。
④ 《清高宗实录》卷1403，乾隆五十七年闰四月丁酉，《清实录》第26册，第858页。
⑤ 《清高宗实录》卷1464，乾隆五十九年十一月乙酉，《清实录》第27册，第557页。

告"中说，清朝"为了鸡毛蒜皮的小事竟然能13次中断与俄罗斯的贸易"①。延至道光初年，清廷禁止大黄等违禁物品出口俄罗斯的策略似乎仍有实施必要。七年（1828）十二月，当那彦成奏称，禁止大黄、茶叶于卡伦，"不若查察于各城"的报告后，道光帝说：严禁大黄、茶叶，"原可制外夷之死命"。然必须稽查严密，勿使偷漏，又必须妥议章程，方免扰累。"该督现已咨商各城，应如何核定斤两数目，禁止官吏诈索，务期斟酌详尽。既不可有名无实，致为外夷所窃笑，尤不可使商民回众，稍形滋扰方为妥善。"②所以，那彦成议定南疆善后事宜后，清廷加强对中亚贸易限制的同时，在北疆商贸总汇的古城地方设立茶税，八年（1829）十一月，试行征收。③

随着新疆周边政治形势转变，清朝与俄罗斯间的贸易趋于正常化。道光十六年（1836）十月，多尔济喇布坦等奏，每年西宁贩运大黄，至恰克图与俄商交易，向有定限。本年西宁寄什蜜尔回民，应贩大黄至恰克图与俄罗斯交易。乃此项大黄，逾限并未运到。奏请陕甘总督瑚松额、西宁办事大臣德楞额，将本年应贩大黄务须饬催迅速贩往。清廷准奏并谕令"嗣后务令拣购精良，于每年七八月间，运至恰克图以备交易。不得稍有亏欠"④。所以，中亚各处双边关系趋于正常后，回商长途贩运大黄不仅合法化，且受到官方保护。

总观清前期中亚贸易，以地缘关系为纽带，以各自所需紧缺商品为媒介，尤其是占有区位优势和有着经商基因的回商，构成了中亚商业贸易得以繁盛的基础，这些人为了生计，不辞辛苦，组成以马驼等原始的交通工具为主的商队，从事着茶叶、大黄等大宗商品

---

① ［俄］B. C. 米亚斯尼科夫主编，徐昌瀚等译：《19世纪俄中关系：资料与文献 第1卷 1803—1807》（中），第974—975、934页。
② 《清宣宗实录》卷131，道光七年十二月丙申，《清实录》第34册，第1186页。
③ 录副奏折，乌鲁木齐都统英惠，为新疆古城地方设立茶税现试行征收事道光八年十一月二十四日，档号03-3197-005。
④ 《清宣宗实录》卷290，道光十六年十月丙子，《清实录》第37册，第483页。

的国际接力转运贸易,且成为主导力量。不得不说,清廷所采取的贸易管控政策与办法,尤其是乾嘉道几代帝王所延续实行的一系列以怀柔为主旨的对宗藩关系体制的运筹帷幄,给予安集延商人免税的优惠,默许交易中的讨价还价,常常在商品利润上做出让步,容许安集延商人定居南疆各城居住行商,尤在客观上对中亚贸易商路畅通起到辅助作用的大量驿站、台站、卡伦等军事设施方面的人力物力财力的投入,均在很大程度上维护了中亚贸易的昌盛。

当然,清廷各种商业贸易政策的实施,是以地缘间双边关系的融洽与否,各自利益的平衡为前提,一旦相互间利益或政治关系紧张失衡,尤其当清廷与俄罗斯关系出现不睦时,清廷为在博弈中胜出,便将原本属于正常贸易的商品列入违禁清单,这就或多或少迁延到参与中亚贸易的回商群体的利益。而这些人迫于生意与生计,又不得不夹带能够获利的违禁物品,铤而与俄暗中走私贩运。所有这些,均极大地伤及清廷的政治颜面,以致采取严格商业贸易的缉私管控,诸如设卡查验,没收私货,施以法律制裁,惩罚力度不容小觑。而对于浩罕汗所做出的自军事层面助力与参与和卓后裔的武装事件,且对南疆社会稳定造成严重不良后果时,清廷则绝不姑息,制定章程严惩。

凡此,均是清廷对地缘双边关系以及涉及南疆地方秩序稳定的调适与措施,对中亚商贸商路产生重大影响。故而,应当客观地看待清前期以乾隆朝为主的中亚贸易策略及其延续,关注回商群体在违禁商品贩运中对整个中亚贸易的支撑力度和实际作用,唯此,才能更好地理解恰克图通商后,清廷释放走私重犯的做法,也才能更深层次理解清朝对安集延违禁回商的怀柔与制裁双管齐下的态度与策略。[①] 无论如何,清朝的做法,在中亚陆路丝绸商路贸易中,起

---

[①] 直至咸丰年间,清廷对安集延人在南疆的经营依然采取相对宽松允准的办法,七年九月,谕"喀城贸易安集延回子,碍难令其仍住回城。请仿照伊犁等处安顿哈萨克斯坦章程,于距城二三里地方,择一旷地,令其自行建房居住。以便贸易"。参见《清文宗实录》卷236,咸丰七年九月丁巳,《清实录》第43册,第666页。

到了维护自身利益与平衡各方利益关系的作用。

### (四) 中俄不平等贸易条约签订与中亚贸易

至19世纪中叶，西北边疆危机加剧，俄罗斯加快向中亚地区的贸易渗透，在中国西北边疆移住常设卡伦线之外和巡防卡伦范围之内频繁活动，并想方设法施加压力，迫使清朝开放西北近边贸易，尤其开放北疆的伊犁、塔尔巴哈台，南疆的喀什噶尔等重镇的商贸。

道光二十九年（1849）十二月，俄罗斯萨纳特衙门咨文清朝理藩院，要求"准其在伊犁、塔尔巴哈台、喀什噶尔三处添设贸易，一并通商"。清廷顾虑"明准其各处通商"，就是法定承认俄罗斯已在这些地方的暗中贸易与走私。为寻万全之计，清廷谕令伊犁将军萨迎阿等一面设法延缓俄的要求，一面将俄所提出贸易三地的相关情形"广咨博采，详加体察，酌量事之重轻，究竟有无窒碍，据实迅速密陈"[1]。

萨迎阿经与南疆办事大臣奕山磋商后，指出喀什噶尔地处极边，"夷匪屡次滋事，总系由该处卡伦进来"，俄罗斯如来喀什噶尔通商，则"不无窒碍"。何况该处本有与安集延等的贸易，忽又添出与俄罗斯通商，"外夷不讲情理，实难保其彼此相安。设有龃龉，恐弹压之不能，复调停之不可"。若准俄罗斯在彼通商，"万一该货物来时，适遇贼匪肆扰，致有遗失，迨事后竟与我处赔还，许之不可，拒之又开嫌隙，是一患未除，又添一患"。更何况"俄罗斯并非回教，若来喀什噶尔通商，浩罕、安集延并非我国所属，设与俄罗斯国之人有斗殴事，实难办理"[2]。萨迎阿等人所言，俱为实情。

---

[1]《清宣宗实录》卷475，道光二十九年十一月戊子，《清实录》第39册，第985页。

[2]《筹办夷务始末》（咸丰朝）卷1，第5—6页。

然而，此时的清廷在国际事务中并无话语权可言，不得已之下，同意先在北疆的伊犁、塔尔巴哈台开放与俄的贸易，遂告俄罗斯"所请添设贸易三处，惟喀什噶尔为中国极边之地，商人运货艰难，每至赔累不能获利，近日宜形稀少。若贵国商贩到彼，货物不敷易换，何必徒劳远涉，此一处自毋庸添设贸易"。同时请其选派明练晓事之大臣，带同明白通事之人，前赴伊犁地方，与该处将军大臣等共同定议。①

可是，俄罗斯觊觎喀什噶尔已久，对开放此处穷追不舍。道光三十年（1850）十一月二十六日，俄再次咨文清廷理藩院，要求在喀什噶尔"试立贸易"，并声称"添设买卖，传谕两国商人，商人亦必在彼处，需用货物，滋生买卖，两国亦可筹画获利"②。十二月十二日，清廷回复中依旧坚持"至喀什噶尔一处，实系距内地遥远，商贩稀少，恐货物不敷易换"③。可是，俄通商态度强硬，对清廷的回复置之不理，并于半年后，即咸丰元年（1851）六月二十一日，派科瓦列夫斯基率领由随员、通事、马兵等组成的俄使抵达伊犁，与清廷商办通商之事。谈判中，清廷官员以"通商之事亦可中止"相抵制，科瓦列夫斯基见势，则提出先在伊犁、塔尔巴哈台某些空闲地方予以盖造房屋，以便住人存货，并要求在城外指给旷地作为墓地。清廷"准其于城外贸易亭左近旷地建房，并于伊犁河沿一带指定处所放牧"。至于喀什噶尔通商，则暂时搁置。④ 七月二十三日，伊犁将军等再发咨文返给俄罗斯，说明在喀什噶尔不便贸易、难以获利、碍难通商的缘由。

而此时的俄罗斯为了变新疆为倾销商品市场和掠夺原料产地，于同年八月八日起，迫使清廷签订了中俄《伊犁塔尔巴哈台通商

---

① 《筹办夷务始末》（咸丰朝）卷1，第8页。
② 《筹办夷务始末》（咸丰朝）卷3，第100页。
③ 《筹办夷务始末》（咸丰朝）卷3，第112页。
④ 《通商各国条约·俄国条约》原称为《照依前换和约拟定条约》，一般简称为中俄《北京条约》。

章程》《伊犁条约》《陆路通商章程》等一系列不平等条约，为其进入新疆开展商业贸易活动提供保护。中俄《伊犁塔尔巴哈台通商章程》的签订，使俄罗斯以贸易为幌子进而侵占中国领土的目的一步步得以实现。该条约签订两年后，清廷允许俄罗斯在伊犁贸易处建造房屋48间，在塔尔巴哈台贸易处建造房屋51间，两地各有常住当地经商者近百人。从俄罗斯运来的货物中，以"喀拉洋布"为大宗。[1]

咸丰十年（1860）十月二日，俄罗斯迫使清廷签订中俄《北京条约》，规约于喀什噶尔试行贸易，"喀什噶尔与伊犁、塔尔巴哈台一律办理"，"给与可盖房屋、建造堆房、圣堂等地，以便使俄罗斯国商人居住，并给与设立坟茔之地。并照伊犁、塔尔巴哈台，给与空旷之地一块，以便放牧牲畜"。"俄罗斯国可以在通商之处设立领事官等，以便管理商人，并预防含混争端。"俄罗斯在中俄商贸关系中争取到了最大利益。同时双方约定"其俄国商人在喀什噶尔贸易物件如被卡外之人进卡抢夺，中国一概不管"[2]。清廷未能保住自己在喀什噶尔的商贸利益。

同治元年（1862）三月四日，中俄《陆路通商章程》二十一款于北京签订，并于天津续增《税则》一册。通商章程规定俄商在中国边界百里内免税，即俄国商人在中国新疆和蒙古地区（伊犁——乌鲁木齐——哈密、恰克图——库伦——张家口、库伦——乌里雅苏台——科布多）三条黄金商道上获得贸易免税权，从此打破了边境贸易的地域限制，中国商人失去了在这一地区贸易的竞争力。其后中俄《改订陆路通商章程》，不仅沿用前规，还增加了俄商不论资金多寡，一律允许在上述一线，包括伊犁、塔尔巴哈

---

[1] 参见"奕山等奏伊犁等地商民相安无事折"，咸丰三年八月三十日；"丰伸等奏塔尔巴哈台俄商情况折"，咸丰三年十月十一日。《汉文俄罗斯档》，中国第一历史档案馆藏。

[2] 中俄《北京条约》第六条内容。

台、喀什噶尔、乌鲁木齐及关外之天山南北两路各处"任便贸易",均不纳税。①

光绪七年(1881)二月,清廷经过反复交涉,在俄国圣彼得堡签订了中俄《伊犁条约》(改订条约),中国丧失了领土主权及经济利益。俄商在中国新疆地区的贸易暂不纳税,俄商到甘肃肃州经商及从俄国运货到肃州,减税三分之一。俄获准在肃州、吐鲁番两城添设领事,科布多、乌里雅苏台、哈密、乌鲁木齐、古城,则"俟商务兴旺"始由两国陆续商议添设。继之,又据《伊犁条约》中关于修改南、北疆边界的原则规定,中俄签订《伊犁界约》《喀什噶尔界约》《科塔界约》《塔尔巴哈台西南界约》和《中俄续勘喀什噶尔界约》等5个勘界议定书,分段重新勘定了中俄西段边界。中国损失了霍尔果斯河以西及伊犁河南北一带7万多平方千米的土地。②

自19世纪30年代后期,俄国就觊觎中亚的控制权,出面搅和波斯与阿富汗事务,并与英国争夺和瓜分中亚及帕米尔。至19世纪下半叶,中亚巴达克山等地,成为英国和俄国博弈的中心地区之一。同治十二年(1873),英俄两国达成协议,俄国承认阿富汗对于喷赤河以南的巴达克山和瓦罕走廊的主权,英国则承认俄国对于喷赤河以北的帕米尔高原地区的占领。英俄又在光绪二十一年(1895)通过双边协议,完成了对帕米尔清廷直接统治地区以外地域的瓜分。

英俄对中亚瓜分集中于19世纪末。同治四年(1865),英国利用浩罕军官阿古柏入侵中国新疆,乘机在南疆占领区销售英国商品,阿古柏还派人自印度接受了英国驻印度总督给予的枪支弹药。

---

① 中俄《陆路通商章程》以及《改订陆路通商章程》,见《光绪条约》卷5,袁同礼校订:中俄《西北条约集》,《新疆研究丛刊》第四种,商务印书馆1973年版,第24—60—67页。

② 光绪五年(1879),崇厚与俄方签订《里瓦吉亚条约》之后,清廷未准,并将崇厚治罪。经双方反复交涉,签订中、俄《改订条约》,又称《伊犁条约》、《圣彼得堡条约》,条约共20条。

同治九年（1870）、十二年（1873），以外交部官员福赛斯为首的英国使团两次抵达喀什噶尔，向阿古柏转交了英国女王的信件和一万支步枪及若干大炮。十三年（1874）春，英国并与阿古柏签订了"通商条约"十二条，阿古柏给予英国在新疆驻使、通商和设立领事等特权，换来了英国对阿古柏政权的承认和支持。光绪三十四年（1908），英国驻喀什噶尔领事馆设立，英国援引"利益均沾"之例，获得在新疆免税贸易、领事裁判等特权。

入侵新疆的阿古柏，于占领区与俄国建立联系，共同瓜分中亚。同治十一年（1872）六月，阿古柏与俄国签订五条"通商条约"。俄国承认阿古柏的入侵地位，阿古柏则认可俄人在南疆自由通商及旅行、设置商务专员，并按 2.5% 的低税率征收进出口税等权益。至宣统三年（1911）三月，俄驻喀什噶尔领事馆升为总领事馆。为此，建省后的新疆在中亚与俄国建立贸易关系，英国与中国清朝经由新疆进行的贸易亦处于运行状态。[①]

当然，19 世纪六七十年代，边疆危机以及西北不断发生各族民众的反清起事，使得新疆通中亚的陆路阻隔，西北近边清廷和中亚的贸易深受影响。俄商则通过海路向中亚各地以及中国新疆的伊宁、塔尔巴哈台等地销售大宗商品，尤其通过倒灌茶叶[②]，赚取利润，中国茶商利益受损。同治十一年（1872）年底，清廷令采买茶叶，运到塔尔巴哈台销售，"以免行使俄票之累"[③]。俟光绪十年（1884）新疆建省，首任新疆巡抚刘锦棠采取允许贸易自由往来，设立官钱局，发放利息贷款给商民等措施，商业渐趋繁盛。

其间，因光绪七年（1881）的中、俄条约，准俄商赴关外各处，出入贩运各国货物，也包括中国的茶叶。明确只准俄商贩运货

---

[①] 许建英：《试论杨增新时期英国和中国新疆间的贸易（1912—1928）》，《近代史研究》2004 年第 5 期。

[②] 参见［俄］A·H·库罗帕特金《喀什噶尔》第三章，中国社会科学院近代史研究所翻译室译，商务印书馆 1982 年版。

[③] 《清穆宗实录》卷 347，同治十一年十二月己卯，《清实录》第 51 册，第 586 页。

物回国，不准沿途销售。通商章程第一款亦载，"其如何稽查贸之处任，凭两国各按本国边界者"，乃以中俄交界为断，非以关内外为断也。又第十七条内载，几有严防透漏诸法，任意中国官设法办理。禁止运茶入新疆及就地销售土货。然而，俄商借机倒灌茶叶，违反规约。对此，新疆巡抚多次言明："近来俄商，贩运千两、筒子等茶，由归化城绕达俄境，倒灌南疆，侵占引地，商民赔累不堪"，而"不准俄商运茶倒灌入新疆贩卖者，实系照约办理"。禁止运茶入新疆及就地销售土货，是与条约相符，不得谓违约之禁令，至俄商贩运洋货入新疆，及在新疆贩运土货回国，均不纳税，此以遵照定约，毫无禁阻。两国各应遵守。①

可是，俄商屡屡犯禁。光绪三十二年（1906）九月初三晚，塔城官茶号巡丁缉获俄车夫运载的进口砖茶6车，计30箱。该车夫供称，由俄属苇塘子不知姓名商人雇其的车辆，运送塔城贸易圈内俄商卡图和加查收，没有执票。据官茶号查明，此项砖茶数目，前先由古城运塔，查验票照，载明"运赴俄国销售，不准沿途撒卖"字样，当派人押送出境，今又偷返塔，计图洒卖求照。为此，吐鲁番厅知会驻塔城俄领事派人来厅，照验讯接。②

光绪三十四年（1908）五月初九，塔城承办中俄局章京称，照本年两国在塔城新立运茶约章办法，准住塔城俄领事官索××，移送俄商瓦苟乌堪帕呢推之红茶30箱，重100蒲桶（普特），每蒲桶押款俄帖银32.75两。又各色茶224箱，重1184蒲桶，每蒲桶押款俄帖银1.8752两，共押款俄帖银3482.5两，交由中俄局存储。恳由该局加给路票，盖印，运回俄属萨玛尔地方售卖。经过哈普塔盖、博罗塔拉、伊犁、霍尔果斯等处中国地面，不准俄商偷

---

① 镇迪道就查究俄商走私茶叶入境事转吐鲁番厅文［缺年份］，见中国边疆史地研究中心、新疆维吾尔自治区档案局合编《清代新疆档案选辑》，第91册，第181—182页。
② 镇迪道饬塔城官茶号巡丁缉获俄车夫运载进口砖茶一事札吐鲁番厅文，光绪三十二年十二月二十四日，见中国边疆史地研究中心、新疆维吾尔自治区档案局合编《清代新疆档案选辑》，第88册，第67页。

卖。并请由中国派员押送俄境，如有沿途偷卖情事，一经查出，情愿茶斤充公，并将存储中俄局之押款归中国公收。① 可见，清末，"俄茶"倒灌，严重损害了西北茶商利益，新疆地方为保障利益，由伊犁将军主持成立了伊塔茶务公司予以抵制。

---

① 镇迪道就饬沿途查核俄商运茶人俄事札吐鲁番厅文，光绪三十四年六月十三日，见中国边疆史地研究中心、新疆维吾尔自治区档案局合编《清代新疆档案选辑》，第89册，第26页。

# 第五章　奢侈品玉石热及其交易

　　玉石属于自然矿物资源类，是社会发展的重要物质基础，一旦作为商品流向市场，其价格则由经济价值所决定。18世纪后半叶，先秦古籍中与河源一同记载的新疆和阗玉石，被广泛利用于社会生活之中，成为贵重商品。可以说，乾隆时期，和阗玉石的价值达到中国古代的高峰，架构出了区域物质财富急剧增长的新格局，在给人类社会带来巨大经济利益和推进商贸发展的同时，成为集聚社会财富和象征的重要标的。正如嘉庆时人姚元之在目睹玉石的高昂价值后所记录的那样："尝见双冠军构玉烟壶二枚，用白金一千八百两。又冷姓商携玉碗四口，径五寸，索直五千两。"①

　　新疆美玉有机会转入清宫乃至传播于江南大地而闻名，且作为奢侈品热的兴起，很重要的一个原因，便是清廷用兵西北，统一新疆，东西交通大开，商路顺畅。驻扎于新疆地方的以军队为主体的各类人群，尤其是跟随军队做买卖的那类生意人，被玉石高额利润所诱惑，瞄准了绝佳的商机，投资玉石生意。而那些主管地方事务的高官群体，也创造机会，以管控资源的低成本，甚至无成本优势，名正言顺的加入贩运和买卖玉石的行列，并承担起了为玉商提供贩运和买卖玉料的始作俑和主体。凡此，凸显出不同社会阶层与不同身份人群在作为商品的玉石贸易流通过程中所起的重要作用，

---

① 姚元之：《竹叶亭杂记》卷3，见《清代史料笔记丛刊》之《檐曝杂记　竹叶亭杂记》，李解民点校，中华书局1982年版，第79页。

也使得玉石这种产自西北边疆的并不起眼的矿产，成为深受帝王为首的权贵所喜爱的重要且有价值的玩物，价值猛增。

乾隆时期是清代对新疆玉石采办进行有效管理的重要时期，当然，或多或少与乾隆四十三年（1778）发生在新疆的高朴贪腐案相关，研究成果也相对集中。有关清代乾隆朝玉石热的兴起以及商人和官员在其中所起重要作用的研究成果亦较多，[①] 其中赖惠敏在剖析乾隆朝的因玉石而起贪的惩治案时，关注了商人参与其中的作用。[②] 但是诸如清廷对玉石的关注和贸易管理办法的制定以及玉石交易的税收、称重、本金以及销路等相关问题，还有探讨的余地，尤其是与贪腐案的关系，玉石买卖的人物谱系，或者说商人合伙及其群体与官商联手等问题，也有讨论的必要。本书拟通过对这些问题的讨论，以还原作为玉石的矿产资源与人类社会商贸经济的互动。

## 第一节　玉石产地与选剩官玉进入市场

乾隆二十四年（1759），西北统一，清廷能够充分利用行政手段，调配新疆各项资源，南疆盛产的玉石，就成为调拨的主要标的。为此，从国家层面入手，制定了各项管理办法和规章制度，上等玉石直接运输进京，玉石买卖不仅局限产地南疆，而是扩展至长江中下游的苏杭。又因玉石买卖有利可图，从事玉石买卖的商人群体应运而生，贩玉成为一种投资较高的奢侈品生意。

---

[①] 有如傅乐治《清高朴盗卖官玉案考实》（上下），《故宫学术季刊》1979 年第 13 卷第 3 期，第 4 期；江珊《乾隆帝惩处高朴私贩玉石述略》，《历史档案》1993 年第 1 期；蔡家艺《清代新疆玉石的开采与输出》，《中国边疆史地研究》2010 年第 3 期；张剑虹《从高朴案看清代玉石矿产政策》，《中国矿业》2016 年第 10 期。

[②] 如在赖惠敏的研究中指出，玉石买卖活跃与无课税、成本低相关，参见其《从高朴案看乾隆朝的内务府与商人》，《新史学》2002 年第 13 卷第 1 期。

## (一) 玉石产地与种类

玉石在新疆主要分布于今南疆和田地区，清代时"田"写作"阗"，故俗称和田（阗）玉。和田玉分布范围较广，其成矿带西起喀什地区塔什库尔干县之东的安大力塔格及阿拉孜山，中经和田地区南部的桑株塔格、铁克里克塔格、柳什塔格，东至且末县南阿尔金山北翼的肃拉穆宁塔格，绵延1100多千米。在高山之上分布着和田玉的原生矿床及矿点，不少河流中还出产和田玉的子玉，也称籽料，特指那些原玉石经过自然的地质与冰川运动以及长期受水流冲刷而剥解为大小不等的碎石块，河水冲刷碎玉块，沉入河床。清代最简单的开采就是自河床淘挖。依照现代科学检测技术，和田玉总体在矿物学上属角闪石族透闪石—阳起石系列，硬度 6.5—6.9，比重 2.66—2.97。矿物粒度非常细小，一般在 0.01 毫米以下，矿物形态主要为隐晶及微晶纤维柱状。矿物组合排列以毛毡状结构最普遍，这种结构使和田玉致密细腻，价值非凡。

翻检清代官书、档案及方志记载可知，清代官方管控的玉石采场分布在南疆密尔岱山、哈朗归山等处，由官方指派和组织人力在密尔岱山等处开采玉石。嘉庆年间成书的《西陲要略》云："叶尔羌之山，则有密尔迪山，在城西南二百余里，产玉。有玛尔瑚卢克山，在城西南四百余里，产玉。又有一大山，在叶尔羌西南，与密尔迪山相连。""回人呼为塔尔塔什达巴罕，疑即所谓葱岭者是也。水则有玉河，自密尔迪山流出，南分支入和阗。"和阗境内正南一带之山，与叶尔羌之密尔迪山相连，山皆积雪。"水则有哈喇哈什河，本名桑古树雅，有玉陇哈什河、有哈琅圭塔克河，俱多产玉，且资灌田。"①

其中所言的密尔迪山，即密尔岱山，又名密尔岱塔克，或辟尔

---

① 祁韵士：《西陲要略·卷上》卷之1《南北两路山水总叙》，道光印本，第22—23页。

塔克，位于叶尔羌东南，产玉石。由密尔岱山东行，接和阗南境诸山，俱产玉。① 密尔岱山玉石"色泽尚好，且块亦大，益于制作器物"，仅乾隆三十九年（1774）十一月，于该山采得多块玉石，"每块皆有四千一百余斤重"②。四十年（1775）六月，在该山又采得玉石六大块以及一些小块。在椿园的《西域闻见录》中亦说：距叶尔羌二三十里的米尔台达坂，即密尔岱山，"遍山皆玉，欲求纯玉无瑕大至千万斤者，则在绝高峻峰之上，人不能到"。"回子携具乘牛，攀援锤凿，任其自落而收取焉。俗谓之礤（碴）子石，又曰山石。"③ 这种碴子石"白而细者混玉，亦珍物也"④。另外，距离密尔岱山 300 余里为辟勒山，这里产制磬的青玉。⑤

乾隆四十三年（1778）八月二十五日，在密尔岱山采获重 1 万余斤的大玉一块，由于玉石出自"层山之后，须填平沟壑，始可运拽下山"。采这块大玉时，"山内尚有大玉八九千斤至一千斤不等者，共六块，时至寒冬，不能再运"。另外，还采获并运出山一大块重五六千斤的玉石以及大小不等玉石。至十月时，除了上述较大的玉石 7 块外，又于山内获得且运出重约 800 斤的玉石 2 块，前后相加能够选出送京玉石共 9 块。至于其他较小的玉石，经运输至山外，称重统计，自 200 余斤至 6600 斤的玉石 45 块，共重

---

① 乾隆《西域图志》卷 23《山四》，第 1780 页。
② 寄信档，寄谕玛兴阿等着派人到密尔岱山采玉石送来，乾隆三十九年十一月初二日，档号 03-134-2-070。
③ 这里的礤（碴）子石，是指小块的玉石。见椿园《西域闻见录》卷上 2《新疆纪略下》，道光丛书本，第 70 页。
④ 萧雄：《听园西疆杂述诗》卷 4《土产》，见宋联奎纂《关中丛书》第 2 集，铅印本，第 28—29 页。
⑤ 寄信档，寄谕叶尔羌办事侍郎玛兴阿等着将制磬玉石免往辟勒山采掘，乾隆四十年六月二十六日，档号 03-134-3-056，又蔡家艺按，辟勒山即为密尔岱山，参见蔡家艺《清代新疆玉石的采运与输出》，《中国边疆史地研究》2010 年第 3 期。经笔者翻检档案，两山不是一处，参见寄信档，寄谕叶尔羌办事侍郎玛兴阿等着将制磬玉石免往辟勒山采掘，乾隆四十年六月二十六日，档号 03-134-3-056。

31212 斤。与此同时，因高朴案后严打私贩玉石，查出私自埋藏和自行首报以及续经运到搜山碎小玉块，共计 17831 块，"通盘较准"，共重 107763.9 斤。两项合计后，从中选择运京贡玉 45 块，重 31212 斤，实剩掺杂玉 17786 块，重 76551.9 斤。①

这些所存玉石，经爬梳档案可知，在其后的几年里陆续挽运出山，继而运往京城。如乾隆四十四年（1779）二月，叶尔羌办事侍郎复兴等奏，在所剩玉石 76551.9 斤中，析出 190 至 150 斤不等的玉石 20 余块，其余俱碎小质轻，因山中积雪未消，人力艰施，且正值"回人春种之时"，经商议，大块玉石推迟至四十六年（1781）再行运办，还有之前密尔岱山未运出的较大玉石 9 块，以及碎小未经办运的玉石，一部分交由台站办运，一部分俟"回人农隙之时，酌派回夫"，尽数运至山下。②

当乾隆帝获知复兴令人将密尔岱山后沟壑坠落的一块大玉石，因"颜色较次，且裂缝亦多，掺和粗石"，遂砍成块，仅以玉石抽出，运送京城的做法，并不赞成。指出既然玉石色质不佳，"何必又费人力送来？即分块送来，亦未必为优者"。并寄信传谕复兴等，"将此一块玉石，若尚未砍成块，则即停止砍劈，仍留于山沟内。即已砍劈，亦不必运出，仍抛于彼处"③。

而哈朗归山，又称哈朗圭山，在和阗西南境。山内产玉，每年春季，山洺桃花水之前及秋季水未冻之际，入河淘玉以为贡。这里的河指和阗河，该河有两源，一为西源，即哈喇哈什，一为东源，称玉陇哈什。二水皆出南山，东西夹和阗城而下。作为和阗河东源

---

① 朱批奏折，乌什参赞大臣永贵等，奏为密尔岱山开采玉石查明成色酌定条规事，乾隆四十三年十月十三日，档号 04-01-36-0092-018；又朱批奏折，乌什参赞大臣永贵等，奏为恭送密尔岱山采获玉石事，乾隆四十三年十月二十九日，档号 04-01-36-0092-019。

② 朱批奏折，叶尔羌办事侍郎复兴等，奏为酌办密尔岱玉石辇运事，乾隆四十四年二月十三日，档号 04-01-36-0092-024。

③ 寄信档，寄谕叶尔羌办事侍郎复兴等着将采运玉石事俱照前降谕旨办理，乾隆四十四年六月二十五日，档号 03-135-3-045。

## 第五章　奢侈品玉石热及其交易

的玉陇哈什又有两源，西支源出哈朗归山，东支源出雪山。哈喇哈什、玉陇哈什皆产玉，旧均称玉河。玉陇哈什所产之玉尤佳。① 如乾隆二十九年（1764）十一月，叶尔羌参赞大臣额尔景额奏，在玉陇哈什所产玉石内，有一块"上好之品"，已由驿赍送，以便速至京城。对此，乾隆帝回复道："所思尚是，但仅一二块玉石，由驿赍送，沿途恐有遗失，或为不肖之徒窃换，俱未可料，当派一专人驿送为宜。"并言"嗣后，伊等地方若再将得有上好玉石，宜应先行送京，即派一专人由驿赍送"②。

除此之外，南疆还有几处产玉之山，如英额齐盘山，位在叶尔羌城西南，有择铺勒善河出其北，河东北流，经叶城后，水清澈见底，是为产玉之地。"昔年采进贡玉，于河之南北岸，设立营帐"，由地方官"诣河干祭祷，命伯克发回夫五百，溯流以采，不足额则更入山凿取，然后纳玉于粮饷局"③。据说英额齐盘山的丕勒地方"有一座山均为玉石"，乾隆二十六年（1761）十月，清廷派人前往"取石制磬"④。另外，铁盖列克山、磩（碴）子玉山，皆生美玉。⑤ 当然，叶尔羌玉石著称于世，还在于河床浅处藏有上等玉石，乾隆四十九年（1784）十月，从浇田水渠挖出两块大块玉石，"色白无隙"⑥。

北疆的玛纳斯河也产玉，玛纳斯河五源分出哈屯博克达山之卫

---

① 参见姚元之《竹叶亭杂记》卷3，《清代史料笔记丛刊》之《檐曝杂记　竹叶亭杂记》，第79—80页。
② 寄信档，寄谕参赞大臣额尔景额着采得上好玉石宜派专人驿送，乾隆二十九年十一月二十九日，档号03-130-6-007。
③ 民国《新疆志稿》卷2《实业志·矿产》，《方志丛书·西部地方》第20号，第92—93页。
④ 寄信档，寄谕都统新柱着传谕永泰等将丕勒河滩内玉石一并送京，乾隆二十六年十月初九日，档号03-129-2-046。
⑤ 宣统《新疆图志》卷29《实业二》，民国排印本，第1129页。
⑥ 寄信档，寄谕叶尔羌办事大臣阿扬阿着派人将大块玉石先行驿送京城，乾隆四十九年十月二十八日，档号03-137-2-072。

和勒晶岭，其地水清产玉，"玉色黝碧，有文采璞，大者数十斤"①。亦说北路玛纳斯河中，搜寻亦可得玉，"色白而有翠，类乎云南所产，嘉者亦朗润可观，不常有"②。

  所以，新疆产玉之地较多，有采自河川浅滩的河玉、也有采自山里的山玉。河玉是出产于河川的原石，其顺着山间河流冲击至河床，经年累月受水流冲刷形成，开采较山玉容易。山玉因深藏于高山半腰，采掘十分不易。嘉道时人陈性《玉纪》之《出产》一则记有："产水底者，曰子儿玉，为上。产山者，曰宝盖玉，次之。"这也是对新疆出产玉石质地优劣的一种记载。除比外，新疆的玉石，另有种类之分，即按照其颜色主要分有白、黄、青、墨四种。白玉为上等玉材，最名贵者色似羊脂，质地细腻光润，被世人赞为"羊脂玉"。黄玉和青玉的颜色变化由矿物中所含微量元素决定，主要是氧化铁（$Fe_2O_3$）。墨玉的颜色是因其所含较多的细微石墨鳞片所致。

  和阗玉料品阶较高，属微透明体，在一定厚度下能透光，其光泽带有很强的油脂性，给人以滋润柔和的感觉。③ 其上品多来自玉陇哈什，这里所产之玉，质地温润细腻，色泽油脂通透，"羊脂玉"就出自这里，而哈喇哈什所产稍逊。④ 叶尔羌河所产玉料，"大者如盆、如斗，小者如拳、如栗。有重三四百斤者，各色不同，如雪之白、翠之青，蜡之黄、丹之赤、墨之黑者为上。一种羊脂朱斑，一种碧如波斯菜，金片透湿者尤难得。河底大小石，错落平铺，玉子杂生其间"⑤。青玉则用于"制编磬以谐乐章"。⑥ 而制

---

① 徐松：《西域水道记》卷3《清水河》，道光刻本，第222页。
② 肖雄：《西疆杂述诗》卷4《土产》。
③ 古方：《昆仑山玉矿探源》，《中国宝石》2003年第4期。
④ 肖雄：《西疆杂述诗》卷4《土产》。
⑤ 椿园：《西域记》卷2《叶尔羌》。
⑥ 寄信档，寄谕叶尔羌办事侍郎玛兴阿等着将制磬玉石免往辟勒山采掘，乾隆四十年六月二十六日，档号03-134-3-056。

第五章 奢侈品玉石热及其交易 365

磬的青玉又出于距离密尔岱山300余里的辟勒山脚。

为了寻找造磬玉石，乾隆三十五年（1770）正月初二，清廷谕叶尔羌办事侍郎期成额等，在叶尔羌等处采办造磬玉石，并称"除造磬外，仍需一二块"，要求期成额、额敏和卓"留意差人往产玉石之地找寻，采时不用太厚者，若能合造磬尺寸之数即可用"，同时令人将造磬尺寸送往期成额等，令于"彼处寻得后，遇便送来京城"①。至同年八月，期成额派委章京哈达纳等率回子伯克等在叶尔羌所属英额齐盘外的密尔岱山采办无裂纹可造器者12块，清廷令于秋末送京。

乾隆四十年（1775）六月，清廷又令近边官员采办制磬之石，从叶尔羌办事侍郎玛兴阿等的奏报中可知，已于密尔岱山采得玉石六大块，同时也有小块玉石。对此，乾隆帝曰："为制磬而采玉石，并非必用青玉。倘白色者内，能得可制者，岂不善哉。""在密尔岱山采得小块玉石内，对照伊等所带磬样尺寸，若得可制者，则即著从中选制，不必另派人往辟勒山采掘"，并指示采玉尽量少雇人，尤其"回人等具系新来归得，而多苦累伊等，亦不应该"。若已经派出的，即行召回叶尔羌，"惟计不苦累回人而办理，勿令伊等多受累"②。

随着乾隆帝对玉石的青睐，达官显贵等上流社会亦崇尚玉器，商人追逐高额利润，人们趋之若鹜。而伴随玉石热的出现，玉石价值递增，以致玉石开采"究不免繁费，且道路既远，拨夫派马转运万里"，开采力度愈来愈大。即如前文所言，乾隆三十五年（1770）八月初五，在叶尔羌所属英额齐盘外的密尔岱山采办玉石，共采得重百斤至千斤不等的玉石20余块，均为块大无裂纹，且可造玉器的上等玉料。这样的产出，乾隆帝十分高兴，谕令给此

---

① 寄信档，寄谕叶尔羌办事侍郎期成额等差人寻找造磬玉石遇便送京，乾隆三十五年正月初三日，档号03-133-4-001。

② 引文均见寄信档，寄谕叶尔羌办事侍郎玛兴阿等着将制磬玉石免往辟勒山采掘，乾隆四十年六月二十六日，档号03-134-3-056。

次采玉石之官员、伯克、头目等"各俱效力"者，记功一次，每人赏10普尔，以示鼓励。①

当然，清廷对玉石的开采与否，除了"山路险窄，采掘甚难"外，尚取决于自己的需要而随时展开。就在期成额送京12块优质玉料后，乾隆帝令"暂停采掘，倘有用处，再降旨办理"。至乾隆三十九年（1774）十一月，乾隆帝又谕，前次期成额送来密尔岱山玉石，每块皆有4100余斤重，"密尔岱山玉石色泽尚好，且块亦大，益于制做器物"，令叶尔羌办事侍郎玛兴阿派人往密尔岱山，"再一次采大块玉石二、三块送来"②。另外，当地方意外获得大块上好玉料时，也随时送京。如乾隆四十九年（1784）十月，当叶尔羌办事大臣阿扬阿奏报，在开挖水渠时，采得两大块色白无隙的玉石，计划至本年秋季玉石一并解送。乾隆帝喜出望外，立刻寄信阿扬阿等，"此二块玉石，既然色白"，"先行办理，（差一人）驿送京城可也"③。

乾隆末年，有一次较大的采办造磬青玉送京之事。五十五年（1790）五月，京城果房失火，所存放中和乐（器）被烧，需要添办器乐。乾隆帝谕："其制磬所需玉石料，从前具由造办处派遣官员赴叶尔羌采办，今若照前派人前去，路途遥远，徒费时日，沿途难免扰累驿站。今将磬尺寸数目及玉石颜色缮写清单"，寄送叶尔羌办事侍郎明兴，"令伊照式样速选四份上好之品，由驿转解来京。惟玉石大小不等，若一块玉石可制数磬，即整块运送京城"④。

显见，西北统一，使新疆玉石资源成为帝王、权贵迷恋的玩物，亦成为社会经济生活中的奢侈商品。

---

① 寄信档，寄谕叶尔羌办事侍郎期成额等着赏赐采玉效力官员伯克以示鼓励，乾隆三十五年八月初五日，档号03-133-4-040。
② 寄信档，寄谕玛兴阿等着派人到密尔岱山采玉石送来，乾隆三十九年十一月初二日，档号03-134-2-070。
③ 寄信档，寄谕叶尔羌办事大臣阿扬阿着派人将大块玉石先行驿送京城，乾隆四十九年十月二十八日，档号03-137-2-072。
④ 寄信档，寄谕叶尔羌办事侍郎明兴等着速办制磬玉石解送来京，乾隆五十五年五月十七日，档号03-140-4-038。

## （二）清廷关注的催生石

从某种程度上可以说，清廷起初对西北近边玉石关注热度的发生及提升，是从催生石开始的。所谓催生石大多是指青金石矿物与方解石混杂共生而成，一般不含黄铁矿，表面白色斑点较多。其中青金石以浅蓝色为基色，方解石呈白色，在《本草纲目》中载，其似硬石膏，皆光洁如白英石，"击之块块方棱者，为方解石"。当白色方解石含量多于青金石时，称"雪花催生石"。据说磨粉药用，可以帮助妇女生孩子，因此得名催生石。

伴随乾隆朝西北近边版图划一，催生石的获取更易。据目前笔者所能寓目的档案可知，自乾隆二十六年（1761）起，清廷就多次寄谕伊犁等处官员寻找催生石送京。是年四月初九，寄谕参赞大臣阿桂等在伊犁豁吉格尔等处寻催生石，乘便送京。清廷之所以有这样的要求，在于两个重要层面：一是清宫所用催生石是由伊犁的"豁吉格尔、柏兴、察罕乌苏等地获得厄鲁特埋藏之催生石送京"，"唯不知何地出产"。故而，清廷谕令伊犁地方的"大臣等询问厄鲁特、回子等知情者，究系何处出产催生石，即派人前往采掘。若于厄鲁特、回部地方不产此物，则询访彼处人等，查其所藏送京。或巴达克山等处商人携有此物，即出价购买。唯留意寻觅大块上好者，一应得获，即刻称便送京"。有意思的是，乾隆帝在谕令中又言："此物可得可不得，不可当作要事。"① 另一是统一西北的战事中，将军兆惠至伊犁，在豁吉格尔噶尔丹策凌藏贮玉石之房内"寻得催生石三块送京"。富德于同一地方"亦寻得一块送京"。还有喇嘛伊希车木比勒告知兆惠，"伊犁河对岸察罕乌苏、维霍尔里克一带旧房内尚有此石，亦未可料"。由是，乾隆帝寄信阿桂等于

---

① 寄信档，寄谕伊犁等处办事大臣明瑞等着于回疆留意查找催生石送京，乾隆二十七年八月二十六日，档号03-129-4-052。

相关地方留心寻找,"酌量寻得,乘便送京"①。

然而,至二十六年(1761)八月,阿桂等回奏,伊犁河两岸,"从前大军数次经过,并无玉石等物"。对此,乾隆帝将信将疑,指出百姓在屯垦耕作之时"或许有掘出者",要求地方提倡奖励上交,惩处隐瞒不报者。② 次年八月二十六日,乾隆帝又寄谕伊犁等处办事大臣明瑞等寻找催生石,言"从前伊犁曾送催生石,恐回疆亦有此物",要求明瑞等于南疆"留意查找催生石送京"。正是由于清廷的关注及催生石产地官员为寻玉而引起的较大反响,使得一些眼光敏锐的商人瞅准商机,开始大量转运包括催生石在内的玉石获利,且渐成趋势。尤其是一些官员利用任职便利监守自盗,中饱私囊,直至高朴私鬻玉石案发。乾隆四十三年(1778)十月,参赞大臣永贵奏,在高朴署内搜查出催生石94块,重170斤。遂饬交粮饷局照依旧例,派员修造四轮车3辆、两轮车4辆,酌量装载,包裹坚固,差派三等侍卫奇尔图、前锋校广宁,于十月二十日由叶尔羌起程,沿途小心管押,赴京交纳。③ 如此,不仅清廷高官追逐催生石,民间商人亦加入寻觅和转运催生石的行列。不过,清廷视催生石非为玉石的规矩并没有得到普遍认同,因而,对民间商人合规贩运与走私贩运的处理办法也就有所区分。

乾隆四十六年(1781)七月,商民王增在南疆叶尔羌等处贸易返回,行至吐鲁番,其所携带的"称为催生石之宝石"被官兵搜出,王增连人带货被扣留。吐鲁番领队大臣图思义认为商民携带"宝石"过卡,有违规矩,遂寄书乌什参赞大臣绰克托,商请将"所有过往商人货物,俱应填注路票内",未准。又"请仍照前严查玉石,于路票内,惟填写姓名、马牲数目,即令通过。并通谕各

---

① 寄信档,寄谕参赞大臣阿桂等将伊犁豁吉格尔等处寻得催生石乘便送京事,乾隆二十六年四月初十日,档号03-129-1-062。
② 寄信档,寄谕参赞大臣阿桂等将掘获玉石之处不必专折具奏,档号03-129-2-024,乾隆二十六年八月二十日。
③ 朱批奏折,永贵、玛兴阿,奏为恭送密尔岱山采获玉石事,乾隆四十三年十月二十九日,档号04-01-36-0092-019。

第五章　奢侈品玉石热及其交易　　369

回城大臣等，一体办理"。当乾隆帝得知此后，对图思义所办王增及填写路票一事，予以申饬。指出图思义对商民王增"严加究办"行为过激，因催生石而扩大至商民货物悉行填写于路票内"甚是过份（分）"。在乾隆帝看来，倘若如此严究，不但"各回城盘查路票之官兵、衙役借机滋生勒掯商民之弊，且商民惧于此弊，前往回疆贸易者，必致少矣，于商民、回子等生计全然无益"。于是寄谕绰克托转寄图思义，"兹已任命图思义护理乌鲁木齐都统印务，在此期间，伊若不遵照彼处成例办理，仍旧妄加偏激究办，断然不可"①。从此可知，因图思义将催生石等同为玉石，遂按照私贩玉石例办理。

　　至乾隆末期，清廷对催生石的关注已不仅仅停留在初期的寻找与进贡层面，而是被商人广为收集后汇入市场流通渠道。然而，由于仍存在地方官对催生石的认识差异，在禁与不禁，征不征税等问题上存在争议。先是卡伦不断查出商人携带催生石、青金石，且量越来越大。如乾隆五十五年（1790）三月，哈密办事大臣伊桑阿等称，"民人玛金希等行囊内"查获催生石30余斤，青金石30斤。奏报后清廷指示"如何制定定例之处"，交付陕甘总督勒保办理。勒保则认为，民人携带矿物等类，"非回地玛纳斯玉石，概勿查禁"，何况催生石、青金石并非玉石，"毋庸禁止"。清廷采纳勒保意见，准予仍不禁止，并令"此后惟严查夹带回地玉石及玛纳斯绿玉石者"②。然而，至十一月时，商民张子敬等私贩查禁之俄罗斯皮张，同时还携有催生石、青金石。因皮张为禁止私贩之物，按例没收入官，催生石虽非禁物，地方"亦令入官"，一同送往京城。③

---

① 寄信档，寄谕乌什参赞大臣绰克托等着传谕图思义遵照成例查办过往商民，乾隆四十六年七月二十六日，档号03-136-1-066。
② 寄信档，寄谕陕甘总督勒保等着民人携带之物非回地玛纳斯玉石概勿查禁，档号03-140-3-017，乾隆五十五年三月初一日。
③ 寄信档，寄谕陕甘总督勒保着将查获商民私贩禁物挑选送京余者变价，乾隆五十五年十一月初六日，档号03-140-4-022。

正是由于催生石被查出的次数增多与数量较大，地方奏准将催生石买卖纳入官管贸易，征收商业税。五十六年（1791）五月二十四日，驻叶尔羌办事侍郎明兴等奏报中就有"叶尔羌仅将贸易之催生石收税，青金石（不）收税银"。由于两种原石并不易区分，这便使一些商人有机可乘，偷漏税金，如中亚巴达克山前来南疆贸易商队之人所携催生石、青金石，就"因青金石不收税银，奸诈商人为逃税谎报者甚多"。明兴指出造成该弊端的重要原因"均系原任大臣办理错谬"，因而奏准清廷，嗣后应严加交付核查，若再有谎报者，拟定查获从重罚办，"贸易之青金石，较催生石加收十倍税银"①。可见，催生石已由原本并不受重视而逐渐被玉石开采热所带动，与玉石有了同样市场热度。

### （三）玉石搜求开采与流通买卖初定

新疆玉石出产多在南疆叶尔羌、和阗等处，"向听民间售买，并无例禁明文"②。准噶尔时期，"回子将所产玉石贡献于准噶尔"③。乾隆帝对其的关注，是从最初的寻找催生石到对玉石、玉器的痴迷，开采亦由初无例禁转而官控。乾隆二十四年（1759）十一月，吏部侍郎海明驰赴叶尔羌，次年四月，以副都统到任。④乾隆帝指示海明，新疆玉石皆为官物，尽得尽纳。即所谓玉石采办从"国家自平定西域以来，和阗、叶尔羌岁贡璞玉，山川所产，献致上方，亦犹任土作贡之义"⑤。每年差人采取进贡，"禁止商贾

---

① 寄信档，寄谕叶尔羌办事侍郎明兴等着嗣后携来贸易之青金石俱照所请收税，乾隆五十六年五月二十四日，档号03-140-6-041。
② 朱批奏折，叶尔羌办事大臣奇丰额、圣保，奏为奉旨核释从前办过贩卖新疆玉石案内各犯及商民回农谢恩事，嘉庆四年四月初十日，档号04-01-08-0159-019。
③ 寄信档，寄谕参赞大臣阿桂等将准噶尔遗弃之玉石寻觅送京事，乾隆二十六年三月初六日，档号03-129-1-033。
④ 《清高宗实录》卷601，乾隆二十四年十一月己巳，见《清实录》第16册，第744页；又《钦定外藩蒙古回部王公表传》卷110《额敏和卓列传》，见文渊阁《四库全书》，第454册，台湾商务印书馆1986年版，第914页。
⑤ 《清仁宗实录》卷258，嘉庆十七年六月己酉，《清实录》第31册，中华书局1986年版，第486—487页。

私卖"①。所贡玉石"乃伊等之正赋矣"②。与此同时，清廷在南疆搜求玉石的步伐也加快了。

乾隆二十六年（1761）整年内，乾隆帝多次寄信新疆将领，多方访寻乃至搜求玉石送京。正月，乾隆帝令参赞大臣舒赫德等于叶尔羌等城工匠内，挑选玉石匠 2 名，画匠 2 名，乘便送京③三月，又寄谕参赞大臣阿桂等将准噶尔遗弃之玉石寻觅送京。其中言：大军平定伊犁，准噶尔人"弃之所有，仓皇出逃"，而玉石乃笨重之物，岂能带走？请"留意访寻，视之所得，顺便送京"④。十月，寄谕都统新柱，令永泰等将丕勒地方河滩内发现的一块玉石送京。该玉石在准噶尔时"曾凿其一半制成一个盘子带走，另一半现仍在河滩上"。永泰等发现，在河滩上该一半玉石旁边，"尚有一块黑色大石头，质地似玉，不知优劣"。对此，乾隆帝指示，将准噶尔人所留的河滩半块玉石制磬，而其旁的黑色大石则"俟询明粗制成形，一并送京"⑤。十一月，清廷收到参赞大臣阿桂等送京的玉盘、大玉石等，二十日寄谕阿桂等给此次寻获玉盘、玉石之人等，"动用彼处库储缎匹，酌量赏赉"。嗣后若有呈进较大玉器者，亦由伊等各处酌量赏给缎匹。同时指示，"此次寻获玉盘、玉石处所，或许仍能寻得，亦未可料，尚宜留心寻觅"⑥。

至二十七年（1762）正月初七，乾隆帝又谕，和阗地方出产玉石，从前伊等所送玉石尚有大块，今观所送玉石，皆不甚大，此

---

① 寄信档，寄谕叶尔羌办事侍郎期成额不准将玉石卖给官兵，乾隆三十四年十一月二十九日，档号 03-133-3-022。

② 寄信档，寄谕乌什参赞大臣永贵着将非与高朴家人通同卖玉者毋庸究，乾隆四十三年十一月初十日，档号 03-135-2-080。

③ 寄信档，寄谕参赞大臣舒赫德等挑选叶尔奇木等城玉石画匠送京事，乾隆二十六年正月三十日，档号 03-129-1-016。

④ 寄信档，寄谕参赞大臣阿桂等将准噶尔遗弃之玉石寻觅送京事，乾隆二十六年三月初六日，档号 03-129-1-033。

⑤ 寄信档，寄谕都统新柱着传谕永泰等将丕勒河滩内玉石一并送京，乾隆二十六年十月初九日，档号 03-129-2-046。

⑥ 寄信档，寄谕给参赞大臣阿桂等着给寻获玉石人等赏赐缎匹，乾隆二十六年十一月二十日，档号 03-129-2-059。

谅必德奎等到后,"唯求上好白玉,于大块青玉不以为然之故"。令叶尔羌办事都统新柱等,饬交和阗等产玉之地,不论青白,凡获大块,即送京来,不必只求白色。① 故而,优质玉石送京成为清廷定例,也是南疆玉石产地的主要贡赋之一。

与此同时,清廷将管控开采玉石一事提上议事日程。清廷规定,每年分为"春秋二季,采玉输纳"②,因于河于山的采场不同,办法各异。如以叶尔羌当地回人在泽普勒善阿玉石场采办而言,该处之玉采均为河中采石,"恒以秋分后为期,河水深纔(才)没腰,然常浑浊。秋分时祭以羊,以血沥于河,越数日,水辄清,盖秋气澄而水清。彼人遂以为羊血神矣。至日,叶尔羌帮办莅采于河,设毡帐于河上视之。回人入河探以足,且探且行。试得之,则拾以出水,河上鸣金为号。一鸣金,官即记于册,按册以稽其所得。采半月乃罢,此所谓玉子也"③。

与上述河中采玉相似办法的记载还有一种,即"远岸官一员守之,近岸营官一员守之,派熟练回子或三十人一行,或二十人一行,截河并肩,赤脚踏石而步,遇有玉子,回子即脚踏知之,鞠躬拾起,岸上兵击锣一棒,官即过硃一点。回子出水,按点索其石子"④。两种记载中,后一种对参与采玉人数更为详细,动态呈现了采玉场景,且原石场的入河采办者均为"回人"。"所产玉石,视现年采取所得交纳。"⑤ 采办玉石时,一些地方长官会"亲临确查"⑥。

---

① 寄信档,寄谕驻叶尔羌办事都统新柱获大块玉石即送来京,档号03-129-3-003,乾隆二十七年正月初八日。
② 中国第一历史档案馆编:《乾隆朝满文寄信档译编》第9册,第613页。
③ 姚元之:《竹叶亭杂记》卷3,见《清代史料笔记丛刊》之《檐曝杂记 竹叶亭杂记》,第80页。
④ 《西域闻见录》卷上二《新疆纪略下》,道光丛书本,第30页。
⑤ 《清高宗实录》卷602,乾隆二十四年十一月辛巳,《清实录》第16册,第702页。
⑥ "来年春季采玉石时,期成额拟亲临确查",见寄信档,寄谕叶尔羌办事侍郎期成额不准将玉石卖给官兵,乾隆三十四年十一月二十九日,档号03-133-3-022。

第五章　奢侈品玉石热及其交易

当然，除了于河床所采玉石外，大块质优，能够琢造大器之玉石，多于山中采办。乾隆三十五年（1770），为了采办造磬的玉料，叶尔羌官员、伯克、头目等各俱效力，在"甚为高峻"的密尔岱山采办，而且由于采玉与输纳清宫及江南，玉料之重，动辄上万斤，这在运输设备极其简陋、转运道路坎坷的条件下，往往需要由数千人抬运，难以想象长距离运输的苦累。"采玉石运下山时，颇费力。"①

至于清代于南疆玉石开采的时间，既有记载均用了"起初"的字样，即起初准许民间自由捞采、买卖，国家仅酌收一定赋税，没有过多的限制。嘉道时人姚元之的杂记、嘉庆四年（1799）叶尔羌办事大臣奇丰额的奏折，均详细记载了有关叶尔羌、和阗在清代最初采产玉石和官为管理的办法。"入贡则由叶尔羌大臣奏进。其商、回之售卖，初无例禁"，而自乾隆四十三年（1778）高朴案发前奏准间年一次官为开采成定例后，玉禁始严。凡私赴新疆偷贩玉石，即照《窃盗律》计赃论罪。又在密尔岱、巴尔楚克各添设卡伦一处，以防回民私采、商民夹带，"又请将采剩河玉卖与兵丁，俾转售商民以沾微利。自是以后，玉器遂为无价宝矣"②。

上述整段文字记载清廷的玉石开采与买卖，"初无例禁"的"初"，是泛指时间，可以理解为相对于乾隆二十四年（1759）新疆统一完成或者之前，因为此后第二年，乾隆帝对新疆地方大员的要求还停留在寻找催生石的层面，即地方获得玉石后，清廷会令给献玉者或采玉有功者，予以绸缎等的奖赏。二十七年（1762）三月二十七日，乾隆帝寄信都统新柱等，谕令加恩赏赐齐盘伯克阿布都舒库尔及"各出力回子等"，以示鼓励。伯克阿布都舒库尔之所以获得赏赐，就是因在德奎等前往丕勒等地采玉过程中，该伯克不

---

①　寄信档，寄谕叶尔羌办事侍郎期成额等着赏赐采玉效力官员伯克以示鼓励，乾隆三十五年八月初五日，档号03-133-4-040。

②　朱批奏折，叶尔羌办事大臣奇丰额、圣保，奏为奉旨核释从前办过贩卖新疆玉石案内各犯及商民回农谢恩事，嘉庆四年四月初十日，档号04-01-08-0159-019。

仅担任向导引路，负责将玉石运至叶尔羌，助力将运抵车布等地之玉石陆续内解，同时还负责办理丕勒地方所存玉石，"殊属效力"。① 为获得玉石，给当地效力伯克加以赏赐的案例较多，如其后的乾隆三十九年（1774）十一月初十，驻叶尔羌办事侍郎玛兴阿等于叶尔羌河采玉石时，噶咱纳奇伯克巴喇特采得大小玉石三块，色白光滑，无裂纹，无搀（掺）石，特派人送京。乾隆帝令玛兴阿等，从彼处缎内赏巴喇特二匹，以示鼓励。② 又如乾隆四十四年（1779）五月二十八日，复兴等奏，在密尔岱山采得玉石八块，视其足用，就近派周围居住之回人等，由山运出，俟秋成后，交色提卜阿勒氏派回人等运送叶尔羌城。对此，乾隆帝指出"派出回人等，虽系伊等应行之差事，但若稍给饭钱，方合朕抚恤回人之意"。乾隆帝要求地方给采运玉石者俱酌情发给饭钱，"如此，则小回人等获得食饭之分，务必欢悦，益加出力奋勉，可将玉石从速运送"③。

再说乾隆二十七年（1762），清廷在南疆叶尔羌一带的辟勒山开采制作乐器的磬石后，开始设置卡伦，官为控制和封禁产玉的河床、玉山，一改初始的出售无禁例，而限制民间私采私售。次年，因有江南省份的商人前往和阗、叶尔羌等处私贩玉石，引起乾隆帝重视，指出"和阗乃官采玉石之所，若听凭此等奸民如此随意私买，则官采玉石必难寻得品质优良者"，故令地方官员留心访察，"将所有私买玉石者"，务必严加查处。同时严控对玉石的开采和变价处置权，规定每年定时差人采玉送京，禁止商贾私卖。是年七月，清廷谕叶尔羌办事大臣额尔景额等"留心访查，将所有私买

---

① 寄信档，寄谕都统新柱等着加恩赏赐齐盘伯克等情，乾隆二十七年三月二十七日，档号03-129-3-048。又丕勒，鸡为皮勒，辟勒。
② 寄信档，寄谕叶尔羌办事侍郎玛兴阿等着赏赐伯克巴喇特缎二匹，乾隆三十九年十一月初十日，档号03-134-2-072。
③ 寄信档，寄谕叶尔羌办事侍郎复兴等着将采运玉石事俱照前降谕旨办理，乾隆四十四年六月二十五日，档号03-135-3-045。

玉石者，务必严加查处"①。

　　清廷要求地方大员于每年两季采集玉石时，率官兵留心采办严饬各隘口、卡伦，将偷盗私夹玉石，留心搜拿，断不可徒有虚名，仍致漏过。② 遂又设置专门卡伦稽查民间私自采玉和私自贩运，经办事大臣期成额、阿扬阿等先后奏请，准于密尔岱地方设卡伦一处，以防当地回民私采，继又于巴尔楚卡地方添设卡伦一处，以防外来商民夹带。清廷还特别强调该二处卡伦"并非外藩来往之路"，"只为盘查私玉而设"③。即如期成额所奏，"再从和阗之哈拉哈什通往阿克苏、由克尔雅通往库车，有两三条近道，嗣后宜禁止叶尔羌之往返贸易人等通行，于近道增设卡伦严查"，并建议"给买玉之人凭证，禁止行哈拉哈什、克尔雅之近道，请添卡座稽查"。乾隆帝批示，"尚属可行"④。

　　然而，卡伦设置并未杜绝私采玉石。正如三十六年（1771）十一月十九日乾隆帝的一则谕令所言，官兵若能严防死守，就不会出现自南疆送京玉石质量差于各地敬献玉石的情形。兹录此段谕令如下：

> 奉上谕，据期成额等奏，玉陇哈什、哈拉哈什两处采玉石河设卡伦官兵，皆昼夜防守，并无耽搁旷班。等语。期成额等此奏，竟全不实。夫于采玉石河设卡伦者，特为防范偷采玉石人等。倘官兵诚能留心昼夜严加巡察，则应未有偷采者。今夫看伊等比年所进玉石，虽有大块者，但其色微白，色好者即甚

---

① 寄信档，寄谕参赞大臣纳世通等着将私买玉石之奸民严加查处，乾隆二十八年七月二十一日，档号03-130-2-072。
② 寄信档，寄谕叶尔羌办事大臣塔琦等着严饬各关缉私带玉石过关者，乾隆五十一年四月十九日，档号03-138-3-031。
③ 朱批奏折，叶尔羌办事大臣奇丰额、圣保，奏为奉旨核释从前办过贩卖新疆玉石案内各犯及商民回农谢恩事，嘉庆四年四月初十日，档号04-01-08-0159-019。
④ 寄信档，寄谕叶尔羌办事侍郎期成额不准将玉石卖给官兵，乾隆三十四年十一月二十九日，档号03-133-3-022。

少。若云彼处难获此类者，则各地所进玉器内，块大且色白好者即甚多，是乃和阗等地所产之玉石矣，若云并非偷采者，则于何处得之耶？倘卡伦官兵诚能昼夜严加巡察，并无旷班，又岂致偷采？此派官兵防守，乃徒有其名而已，日久废驰，以致轻忽，亦属显然。将此著寄信期成额等，嗣后，务必严饬卡伦官兵，好生尽心防守巡察。倘如此懈怠，致有偷采者，则即返还，不必充数。钦此。①

乾隆帝的如此诘问与对玉石的关注，使得地方大员不仅严控私采，对玉石在流通领域里的管控亦十分严厉，严禁商人私自贩运的同时严厉打击官员参与。叶尔羌地方查获的蓝翎弁员全善盗买玉石案，就是惩治官员参与盗卖玉石的一起案例。乾隆三十八年（1773）闰三月，叶尔羌地方查获蓝翎弁员全善盗买玉石3块，重59斤，平均每块重20斤，兵丁玛金泰从中"挟取银、普尔钱"。为此，乾隆帝十分恼怒，降旨连发三问。一曰"不但奸商偷买，而且专委巡察之卡座侍卫即行偷买。严其卡座者，原来如此耶？"二曰"全善不过一蓝翎，每年所得之分能有几何？出那许多普尔钱买玉石者，仅为制造扳指儿耶？亦必欲卖后多得利耳。伊若变卖，不卖给商贾，则卖给谁？其中显然有奸商暗地交通之情弊"。三曰"全善身为卡座侍卫，应捉拿偷买玉石之人，但反而自己偷买。玛金泰等挟逼控告时，又欲行贿弭事者，不堪入目。玛金泰为哨兵，所属侍卫偷买于石，并不举报，敢倡首挟取银两、普尔、皮张等物者，情亦可恶"。令重责全善、玛金泰，"自今始戴重枷号，同其余所有涉案人等，一并审明奏来后，将另有旨"②。

至乾隆朝中后期，在对玉石的搜求、采办、称重、转运、稽查

---

① 寄信档，寄谕叶尔羌办事大臣期成额等严饬官兵尽心巡查防范偷采玉石者，乾隆三十六年十一月十九日，档号03-133-5-100。
② 以上均见寄信档，寄谕叶尔羌办事侍郎期成额等着详审卡座蓝翎全善盗买玉石案，乾隆三十八年闰三月十八日，档号03-134-1-037。

第五章　奢侈品玉石热及其交易

管理的整个过程中，有三个明显的特点。一是在原石开采到送京或进入市场流通之前的过程中，均是派军维护，由官兵管理。二是表面上似乎自乾隆三十五年（1770）起，允许商民从事玉石买卖，实际上是通过卡伦稽查，官为控制，堵塞玉石私采、私贩，严禁私玉进入流通渠道。三是实际参与采玉活动者，多为官控的当地回人，即自叶尔羌一带"派回人供役"，并在玉陇哈什、哈拉哈什等产玉之地添设卡伦，严防当地回人入山私采。①

然而，就在清廷管控玉石采办运输的重要时刻，地方大吏则奏请允许地方官兵参与玉石买卖，且一发不可收，大量商民参与其中，玉石买卖扩展至大江南北。先是额尔景额奏请将和阗、叶尔羌所采玉石内挑剩的不合进贡标准之废玉，酌情折价，卖给官兵，拨入公费，以备赏赉之用。此后，清廷对新疆玉石的管控因乌什事件而受到冲突，战事使得交通堵塞，商路不通，采玉暂停。延至乾隆三十四年（1769）十一月，大学士字寄驻叶尔羌办事兵部侍郎、参赞大臣期成额奏请，"拟将每年选剩之玉石皆定价，均匀卖给官兵，仍将玉石颜色、斤两数、定价钱数，交付办理粮饷同知，逐块写小条钤以图记给买者，以为凭据"②。从额尔景额、期成额两人奏报显示，清廷管控玉石的分等逐渐规范与完善。二人所言的废玉、选剩之玉，是相对于挑选送往京城贡玉而言的色劣碎小者，而送往京城的玉石，则指色优块大或色润块大者。期成额在额尔景额所言办法基础上，用"逐块写小条钤以图记给买者"的办法，给每一块玉石相应身份和价值，这也是现在金玉器行进货与出售时常用的办法。

必须强调的是，乾隆帝对期成额将选剩之玉卖给官兵的做法起

---

① 《清高宗实录》卷742，乾隆三十年八月己酉，《清实录》第18册，中华书局1986年版，第168页；《清高宗实录》卷1292，乾隆五十二年十一月乙亥，《清实录》第25册，第341页；又中国第一历史档案馆编《乾隆朝满文寄信档译编》第9册，第613页。

② 寄信档，寄谕叶尔羌办事侍郎期成额不准将玉石卖给官兵，乾隆三十四年十一月二十九日，档号03-133-3-022。

先是予以否定的。乾隆帝指出，"至将彼处每年未卖出之选剩无用玉石定价均匀卖与官兵者，成何事体"，"伊等地方每年采掘进贡玉石到京后，除选其可打造器物者外，其余不可用者其多，今皆徒置一旁。彼处所存未卖出之玉石，皆系从进贡玉石内选剩者。思之徒有玉名而实则为石矣"。乾隆帝言下之意，即选剩的废玉，怎么还能卖给官兵呢？何况官兵将每月的盐菜银两津贴用于购买玉石后，津贴减少，势必影响其生计。遂指责期成额"将无用玉石着落官兵售卖者，甚为吝啬"①。然而，期成额为利所诱，又连续奏报送京所选剩玉，官民均有需求，与其废弃，不若赚取价值。次年，又奏"如照前例于废玉变价时，给以官方照票，则官兵与商人皆乐于购买。以奴才愚见，凡购玉者，请允许一体发给照票"。期成额强调所产玉石，除挑选进呈外，剩余均编列序号，"令官兵商民认买"。无论山玉、河玉，总以 50 斤为度，发给照票，"其五十斤以外者，概不估变"。可见，送京玉料是按玉石重量 50 斤为标准而选择的。②

高朴任叶尔羌办事大臣后，继续期成额办法的同时加以改变既有规定。高朴奏称，南疆每年所采玉石俟选送京的剩玉中，"期成额原议五十斤为度，未免将整块者势必凿破，亦觉拘泥可惜，嗣后河玉仍照原议五十斤（此行字右侧朱批：此即伊作弊本意），其山玉变价改为一百五十斤为度"。遂将选剩玉石折价和购买对象比例进行划分，奏准"选取色润而整重者办理送京，其余六成令商民领票认买，四成赏给采玉回众"③。至乾隆四十三年（1778）十月高朴案发后，永贵在善后处理的奏报中，多次提到这种商民与回众四六分成的办法，在十月十三日的朱批中，乾隆帝对此还没有给出

---

① 寄信档，寄谕叶尔羌办事侍郎期成额不准将玉石卖给官兵，乾隆三十四年十一月二十九日，档号 03-133-3-022。
② 朱批奏折，陕甘总督勒尔谨，奏为私玉过境未能拿获遵旨复奏自请严议事，乾隆四十三年十一月初九日，档号 04-01-08-0191-024。
③ 朱批奏折，陕甘总督勒尔谨，奏为私玉过境未能拿获遵旨复奏自请严议事，乾隆四十三年十一月初九日，档号 04-01-08-0191-024。

批示，可是在十月二十九日的朱批中，就在"六成招商"的"招商"二字旁朱批了"似不必"三字。① 只是，无论如何，高朴处理送京选剩玉石中的招商和赏给，以及选玉重量的提高，必定增加选剩的玉量，选剩玉石由商人与当地回民获得，更方便了其从中获玉的同时也加快了玉石流通，拓宽了玉石贸易通道，也为其从贩运玉石中谋利打开方便之门。

## 第二节　玉石案善后与立法禁私

作为矿藏的玉石，由于彼时不能探明其储量的多寡，故而每年能够开采量多少，上报多少，均由地方官掌控，尤其当玉石逐渐成为奢侈品后，每年开采和流向市场流通的原石量，清廷很难估算，这也为贪官有空可钻，中饱私囊，直至案发。清廷在善后中重审禁止私玉流通。

### （一）玉石流通与贪腐案善后

高朴贪腐案是在玉石流通市场中发生，也成为清廷进一步遏制玉石作为商品流通的重要节点。玉石进入流通市场的另一个重要时间节点为乾隆三十五年（1770）。

高朴贪玉案发后，清廷从源头禁止玉石流向市场，且三方面着手治理玉石采办。一是禁止在密尔岱山采办玉石，以消弭偷采售卖等弊端。可是"回人等每年所贡玉石，乃伊等之正赋矣"。因而"着准照常采办"。"其中即颜色稍次，回人等岂又采石耶？既俱系玉石，则不计优劣，俱送京城。"二是严惩高朴等贪官。乾隆帝考虑到地方官在处理案件中很有可能忌惮高朴显赫出身而敷衍，便寄

---

① 朱批奏折，乌什参赞大臣永贵等，奏为密尔岱山开采玉石查明成色酌定条规事，乾隆四十三年十月十三日，档号04-01-36-0092-018；朱批奏折，乌什参赞大臣永贵等，奏为恭送密尔岱山采获玉石事，乾隆四十三年十月二十九日，档号04-01-36-0092-019。

信乌什参赞大臣永贵等"秉公审办","果真属实,一面具奏,一面将高朴即在彼处正法"。且言"高朴系慧贤皇贵妃之侄,故此,伊竟如此妄为,朕即念贵妃,亦不能纤毫庇护伊。设如其父高恒案,朕并未宽免,由此便可知矣"。并言"高朴系高斌之亲孙,高斌在时,并无劣迹,其子孙因何不肖至此耶?高朴系钦差赴彼处办事之大臣,反被色提卜阿勒氏控告,即将高朴正法,朕之心中亦羞愧极也。总之,朕办诸事,俱持至公,无论谁,毫不庇护"。三是乾隆帝指出高朴等"私采玉石必多,现仍藏匿于近处",应尽数送京。"惟回人等被高朴扰累驱使,困迫至极。送此项玉石时,不必一次送完,令伊等稍微休息,一二年间陆续运送,亦不是不可以。"①

在审办高朴案时,乾隆帝悉心过问,试图剔除不利影响,并于四十三年(1778)十月二十三日的寄信中谕,"虽项多人众,查办稍繁,但今计之,日亦已久",要求速报处理结果,指示将高朴派往苏州贩卖玉石之家人李福、商人张銮,俱解京城,交军机大臣等审讯。并言李福供,贝勒鄂对给高朴玉石四次,俱由鄂对家人尼雅孜果普尔从中办理。张銮亦供,尼雅孜果普尔从前即偷卖玉石,在叶尔羌地方现仍有商人周兴若,"伊亦往返贩卖玉石等物,亦未可定"。令乌什参赞大臣永贵,审明办理。② 另外,乾隆帝也得知,高朴贪玉极多的事实,言明在色提卜阿勒氏的呈文内称"高朴曾代伊差人往取玉石,一次即得元宝五十个。等语。此或是否我内地五十两元宝耶?或系数两元宝,为高朴曾代色提卜阿勒氏差人,即得许多耳。可知高朴能得何等之多"③。

正是由于高朴案牵动了乾隆帝酷爱玉石的敏感神经,故降旨永

---

① 以上引文均见寄信档,寄谕乌什参赞大臣永贵等着秉公官办高朴买金珠宝石不给价案,乾隆四十三年九月十六日,档号03-135-2-028。

② 寄信档,寄谕乌什参赞大臣永贵着议如何设卡增兵才能防范偷采密尔岱山玉石,乾隆四十三年十月二十三日,档号03-135-2-063。

③ 寄信档,寄谕乌什参赞大臣永贵着严审高朴阿布杜舒库尔等通同舞弊案,乾隆四十三年九月十九日,档号03-135-2-035。

禁密尔岱山玉石采办，其已采玉石，令永贵派员送京，以主事衔在采办玉石任上的达三泰亦撤回赴京。同时谕令永贵，经审讯得知，高朴案发前一年，由库车拿获偷运出南疆的玉石，并未送京，而是由专管运送玉石的侍卫纳苏图又运回高朴处。乾隆帝谕永贵彻查，并言"由此以观，他城亦有此事，亦未可定"，有无似此从各处拿获之玉石，有则俱如何办理之处，一并查明奏闻。①

从清廷对高朴案件的审讯中可知，南疆玉石进入流通市场的根结即在于地方管理官员从中牟利的驱使，且始于乾隆三十五年（1770）。是年，除了各方商人蜂拥而至贩运玉石外，"私采玉石"者也增多。玉石商人赵钧瑞的供词中即有"自三十五年以来，于叶尔羌地方商人渐众，即有私采玉石者。高（朴）大臣之玉石，据闻俱由伯克等所与，至我之玉石，陆续向回人默雅尔松和卓等收买者"。对此，乾隆帝谕："由此观之，现查出之私玉，乃三十五年在密尔岱山采办大块玉石时，回人等夹带售卖者。"并言"去岁经高朴具奏采办之玉石，系进官者，尚未运至，伊焉能即行运来肃州等地售卖耶？惟高朴去岁具奏在密尔岱山采办玉石时，即存有偷卖之心"。"鄂对、阿布杜舒库尔和卓、果普尔等，俱与高朴通同偷卖玉石之人，又系向伊等买私玉之人。伊等既属同党，则应究讯严办。"②另外，案发后的审讯中也查出高朴到叶尔羌任后，与贝勒鄂对相处甚善，鄂对代高朴寻玉，一次就给玉90块，由高朴家人伙同玉石商人携往苏州，卖得银12万余两。③

从乾隆三十五年（1770）的开采记录可知，章京哈达纳等率回子伯克等在叶尔羌所属英额齐盘外密尔岱山采获"百斤至千斤不等玉石二十余块"，除择选大无裂纹可造器者12块，以备秋末

---

① 寄信档，寄谕乌什参赞大臣永贵着将高朴严加审讯就地正法示众，乾隆四十三年九月二十八日，档号03-135-2-044。
② 寄信档，寄谕乌什参赞大臣永贵着将非与高朴家人通同卖玉者毋庸究办，乾隆四十三年十一月初十日，档号03-135-2-080。
③ 寄信档，寄谕乌什参赞大臣永贵着究讯鄂对引诱高朴卖玉勒索回众案，乾隆四十三年十月十六日，档号03-135-2-058。

送京外，其余折价。显见此次开采量较大，乾隆帝专门传谕，"嗣后，暂停办理。倘有用处，见朕降旨再办"①。然而，地方官并没有很好的执行清廷的谕令。高朴案发后，乾隆帝就言："密尔岱山玉石，遇有用时，朕仅令开采二次矣。兹高朴如此图利，看来若不严加禁止，则不知到何地步"，并再一次强调"和阗玉石乃回子等之年贡矣。除照常开采外，将此著寄信永贵，于密尔岱山开采玉石事，即遵此旨严禁，交付色提卜阿勒氏管理，谨防他人偷采"。"嗣后，若欲用密尔岱山玉石，朕降旨取之，则再行开采。"

高朴案后，除了必要的当地贡额外，清廷禁止地方随意开采玉石，一定意义上停止了对流通领域的输入，然而，案发前后存放在和阗的碎块玉石，又被陆续投放市场，补充了禁止开采后的玉石流通。乾隆四十六年（1781）十月，绰克托等奏，请将和阗空厰所储之碎块玉石，酌量分批乘便陆续解京。乾隆帝谕令"此项玉石块碎无用，尚不必解京"，允许于当地变价，出售给玉石商人。特别强调"务必照所购玉石斤数填给票照，严禁私行挟带"，购玉商人前往何处，一定要知照商人途经之总督、巡抚，转饬该地方官等，检查商人所执票照，核对玉石数目，然后放行。一经查出额外私行夹带之玉石，照例治罪具奏。②

与此同时，清廷对由南疆地方官所执行的于所获玉石当地进行挑选和变价办法之弊端予以纠正。乾隆四十三年（1778）九月二十九日，乾隆帝在给乌什参赞大臣永贵的谕旨中提出了三点详细规定。

其一，永禁变价之例。乾隆帝指责旧有规定中按优劣选择原石的办法存在漏洞，指出之前历任地方大员奏报都将每年自干河中所采之玉石，"俱选其优者送往京城，次者即留彼变价"，但是，每

---

① 寄信档，寄谕叶尔羌办事侍郎期成额等着赏赐采玉效力官员伯克以示鼓励，乾隆三十五年八月初五日，档号03-133-4-040。
② 寄信档，寄谕和田领队大臣德文等着将请解京城之碎玉就地变价出售，乾隆四十六年十月十七日，档号03-136-1-101。

次送京的玉石内，次者就有很多。若当地所剩余者"应俱如石其劣"，"则岂有商贾往远外采买，运来售卖之例耶？"须知商贾俱系图利之人。如此看来"当初选时，即有留优者，卖给商贾之弊，已属显然"。谕令"仍应永禁变价之例，以杜滋生弊窦之源"。

其二，禁止选剩劣石变价。乾隆帝谕令永贵等，从叶尔羌、和阗河中采得之玉石，"勿固执其数"，惟选优者送京外，"其选余之劣者，亦不必变价，俱掷于河，索性候其自变"。至于已经查获的偷窃玉石案，按照"选余之官玉石例"，以贱价变价办理，"愈为非是"。并谕永贵俟普查后制定出相应办法。

其三，永禁南疆大员呈进玉石。乾隆帝指示"驻回疆之大臣等，亦有进玉石者。今夫玉器，仍由温都斯坦①等处带来售卖，伊等用养廉盈余买来呈进，并非不可"。只是玉石乃俱由河中采得，"皆为官物"，不仅不应从中留为呈进之数，而且如高朴等人"借此取为己有，又奈之何？"谕令嗣后"驻回疆之大臣等，着永禁呈进玉石"②。

然而，就在上述谕令发出的次月，也即十月二十三日，乾隆帝又谕永贵，商议如何设卡增兵，差人查察，才能防范偷采密尔岱山玉石。并指出前日所言从河采得选剩玉石不必变价，仍抛掷于河的办法，"尚不能尽善，日久不肖之徒设法潜留，亦未可定。每次选后所余者，想未有大块，但送京城来，亦并不颇费"。嗣后，将在和阗、叶尔羌等河采得之玉石，"不必由彼处分选，得即俱送京城来"。显见，乾隆帝迷恋玉石心切丝毫不减，一月余前谕令禁止呈进玉石，也仅仅是气话，没有效用。

---

① 即为乾隆《西域图志》所言的痕都斯坦，位于拔（巴）达克山西南，爱乌罕东。相当于今印度北部，包括克什米尔及西巴基斯坦。玉器制作精良。见乾隆《西域图志》卷43《土产》，第2936页。又纪昀的《阅微草堂笔记·姑妄听之三》载："今之琢玉之巧，以痕都斯坦为第一。其地即佛经之印度，《汉书》之身毒。"

② 以上引文见寄信档，寄谕乌什参赞大臣永贵等着将进贡后所余玉石掷于河内禁止作价售卖，乾隆四十三年九月二十九日，档号03-135-2-048；又高朴上任以来，"采挖玉石时，多派工夫，隐藏所得玉石"，见军机处满文月折档，乌什参赞大臣永贵奏，乾隆四十三年九月十六日，《乾隆朝惩办贪污档案选编》第1册，第373页。

与此同时，乾隆帝对于南疆地方处置开采原石时将大块碎成小块的做法也予以否定。四十四年（1779）六月二十五日，叶尔羌办事侍郎复兴等奏，于密尔岱山后沟壑内，坠落玉石一块，颜色较次，且裂缝亦多，搀和粗石。已交付色提卜阿勒氏将原石"砍成块，仅以玉石抽出，从容运送"。对此，乾隆帝指示"此项玉石，虽系块大，但颜色较次，且裂缝多，何必又费人力送来？即分块送来，亦未必为优者"。且即刻将处置原石的办法寄信复兴等，言"将此一块玉石，若尚未砍成块，则即停止砍劈，仍留于山沟内。即已砍劈，亦不必运出，仍抛之于彼处"。指示复兴等"运此等玉石时所派回人等，虽俱为应行之差事，但亦赏给些许饭钱，才合朕抚血（恤）回人之意"①。

由于世人争相逐玉的势头越来越盛，商人买卖贩运之势头炽热难退，对清廷禁止玉石开采与管控形成挑战。据统计，自乾隆二十九年（1764）至四十三年（1778）间，南疆各该城查获私玉案35起。其中乾隆四十二年（1777），驻库车之常喜处查得一起较大私玉案，拿获重计1650斤的玉石，解往叶尔羌。时高朴尚在位，故"执意按此处旧定贸易例"，以每斤银1钱计，共计价银165两。此后这些玉石被高朴等叶尔羌之文武官员兵丁及输送玉石之人分得，高朴自买743斤。②

由于高朴贪腐案造成极其恶劣影响，乾隆帝对于南疆大员所实施的玉石"作价处理"办法，十分不信任，又作出进一步的指示，即"昨由高朴处从库车拿获之私玉，俱皆携回叶尔羌，以作价为口实，高朴等擅自分留贩卖。由此以观，将由各处拿获之此类玉石，不可仍留彼作价办理"。嗣后，倘又有此类已拿获之私贩玉石，则不必计其多寡，将其盗卖者，一面治罪办理外，不拘在何地

---

① 寄信档，寄谕叶尔羌办事侍郎复兴等着将采运玉石事俱照前降谕旨办理，乾隆四十四年六月二十五日，档号03-135-3-045。
② 朱批奏折，乌什参赞大臣永贵奏，乾隆四十三年十二月初六日，见《乾隆朝惩办贪污档案选编》第1册，第796页。

拿获，"即由彼查明数目，俱送京城来，仍不可如前留彼作价办理"。由是，要求永贵必熟虑定议，即行奏闻。① 上述办法则更加限制了玉石的流通和商品性。

值得一提的是，经自南疆贩运出的玉石，经苏州等地的工匠加工后的玉器，有的能标出天价，市场也有人接手。即如一件玉如意，被标价4000两售出。乾隆帝闻后，十分吃惊。② 尤其对镂空玉器的制造有不同的看法，认为雕琢时镂空，工艺精美，但是好端端的玉石被浪费，而且价格过高，必须抑制。兹就其于乾隆五十九年（1794）八月十四日所传之谕，抄录如下：

> 从前喀什噶尔、叶尔羌、和阗大臣等进献之温都斯坦玉器，均制作精美，近几年所进物内，有镂空雕花者。碗碟乃盛水之器，香炉乃置前上香之物，镂空雕花后，如何盛水盛灰？况且，好端端玉石料，如此镂空雕刻，亦属可惜。今日李时政所进物品内，即有一镂空碟托酒杯。谅温都斯坦地方断不会此等工艺，必系苏州等地始造，喀什噶尔等处大臣等令彼处回子仿制，日久传至温都斯坦，伊等亦制作此等物品携来，以牟取高利，致天然佳物枉费也。今将李时政所进托碟寄送喀什噶尔、叶尔羌、和阗大臣等过目，令通行禁止，停造此等玉器。即便安集延携来此等物品，亦禁止购买。如此，此等镂空之物，自会停造，亦可遏制安集延人加价。③

此种现象可看成是乾隆帝晚年仍对玉石贪腐案不断检视，并尽量消除其后效应中的弊端，同时也对玉石热升腾的需求降温。

---

① 寄信档，寄谕乌什参赞大臣永贵着议如何设卡增兵才能防范偷采密尔岱山玉石，乾隆四十三年十月二十三日，档号03-135-2-063。
② 上谕档，巴延三奏，乾隆四十三年十一月初二日，见《乾隆朝惩办贪污档案选编》第1册，第637页。
③ 寄信档，寄谕喀什噶尔等处大臣着通行禁止制造买卖镂空玉雕器，乾隆五十九年八月十四日，档号03-141-3-056。

乾隆以后，清廷仅留极少的采办玉石处，停止哈拉哈什、桑谷树、雅哈琅、圭塔克的玉石采办，并派员巡查，严防当地回人入山私采。至清末时，稽查"过往车驼货单内，间有贩运玉石、贵重药料鹿茸以及绸缎等项货物，俱系零星贩运，复计斤数，未及一驼"，然而，"货物贵重，该商等获利倍高"，"若与贩运常行车驼货物一律征收，该商等未免视为偏枯"。故而，地方官奏准"嗣后倘有商民贩运玉石、鹿茸等项货物者，按每一斤纳税银三分，至绸缎及海龙水獭细毛皮张等物者，按每二斤纳税银三分，以昭平允而免偏枯，体察商情，均节允服，于经费稍有裨益"。朱批：户部知道。① 从此可知，玉石税收较乾隆年间流通渠道的"每斤银1钱"有所提升，仅纳税银为每斤三分。

### （二）立法禁止私贩与官兵护送

乾隆四十三年（1778），高朴案发后，清廷对玉石买卖的打击力度加大，重申禁止私玉买卖，加强所设卡伦查禁玉石私贩情形，此也成为玉石管控的一项严厉制度。清廷规定凡是贩卖玉石，无论已未成器者，概免治罪。然而，因玉石高额利润的诱惑与商人对利润的追求，私自买卖玉石的现象已经难以遏制，私贩玉石，屡禁不止。延至乾隆五十年（1785）二月，阿奇木伯克穆拉特伯格依派下属缉查时，"搜出数斤玉石"。对此，乾隆帝认为"惟观此等私自夹带玉石之情形，其他各城属卡伦必定皆有"，因而谕令各回城大臣等，各自留意严查。② 然而，次年四月十九日的一则上谕，依旧是针对三令五申严查私贩玉石不奏效的批示，申明从民间私贩者手中所搜获的玉石，不论成色，还是料量，都超出官运送京和官员进献的玉石。其中乾隆帝言："昨见阳春保差主事双祥等，解到之

---

① 朱批奏折，哈密办事大臣存诚，奏报拟办玉石鹿茸绸缎䌷税缘由事，[咸丰朝]，档号04-01-35-0560-044。
② 寄信档，寄谕库车办事大臣等派遣官兵严查私夹玉石人等，乾隆五十年二月二十日，档号03-138-1-017。

前陆续查获的玉石，有民人周世鸿私行夹带的，也有回子等挖得之玉石，成色皆好，比每年两季采获之玉石要多。"且各大臣等所贡所有玉器，亦比所采获者好。

对此，乾隆帝十分疑惑，且说"倘谓无偷渡关口者，此等玉石又是从何而得？由此观之，私自偷渡关口携带之玉，反比官采者要好，终因搜拿未尽所致"。由是，谕令驻叶尔羌、库车、和阗之大臣等，每年两季采集玉石时，除率官兵留心采办外，仍严饬各隘口、卡伦，将偷盗私夹玉石，留心搜拿，断不可徒有虚名，仍致漏过。① 谕令乌什参赞大臣阿扬阿等将查出私自夹带玉石的回民张进忠等人审明后，玉石留在阿克苏，乘便解送京城，张进忠等解送总督处治罪。清廷令驻新疆大臣等，皆应留心行事。各回城驻扎大臣等，一体遵行，留心严查属下之人。并饬各处卡伦、驿站，缉拿私夹玉石之人，丝毫不可疏忽。②

然而，不仅私贩之势头难以遏制，就是作为官采玉石的"贡玉"在运输途中丢失事件也有发生。更值得一提的是，采办玉石送京是一项重要的由官兵承担的差事，除了防备沿途被偷换丢失等意外，途中运输防护也很重要，因道路险远，路况好坏难测，一旦防护不慎，玉石滚落车毁也时常发生。乾隆二十八年（1763）十月，玉石送京途中，有一块50余斤重的玉石，落入流经咸阳县的渭河之中。当事人奏，玉石重50余斤，落入水中，不易冲走，必会沉入河底，俟来你那春暖时节，再下河捕捞，清廷准行。③

乾隆四十五年（1780）十一月三十日，叶尔羌委员署护军参领侍卫申柱、明锡二员，押送玉石13块，装载于三辆四轮车上。当车行至河北内邱县境之梁原店村北坡，一辆装有两块玉石的四轮

---

① 寄信档，寄谕叶尔羌办事大臣塔琦等着严饬各关缉捕私带玉石过关者，乾隆五十一年四月十九日，档号03-138-3-031。
② 寄信档，寄谕乌什参赞大臣阿扬阿等着严缉私夹玉石之人，乾隆五十一年四月二十六日，档号03-138-3-035。
③ 寄信档，寄谕陕西巡抚明山着将落入渭河之玉石俟来年春暖时再行捕捞，档号03-130-3-009，乾隆二十八年十月二十三日。

大车因牲口溜坡，收勒不住，车轴断裂，大车侧翻。两块玉石，一块重 4000 斤，一块重 2300 斤。翻车后，重 2300 斤的玉石震为两段，并有震碎掉落玉石块 20 余斤。经保定府同知前往详查，称此块玉石总长六尺有余，斜俏处震断一块，计长二尺余，皮包内尚有碎玉石 20 余斤，似系大玉石上碎下边皮。①

乾隆五十五年（1790），叶尔羌所送玉石内"短缺三块、调换十五块"。清廷认为"调换此项玉石者，必系我官兵所为，似乎并非回子所为"。谕令地方认真查处。② 次年，陕甘总督福康安督办此事，认为"此玉石之事，不可与地方公务相比"，查得玉石出错根源在于叶尔羌卡伦前锋侍卫乌灵阿护送贡玉途至泾州时，所押送玉石"被一伙贼所盗，埋藏于地"而致。故将失察且失职的乌灵阿革职。③

官员对当地百姓私自采集收藏玉石的失察，在官员的互诘案中也有发现。乾隆四十六年（1781）八月乌什哈达控告德风"查出回子历年采集私藏玉石"并不办理，却召集众伯克，对私藏玉石者"施以恐吓，由其家人从中讨价，取银千余两及价值二三千两之物，方以息事"④。

乾隆五十三年（1788）七月，叶尔羌地方的"回子"多列特等私入早已封禁的玛尔岱（mardai）山盗采玉石，专守产玉大山之六品伯克祖喇布，私放盗玉回子多列特等。清廷指责伯克祖喇布"乃贪利枉法"，准叶尔羌副都统塔琦等奏，将盗玉"回子"多列

---

① 朱批奏折，直隶总督袁守侗，奏为玉石进京于内邱县防护不慎坡溜车翻玉石震断着知县蒋正朝等分别赔解来办工本银事，乾隆四十五年十二月十八日，档号 04-01-12-0195-002。

② 寄信档，寄谕叶尔羌办事侍郎明兴着查办玉石短缺案切不可张扬而致回众惊惧，乾隆五十五年四月二十五日，档号 03-140-3-043。

③ 寄信档，寄谕陕甘总督福康安着议处玉石失盗案失察之侍卫等，乾隆五十一年四月初九日，档号 03-138-3-025。

④ 寄信档，寄谕乌什参赞大臣绰克托等着审理德风乌什哈达互评案不得稍有偏袒，乾隆四十六年八月二十七日，档号 03-136-1-078；又包衣德风为礼部尚书德保之弟，时驻扎和阗，见寄信档，寄谕礼部尚书德保着据实奏报伊弟德风是否送与皮张等物，乾隆四十六年八月二十八日，档号 03-136-1-079。

特、失职伯克祖喇布等分别拟罪处置。与此同时，对查拿盗玉回子有功的六品伯克尼雅斯赏赐绸缎两匹，卡伦回子等亦酌情赏赐，以示鼓励。①

清廷在善后过程中，对私贩新疆玉石立法惩治，并按照清例窃盗赃科论罪。即窃盗赃一两以上，杖七十（又说杖60②），又以财行求与受财人同量禄入减一等，又枉法赃一两至五两，杖八千。立法甚严，与私贩不可遏制关联。一时间严判兴贩玉石的商人较多。有如：

客民沙胜传买卖玉石。沙胜传，浙江嘉兴籍。乾隆四十六年（1781），沙胜传由本籍买扇子、荷包等物，往口外乌鲁木齐地方售卖。本年正月间，将货物售卖完后，启程返回，在红庙地方向不识姓名回子买得玉石3块，共用银17.5两。遂将玉石藏在行李内夹带返回，行至嘉峪关，被兵役查获。审讯者以沙胜传作为买卖人，一时无知，偷买了玉石。按照乾隆四十三年拟定的窃盗罪例判。③

陇西县回民张李，向在库车地方做手艺营生，乾隆五十年（1785）七月，用普尔钱350文，向不知姓名之过客买得玉石2块，计重十余斤，藏于寓所。次年四月，将玉石换给安集延回子西里普，换得毛毡一块，哈喇明镜衣料一件，经库车办事大臣阳春保查出，供询。尽管张李为单独初犯，照例，按窃盗例，计赃论罪。律载，窃盗赃在1两至10两者，杖70，又毛毡等物已抵债，玉石没收送京。④

甘肃人赵国才，以赶车为营生。乾隆五十五年（1790）四月

---

① 寄信档，寄谕叶尔羌副都统塔琦等着重办盗玉回子等并赏赐查获伯克，乾隆五十三年七月二十二日，档号03-139-4-012。
② 录副奏折，陕甘总督勒保，奏为审拟私买玉石案事，乾隆五十六年三月初三日，档号03-1441-019。
③ 录副奏折，陕甘总督李侍尧，奏报拿获私贩玉石之犯事，乾隆四十七年七月初九日，档号03-1428-020。
④ 录副奏折，暂署陕甘总督勒保，奏为审拟私买玉石案事，乾隆五十二年九月二十一日，档号03-1438-013。

间，揽用客货至喀什噶尔，十月内撤回乌鲁木齐，有兵丁雇用其车辆运送军装。二十八日，行抵察尔奇克台住宿，赵国才牵马往河边饮水，有不知姓名的回子，携有青色碴玉一块，重2斤余两，赵国才用普尔钱30余文，值银一钞八分，将玉石买下，装入小布袋内，系于腰间，同行兵丁并未发觉。后被巡城官兵查出。窃盗赃一两以下，杖六十。此案赵国才买玉石价银值一钱八分，但是，该犯为内地民人，胆敢在新疆地方偷买私玉，希图带回，实属不法，被治罪。①

固原州回民田义，向在叶尔羌开歇店生理，乾隆四十七年（1782）间，用茶叶1封值银1.8两，向不明姓名回子换获玉石7块。因该处查禁甚严，埋藏于地，未敢出售。至五十四年（1789）三月内，有英吉沙尔回子萨木萨克、科奇喀尔至叶尔羌贸易，住歇田义店内。田义遂将玉石刨出，托交萨木萨克等运至英吉沙尔，许俟变卖后，各给伊等普尔钱250文。萨木萨克等允从带往。嗣于五十六年（1791）正月，田义前赴英吉沙尔寻见萨木萨克、科奇喀尔，讨取玉石，现行变卖。萨木萨克等已卖出六块，剩余一块被骗，田义索要玉石未果，事发后，田义被拘。②

嘉庆元年（1796）正月，在固原的瓦亭驿，拿获肃州兴裕魁号贩运的一批玉石玉器，有青白大小玉器22件，玉石35块，玉籽17个。官兵随对肃州铺内和相关参与买卖商人进行搜查，涉及的有固原人雍达连、靖远人张大发、高台人张富、平凉人沈×川，在这些人家中搜获玉碗2个，玉带扣1付，玉镯1对，经审问，得知是来自江宁的玉石商人存留在肃州店铺。③ 对此，清廷按相关法令予以处置。

---

① 录副奏折，陕甘总督勒保，奏为审拟私买玉石案事，乾隆五十六年三月初三日，档号03-1441-019。
② 录副奏折，陕甘总督勒保，奏为私买玉石案事，乾隆五十七年正月二十八日，档号03-1443-008。
③ 录副奏折，奏为盘获肃州兴裕魁号人犯及玉器玉石事，陕甘总督宜绵，嘉庆元年正月十五日，档号03-2424-007。

## 第五章 奢侈品玉石热及其交易

嘉庆四年（1799），新疆采办玉石基本叫停。是年新即位的嘉庆帝言，和阗采办官玉，"在回民原系任土作贡"，但是，每年开采需用驮载运送，"究不免繁费，且道路既远，玉质亦属平常，拨夫派马转运万里，殊属无谓"。何况"边疆重地，静镇为要"。嗣后，除玉陇哈什一处仍照旧例开采外，其哈拉哈什、桑谷树雅、哈琅圭、塔克四处玉石采办，俱令停止，以示体恤。并派员巡查，严禁开采。俟以后发现美玉，再行开采。①

至于仍旧官采玉石最良的玉陇哈什，只准每年秋季在玉陇喀什河进行 15 天，所出玉石附叶尔羌玉进贡。既已允准玉石、玉器在民间流通，密尔岱、巴尔楚卡二处稽查私玉之卡伦，似已成虚设，裁汰卡伦，撤销稽查，所有额设卡伦兵丁 18 人不减。② 采玉地方减少后，市场玉石流通与需求，在清人记载中如是"近年产亦稀。回民应贡，出赀购以献矣"③。

统计自南疆送京玉石等物的车价，即运输费，的确不是一笔小数。仅就玉石热减退的嘉庆十三年（1808）为例，供支进贡玉石等物的车价，以及押送官兵廪给口食等项银两数据摘抄如下，有白面 506 斤、仓储京斗小麦 16.29 斗。按照每小麦 1.5 京石磨白面 108 斤的标准，则磨白面 176 斤。再采买马皮 3 张，共车价等项银 210.841 两。④ 嘉庆十四年（1809），直隶总督温承惠给清廷报销新疆撤回官役押送玉石等项费用时，显示其中付过车 229 辆，共用车

---

① 朱批奏折，和阗办事大臣恩长奏，嘉庆四年七月初一日，档号 04-01-35-0095-003；又《清仁宗实录》卷 45，嘉庆四年五月辛巳，《清实录》第 22 册，第 361 页。

② 叶尔羌额设卡伦侍卫 13 员，内管理台卡处 1 员，年例押送葡萄果膏等贡物各 1 员，年例管押两城河玉送京 3 员，一经差委，往返经年。参见朱批奏折，叶尔羌办事大臣奇丰额、圣保，奏为奉旨核释从前办过贩卖新疆玉石案内各犯及商民回农谢恩事，嘉庆四年四月初十日，档号 04-01-08-0159-019。

③ 姚元之：《竹叶亭杂记》卷 3，参见《清代史料笔记丛刊》之《檐曝杂记　竹叶亭杂记》，第 80 页。

④ 户科题本，署理陕甘总督勒保，题为报销兰州等府厅州各属嘉庆十三年供支进贡玉石马匹并押送官兵廪给口食等项银两事，嘉庆十五年二月初十日，档号 02-01-04-19070-013。

价银 146.475 两，于是年地粮银内动拨。①

## 第三节　经营玉石的商人群体与买卖

检索清代官书档案可知，经营玉石的商人群体，来自不同地区，族群各异，资本运作与买卖，亦是或受雇，或自营，或官倒。本研究中商人参与及买卖玉石等信息的获得，又都附着在清廷对玉石采办管控层面，包括对玉石进入市场流通领域而采取的卡伦稽查、贪腐案惩治以及社会治理之中。

### （一）商人参与玉石买卖的时间节点与合法凭证

清代，将进入南疆往江南贸易玉石买卖的一般商人，称为"玉客"。就参与玉石买卖的玉客群体，或者说玉石商人群体踏入新疆从事玉石生意，是顺应了新疆统一后，清廷导引内地商人往新疆进行商业贸易的主趋势。自乾隆二十五年（1760）起，在新疆辟展、乌鲁木齐等处招民屯垦的"在在屯田"景象下，形成"客民之力作贸易于彼者，日渐加增"的势头。对此，乾隆帝十分高兴，认为"将来地利愈开，各省之人将不招自集，其于惠养生民，甚为有益"②。由于人口集聚与商业兴盛有着密切关联，至乾隆二十八年（1763）时，关内已有不少商人赴南疆和阗、叶尔羌从事商品买卖。尤其是来自长江流域的"南省汉民等凭借一项买卖"，即前往和阗、叶尔羌等处"私买玉石"，成为西北商业贸易中商人群体的组成部分。各路因奢侈品玉石的吸引而汇集南疆和阗、叶尔羌、阿克苏等处的商人，将疆内大量玉石经由叶尔羌——阿克

---

① 户科题本，直隶总督温承惠题为报销嘉庆十四年份新疆撤回官役押送玉石等项赴京磁州等州县沿途付过车价银两事，嘉庆十五年十二月十四日，档号 02-01-04-19069-018。

② 《清高宗实录》卷 604，乾隆二十五年正月庚申，《清实录》第 16 册，第 786 页。

苏——库车——哈喇沙尔——哈密——嘉峪关而运出西北，输往京城与江南。①

然而，必须强调的是，玉客的到来，或者说玉石商人群体的形成，如前文所述，有一个重要的时间节点，即乾隆三十五年（1770）。自是年起，清廷允许"选剩玉石"可由兵民购买。由于玉石作为一种国家控制的资源，最初就确定主要供给清廷皇室享用，选剩玉石实际的市场成本便由地方官据需求而估。伴随乾隆帝对玉石的关注，玉石买卖市场需求增加，玉石采量增、价格高，其高额利润吸引新疆以外更多的买卖人纷至沓来，尤其是此前一年，地方官奏准南疆所采玉石，除挑选送京的玉石外，其余选剩玉石，兵民均可购买，于是，官方允准的玉石买卖兴起。从所检索的档案史料可知，参与买卖玉石的大商人，均是清廷这项选剩玉石允许买卖定例的次年而蜂拥进入南疆，即"自三十五年以来，于叶尔羌地方商人渐众，即有私采玉石者"②。这些热衷玉石买卖的商人群体推动了玉石买卖的扩散和玉石热的兴起，与此同时，玉石交易中的高额利润吸引着一群商人，参与私采私贩行列，以致这一项的玉石买卖增多。

"自三十五年以来，于叶尔羌地方商人渐众，即有私采玉石者。"这句话是乾隆四十三年（1778）十月高朴玉石贪腐案发后，从被拘商人赵钧瑞口中供出。赵钧瑞还说，高朴的玉石，"据闻俱由伯克等所与，至我之玉石，陆续向回人默雅尔松和卓等收买者"③。除此外，自其他一些商人的供词中亦可以看出，"乾隆三十五年内"，各路商人获得了叶尔羌一带官采玉石允许兵民经营的信息，遂赴之。例如高朴玉石贪腐案中较有实力的商人张銮，就是自

---

① 寄信档，寄谕乌什参赞大臣申保等着奖赏运送玉石之回子伯克头目等，乾隆四十五年三月十五日，档号03-135-4-030。

② 寄信档，寄谕乌什参赞大臣永贵着将非与高朴家人通同卖玉者毋庸究，乾隆四十三年十一月初十日，档号03-135-2-080。

③ 寄信档，寄谕乌什参赞大臣永贵着将非与高朴家人通同卖玉者毋庸究办，乾隆四十三年十一月初十日，档号03-135-2-080。

乾隆三十五年始参与玉石贩运买卖的。

乾隆三十一（1766）至三十四年（1769）时，张銮做绸缎布匹买卖，积攒一些资本，遂由归化城三义号的伙计身份前往巴里坤、阿克苏、叶尔羌各处贩运。乾隆三十五年（1770），听闻官给玉石凭据，允许买卖，便参与其间。与其同时，在新疆的三义号店做绸缎杂货买卖的山西右玉商人贾有库也是在此时进入玉石买卖行当。①

有道是，和阗乃官采玉石之所，商民前往私贩有违清廷制度规则，没有官方给予的"写小条钤以图记"的凭据者，均属于私贩而非法交易，持有"凭证"者则为官玉。如乾隆四十一年（1776）二三月间，叶尔羌发卖的官玉万余斤，著名的玉石商人赵钧瑞陆续收买4200余斤，"俱经给有官票"②。表明是合法的官玉。

乾隆四十三年（1778）三月，赵钧瑞因欲回陕西老家，在高朴衙门请领路票，高朴将玉石1500斤、侍卫纳苏匡的玉石500斤、高朴家人常永玉石1000斤，一并交付赵钧瑞带赴内地售卖。赵钧瑞应允，并将自己玉石500余斤，一并装车，与高朴家人常用一起运往苏州出售。案发后，经清廷裁定，这些玉石均为"官玉"，是赵钧瑞伙同高朴"偷卖官玉"③。

高朴案发后，赵钧瑞之子赵世保供称"伊父在口外收买官玉，原都给有官票，每买玉石一块，即给票子一张，注明斤数"。赵世保还供称，四十二年（1777），自己从新疆转运玉石至苏州出售，"伊父原给过票子约二三百张，转交于赶送玉车之人携带，沿途卡伦验票放行"。进关之后，票即无用，"是以不曾留心检收"。次年案发，赵世保从苏州至陕西后被捕，官兵检查赵世保行李，发现

---

① 以上引文均见朱批奏折，军机处行走员外郎舒濂奏（附单供词），乾隆四十三年十月二十三日，《乾隆朝惩办贪污档案选编》第1册，第557—558页。
② 朱批奏折，陕西巡抚毕沅，奏为遵旨查明赵钧瑞买玉官票与玉石斤数不符事，乾隆四十三年十一月二十六日，档号04-01-08-0192-025。
③ 朱批奏折，陕甘总督勒尔谨、陕西巡抚毕沅，奏为究明高朴家人常永及商人赵钧瑞私带玉石确情具奏事，乾隆四十三年十月二十六日，档号04-01-08-0191-007。

"仅存官票六张，内注明玉石共一百数十斤。与赵钧瑞所供玉石斤数核对，未能符合"。赵世保解释离开新疆前的玉石官票"俱已随手丢弃"，行李中"是否尚有存留，实在记不清楚"[1]。

从上可知，自南疆经营玉石的买卖人，唯持有官票，方能经营官玉。未领取凭证的玉石，均为不合法的私贩。乾隆四十三年（1778）十一月，陕甘总督勒尔谨奏，泾州知州一次俘获三起贩运买卖玉石的商人，显然是没有凭据的私贩。此所谓三起案件，是指商人李步安、王振世一起；长明顺一起；监生毛欣扬一起。从每起案件的供词中可知，在高朴案发之前，贩运南疆和阗等处玉石的商人群体，有一项不成文的行当暗规，即在口外贩卖玉石，必与"赵钧瑞即赵乡约熟识"，方可获得买卖许可。同时得知，此次三起贩运玉石，共重781.7斤，又有"玉子（籽）"四个，共重7斤。其中商人李步安和伙计傅德一起，有玉石502.8斤。王振世一起，玉石192.4斤，玉籽一个。长明顺一起，玉石82.13斤，玉籽一个。监生毛欣扬一起，有玉石3.14斤，玉籽二个。

三起玉石案中的商人所携带的上述玉石和玉子，均购买自不同地方的不同人之手。即或以银购自肃州天锡店的回民赵世荣、鲜四之手，或以银购自居住在肃州的固原人马三之手，亦有买自过客不知姓名者。这里的固原商人马三，常年居住于阿克苏，而肃州天锡店的回民赵世荣、鲜四，为陕西籍，常年居于肃州经商。李步安供认于本年五月时，分别购买了玉石。商人李步安、傅德一起的玉石是在阿克苏购自赵钧瑞乡约，并于六月中将玉石送往苏州出售。[2]

南疆当地人也给内地玉客捎带玉石。乾隆五十三年（1788），有"叶尔羌回子"托克塔、托克托素丕二人私带玉石被查获，该玉石为"内地回民蓝宝贵出钱托令转带"。蓝氏为陕西渭南县回

---

[1] 朱批奏折，陕西巡抚毕沅，奏为遵旨查明赵钧瑞买玉官票与玉石斤数不符事，乾隆四十三年十一月二十六日，档号04-01-08-0192-025。

[2] 朱批奏折，陕甘总督勒尔谨奏，乾隆四十三年十一月初九日，见《乾隆朝惩办贪污档案选编》第1册，第671页。

民，以赶车度日，乾隆四十八年（1783），拉拽客货至叶尔羌摆摊贩卖杂货。次年，以马匹、茶叶，约值银9.5两，"向不知姓名回子换得玉石二块"，共重141斤，埋藏城外空地。五十二年（1787）八月，蓝氏将玉石起出，由托克塔、托克托素丕二人托带至阿克苏，并答应给二人普尔钱。被当地官方缴获。玉石没收，玉客治罪发配。① 十一月，该事被卡伦查出，揪出了南疆周边的安集延人也常常参与玉石买卖的事实。次年，南疆地方官在追查蓝贵宝私贩玉石案时，发现参与玉石买卖过程的商人链条。蓝宝贵供出，回子萨达克与安集延回子阿拉拜岱有联系，阿拉拜岱"曾购取回子萨达克之玉石"。再经询问萨达克的玉石来源时，其声称"系叶尔羌回子萨思迪克所售"，而且这个萨思迪克则是"雇用巴达克山回子杜尔玛"②。可见，在南疆的玉石生意中，商人之间的往来完全是围绕玉石所进行的民间底层逐利的不分国界的商品交易，在这里看不到地缘政治的影子。

除了上述没有官发凭证的不合法买卖人私贩外，一些官员借机夹带私玉谋利。乾隆五十二年（1787），侍卫常关、那保、吉尔玛善，乘护送当年自南疆入京觐见伯克之机，"得受玉客银两"，夹带玉客托办的玉石3500余斤，被清廷查获法办。参与此次贩运的相关人员，除了玉客5人、作为中间人的投充长随1名外，还有3名侍卫及其揽带的贩运玉石者25人，其中玉客及参与贩运者的籍贯多隶籍陕西三原、渭南，山西汾阳和甘肃固原等处。③ 次年，清廷查获的一起私自买换玉石160斤案，其中车夫5人，乘揽载南疆伯克行李之便私带玉石，这几名车夫除了籍贯多隶属西北外，族群身份也有别，即除了甘肃武威县一民人外，其余4人分别为西宁、

---

① 寄信档，寄谕喀什噶尔参赞大臣明亮等着查明内地回民夹带玉石案，乾隆五十二年十一月十七日，档号03-139-2-046；又马大正、阿拉腾奥其尔编《清代新疆稀见奏牍汇编》第1册，新疆人民出版社2014年版，第48—49页。

② 寄信档，寄谕叶尔羌办事大臣福崧着将回子出售玉石案严审治罪示戒，乾隆五十四年四月十四，档号03-140-1-034。

③ 马大正、阿拉腾奥其尔编：《清代新疆稀见奏牍汇编》第1册，第40—46页。

肃州、灵州的回民。① 从中可知，乾隆年间玉石贪腐案后，清廷对私贩玉石的稽查依旧十分严厉，俘获的参与者大部分则是没有得到官发凭证的。

### （二）玉石商人的买卖与合伙关系

在前文商帮问题的讨论中，已经涉及商贸活动中的合伙经营内容，兹就玉石买卖过程中，玉石商人群体为获取利润和求得买卖的顺利完成，所采取的资本混合合伙方式加以讨论，同时对该群体合伙身份的特殊性予以考察。玉客们之所以采取合伙的办法或模式：一是因为玉石作为奢侈品，从事其经营的投资较为可观，有些较大的玉块，还不能零买零卖。二是自南疆至江南的长途运输，以及玉石安全度的考量，需要合伙投资者全程参与买卖活动，这就使得参与玉石买卖的商人及其群体，多为合伙经营。三是合伙身份与关系较为复杂，参与其间者，或为父子兄弟，或同为乡党，或同为商号伙计，抑或是与官员结合的官、商勾结关系。这就使合伙关系在经济性基础上叠加了政治性。上述著名的玉石商人赵钧瑞，其参与玉石买卖，既与管控玉石采办的地方官僚高朴勾结，又与自己儿子有独立的家族经营，也作为乡约，与乡党以及商号伙计有买卖合伙关系。赵钧瑞之子赵世保称"所收玉石系伊父同伙计等合办"②。显见，合伙关系的多种形式均附着于玉石买卖中。

据史料记载，赵钧瑞系陕西渭南县回民，向在叶尔羌、阿克苏等处贩卖杂货，充当乡约，高朴案发时，已十八九年未归家乡。其所经营的玉石商队，除了其父赵进贵，儿子赵世保、另一子赵金海（赵四）外，经常伙同做生意的还有余金宝、卫良弼、徐盛如以及赵世保的雇工黄虎儿等。另外，赵钧瑞作为乡约，和地方高官高朴往来密切，故而，高朴派家人常永与赵钧瑞联系。余金宝，系赵钧

---

① 马大正、阿拉腾奥其尔编：《清代新疆稀见奏牍汇编》第 1 册，第 50—51 页。
② 朱批奏折，陕西巡抚毕沅，奏为拿获赵世保审出其父赵钧瑞同伙贩运玉石赴苏售卖得过银两审办事，乾隆四十三年十一月初十日，档号 04-01-08-0191-031。

瑞的小伙计，每月得受身钱，并非合伙出本分利之人。还有伙计王二等，系陕西人。①

乾隆四十三年（1778）正月，赵世保自甘肃回陕西老家，从赵钧瑞处带玉石49块，共重383.14斤。因在老家一时没有合适的买家，便将玉石寄存在咸宁县民人马花奇家。十一月，高朴事发，此项玉石被搜缴。另外，同年三月之前，赵世保与卫良弼、徐盛如等合伙，陆续往苏州贩运玉石四起，共约重4000余斤。由赵世保、赵金海、余金宝等到彼算账收银，并雇黄虎儿跟随，同赴苏州。时几人居住在穿珠巷汪姓店内，约见卫良弼等人。至三月，赵钧瑞父赵进贵，儿子赵世保，弟弟赵金海即赵四，还有合伙余金宝往苏州贩玉石。赵世保等带雇工黄虎儿往"苏州住旺姓店内，置办绸缎等货七十一箱包，于九月二十日起程，及进潼关，听闻查拿，余金宝令伊押货先行，即押放伊家"。余金宝与赵世保随后行走。时赵金海尚在苏州未回，"并听得伊等先令肃州人牛四带玉石赴苏州，卖银二万余两。牛四现在扬州梗子街宝玉行内等供"。"余金宝等在苏置办货物，自必将玉石卖去收回价银，始能办货。赵金海现尚逗留在苏，亦必系收取玉账。"②

与赵钧瑞合伙做玉石生意的人较多，大多为当地的生意人，也有一些内地商人，后者虽然没有到过南疆，但是，往往与赵钧瑞之子赵世保，或赵钧瑞的伙计们联系。买卖玉石，不仅成为新疆至江南玉石销售网络链条的一端，也是构架玉石买卖链条的重要生意人关系的根本。如陕西商人魏良弼、牛四、王洪绪以及安徽旌德县朱锦瑜等人，"虽未到过口外与赵钧瑞通同贩玉，但明知徐子健系赵钧瑞伙计，从口外返回玉石，即与合本牟利"，伙同售卖私玉。其

---

① 朱批奏折，陕西巡抚毕沅，奏为拿获赵世保审出其父赵钧瑞同伙贩运玉石赴苏售卖得过银两等审办事，乾隆四十三年十一月初十日，档号04-01-08-0191-031。
② 赵世保名，多条档案中"宝"与"保"混用，本件档两处写法亦不同，因自供时写作"保"，故用此，见朱批奏折，陕西巡抚毕沅，奏为遵旨查抄赵钧瑞家产资财复奏事，乾隆四十三年十一月初四日，档号04-01-08-0191-032。

中安徽旌德县人朱锦瑜就在苏州驻守。① 玉石买卖高额利润的诱惑，吸引商人投资。陕西同州府蒲城县玉石商人王洪绪说，闻得西安人徐子建从口外贩回玉石，买到苏、扬，转卖得利甚大，遂托人作中，"凑了纹银二千两，搭入玉客伙中，向徐子建买玉，因玉石难以零买"，故而一伙七八人凑了本银购玉。后这些人分为两起，经营玉石买卖。②

与赵钧瑞合伙做玉石买卖的当地生意人，有如肃州杂货铺的伙计张连，于乾隆三十九年（1774），在阿克苏与赵钧瑞合伙买玉石300斤，后又与赵钧瑞等多人合伙购买玉石1400件，均贩往苏州出手。③ 赵钧瑞的伙计徐子健，陕西长安人，贩卖玉石、绸缎杂货为生。徐子健自供，"我平日与赵钧瑞的儿子赵世保做伙计，所有玉石都是向他赊欠来"④。

当然，赵钧瑞玉石生意的发迹，还在于其和地方高官高朴的违法合作。乾隆四十三年（1778）三月，赵钧瑞往苏州贩卖的玉石中，就有高朴的玉石。时赵钧瑞与高朴家人常永一次贩运玉石3500斤，⑤ 此次合伙经营玉石中，高朴利用职权之便，为赵钧瑞买卖玉石开具凭证，赵钧瑞与高朴家人常永全程参与买卖。俟装有不同身份者出资的玉石车队先后起程，及行抵肃州，价贱未卖。时赵钧瑞与常永等共同商酌，沿途价格不合适就不出手，可运至苏州再变卖。随之，常永押带玉车先行，赵钧瑞因讨账耽延，随后起身赶路。当常永一行至甘肃靖远时，因黄河渡口盘查甚严，常永恐致败

---

① 朱批奏折，安徽巡抚闵鹗元，奏报追缴伙贩玉石银两全完事，乾隆四十四年十二月初十日，档号 04-01-35-0744-004。

② 以上引文均见朱批奏折，两淮盐政伊龄阿，奏为续获私卖玉石要犯王洪绪押解到扬州讯供解京事，乾隆四十三年十一月二十二日，档号 04-01-08-0189-001。

③ 朱批奏折，山西巡抚觉罗巴延三奏，乾隆四十四年二月初七日，《乾隆朝惩办贪污档案选编》第1册，第888—889页。

④ 录副奏片，陕甘总督勒尔谨，见《乾隆朝惩办贪污档案选编》第1册，第935页。

⑤ 朱批奏折，陕甘总督勒尔谨、陕西巡抚毕沅，奏为究明高朴家人常永及商人赵钧瑞私带玉石确情具奏事，乾隆四十三年十月二十六日，档号 04-01-08-0191-007。

露,将玉石卸车,分两次埋于糜子滩、打捞池二处,旋差车户马万金往迎赵钧瑞,告知前情,商量办法。事败后,地方官在糜子滩起出玉石970余斤,打捞池起获3320余斤,共计4300余斤。据赵钧瑞供,玉石是高朴勒令带卖,且多次索买玉器等物,并未发价。高朴还将普通玉料320斤,派令赵钧瑞承买。①

玉石买卖的合伙商人,多以同一商号共事而相识合伙。商人贾有库与王厚、郭尧是合伙关系,先是三人各出本银经营买卖,之后,孝义县人武积贮亦出本入伙。后因王厚、郭尧先后病故,合伙解散,贾有库独为掌柜。贾有库在归化城与阿克苏、乌鲁木齐之新城、旧城共有三义号铺四处,又有伊犁发货寓所一处,各有伙计在彼管事。三义号在归化城的伙计贾文经,是贾有库的远房侄子,乾隆四十年(1775)九月,随买卖生意至乌鲁木齐,次年,前后获玉石200斤,于十二月贩运至苏州出售。后又在阿克苏收了赵钧瑞抵账的玉石若干,贩运到苏州出手。②

另外,三义号开在乌鲁木齐的店伙计赵明珠、武积贮,亦参与玉石买卖,二人均为山西介休人。③ 乾隆四十三年(1778)二月,赵明珠将自己在阿克苏所换玉石550斤,交给武积贮带至北京卖出。④ 武积贮,陕西凤翔人,参与多起玉石合伙生意,有与肃州三益店(疑三义号)的朱大川、张福保、赵绳武几人合伙,还有与绸缎商人杨添山等人合伙。乾隆四十三年(1778)闰六月间,武积贮等与绸缎商杨添山合伙,经兰州南关内东如店靳氏导引,购买玉石二三十块。武积贮装车500多斤,贩往苏州、扬州一带发卖。武氏行前,留下自己的小伙计张逢贵,与杨添山等在后管带,与玉

---

① 朱批奏折,陕甘总督勒尔谨、陕西巡抚毕沅,奏为究明高朴家人常永及商人赵钧瑞私带玉石确情具奏事,乾隆四十三年十月二十六日,档号04-01-08-0191-007。
② 朱批奏折,山西巡抚觉罗巴延三奏,乾隆四十三年十一月二十日,见《乾隆朝惩办贪污档案选编》第1册,第751页。
③ 录副奏片,陕甘总督勒尔谨,见《乾隆朝惩办贪污档案选编》第1册,第752、935页。
④ 朱批奏折,山西巡抚觉罗巴延三奏,乾隆四十三年十一月二十日,《乾隆朝惩办贪污档案选编》第1册,第752页。

石同行。①

　　大块高价的玉石买卖，大部分是由不法官员参与期间。乾隆四十三年（1778）十月，自南疆贩往南方苏州的高朴链锁案破获，其中居于肃州的山西右玉商人张銮，即张明远，其与冯致安一起合伙贩卖玉石，仅运抵肃州的"玉石万余斤，大块白玉六七千斤"，俱自叶尔羌贩卖，买自伊什罕伯克阿布杜舒库尔之手。对此，乾隆帝发出诘问，"阿布杜舒库尔如何偷采？在彼处商人想必甚多，俱卖给谁？如何运至内地携往苏州售卖？"② 与此同时，被拿获的高朴家人李福供认，"高朴在叶尔羌任所积下玉石，适有山西人张鸾（銮），即张名远，向在该处贩买玉石，即托他销售，按股均分"。李福与张銮在苏州出手玉石后，张銮应得银30280余两。③

　　可见，逐利的商业走私，自古以来就难以禁止。而且官商勾结的玉石买卖是以官控玉石资源，将色佳品高的玉石，以较低的价格据为己有，或者贱卖于合作商人，推向市场后，换取高额利润。

## （三）玉石经营的本金与销路及利润分配

　　前文已述，由于玉石购置成本较大，那些大块的玉石也无法零买，加之贩运路途遥远，故而购买玉石所投入的本金，必然由多家商人集合，尤其是缺乏资本与家底较薄的商人，多采取合伙集资本金的办法共同投资，购买原石，经营玉石，相应的利润分配也按合伙者投入本金的多寡获得。而且自乾隆中叶以来，参与经营玉石商人的销路、本金及利润的相关史料的留存，与高朴玉石贪腐案有很

---

① 朱批奏折，湖北巡抚陈辉祖，奏为遵旨押解贩玉人犯杨添山等并玉石赴京日期事，乾隆四十三年十一月二十六日，档号04-01-08-0192-024。

② 寄信档，寄谕乌什参赞大臣永贵着审明高朴家人等将玉石贩往苏州售卖案，乾隆四十三年十月二十七日，档号03-135-2-065。另外，张銮，又写作张鸾，本书采前。

③ 朱批奏折，山西巡抚巴延三，奏为奉旨委员前往右县查抄高朴私售玉石案内人犯张鸾情形事，乾隆四十三年十月初九日，档号04-01-08-0189-004。

高的关联度，相关信息附着于贩运玉石被查后的商人供词中。在清廷严查、拘捕贩运玉石者的过程中，以供词的形式记录下了商人参与玉石买卖的本金、销路与利润等概况。

相关史料显示，一方面经营玉石者的本金，以多人合资经营方式为主，一些需求本金较大的买卖，且都是由清廷高官及地方实力派参与，每起合伙人数多寡不一，每个人所出本银亦多寡不齐，获利原则以投资本金多寡为基准分收。另一方面玉石买卖源头始自南疆，经河西走廊，再运至江南苏州各处获利。俟玉石销售后，商人们分得相应利银，或用于路途盘缠，或寄回老家，多数商人直接在江南各省买进绸缎、瓷器以及茶叶等畅销货物，再辗转运往新疆。如此贩运反复，链接起玉石"收采——贩运——出售——换货——再收采"循环模式的周而复始的商贸网络。

前述的陕西籍商人赵钧瑞，在叶尔羌做买卖20余年，资本积累雄厚，在阿克苏、叶尔羌等处，置办有客店、饭铺、住房以及骡马、骆驼等，在肃州专营出雇，即出租驼只的生意，其更多的资本是用于买卖玉石的流动性强的银两。赵钧瑞名下的玉石商人团队合伙经营的本金大多是由其自己筹措，高朴主要提供玉石。乾隆四十三年（1778）三月，赵钧瑞计划回陕，在高朴衙门请领路票，高朴遂将自己名下玉石1500斤、侍卫纳苏国的玉石500斤、家人常永玉石1000斤，一并交付赵钧瑞带赴内地售卖。赵钧瑞应允，并将自己玉石500余斤，合计玉石3500斤装车运往苏州销售。① 此次买卖，至十月高朴事发时，被清廷追查，方知高朴名下的玉石1500斤，即系赵钧瑞以每斤作价15两包办，而赵钧瑞自己购办的玉石，也有二三千斤。所有玉石装车后次第运输出疆，参与运输和后期买卖者，除了高朴家人外，多为赵钧瑞及其家人和伙计，赵钧瑞随自己的玉石车，跟在车队之尾。赵钧瑞告知常永，"如玉石卖

---

① 朱批奏折，陕甘总督勒尔谨、陕西巡抚毕沅，奏为究明高朴家人常永及商人赵钧瑞私带玉石确情具奏事，乾隆四十三年十月二十六日，档号04-01-08-0191-007。

## 第五章　奢侈品玉石热及其交易

不出去，要往江南去卖"①。

从十一月的供词可知，赵钧瑞等人运出南疆的玉石在苏州出手后，共计卖出苏平色银 141000 两，除约期候交银 8000 两，相关人分得应有苏平合曹平绞银若干。其中赵钧瑞名下实收银 32000 两。赵金海在苏州收存玉如意 1 枝、玉瓶 1 件，又存于苏州未卖出玉石 200 斤。赵世保除了应分银 2666 两，被捕时尚未兑付外，其余所收银两，又在苏州置买绸缎杂货等物，共花去本银 7000 余两。又付江西磁器银 3000 两，运至西安。与此同时，赵世保还将多余的银两通过汇兑银票放债，借与西安、三原、长安、肃州 5 张票②，共计银 9400 两。还给其父赵钧瑞赊欠各家货账银 9450 两，给苏州玉匠手工银 200 两。计共支出银 29198 两，所余存银 1800 两，俱系盘费、脚价使用。因苏州尚有尾账未清，留赵金海在彼讨取。另外，经地方官搜查，在商队置办的绸箱货内，夹带元宝 3 个，计重 148 两。缴获赵世保外带在苏州加工后的玉双桃 1 个、玉如意 1 枝，还有其替张连带回的玉佛手 2 件。③ 此次玉石买卖，自南疆出发至苏州，再用所得利润办货返回南疆，沿途买卖，构筑起一道玉石买卖商路，若不是因贪腐案被官方查获，一定会循环往复进行。

再说赵钧瑞从事买卖的玉石，多是从高朴手中获得，也有买自选剩官玉。赵钧瑞除了与高朴委派的家人常永、李福合作获取利润外，还以乡约的身份，关照陕西籍商人买卖玉石，从中获利。乾隆四十三年（1778）十一月，陕西籍商人李步安和伙计傅德，从赵钧瑞乡约手中购买玉石 1000 斤，每斤价银 14 两，共投本钱 14000 两。其中李步安、傅德二人出银 6500 两，山西代州人董璠出银 4000 两，肃州三义号店铺的陕西人徐子建出银 2000 两，凉州府开

---

① 朱批奏折，陕西巡抚毕沅，奏为遵旨查抄赵钧瑞家产资财复奏事，乾隆四十三年十一月初四日，档号 04-01-08-0191-032。

② 又汇票 4 张，计银 7400 两，肃州李业为银 2000 两，见本段所引同档。

③ 朱批奏折，陕西巡抚毕沅，奏为拿获赵世保审出其父赵钧瑞同伙贩运玉石赴苏售卖得过银两等审办事，乾隆四十三年十一月初十日，档号 04-01-08-0191-031。

瓷器铺的陕西人师四出银1500两。多人凑齐本金后将购买的玉石，于本年闰六月内，由傅德、董瑶二人负责送往苏州出售。① 肃州杂货铺的伙计张连与赵钧瑞合伙做玉石买卖，据张连供，先在阿克苏合伙买玉石，贩运至苏州，卖给鲍万顺行。后又与赵钧瑞等多人合伙置办玉石，运往苏州出手后，得银56000余两。②

乾隆四十一年（1776）十二月，归化城三义号的伙计贾文经，在乌鲁木齐获玉后运至苏州出手，得银5500两。后又在阿克苏收了赵钧瑞抵账的玉石若干，贩到苏州，卖后得银7000余两。③ 三义号在乌鲁木齐的伙计赵明珠，把在阿克苏换来的玉石，交给同店伙计武积贮，带至北京，卖给位于将军校场四条街古董店的店主舒二，获银7150两。④ 四十三年（1778）十一月，清廷地方官在湖北襄阳俘获贩卖玉石杨添山等17人，拿获玉石17箱子。据杨添山供，自己原为贩卖绸缎者，在肃州三益店（疑似三义号）一田姓家卖出绸缎后，恰遇武积贮、朱大川、张福保、赵绳武几人商量贩玉石，遂加入其中，几人共合伙凑银15500两，用于购买玉石。先是在田姓行里的山西人刘吉引见，从一名叫李正的人手里买了4个玉籽，又陆续向肃州东关外居住的肃州人阎子贵、凤翔县人马龙、河州人陈满喇，即陈素非等人手中"零星买了几十块玉石"，其中陈满喇手中买得3块玉石，重20.8斤。又到兰州南关内东如店靳家落寓时，在中间人靳氏导引下，买了二三十块玉。其中武积贮装了500多斤，先于闰六月到苏、扬一带发卖。在扬州抄关门内的埂

---

① 朱批奏折，陕甘总督勒尔谨奏，乾隆四十三年十一月初九日，见《乾隆朝惩办贪污档案选编》第1册，第671页；又朱批奏折，陕西巡抚毕沅，奏为遵旨查明私买玉石人犯傅德原籍并檄行固原州查办事，乾隆四十三年十一月二十六日，档号04-01-08-0192-027。

② 朱批奏折，山西巡抚觉罗巴延三奏，乾隆四十四年二月初七日，《乾隆朝惩办贪污档案选编》第1册，第888—889页。

③ 朱批奏折，山西巡抚觉罗巴延三奏，乾隆四十三年十一月二十日，见《乾隆朝惩办贪污档案选编》第1册，第751页。

④ 朱批奏折，山西巡抚觉罗巴延三奏，乾隆四十三年十一月二十日，《乾隆朝惩办贪污档案选编》第1册，第752页。

子上、张大川玉店,在苏州的穿珠巷鲍万顺、沈永兴的玉店落寓发卖。除此外,乾隆三十六年(1771)。杨添山与张福保在肃州东关外,还与肃州人丁序宾凑银 800 两,买玉 180 斤,运到苏州后,卖给洗玉店卢幅缘,得银 1200 两。又于三十八年(1773),在肃州凑银 600 两,买玉 200 斤,到苏州卖出,获银 800 两。三十九年(1774),杨添山同朱大川在肃州还买过玉石 200 斤,也运至苏州卖出。杨添山还说,所有的这些玉石,"都是零星向回回们买得,拿回陆续卖去"①。

玉石商人王洪绪等七八人因玉石利润诱惑,集资经营玉石,最初凑本银 16700 余两,向西安人徐子建买玉。徐子建又将自己名下玉石托带同销,作本银 10800 两,共玉 44 块,运到苏、扬卖出,银两照本分利。后王洪绪等人分为两组经营,即王洪绪与牛四、叶青为一组,朱金玉、高代五并伙计洪姓为一组。卖出玉石后,按投入资本金多寡分利。

王洪绪与牛四一组于乾隆四十三年(1778)十一月初五到扬州后,住在张護山骡行内,至腊月,住在王宝玉行,忙于分销玉石。其中将玉石 6 块卖给顾又简,得银 17000 两;卖给李泰来 1 块,得银 14000 两。其余 15 块,与牛四带到苏州,在鲍万顺行内分别出手,2 块卖与戴殿侯,价银 6200 两,1 块卖与崔正伦,价银 1500 两。又祝文相买去自行做成玉石 2 块,得银 2300 两。还出手了几块,分别得银 2100 两、1300 两、920 两不等。又卖与邵维义 1 块,价银 40 两。尚剩余 6 块,由王时中拿去转卖,准作银 1944 两。是为王洪绪、牛四、叶青一起合伙贩运玉石的本金、销路与利润分配。

朱金玉等合伙自南疆带至肃州的玉石 22 块,由王时中经手卖了 3 块,得银 720 两。祝文相经手卖了 3 块,得银 1006 两。朱金

---

① 朱批奏折,湖北巡抚陈辉祖,奏为遵旨押解贩玉人犯杨添山等并玉石赴京日期事,乾隆四十三年十一月二十六日,档号 04-01-08-0192-024。

玉卖出8块，得银691两。剩余8块，存在朱金玉家，因色青，未卖出。

两组在苏州、扬州两处共卖出玉石得银49720两。在鲍家行内算账，每人由本银100两，分利78两。其中王洪绪、王时中各出本银2000两，各分得利银1560两。朱金玉、牛四各出本银3650两，各分得利银2847两．叶青本银600两，得利银468两。祝文相、高代五共本银4800两，分得利银"三千七百几十两"。徐子建以玉石作本10800两，分得利银"八千四百几十两"，"尾数都记不清了"。分得银子后，几人置买了绸匹、茶叶回西安，同时还带了现银数千两。

王洪绪说，自己名下本金2000两，先于同年八月初间汇到陕西泾阳县西关世丰店，交伙计何兴邦收，利银1560两，在苏州的盘缠用去二百几十两，置买梭布、绸缎、皮衣，共用去900余两，付骡脚31两，并零用二十几两，箱内还存350两。

王洪绪供状还说，给徐子建分配的银两是交于赵世保、余（余）金宝并赵金海3人的。几人中，余金宝与徐子建是赵钧瑞的伙计，赵世保是赵钧瑞的儿子，有无零带玉石来苏货卖共带回银两若干，不清楚。王洪绪还说，俟自己出售玉石返乡回家时，赵金海还在扬州讨账，住在布金庵内，时已讨得银950两，托王洪绪带回。王洪绪因自己行李已很重，只替赵金海带银500两。又徐子建名下应分利银还有1150两未清，王洪绪替徐子建讨来后，交于赵金海。①

从上述及各方供词中可知，商人购置玉石的本金，各有来路。大致分为三类。

第一类是或自主出资，或合伙凑数，然后购买官方选剩官玉，或自当地回人手中购置和搜刮。乾隆四十三年（1778）五六月间，

---

① 以上引文均见朱批奏折，两淮盐政伊龄阿，奏为续获私卖玉石要犯王洪绪押解到扬州讯供解京事，乾隆四十三年十一月二十二日，档号04-01-08-0189-001。

商人李步安等 5 人合伙，共集资 1.4 万两本金，用于购买玉石。①在苏州驻守的安徽旌德县人朱锦瑜，在筹集本金经营玉石中，一次分得利润银 14000 余两。②

还如赵钧瑞的玉石是"陆续向回人默雅尔松和卓等收买者"。而高朴参与买卖的玉石多为搜刮偷拿官玉。据商人供称，闻高朴的玉石"俱由伯克等所与"。即如乾隆帝在上谕中言，"现查出之私玉，乃三十五年在密尔岱山采办大块玉石时，回人等夹带售卖者"。四十二年（1777），"经高朴具奏采办之玉石，系进官者，尚未运至，伊焉能即行运来苏州等地售卖耶？""鄂对、阿布杜舒库尔和卓、果普尔等，俱与高朴通同偷卖玉石之人，又系向伊等买私玉之人。""至于在密尔岱山采办玉石之处，今既已降旨禁止，嗣后，似此偷采售卖等弊端，自然消弭。回人等每年所贡玉石，乃伊等之正赋矣。着准照常采办。其中即颜色稍次，回人等岂又采石耶？既俱系玉石，则不计优劣，俱送京城。"③

第二类玉石买卖大商人的本金，大部分来自绸缎、瓷器与杂货买卖。这类本金又多是玉石卖出后再获利的本金，是推动玉石买卖兴盛的重要部分。商人自南疆将玉石贩运至江南苏州出手后，又购置绸缎等货物转运至新疆获利，故而玉石、绸缎等商品架构起了自南疆至江南的商路。如赵世保的雇工黄虎儿供称，四十三年（1778）正月，同赵钧瑞之子赵世保、并赵钧瑞之弟赵金海（赵四），及同伙余金保，自肃州到家，三月内，赵世保等同赴苏州，住汪姓店内，置办绸缎等货 71 箱包，于九月二十日起程，及进潼关，听闻官兵查拿，余金宝令黄虎儿押货先行，即押放伊家。余金宝与赵世宝随后行走。黄虎儿还言，"听得伊等先令肃州人牛四带

---

① 以上均见朱批奏折，陕甘总督勒尔谨，奏为于泾州盘获私贩玉石商人李步安等并起获玉石分起解京事，乾隆四十三年十一月初九日，档号 04-01-08-0191-026。
② 朱批奏折，安徽巡抚闵鹗元，奏报追缴伙贩玉石银两全完事，乾隆四十四年十二月初十日，档号 04-01-35-0744-004。
③ 寄信档，寄谕乌什参赞大臣永贵着将非与高朴家人通同卖玉者毋庸究，乾隆四十三年十一月初十日，档号 03-135-2-080。

玉石赴苏州，卖银两万余两，牛四现在扬州梗子街宝玉行"。"余（本件档案为佘，疑为余，下同）金宝等在苏置办货物，自必将玉石卖去收回价银，始能办货。赵金海现尚逗留在苏，亦必系收取玉账。"①

笔者将黄虎儿此供与赵世保所供比对，可知赵世保此次往苏州置办的绫罗绸缎、顾绣、衣服、杂货等物，装载了大小箱包71个。再经江苏巡抚杨魁令各该司府查明，赵金海已于十一月初一自苏起程。再经提讯本地开店之汪长发，知其系吴县人，开杂货行，住歇客人。汪长发供出了赵世保一行商人在苏州购货的清单，即本年六月初，有西安赵姓两人、并佘（余）姓、黄姓、来店居住，其赵姓，一系赵四，其箱上贴有钧瑞赵记，一系赵大，即赵四之侄，其佘姓、黄姓，系赵四伙计。这些人雇工后，在茂林庄、张大成两家店内置买濮院绸，每匹1.08两，计银4000余两，装箱30只，每只135匹，"其价银系进店时带来"。又买顾绣、零星货物，约有10余箱，有赵世保等熟识之王洪绪代为置买的货物，共计40余箱。九月十三日，赵大同佘（余）姓、黄姓雇船先行起身，到浦口起旱前往陕西。赵四在店住至十一月初一，雇船起身到扬州，再雇骡回陕西，带箱2只，还买了名叫朱二保的十二三岁孩童一名，一同起程。汪长发还供称，赵四"来时并未带有货物，去时亦无存留物件"。经江苏巡抚令手下提讯卖绸之店铺及船行埠头人等，供亦与自己复督同藩臬两司讯相同。地方官还查出汪长发所言的赵四，就是赵金海，其于十一月初一，雇船起程前往扬州，雇骡回陕的事实清楚。② 如此表明，赵世保一行商人自苏州北行时，将卖出

---

① 余金保之姓在本档中写为"佘"，见朱批奏折，江苏巡抚杨魁，奏为遵旨查拿赵钧瑞之弟赵金海等情形事，乾隆四十三年十一月十六日，档号04-01-08-0192-002；又扬州御档，奏为遵旨缉获要犯牛四并讯明辗转售卖玉石情形事，乾隆四十三年十一月十四日。

② 朱批奏折，江苏巡抚杨魁，奏为遵旨查拿赵钧瑞之弟赵金海等情形事，乾隆四十三年十一月十六日，档号04-01-08-0192-002；又扬州御档，奏为遵旨缉获要犯牛四并讯明辗转售卖玉石情形事，乾隆四十三年十一月十四日。

玉石所得的大部分利润购置了绸缎瓷器等货物。

在乾隆朝玉石买卖中，除去赵钧瑞外，本金投入较大的另一位商人，就是山西籍的张銮，又称张明远，亦是高朴案发后，在供词中记录的较有资金实力的一名玉石商人。其经营玉石过程中，主要与高朴合作。高朴亦派其家人李福为自己从中牟利。在官方供词中记载，张銮"数与高朴家人李福朋比为奸，数量巨万"。由于高朴从来都不出本金，仅拿出玉石委托给张銮进行买卖，从中收银。

乾隆四十二年（1777）四月十九日，高朴家人常永自叶尔羌起程，"带车五六辆，载运玉石，往苏州一带售卖"①。商人张銮以赊账的方式，推销绸缎给南疆的阿奇木伯克鄂对，鄂对以偷采玉石偿还绸缎欠银7781两。② 同年，库车办事道员常喜截获由叶尔羌回民私贩苏州等处准备出售的玉石1600斤，"其中块大色好者，即有一千四百余斤"③，玉石被常喜查获后，运回叶尔羌当地，高朴以"一钱一斤"的定价，由自己贱买，再运往苏州高价售卖谋利。高朴还规定"凡五十斤以下者，概不具奏，径行变卖即可"④。

这里再强调一下，关于玉石选送京和选剩处置的50斤标准问题，库车办事常喜是这样说的，四十二年（1777），当常喜自己拿获叶尔羌回子偷采的玉石送回高朴处办理时，高朴却以"五十斤以下之玉块向来俱不具奏，因招商变卖，每斤定价一钱"处理。事后清廷问罪，责令查明50斤以下招商变卖的定价例，即"何时所定，何人任内所办，曾否奏明"，并传谕南疆办事大臣等，嗣后凡盘获偷带玉石之回民商贩，即行具奏治罪，并将玉石开明斤重、块数解京，不得仍前以较小之玉私自变卖完结。"如

---

① 中国第一历史档案馆编：《乾隆朝满文寄信档译编》第13册，第608页。
② 中国第一历史档案馆编：《乾隆朝满文寄信档译编》第13册，第634页。
③ 中国第一历史档案馆编：《乾隆朝满文寄信档译编》第13册，第635页。
④ 中国第一历史档案馆编：《乾隆朝满文寄信档译编》第13册，第616页。

敢故违不遵，别经发觉，定行从重究治。"① 可见，在高朴任内，私自处置偷采玉石，对清廷玉石资源管理和市场变动造成极其不利影响。

另外，张銮与同在归化城三义号铺户的财东贾有库"实系出本分利之人"。经清廷官方查证，"归化城铺户贾有库资本甚多，向系遣伙前往新疆各路贸易，既与张銮出本分利，即属私贩玉石之徒"。贾有库的资本在新疆多有积攒，如"乌鲁木齐的巩宁、迪化二城"②，有三义号货铺二处。截至乾隆四十三年（1778）十月，此二铺除了送回归化城银 18000 余两外，尚存银钱货物合计价值共银 15000 余两。两铺雇有商民张大雏等 17 名从事玉石生意。

据张大雏等供，其在巩宁、迪化二城开铺，领归化城三义号货物，只有张大雏身钱算 7 厘股份，其余俱是雇工伙计。在阿克苏也有财东贾有库的买卖。四十三年（1778）八月，有姓魏者，从归化城发货前往阿克苏。另有一姓樊的，从乌鲁木齐铺内发货前赴伊犁售卖。十月十六日，巩宁、迪化二铺派伙计张凌云起镖送往归化城货银 1.8 万余两，又替人代寄银六七百两，现在资财货物都在铺内，归化城每年十一二月内发往新疆的铺子货物一次。③ 据张銮自供称，尼雅孜果普尔品前即偷卖玉石，在叶尔羌地方现仍有名叫周兴若的商人，亦往返贩卖玉石等物。④

第三类为从事玉石买卖的小商人的本金，也在完成运输或手艺买卖后获利，再购买玉石自用，这无形中增强了玉石买卖的兴旺。乾隆四十三年（1778）十月十六日，库车办事大臣惠龄委司员营弁加意盘诘、留心搜查"到城换票商回人等时"，有驮夫马三云、

---

① 朱批奏折，伊犁领队大臣惠龄，奏为盘获民人马三云等私带玉石遵旨查办事，乾隆四十三年十月二十一日，档号 04-01-30-0370-016。
② 这里的乌鲁木齐是指都统辖属，与迪化概念不同。
③ 朱批奏折，乌鲁木齐都统索诺穆策凌，奏报准咨查办三义号商人是否偷贩玉石事，乾隆四十三年十一月二十二日，档号 04-01-35-1385-005。
④ 寄信档，寄谕乌什参赞大臣永贵着议如何设卡增兵才能防范偷采密尔岱山玉石，乾隆四十三年十月二十三日，档号 03-135-2-063。

第五章　奢侈品玉石热及其交易　　　　　　　　　　　411

李福有、李满德一行三人，自叶尔羌前来换票，城守营都司搜出玉石8块，重31斤多。马三云，年四十六岁，系肃州人，于本年正月内在肃州雇于民人马三成拉骆驼货，五月内至阿克苏交卸，七月间又雇于马姓民人拉驼前往叶尔羌将货物交卸，挣得银两后，想回家，故将剩的工钱花普尔200文，买海姓民人的玉石两块，"内青色礤（碴）子玉一块，重三斤十两，青白色礤（碴）子玉一块，重二斤十四两"。同行时兄弟马自元亦购买了不知何姓人的青白色碴子玉一块，重1.8斤，因马自元病故，归马三云保管。又因马三云身怀制作秤的手艺，叶尔羌吴姓玉匠将两块废玉送给马三云做秤锤用。两块玉籽中，一块为绿色玉籽，重8.4斤，另一块是黑色碴子玉，重1.10斤。

与马三云一起做贩运买卖的民人李福有，三十岁，系肃州人。于乾隆四十二年（1777），被商人王国栋雇用，由肃州拉骆驼驮货，次年四月内到阿克苏交卸后，同马三云拉驼到叶尔羌。李福有在阿克苏时，将剩的工钱买了回子的玉石两块，内青色碴子玉一块，重8.4斤，又青色碴子玉一块，重3.8斤，共花青钱1000文。卖其玉石的是一名回子，不知姓名。还有李满德，事发时31岁，系固原州人。在三月前的正月内，被民人马三成雇用，同马三云由肃州拉驼货，五月内到阿克苏交卸，至七月间仍与马三云拉驼到叶尔羌交卸，于九月内由叶尔羌回到阿克苏，花普尔30文，在一名不知姓名的回子手里购买青色碴子玉一块，重1.10斤。马三云一行三人，用所剩工钱购买几块玉石，因购买后因"恐其上税"，均未报官，被搜查后，判为"无票私玉"。[①]

从上可知，买卖玉石商人的购石成本，多通过多人合资凑得，购买玉石后，再贩运出南疆，售出后能够获取更高额利润。据档案记载，玉石大商人张銮自疆内贩运至苏州的玉石，一次出手得银

---

① 朱批奏折，伊犁领队大臣惠龄，奏为盘获民人马三云等私带玉石遵旨查办事，乾隆四十三年十月二十一日，档号04-01-30-0370-016。

30280余两。①

另外，南疆官采玉石也有不同的分销处理途径。乾隆四十三年（1778）十一月，乾隆帝寄谕乌什参赞大臣永贵，令其查明高朴是如何卖出玉石。其中据绰克托（绰勒多）称，曾多次将卡伦搜获的玉石运往叶尔羌，经高朴之手出售，也有的是就地出售。如四十二年（1777），拿获私玉共计1600斤，其中块大色好者，即有1400余斤。这些玉石送往叶尔羌，变价出售时，"官定价值甚贱"。主要在于高朴将其中上好玉石留给自己和关系户，"其余次者，才卖给商人"。就地变价出售的私玉价银，也送往叶尔羌。如乾隆四十年（1775），于乌什所属齐兰地方拿获私玉40余斤，即就地变价出售，价银送往叶尔羌。四十三年（1778），于库车地方拿获私玉400余斤，亦于当地变价出售，同样将变价银送往叶尔羌。② 高朴此类货买金珠宝石不发价值，私采玉石串通商人贩卖事件的积累，引发叶尔羌阿奇木伯克色提卜阿勒氏控告。③ 其中显示，清廷官采玉石流入买卖市场的途径有二：一是由清廷准予的采办选剩玉石，变价卖给玉石商人。另一是卡伦官兵搜剿拿获私贩玉石后，通过就地变价或者送往叶尔羌由高朴负责挑选后，再变价卖给玉石商人。玉石作为管控资源，在一些实操官员之手变成了最廉价的集聚财富的标的，也是最隐秘的中饱私囊的标的，且通过定价与市场流通领域兑现。

由于清代江南玉器雕工精湛，仅苏州城西阊门内的专诸巷，又称穿珠巷，就是玉器集中制作之处，这里五方杂处，百货聚集，加之清廷的引领作用，名声大振。如乾隆二十七年（1762）三月，乾隆帝谕苏州织造安宁，一批需要制作的玉石将在本月十一日送到

---

① 朱批奏折，山西巡抚巴延三，奏为奉旨委员前往右玉县查抄高朴私售玉石案内人犯张鸾情形事，乾隆四十三年十月初九日，档号04-01-08-0189-004。

② 寄信档，寄谕乌什参赞大臣永贵着查明高朴如何售卖玉石，乾隆四十三年十一月初六日，档号03-135-2-074。

③ 寄信档，寄谕大学士阿桂等着严审高朴私采玉石串通商人贩卖等案，乾隆四十三年九月十六，日档号03-135-2-027。

苏州，俟安宁接到玉石后，先行收存，并亲领工匠详加勘查，"应视其大小，可做何种器皿，将品色优良者，则需精工细作；寻常者，应毋须费工，预先制定式样"，并将每块玉石各备二三图样送京，等亲自览后，再行制作。① 由于清廷类似的做法，以至于"天威开拓新疆以来，各处商人时有私贩玉料来苏之事"②。尤其至乾隆中期，这里的玉器手工艺进入了全盛时期，也孕育出清宫造办处玉作名匠世家。

苏州玉器行的玉匠平七、平八，浙江嘉兴人，为同胞兄弟，均是乾隆时期著名的玉工，其制作玉器的手艺称为"镟玉"，是采用机械镟床加工玉器，比当时流传的传统玉器制作工艺省时省料，玉胚质量上乘，便于进一步加工，被世人视为绝活。平氏兄弟自怀技艺，也秘不传人。乾隆四十三年（1778）四月，也就是早于高朴案发前，平氏兄弟的玉器铺接了从新疆叶尔羌贩运而来的一大批玉料，玉料的主人就是高朴家人张銮。③ 张銮要求平氏兄弟加工了玉盘等器物。九月，高朴案发后，清廷将在张銮租住的专诸巷家中搜出的玉料、玉器悉数运京。至十一月，京城的乾隆帝看到这批玉器，"内有玉盘，系整套镟成者，其法甚巧"。询之周围之人，方知"在京所有玉匠，皆云不能。据称苏城只有平七、平八二人专门做此，其法不肯传人等语"，遂即传谕苏州织造，"即于此二人内挑选一人，妥为资送来京，其应用做玉器具，并令其捡齐随带，勿任其托故推避"④。十一月二十四日，接旨的苏州织造全德便照办寻人，次年初，平七抵京。从平七开始在造办处培养学徒，至十二月二十一日南返，整整一年。乾隆帝谕："镟玉匠平七、朱云

---

① 寄信档，寄谕苏州织造安宁着将送到玉石各备二三图样奏览，乾隆二十七年三月初七日，档号03-129-3-034。
② 中国第一历史档案馆编：《乾隆朝惩办贪污档案选编》第1册，中华书局，1994年，第480页。
③ 朱批奏折，军机处行走员外郎舒濂奏（附单供词），乾隆四十三年十月二十三日，《乾隆朝惩办贪污档案选编》第1册，第557—560页。
④ 《乾隆朝上谕档》第9册，第451页。

章，俟启祥宫放年假时，不必进启祥宫，加恩着伊回籍。"① 从此可知，清宫玉器的玉料，大部分贩自新疆，而制作匠人则来自苏州。一块玉石则连接了乾隆朝及其后的商路交通，显示了商贸发展的水平。

---

① 《清宫内务府造办处档案总汇》第 42 册，第 590 页。

# 结　　语

　　中国的西北角，是丝绸之路要道。自 18 世纪以来，以大宗商品为纽带的商贸经济步入新的格局，商贸发展顺应了这里社会形势的发展趋势。主要表现：首先，清初以来，西北军事形势的转变，清廷完成统一，成为社会发展的总趋势，尤其在与准噶尔部的较量中，战略军需物资齐聚西北边关。整个过程中，商人随军队辗转行进的方向而贩运亟须商品，故而，具有战略物资特性的粮食、牲畜以及军队日常所需的茶叶等日用品，成为商人贸易的主要商品。其次，入清后，伴随西北统一，甘肃及其以西的广阔地域，商贸市场拓展。多民族交流交往交融，农牧兼营的经济方式，就地取材的丰富农牧产品，成为商人从事贸易买卖的基本资源保证。加之多民族不同生活方式下，日常所需商品具有多样化，即市场及民众对丰富商品的需求，成为来自东西南北、五湖四海的经商者们能够展开贸易的平台。第三，清廷以统一西北为国策，历经康雍乾三朝近百年的经营，使得西北成为清廷开发的重要区域与对象。清廷从国家层面大力迁徙人口充实西北边疆，尤其是对新疆的经营，大规模农业屯田的展开，把握中亚地缘间利润可观的贸易商机，使得西北成为清代中国社会经济利益动力十足的区域，成为商人有利可图的场所。

　　清廷最初对西北茶务的重视，并不是从大宗商品的经济性出发，而是从政治调控与军事需求的目的考量。伴随对西北统治的稳固与加强，清廷对茶务的关注，由政治、军事转向经济，尤其重视商贸税课的征获，并围绕此逐步确立和展开一系列政策制度的制定与调整。雍正年间，甘肃巡抚莽鹄立兼理茶马时就言：茶马重务，其一切茶法利弊，敢不悉心筹划，"为便商裕课起见，管窥末议是否可行"。可见，"便商"目的在于"裕课"。当然，巡抚莽鹄立的奏章进京后，雍正帝也有一段批示和回复，意即改革茶政弊端，需要谨慎行事。雍正帝谕："茶政之弊窦甚多，朕实不达便，你初到据听一二人之论，亦未必能洞悉。朕意，未透彻时，急速更张，不如深知灼见后再调停，免后日改正为难。朕既不明白，便难批谕。与岳钟琪商酌川陕之事，伊甚熟谙，可与之斟酌定议，应题具题奏。"① 此也表明，清廷在对待因袭前明以来茶叶贸易的旧例时，十分清楚是否做出调整，或如何做出调整。深知沿用与改革旧有制度，一定会影响到西北时局与社会稳定，利弊均存。清廷十分明了茶马资源利用在商业贸易乃至国家税收中的作用，因而，尽管已经看到了茶政存在很多弊端，但是，仍旧抱有谨慎态度，顾虑"急速更张"可能会给社会带来不必要的负面影响。故而，适时的制定与调整政策的用时都较长，比如，古城设局征税、引改票等，既就是至清末的官办晋茶、伊塔茶务公司成立，都用了较长的时间周期，也是通过中央与地方、地方与地方、地方与总商之间等反复论证，会商讨论后，方才落实。由于长时间的拖沓延迟，一些地方官时常采取奏报申请与着手办理同时进行的办法，以提高制度或者实践的工作效率。这一现象不仅在茶贸层面如此，在其他商品贸易机制的制定与调适中，也十分谨慎。

乾隆朝平定准噶尔以及统一天山南北后，新疆地区从茶马互市的贸易场所转为茶叶的内销市场，在此转折中，清廷西北茶法治理面临"新疆回夷口食，茶粮最关重要"的新问题，一旦茶叶"流

---

① 宫中档奏折—雍正朝，甘肃巡抚莽鹄立奏，雍正六年三月二十三日，文献编号：402011293，统一编号：故宫014425，台北故宫档案藏。

通滞涩",“殊于夷民日用有碍"①，尤其是面对"回疆出产足以自给，所需者惟茶为最"②的特殊性，使得清廷不得不有重点地着手关注新疆的茶叶贸易，并有意识地移入甘肃既有的茶引制。可是，甘肃实行的官颁茶引、商领行销方式，因新疆缺乏实力雄厚的商人承运，难以推广。清廷需要寻找一种新的行茶方式，来满足新疆民众饮茶需求，并实现国家对新疆茶务的有效管理。清廷中央与地方官员在经历了多方考察和实践后，最终就茶叶这一大宗商品在新疆行销的适中之地，设局征税，将这里的茶贸纳入了近代国家税收体制，成为国家财政运转的一部分，更加有效地牢固了大一统局面，也对后期新疆自行创办茶务机制奠定了良好基础。而这一相互接续实践的历史价值与后续影响力，则是十分重要和尚须引起研究者重视的方面。

再说，西北近边地方的以茶易马，伴随马匹来源渠道多元化和统一战争结束，用于战事的马匹需求减弱，茶马交换停止，茶马互市的中马功能逐渐废弛。而茶叶这一农产品资源成为国家所掌控的具有政治与经济双重性的重要商品，且伴随社会发展，经济性更浓厚，一个最明显的变化就在于茶课成为地方商税的重要来源，也是国家拨付本区域军饷的重要补给。与此同时，茶引分类中的官茶、商茶与附茶比例也逐渐发生变化，先是官茶由本折色，折色比例增大，以兰州甘司和新疆古城为中心的商茶和附茶以及北商所销杂茶的贸易市场逐渐兴盛，茶税征收快速进入国家视野，成为商税的一部分。

伴随税源地位的提高，以及新疆建省后抽税增饷的当务之急，西北茶务原有格局陷入窘境，面临分离。然而，这一趋势与节点，从两条路径中开始酝酿，并走向成熟和推行。此所谓两条路径：其

---

① 《清宣宗实录》卷71，道光四年闰七月甲辰，《清实录》第34册，第133—134页。

② 《那文毅公奏议》卷77《议立茶税》，《续修四库全书》，第497册，第732页。

一，是在清末新疆建省及其过程中，伊犁官办晋茶、伊塔茶务公司的成立等，① 使新疆茶务由官商合办而走向商办，使西北茶务发生空前的改变，新疆地方逐渐构建起自己独立的茶税征收体制。其二，是清廷整顿西北茶务而实施的改"引"为"票"以及默许依据市场运行而形成的晋茶官办与继之的茶叶公司为主体的行销格局，以致西北茶法机制在中央与地方的直接调适下，在民营茶商参与其中的结构关系中得以演替，使自唐宋以来由茶马资源交换而缘起的西北茶法机制，被统一的近代税票与商销制所取代。

另外，茶叶是自西北区域之外流入的大宗商品，由于其为当地民众日常饮食的重要必需品，是当地民众助消化解油腻的不可或缺饮品，也就成为国家管控的重要资源和官私谋利的重要商源。某种程度上可以说，茶叶的生物性高于其经济性，经济性成就了茶叶市场，官方对市场及需求人群的管控，又使茶叶凸显出不符其原本身份的政治性。尽管当时的人们并不能完全从科学角度分析茶叶的生态功能，不能解释其对这里大量食乳酪肉制品人群人体生理的裨益，但其隐含的生态特性恰恰成就了经济价值，成为政治管控的重要资源。正如英国学者艾伦·麦克法兰所言的"只有茶叶成功地征服了全世界"。

值得一提的是，在清廷十分关注下的西北贸易之繁荣，极大地刺激了清代以来中国北方经济的发展，也成为区域多元文化发展演进的润滑剂。以茶叶、马匹、绸缎等各项大宗商品贸易的兴盛，孕育和成长出一批城市，以茶叶为主的各种大宗商品的商业贸易的扩展过程，也基本与西北城市发展同步而行，有益于西北社会发展，从而显示了国家与市场之间紧密的连接乃至某种程度上的治理一体化。同时，中国茶叶、大黄、绸缎等商品，在中亚经济贸易中的地位依旧盛销不衰。另外，不得不说，西北的茶叶、大黄、绸缎乃至

---

① 关于茶引细分、茶课本折演变、官私茶界定与合法性、官办晋茶向伊塔茶务公司的转变及其相关性等问题，待见另文。

玉石等商品的贸易，孕育出的许多富商大贾，尤其具有垄断地位的回商及晋帮和陕帮中的富商，在这一进程的构建中，贡献了力量。

商贸的发展与区域自然经济环境关系密切，商人进行买卖的商品，一方面离不开活动区域的出产，另一方面需要通过贩运沟通不同区域产品。当然，大部分的时候还是要依赖地方自然资源环境禀赋，考量商品的地缘生态特性，如以大农业的概念而言，西北地处农牧交错带，经济范畴属于农耕及畜牧为主体，具有农耕与畜牧交替互动的特点，尤其皮毛等畜产品在中国畜牧经济中占有极大比重，故其商业活动存在明显的与区域经济方式相对应的优势与限制。而达到农牧产品各自行销与市场需求相互对应，是这里商贸经营中的一大亮点。

基于商贸行为对于商家而言，尽管是将一个商品经过买卖而转换至盈利的闭环系统，可是这些活动过程中所依附的道路交通，也就是俗称的商路，却具有明显的外延性与辐射性，属于动态的在地域范围上的不确定扩展，并非严格按照行政区划进行。西北的商路在自区域内，因大黄、葡萄、玉石、皮毛畜产等大宗商品的贸易而与江南连接，因以晋商、回商等为主的商人群体，通过茶叶、粮食、绸缎、瓷器等各类商品而将中国的西北角和大江南北商贸市场贯通一气。清廷通过国家层面出手调控，将作为大江南北的农产品及手工业产品输往西北，再经过难以计数的商人及提篮小卖者的贩运接力，连接中亚，重塑丝绸之路。

清廷统一西北，将由近边的准噶尔人等族群作为中介的与中亚贸易，转变为与中亚直接进行的贸易。由清廷操办的乌鲁木齐为定点的贸易市场，标志着清廷与哈萨克乃至中亚贸易关系的开创，使清廷与中亚的经济联系呈现出新的态势。所以，受中亚地缘关系影响的清代宗藩关系制下的边境贸易、地缘政治格局下的中外贸易等西北的商贸活动，开创了西北商贸局面的新格局。这其中还应该包括近代以来西北畜牧产品被融入国际大商贸格局的重要内容，比如以洋行组织为媒介，本区畜牧产品成为自旱地经水路、陆路至天津出海，连接欧亚的大宗商品。这是清代以来的中国西北与中亚乃至与彼时国际商贸接轨中的政治、经济、文化关系发展的一大飞跃。

当然，这些并不能掩盖清廷在看待自身与中亚各藩属之间关系时的立场。清廷从自己的立场出发，尤其是乾隆帝本人对主藩关系极为敏感。乾隆三十二年（1767）五月，当乾隆帝收到伊犁将军阿桂所奏"知会阿布勒比斯收取哈萨克贡赋之文稿内"，写有"移咨哈萨克王阿布勒比斯"一语时，追问阿桂，按之前办法，给阿布赉、阿布勒比斯等的敕谕，"并未写过王者"，现如今阿桂你等知会哈萨克时，确"书以王者"，是何道理？难道"系伊犁、雅尔地方原本如此称呼，或译文内避讳'汗'字耶？倘原本如此缮写则已，若仅是次如此称呼，则错亦"。并进一步展开说："专此避讳'汗'字，即属伊之多虑，我喀尔喀亦有土谢图汗、札萨克图汗等称号，均照写，不曾避讳写成王。朕系统摄天下之汗，伊等不过一部落小汗，何须避讳？此或系平常即如此写，或底稿缮写有误，着寄信阿桂等查明。"清廷谕令，嗣后仍照常例办理，毋庸回避。① 这也是 18 世纪中叶以来中亚各国关系格局的写照，表明清朝的市场贸易与政治实力在社会关系中的比肩地位及其主体的不可动摇性，只是随着近代中国国势日衰而改变，以致以大宗商品为主的茶叶、绸缎、皮毛在国际市场格局中的份额与地位每况愈下。

但是，无论如何，在自清以来有那么不同的一段时期，本区的一些农牧矿产资源以商品的形式出现于中国的大江南北与世界市场，如 19 世纪晚期，以马匹为主体的畜牧商品还成为与江南绸缎等手工业产品相互交易的时髦品，全球范围内对皮毛需求以及为此而产生的洋行，使得这里融入国际贸易的大圈。18 世纪中叶以后，当地产的大黄，是中亚地缘商贸中的重要商品。另外，西北矿产资

---

① 寄信档，寄谕伊犁将军阿桂着札付哈萨克汗之书毋庸避讳写作哈萨克王，乾隆三十二年五月初七日，档号 03-132-1-049。

源中的玉石,由于精加工的需要,不仅连接了西北与江南,还成为边陲连接清廷皇权、王室的奢侈品。在便利交通商路条件下,外部适合西北的各种大宗商品大量输入,尤其是作为本区不同族群民众必不可少日用品的茶叶,成为商贸经营中的重头,也是官商逐利的较好标的物。在相对良好的营商氛围下,人口自本区外移入、本区域人口移动亦加快。商帮就是在西北营商环境下诞生的特殊民营组织,民间商资依赖这个组织模式,使得商人个体以及群体有能力去从事或大或小的合伙经营,也成为这里区域辽阔,资本薄弱的特殊经营方式的选择。总之,18世纪以来,西北社会走向统一,商贸经济顺应了这一趋势,商人、商品与商路之间交叉贯穿,与西北乃至中国与世界的社会各个层面相互联系,构建出动态的复杂巨系统。承平时期,商路畅通,商品丰富,商人不绝于途。

# 主要征引及参考文献

### 一 官书、政书

《明史》，中华书局1974年版，校勘本。

《明世宗实录》，中国书店（台湾）1983年版，影印本。

《清高宗实录》，中华书局1986年版，影印本。

《清穆宗实录》，中华书局1986年版，影印本。

《清仁宗实录》，中华书局1986年版，影印本。

《清圣祖实录》，中华书局1986年版，影印本。

《清史稿》，中华书局1976年版，标点本。

《清世宗实录》，中华书局1986年版，影印本。

《清世祖实录》，中华书局1986年版，影印本。

《清宣宗实录》，中华书局1986年版，影印本。

曹振镛等纂：《平定回疆剿擒逆裔方略》，沈云龙主编：《近代中国史料丛刊》第86辑，文海出版社1972年版。

傅恒等纂：《平定准噶尔方略》，乾隆三十一年武英殿刻本（文中简称乾隆刻本，以下和文中所用刊刻、钞本、石印等均来自中国人民大学图书馆古籍库"爱如生"典海数字平台，不再特别注明）。

格琫额纂：《伊江汇览》，吴丰培整理，中国社会科学院边疆史地研究中心编：《清代新疆稀见史料汇编》，全国图书馆文献缩微复制中心1990年版。

嵇璜等纂：《清朝文献通考》，浙江古籍出版社 2000 年版，影印本。

穆彰阿等纂：《嘉庆重修大清一统志》，《续修四库全书》，第 618 册，上海古籍出版社 1994—2002 年版，影印本。

那彦成：《那文毅公奏议》，《续修四库全书》，第 495—497 册，上海古籍出版社 2008 年版，影印本。

祁韵士：《钦定外藩蒙古回部王公表传》，乾隆四十四年武英殿刻本（书中简称乾隆刻本）。

祁韵士：《西陲要略》，道光二十九年至光绪十一年南海伍氏刻粤雅堂丛书叶印本（书中简称道光印本）。

琴川居士编：《皇清奏议》，沈云龙主编：《近代中国史料丛刊三编》第 99 辑，文海出版社 2006 年版，影印本。

托津等纂：嘉庆《大清会典》，沈云龙主编：《近代中国史料丛刊三编》第 64 辑，文海出版社 1985 年版，影印本。

温达：《亲征平定朔漠方略》，中国藏学出版社 1994 年版。

永保、兴肇等辑：《塔尔巴哈台事宜》，见《中国方志丛书·西部地方》第 15 号，成文出版社 1968 年版（以下与书中简称《方志丛书·西部地方》，仅注卷号，不赘注出版信息）。

永保纂修：乾隆《总统伊犁事宜》，见中国社会科学院边疆史地研究中心编《清代新稀见史料汇编》，全国图书馆文献缩微复制中心 1990 年版。

允禄等监修：雍正《大清会典》，沈云龙主编：《近代中国史料丛刊三编》第 77 辑，文海出版社 1985 年版，影印本。

## 二　档案及史料汇编

宝音德力根、乌云毕力格、吴元丰主编：《清内阁蒙古堂档》，内蒙古人民出版 2005 年版。

杜宏春校笺：《伊犁将军马、广奏稿校笺》，中国社会科学出版社 2016 年版。

甘肃省财政厅档，甘肃省档案馆藏。

甘肃省物价管制委员会档，甘肃省档案馆藏。

甘肃省文史资料委员会编：《甘肃文史资料选辑》第 4、8、14、28 辑。

《宫中档光绪朝奏折》，台北"故宫博物院" 1982 年版。

故宫博物院编：《史料旬刊》，京华印书局 1930 年版。

季永海等点校：《年羹尧满汉奏折译编》，天津古籍出版社 1995 年版。

临汾市政协编辑委员会编：《晋商史料全览·临汾卷》，山西人民出版社 2006 年版。

临夏文史资料委员会编：《临夏文史资料选辑》第 2 辑，1986 年。

马大正、阿拉腾奥其尔编：《清代新疆稀见奏牍汇编》，新疆人民出版社 2014 年版。

蒙藏委员会编：《中俄、英关于蒙古、西藏约章合编》，蒙藏委员会 1930 年编印，见《近现代边疆文献集萃》第 1 辑，第 13 册，蝠池书院 2021 年版。

宁夏文史资料委员会编：《宁夏文史资料选辑》第 12 辑，1986 年。

宁夏文史资料委员会编：《宁夏文史资料选辑》第 20 辑，宁夏人民出版社 1997 年版。

宁夏文史资料委员会编：《宁夏文史资料选辑》第 22 辑，宁夏人民出版社 1999 年版。

彭泽益主编：《中国近代手工业资料》第 2 卷，《中国近代经济史参考资料丛刊》第四种，中华书局 1962 年版。

青海省文史资料研究委员会编：《青海文史资料选辑》第 16 辑，青海人民出版社 1987 年版。

青海省文史资料研究委员会编：《青海文史资料选辑》第 1 辑，青海人民出版社 1963 年版。

邛崃县政协文史资料研究委员会：《邛崃文史资料》第 1 辑，四川省邛崃县印刷厂 1987 年版。

《山西票号史料》编写组编：《山西票号史料》，山西经济出版社 1990 年版。

邵宏谟、韩敏编：《陕甘回民起义资料》，陕西地方志编委会 1987 年版。

财政部档，四川省档案馆藏。

襄汾政协文史资料委员会：《襄汾文史资料》第 12 辑，内部资料，2005 年。

萧铮主编：《地政丛刊·土地问题资料》，成文出版社 1977 年版。

《新疆通史》编撰委员会编：《"民国时期的新疆"学术研讨会论文集》，2013 年。

新疆文史资料委员会编：《新疆文史资料选辑》第 1 辑，新疆人民出版社 1979 年版。

姚贤镐：《中国近代对外贸易史资料》，《中国近代经济史参考资料丛刊》第五种，中华书局 1962 年版。

翼城县政协编辑委员会：《翼城晋商史料》，内部资料，2008 年。

袁同礼校订：《中俄西北条约集》，新疆研究丛刊第四种，商务印书馆 1973 年版。

张星烺编注，朱杰勤校订：《中西交通史料汇编》第 2 册，中华书局 1977 年版。

哲仓·才让辑编：《清代青海蒙古族档案史料辑编》，青海人民出版社 1994 年版。

政协甘肃省委员会文史资料和学习委员会编：《甘肃文史资料选辑》第 58 辑，甘肃人民出版社 2004 年版。

西宁市城东区政协文史资料委员会编：《西宁城东文史资料》第 1、2 辑，内部发行。

中国边疆史地研究中心、新疆维吾尔自治区档案局合编：《清代新疆档案选辑》，广西师范大学出版社 2012 年版。

中国第二历史档案馆藏：《青海省政府民国三十四年度政绩比较表》、民国三十五年上半年《青海省政府工作报告》，史料整理处档案（二），6319 号。

中国第一历史档案馆、中国边疆民族地区历史与地理研究中心合编：《军机处满文准噶尔使者档译编》，中央民族大学出版社 2009 年版。

中国第一历史档案馆、中国边疆史地研究中心合编：《清代新疆满文档案汇编》，广西师范大学出版社 2012 年版。

中国第一历史档案馆编：《清宫内务府造办处档案总汇》，人民出版社 2005 年版。

中国第一历史档案馆编，王小虹等编译：《雍正朝汉文朱批奏折汇编》，江苏古籍出版社 1989 年版。

中国第一历史档案馆编：《乾隆朝惩办贪污档案选编》，中华书局 1994 年版。

中国第一历史档案馆编：《乾隆朝满文寄信档译编》，岳麓书社 2011 年版。

中国第一历史档案馆编：《乾隆朝上谕档》，档案出版社 1991 年版。

中国第一历史档案馆编：《雍正朝满文朱批奏折全译》，黄山书社 1993 年版。

阿拉善档，中国第一历史档案馆藏。

熬茶档，中国第一历史档案馆藏。

电报档，中国第一历史档案馆藏。

宫中档朱批奏折，中国第一历史档案馆藏。

军机处录副奏折，中国第一历史档案馆藏。

军机处满文寄信档，中国第一历史档案馆藏。

军机处满文录副奏折，中国第一历史档案馆藏。

军机处满文上谕档，中国第一历史档案馆藏。

军机处满文议覆档，中国第一历史档案馆藏。

清代内阁题本，中国第一历史档案馆藏。

中国科学院民族研究所、青海少数民族社会历史调查组编印：《青海回族调查资料汇集》（回族资料之二）《青海湟中县历史调查报告》，1964年。

中国人民政治协商会议兰州文史资料委员会：《兰州文史资料选辑》（第2、3、4、6辑），中国文史出版社1986年版。

中央民族学院研究部编：《维吾尔族史料简编（下）》，参见《中国民族问题研究丛刊》第2辑，内部参考，1956年7月。

周燕梁主编：《甘肃馆藏档案精粹》，甘肃人民美术出版社2009年版。

## 三 地方史志

（明）正德《姑苏志》，《天一阁藏明代方志选刊续编》，影印本，上海书店1990年版。

白眉初：民国《甘肃省志》，中国西北文献丛书编辑委员会编：《西北稀见方志文献》（以下和书中简称《稀见方志》）第33卷，兰州古籍书店1990年版。

包永昌纂：光绪《洮州厅志》，光绪刻本。

保达纂：咸丰《新疆孚化志略》，咸丰七年钞本。

毕光尧纂：道光《会宁县志》，《中国地方志集成·甘肃府县志辑》（以下和书中简称《集成·甘肃府县志辑》）第8册，影印本，凤凰出版社2008年版。

长庚修：光绪《甘肃新通志》，《稀见方志》第23—26卷。

长庚修：光绪《甘肃新通志》，宣统元年刻本。

陈国栋纂：民国《隆德县志》，《中国方志丛书·华北地方》第555号，成文出版社有限公司1976年印行（以下和书中简称《方志丛书·华北地方》，仅注卷号，不赘注出版信息）。

陈鸿宝等纂修：民国《渭源县志》，《方志丛书·华北地方》第326号。

陈履中纂：乾隆《河套志》，乾隆七年刻本。

陈士桢修，徐鸿仪编：道光《兰州府志》，道光十三年刊本。

邓承伟等纂：光绪《西宁府续志》，青海人民出版社 1985 年版，点校本。

傅恒等纂：乾隆《西域图志》，乾隆四十七年武英殿刻本（文中简称乾隆刻本）。

甘肃地方志编委会编：《甘肃商业志》，甘肃人民出版社 1993 年版。

甘肃省地方史志编纂委员会编：《甘肃省志》，甘肃人民出版社 1989 年版。

甘肃省政府编：《甘肃省情》，甘肃省图书馆藏。

高蔚霞修，苟廷诚纂：光绪《通渭县新志》，《方志丛书·华北地方》第 330 号。

龚景瀚纂：道光《循化厅志》，道光二十四年钞本（文中简称道光钞本）。

郭晋、管粤秀纂：乾隆《太古县志》，乾隆六十年刊本。

韩世英纂：民国《漳县志》，1928 年石印本。

和宁：《回疆通志》，1925 年铅印本。

黄建中纂，吴鼎新修：乾隆《皋兰县志》，《集成·甘肃府县志辑》第 3 册。

贾汉复等纂：康熙《陕西通志》，康熙五十年刻本。

康熙《岷州志》，《集成·甘肃府县志辑》第 39 册。

梁份著，赵盛世等校注：《秦边纪略》，青海人民出版社 1987 年版。

兰州市地方志编纂委员会等编：《兰州市志》，兰州大学出版社 1997 年版。

李恩继纂：咸丰《同州府志》，咸丰二年刻本。

李培清等纂：民国《古浪县志》，《稀见方志》第 148 卷。

临洮县志编委会编：《临洮县志》，甘肃人民出版社 1990 年版。

刘斗修，陈如稷纂：康熙《兰州志》，《集成·甘肃府县志辑》第 1 册。

刘郁芬等修纂：民国《甘肃通志稿》，《稀见方志》第 27 卷。

刘运新等纂：民国《大通县志》，《稀见方志》第 55 卷。

聂焘纂修：乾隆《镇安县志》，乾隆十八年刻本。

秦维岳纂，陆芝田、张廷选续纂：道光《皋兰县续志》，《稀见方志》第 34 卷。

青海地方志编纂委员会编：《青海历史纪要》，青海人民出版社 1987 年版。

任瀛翰等纂：民国《重修崇信县志》，《方志丛书·华北地方》第 336 号。

阮士惠修，郑睿、王安民纂：光绪《平凉县志》，《稀见方志》第 43 卷。

松筠：道光《新疆识略》，道光元年武英殿刻本（文中简称道光刻本）。

苏履吉修，曾诚纂：道光《敦煌县志》，道光十一年刊本。

王全臣纂修：康熙《河州志》，《稀见方志》第 49 卷。

王树枏等纂修：宣统《新疆图志》，1923 年东方学会排印本。

王之臣纂：民国《朔方道志》，《集成·宁夏府县志辑》第 1—2 册。

幸邦隆等纂：民国《华亭县志》，《方志丛书·华北地方》第 554 号。

徐继畲纂：《五台新志》，光绪九年续修刻本。

许公武编：《青海志略》，商务印书馆 1945 年版。

许容纂：乾隆《甘肃通志》，李毓澍主编：《中国边疆丛书》第 2 辑，第 26 号，影印版，文海出版社 1966 年版。

杨凤藻等修：顺治《庆阳府志》，甘肃人民出版社 2001 年版，影印本。

杨应琚纂：乾隆《西宁府新志》，李毓澍主编：《中国边疆丛书》第 2 辑第 25 号，文海出版社 1984 年版。

叶祖灏：《宁夏纪要》，吴坚主编：《中国西北文献丛书·西北史地文献》（以下与书中简称《史地文献》）第 25 卷，兰州古籍书店 1990 年版，影印本。

永贵、固世衡纂：乾隆《回疆志》，乾隆年间钞本。

张金城修，杨浣雨纂：乾隆《宁夏府志》，《稀见方志》第 50 卷。

张其昀纂：民国《夏河县志》，《方志丛书·华北地方》第 346 号。

张庭武修，杨景升纂：光绪《丹噶尔厅志》，《稀见方志》第 55 卷。

《张掖市志》编修委员会编纂：《张掖市志》，甘肃人民出版社 1995 年版。

赵万卿纂：民国《贵德县志》，《稀见方志》第 57 卷。

钟方撰：道光《哈密志》，1937 年铅印本。

钟庚起纂修：乾隆《甘州府志》，乾隆四十四年刊本。

钟广生等纂：民国《新疆志稿》，《中国方志丛书·西部地方》第 20 号，成文出版社 1968 年版。

周树清等纂：民国《永登县志》，《方志丛书·华北地方》第 344 号。

周振鹤编：《青海》，商务印书馆 1939 年版。

朱逊志纂：道光《山丹县志》，道光钞本。

## 四　文集、游记、调查、碑刻、工具书

陈赓雅：《西北视察记》，甘肃人民出版社 2001 年版。

椿园：《西域闻见录》，道光十五年朝邑刘记青刻青照堂丛书本（文中简称道光丛书本）。

绰奇：《修建北山慈恩寺碑记》，碑存兰州黄河北岸白塔山寺。

督办运河总局编辑处：《调查河套报告书（二）》，京华印书局 1923 年版。

范长江：《中国的西北角》，《稀见方志》第 128 卷。

方士淦：《东归日记》，见《古西行记选注》，宁夏人民出版社 1987 年版。

冯焌光：《西行日记》，光绪辛巳年刊本。

高良佐：《西北随轺记》，甘肃人民出版社2003年版。

高文德主编：《中国少数民族史大辞典》，吉林教育出版社1995年版。

顾执中、陆诒：《到青海去》，商务印书馆1934年版。

何炳武编：《户县碑石》，三秦出版社2005年版。

纪昀：《乌鲁木齐杂记》，王锡祺辑：《小方壶舆地丛钞》，西冷印社出版社2004年版。

江苏省博物馆编：《江苏省明清以来碑刻资料选集》，生活·读书·新知三联书店1959年版。

景廉：《冰岭纪程》，沈云龙主编：《近代中国史料丛刊》第36辑，第358号，文海出版社1969年版。

李宏龄编著，黄鉴晖校注：《同舟忠告》，山西人民出版社1989年版。

李宏龄著，黄鉴晖校注：《山西票商成败记》，山西人民出版社1989年版。

李燧著、黄鉴晖校注：《晋游日记》，山西人民出版社1989年版。

林竞：《新疆纪略》，天山学会铅印本，1918年。

刘文海：《西行见闻记》，《西北史地丛书》第2辑，甘肃人民出版社2003年版。

马鹤天：《甘青藏边区考察记》，中国西北文献丛书编辑委员会编：《中国西北文献丛书·西北民俗文献》（以下和书中简称《民俗文献》）第20卷，兰州古籍书店1990年版。

马鹤天：《西北考察记·青海篇》，见《亚洲民族考古丛刊》第5辑第46册，南天书局有限公司1936年版，影印本。

那彦成：《阿文成公年谱》，沈云龙主编：《近代中国史料丛刊》第70辑，文海出版社1973年版，影印本。

农商部总务厅统计科编纂：《中华民国元年第三次农商统计表》，1916年刊行。

农商部总务厅统计科编纂:《中华民国元年第一次农商统计表》,1914年刊行。

彭英甲:《陇右纪实录》,沈云龙主编:《近代中国史料丛刊三编》第40辑,第391册,文海出版社1966年版,影印本。

祁韵士:《西陲总统事略》,李毓澍主编:《中国边疆丛书》第1辑第12册,文海出版社1965年版。

钱仪吉:《碑传集》,道光六年刻本(文中简称道光刻本)。

钱宗泽:《兰州商业调查》,陇海铁路管理局1935年版。

阮智富、郭忠新编:《现代汉语大词典》,上海辞书出版社2009年版。

铁木尔·达瓦买提主编:《中国少数民族文化大辞典·西北地区卷》,民族出版社1999年版。

王志文:《甘肃省西南部边区考察记》(1942),《民俗文献》第19卷。

王之春:《清朝柔远记》,中华书局1989年版。

萧梅性:《兰州商业调查目录》,陇海铁路管理局1935年版。

萧雄:《听园西疆杂述诗》,见宋联奎辑《关中丛书》第2集,新疆大学图书馆古籍阅览室藏,1934年铅印本。

徐珂:《清稗类钞》,中华书局2010年版,标点本。

徐松:《西域水道记》,道光刻本。

杨增新:《补过斋文牍》,李毓澍主编《中国边疆丛书》,文海出版社1984年版。

姚元之:《竹叶亭杂记》,《清代史料笔记丛刊》之《檐曝杂记 竹叶亭杂记》,李建民点校,中华书局1982年版。

佚名:咸丰《固原州宪纲事宜册》,咸丰五年抄本,甘肃省图书馆1965年版,油印本。

俞湘文:《西北游牧藏区之社会调查》,商务印书馆1946年版。

左宗棠:《左宗棠全集》,岳麓书院2014年版,点校本。

## 五　今人论著

白月恒：《最新民国志总谕》，共和印刷局 1921 年版。

《边茶与边政》，《边政公论》1944 年第 3 卷第 11 期。

蔡家艺：《清朝前期准噶尔与内地的贸易关系》，《中亚学刊》第 1 辑，中华书局，1983 年。

蔡家艺：《清代新疆茶务探微》，《西域研究》2010 年第 4 期。

蔡家艺：《清代新疆玉石的开采与输出》，《中国边疆史地研究》2010 年第 3 期。

钞晓鸿：《从"高朴私鬻玉石案"看乾隆时期的商业"合伙"》，《中国经济史研究》2004 年第 3 期。

陈秉渊：《马步芳家族统治青海四十年》，青海人民出版社 1987 年版。

陈椽：《茶叶通史》，农业出版社 1984 年版。

陈椽主编：《茶叶商品学》，中国科学技术大学出版社 1991 年版。

陈海龙：《清朝官营茶马贸易的衰亡》，《南通大学学报》2013 年第 5 期。

陈鸿杰：《咸阳碑石》，三秦出版社 1990 年版。

陈鸿胪：《论甘肃的贸易》，《甘肃贸易季刊》1943 年第 4 期。

陈琦主编：《甘肃公路交通史》（甘肃省公路交通史编写委员会），人民交通出版社 1987 年版。

党诚恩、陈宝生主编：《甘肃民族贸易史稿》，甘肃人民出版社 1988 年版。

丁孝智：《近代兰州地区的茶叶贸易》，《社会科学》1990 年第 5 期。

藩益民：《兰州之工商业与金融》（中央银行丛刊），商务印书馆 1936 年版。

樊如森：《清代民国时期西北区域市场的发育和整合——以茶叶贸易为中心》，《江西社会科学》2016 年第 9 期。

丰若非、刘建生：《清代杀虎口的实征关税与北路贸易》，《中国经济史研究》2009年第2期。

福顺：《清代新疆卡伦述略》，《历史研究》1979年第4期。

复旦大学金融史研究中心编：《辛亥革命前后的中国金融业》，复旦大学出版社2012年版。

傅乐治：《清高朴盗卖官玉案考实》（上下），《故宫学术季刊》1979年第13卷第3、4期。

傅衣凌：《明清时代商人及商人资本》，人民出版社1956年版。

高文远：《青海省垣回民概况》，《突崛》1933年第1卷第3期。

耿琦：《再论清朝对中亚宗藩体制的维系与巩固——以乾隆帝与外藩领主的私人关系为中心》，《新疆大学学报》（哲学社会科学版）2016年第2期。

《工商联合会零售茯茶》，《新疆日报》1939年10月4日，第3版。

古方：《昆仑山玉矿探源》，《中国宝石》2003年第4期。

谷苞主编：《西北通史》，兰州大学出版社2005年版。

顾朝林等：《集聚与扩散——城市空间结构新论》，东南大学出版社2000年版。

韩大成：《明代城市研究》（修订本），中华书局2009年版。

黑龙：《噶尔丹统治时期准噶尔与清朝的贸易往来》，《卫拉特研究》2006年第2期。

洪涛：《评乾隆帝的哈萨克政策》，《西域研究》2000年第3期。

侯俊云：《试析鸦片战争前清代走私贸易处罚律令》，《广西师范大学学报》2007年第2期。

侯龙、解洪文、薛军：《晋商发展史话》，中国金融出版社2018年版。

胡建东：《近代吴忠商业述论》，《宁夏大学学报》1996年第2期。

胡序威等：《西北地区经济地理》（陕西、甘肃、宁夏、青海），科学出版社1963年版。

花润泽、马忠康、李绍鲁：《副茶》，《甘肃民国日报》1940年3

月 27 日，第 4 版。

黄奋生：《藏族简史》，西藏人民出版社 1986 年版。

贾建飞：《清朝对中亚诸部的政策探析——以 1759—1864 年为中心》，《社会科学辑刊》2007 年第 1 期。

简文：《华茶销苏再跃进中》，《甘肃民国日报》1940 年 8 月 16 日，第 3 版。

江珊：《乾隆帝惩处高朴私贩玉石述略》，《历史档案》1993 年第 1 期。

蒋致洁：《清代后期甘新、绥新、俄边交通路线考略》，见《丝绸之路贸易史研究》，甘肃人民出版社 1991 年版。

赖惠敏：《从高朴案看乾隆朝的内务府与商人》，《新史学》2002 年第 13 卷第 1 期。

赖惠敏、王士铭：《清代陕甘官茶与归化"私茶"之争议》，《内蒙古大学学报》（哲学社会科学版）2022 年第 1 期。

李安宅：《拉卜楞寺概况》，《边政公论》1941 年 1 卷 2 期。

李德洙、丹珠昂奔主编：《中国民族百科全书》第 6 卷《藏族、门巴族、珞巴族》，世界图书出版西安有限公司 2015 年版。

李刚、赵沛：《大话陕商》，陕西人民出版社 2007 年版。

李化方：《塔尔寺之宗教源流与蒙藏社会》，《西北论坛》1947 年 1 卷 2 期。

李建国：《近代甘青农牧区商贸活动问题探析》，《西北师大学报》2016 年第 2 期。

李今芸、潘敏德：《安集延与乾隆经营新疆》，《经济社会史评论》2015 年第 2 期。

李力：《清代民间契约中关于"伙"的观念和习惯》，《法学家》2003 年第 6 期。

李明伟主编：《丝绸之路贸易史》，甘肃人民出版社 1997 年版。

李屏唐：《兰州羊毛市场之调查》，《贸易月刊》1943 年 3 月。

李英华、姚继荣：《康熙、雍正年间的茶马互市与民族关系》，《青海民族大学学报》（社会科学版）2010年第2期。

厉声：《哈萨克斯坦及其余中国新疆的关系》，黑龙江教育出版社2004年版。

厉声：《新疆对苏（俄）贸易史》，新疆人民出版社1994年版。

林竞：《蒙新甘宁考察记》，甘肃人民出版社2003年版，校订本。

林鹏侠：《西北行》，甘肃人民出版社2002年版。

林永匡、王熹：《杭州织造与清代新疆的丝绸贸易》，《杭州大学学报》1986年第2期。

林永匡、王熹：《清代西北民族贸易史》，中央民族学院出版社1991年版。

刘登阁编：《合伙企业法》，中国社会出版社2006年版。

刘甫田：《山陕商人在河州经营土布始末》，郭蕴静：《略论清代商业政策和商业发展》，《史学月刊》1987年第1期。

刘俊、刘建：《从一批晋商契约析清代合伙经营》，《中国社会经济史研究》2014年第1期。

刘立云：《明清陕藏商道研究》，《西藏研究》2016年第6期。

刘秋根：《中国古代合伙制初探》，人民出版社2007年版。

刘秋根：《中国古代合伙制下盈余的分配》，《河北学刊》1996年第4期。

刘秋根、谢秀丽：《明清徽商工商业铺店合伙制形态——三种徽商帐簿的表面分析》，《中国经济史研究》2005年第3期。

刘向东：《兰州服务志》，甘肃人民出版社1991年版。

刘晓航：《抗战时期国内砖茶的生产与外销》，《农业考古》2015年第5期。

罗冬阳：《清中叶陕西工商业的合伙经营》，《东北师大学报》2003年第1期。

罗新：《从大都到上都：在古道上重新发现中国》，新星出版社2017年版。

马长寿：《陕西回民起义历史资料调查记录》，陕西人民出版社

1997年版。

马俊恩:《抗战时期安化黑茶的产制与运销》,《农业考古》2016年第5期。

马明臣:《全面抗战时期西北茶荒及困境与张力》,《青海民族研究》2023年第2期。

米镇波:《清代西北边境地区中俄贸易——从道光朝到宣统朝》,天津社会科学院出版社2005年版。

明驼:《卓尼之过去与未来》(下),《边政公论》1941年第1卷第2期。

穆雯瑛主编:《晋商史料研究》,山西人民出版社2001年版。

倪良钧:《青海茶叶市场之研究》,《经济汇报》1943年第8卷第12期。

潘向明:《清代新疆和卓叛乱研究》,中国人民大学出版社2011年版。

潘志平:《浩罕国与西域政治》,新疆人民出版社2006年版。

潘志平:《乾嘉年间新疆的商业贸易研究》,《西北民族研究》1996年第2期。

潘志平:《中亚浩罕国与清代新疆》,中国社会科学出版社1991年版。

潘志平、王熹:《清前期喀什噶尔及叶尔羌的对外贸易》,《历史档案》1992年第2期。

彭先泽:《安化黑茶》,湖南修业高级农业职业学校,1940年。

朴文焕:《清代茶马贸易衰落及其原因探析》,《西南民族学院学报》2003年第2期。

齐清顺:《清代新疆的官铺和对外贸易政策》,《新疆社会科学》1990年第3期。

齐清顺:《新疆多民族分布格局的形成》,新疆人民出版社2010年版。

祁若雄:《新疆伊犁河航运开发始末》,《中国边疆史地研究》1990

年第 5 期。

秦惠彬主编：《中国伊斯兰教基础知识》，宗教文化出版社 2005 年版。

球原：《清代旅蒙商述略》，新星出版社 2015 年版。

沈桢云：《清代茶马贸易制度及其对汉藏关系的影响》，《敦煌学辑刊》2017 年第 1 期。

史若民：《票商兴衰史》，中国经济出版社 1998 年版。

孙泽生：《贸易媒介与资源性商品定价》，中国社会科学出版社 2011 年版。

陶德臣：《晋商与清代新疆茶叶贸易》，《中国社会经济史研究》2015 年第 4 期。

陶德臣：《晋商与西北的茶叶贸易》，《安徽史学》1997 年第 3 期。

陶德臣：《民国时期新疆茶叶贸易中的茶类状况》，《茶业通报》2016 年第 3 期。

田宓：《从归化城副都统衙门档案谈清代旅蒙贸易及部票制度》，《历史档案》2016 年第 4 期。

田澍、何玉红主编：《西北边疆社会研究》，中国社会科学出版社 2009 年版。

铁木尔·达瓦买提主编：《中国少数民族文化大辞典·西北地区卷》，民族出版社 1999 年版。

王金绂：《西北地理》，北平立达书局 1932 年版。

王俊霞、李刚、广红娟：《明清陕西商人"合伙股份制"经营模式初探》，《西北大学学报》（哲学社会科学版）2010 年第 3 期。

王科杰：《清代新疆冰岭道建置考》，《中国历史地理论丛》2020 年第 2 辑。

王平：《新疆回族驮运业的调查与研究》，《回族研究》2006 年第 3 期。

王树民：《西道堂——新社会的模型》，《西北世纪》1949 年 4 卷 8 期。

王熹：《论乾隆时期伊犁哈萨克贸易的几个问题》，《新疆大学学报》（哲学社会科学版）1992年第1期。

王熹：《论乾隆时期伊犁哈萨克贸易的马价、丝绸价与贸易比值问题》，《民族研究》1992年第4期。

王熹、林永匡：《乾嘉时期内地与新疆的丝绸贸易》，《新疆大学学报》（哲学社会科学版）1985年第4期。

王熹、林永匡：《清乾隆年间新疆的"回布"贸易问题》，《新疆社会科学》1987年第5期。

王先明：《晋中大院》，生活·读书·新知三联书店2002年版。

王晓燕：《官营茶马贸易的历史作用和意义》，《中国藏学》2002年第4期。

王晓燕：《论清代官营茶马贸易的延续及其废止》，《中国边疆史地研究》2007年第4期。

王晓燕、晓舟：《茶马互市与边疆内地的一体化》，《中国边疆史地研究》1992年第2期。

王俞现：《权力资本与商帮：中国商人600年兴衰史》，北京联合出版公司2011年版。

王昱、李庆涛编：《青海风土概况调查集》，青海人民出版社1985年版。

王自强：《中国羊毛之探讨（续）》，《新青海》1934年第2卷第11期。

魏崇礼：《西北巡礼》，《新亚西亚》1934年第8卷第5期。

魏丽英：《明清时期西北城市的"商帮"》，《兰州学刊》1987年第2期。

魏明孔：《西北民族贸易述论——以茶马互市为中心》，《中国经济史研究》2001年第4期。

魏明孔：《西北民族贸易研究：以茶马互市为中心》，中国藏学出版社2003年版。

乌云毕力格：《17世纪卫拉特各部游牧地研究》，《西域研究》

2010 年第 1 期。

吴承明:《论清代前期我国国内市场》,《历史研究》1983 年第 1 期。

吴忠礼:《宁夏近代历史纪年》, 宁夏人民出版社 1987 年版。

《西北金融之今昔》,《金融周刊》1943 年第 4 卷第 27 期。

徐方幹:《历代茶叶边易史略》,《边政公论》1944 年第 3 卷第 11 期。

许建英:《试论杨增新时期英国和中国新疆间的贸易 (1912—1928)》,《近代史研究》2004 年第 5 期。

许檀:《明清时期城乡市场网络体系的形成及意义》,《中国社会科学》2000 年第 3 期。

许檀:《明清时期华北的商业城镇与市场层级》,《中国社会科学》2016 年第 11 期;

许檀:《明清时期区域经济的发展——江南、华北等若干区域的比较》,《中国经济史研究》1999 年第 2 期。

薛中行:《中国式股权激励》, 中国工商出版社 2014 年版。

阎东凯:《近代中俄贸易格局的转变及新疆市场与内地市场的分离》,《陕西师范大学学报》(哲学社会科学版) 2000 年第 2 期。

杨红伟、丁阿洁:《变革与锢辙: 清朝甘肃茶法与甘青藏区民族政策》,《青海民族研究》2020 年第 2 期。

杨云霞:《我国企业职工参与法律制度的系统分析》, 西北工业大学出版社 2009 年版。

杨重琦:《兰州经济史》, 兰州大学出版社 1991 年版。

叶知水:《经济资料: 青海茶市》,《经济汇报》1944 年第 9 卷第 5 期。

叶知水:《西北茶叶贸易政策与其实施 (续)》,《闽茶》1947 年第 2 卷第 3 期。

叶知水:《西北茶叶贸易之实施 (续)》,《闽茶》1946 年第 1 卷第 10 期。

叶知水：《西北茶叶贸易之实施（续）》，《闽茶》1946年第1卷第8—9期。

叶知水：《西北销茶之产区数量及其市场之变迁》，《边政公论》1942年第5—6期。

于式玉：《于式玉藏区考察文集》，中国藏学出版社1990年版。

于小龙、唐志军：《百年银川：1908—2008》，宁夏人民出版社2008年版。

余志君：《抗战时期统制经济政策与茶业的发展——以湖南安化为例》，《湖南师范大学社会科学学报》2011年第2期。

翟松天：《试论青海解放前的社会性质》，《青海社会科学》1987年第4期。

张剑虹：《从高朴案看清代玉石矿产政策》，《中国矿业》2016年第10期。

张科、赵珍：《清代中亚回商贸易与多边关系演变》，《中国经济史研究》2021年第5期。

张楠林：《清前期陕甘边地"招番中马"制度与茶马司的兴废》，《清史研究》2021年第3期。

张忠民：《略论明清时期"合伙"经济中的两种不同实现》，《上海社会科学院学术季刊》2001年第4期。

赵令志：《乾隆初年清朝接待准噶尔使者之礼仪初探》，《中国边疆民族研究》第8辑，中央民族大学出版社2015年版。

赵珍：《黄河上游区域城市研究（1644—1949）》，中国社会科学出版社2019年版。

赵珍：《近代青海的商业、城镇与金融》，《青海社会科学》2002年第5期。

赵珍：《那彦成整饬青海述略》，《清史研究》1997年第3期。

赵珍：《绥边福将杨遇春研究》，中国社会科学出版社2020年版。

赵珍、高煜潮：《清前期西北茶马司与茶司》，《青藏高原论坛》2023年第2期。

赵珍、王一祎：《清中期新疆治理与茶叶设局征税》，《西域研究》2023年第3期。

赵珍、许瑶：《清代西北商业经营中的合伙模式探析》，《青藏高原论坛》2020年第4期。

止戈：《西宁一瞥》，《旅行杂志》1945年第19卷第3期。

中国法制出版社编：《中华人民共和国民法通则》，中国法制出版社2005年版。

《中国各省钱业调查录》，《钱业月报》1922年第2卷第10号。

仲继银：《公司：治理机制的起源与演进》，中国发展出版社2015年版。

朱春全：《生态位态势理论与扩充假说》，《生态学报》1993年第3期。

［德］福克：《西行琐录》，见《小方壶斋舆地丛钞》第6帙。

［俄］A. H. 库罗帕特金：《喀什噶尔》，中国社会科学院近代史研究所翻译室译，商务印书馆1982年版。

［俄］B. C. 米亚斯尼科夫主编，徐昌瀚等译：《19世纪俄中关系：资料与文献第1卷1803—1807》（中），广东人民出版社2012年版。

［俄］尼·米·普尔热瓦尔斯基：《中国高原纪行（1870—1873）——蒙古与唐古特地区》，王嘎译，中国工人出版社2019年版。

［俄］尼·维·鲍戈亚夫连斯基：《长城外的中国西部地区》，新疆大学外语系俄语教研室译，商务印书馆1980年版。

［荷］伊兹勃兰特·伊台斯、［德］亚当·勃兰德：《俄国使团使华笔记》，北京师范学院俄语翻译组，商务印书馆1980年版。

［美］费正清、刘广京编：《剑桥中国晚清史1800—1911》（上卷），中国社会科学出版社2006年版。

［美］Yuri Bregel：*An Historical atlas of central Asia*，Leide. Boston：Brill，2003，pp. 68-69.

［美］赖德烈：《早期中美关系史（1784—1844）》，陈郁译，商务印书馆1963年版。

［美］施坚雅：《中华帝国晚期的城市》，叶光庭等译，中华书局2000年版。

［日］马场锹太郎编著：《新修支那省别全志·宁夏史料辑译》，和冀等译，北京燕山出版社1995年版。

［日］日野强：《伊犁纪行》，东京博文馆1909年版。

［日］佐口透：《十八至十九世纪新疆社会史研究》，凌颂纯译，新疆人民出版社1984年版。

［意］L.伯戴克：《拉达克王国：公元950—1842年（七）——拉达克力量的衰退》，扎洛译，《西藏民族学院学报》（哲学社会科学版）2010年第4期。

［意］利玛窦：《鄂本笃访契丹记》，《中西交通史料汇编》第2册，中华书局2003年版。

［英］艾伦·麦克法兰、艾丽斯·麦克法兰：《绿色黄金：茶叶帝国》，扈喜林译，社会科学文献出版社2016年版。

Percy W. Church, *Chinese Turkestan with Caravan and Rifle*, London: Rivingtons, 1901.

### 博硕论文

布仁：《清代归化城茶叶贸易》，内蒙古大学硕士学位论文，2017年。

杜玲：《清代内地与新疆茶叶贸易探析》，新疆大学硕士学位论文，2010年。

蒋晶：《明清时期甘肃山陕会馆调查研究》，西北师范大学硕士学位论文，2021年。

刘珂：《清代西北的马匹交易与族群互动——以乾隆朝为中心》，郑州大学学士学位，2021年。

刘卓：《新疆的内地商人研究》，复旦大学博士学位论文，2006年。

敏文杰：《临潭回族的商业变迁研究》，兰州大学博士学位论文，

2008 年。
聂敏：《明清陕西茶商研究》，西北农林科技大学硕士学位论文，2005 年。
王建民：《清代哈萨克东方贸易关系——对清代哈萨克族与中原、蒙古地区及新疆其他民族间贸易联系的探讨》，中央民族学院硕士学位论文，1985 年。
王一祎：《清道光朝南疆善后事宜与茶税》，中国人民大学学士学位论文，2021 年。
严梦春：《河州回族脚户文化》，中央民族大学博士学位论文，2006 年。
张美珍：《清代甘宁青官茶贸易研究》，中国人民大学硕士学位论文，2020 年。

# 后　　记

　　书稿杀青后，还是有一些话想说。

　　本书稿是我临届退休前开始着手做的题目。其间，遇上三年口罩期，受大环境形势和周遭人群情绪等的影响，进展缓慢。集中完成的时间，是在退休前后的约两年里。

　　本书的写作缘起，与2017年北京用友基金会"商的长城"资助项目有关。彼时，尽管我个人的兴趣热点转向环境史已很久，但是，对步入史学圈初期的热衷点——经济史，还是情有独钟。遂起心动念，想做一个"西北区域商贸"的主题。熟悉我的人都知道，西北地区的某个角落是我度过人生中几近40载的热土，自认为深懂那儿的人与自然。故而，在即将截止申报前的两天，完成了填报并提交。有幸的是，获得了用友基金会第二届"商的长城"重点项目的资助。在此特别感谢至今匿名的项目评审专家，感谢基金会的资助！同时，特别感谢本项目结项中，两位评审专家所给予的充分肯定与指正！

　　目前完成的工作，主要贡献在于两点：一是将较多的功课放在清宫档案和民国时期相关资料的爬梳整理上，力求夯实资料基础，同时完成了电子文档约2.2G存储空间的《清代至民国西北商业资料汇编》，以此作为课题内容的组成部分。二是以历史学为主体、且运用政治学、经济学等相关学科的一般原理，围绕清代以来西北地区的商品、商路、商人诸要素所构建的贸易体系及其史实轨迹演变加以检视与思考，在学界既有研究基础上，对相关问题有所补充，并提出了一些学术观点和思想。当然，万事难以周全完美，本书在内容处理上，个别问题，如作为国制的西北茶法中的茶引细分、茶课本折演变、官私茶的界定与合法性、官办晋茶向伊塔茶务公司转变背后的逻辑关系等，虽然均已完成，可是其中一些内容，或与本书主题稍有偏差和不符，或已投稿待刊，未放于本书中，留待后期再做打算。另外，囿于个人学识水平，不足与不尽如人意处，定然不少，敬请方家指正，读者见谅。

本书的出版，得到华侨大学"学术专著专项出版经费"及"高层次人才科研启动项目经费"的资助，在此特别感谢！

本书的部分内容，作为上述项目以及国家社科基金重大招标项目"清朝西北边疆经略史"（20&ZD230）研究过程中的阶段性成果，曾分别发表在《西域研究》《中国经济史研究》《青海民族研究》《青藏高原论坛》等刊物上，有的也被中国人民大学复印报刊资料转摘，个别内容与问题亦涉及和参照了拙著《黄河上游区域城市研究（1644—1949）》（中国社会科学出版社 2012 年版）。当然，还需要强调的是，本书的主体作为项目，申报于五六年前，之后，自己的申报书也原封不动的拷贝给相关学者，一些研究理念、学术观点和与本书相涉的主题内容，或在课堂，或者会议，或私下交流、或已刊论文中均有展示和发散，难免与学界既有的一些问题和成果"纯属巧合"和有相似之处。文责自负。

本书的完成，基于学术团队的合作之上。参与前期阶段性工作的主要成员有王一祎、马明臣、苏绕绕、魏晋、许瑶、高煜潮、刘珂、张美珍等，尤其在相关档案资料搜集整理及注释核查过程中，王一祎、高煜潮付出很多。在此向诸君特别致谢！

最后，谨向本书的写作和出版过程中给予过帮助和贡献的师友同道、亲朋好友，一并致以谢意！

赵珍<br>
甲辰秋月识于集美水晶湖郡